谨以此书献给挚爱教育、关注课改的人们

推广"三疑三探"
培育创新人才

蒋笃运 二〇〇八年十二月

河南省教育厅厅长蒋笃运题词

乡村教育的神话

课堂教学的革命

——西峡"三疑三探"教学模式理论与实践

西峡县基础教育教学研究室 编

河南大学出版社

重印前言

本书 2 月出版，10 月售空。

似乎一夜间，全国诸多同行都知道了西峡的"三疑三探"教学模式。仅半年时间，就有 16 个省(市)一万多人拥进西峡，一些精明的局长和校长们，还派教师"住下"跟踪听课，或邀请西峡的教师前去讲课；《中国教育报》、《教育时报》、《中国教育》、《中国教师报》等报刊杂志纷纷报道，人民网等 100 多家网站纷纷转载评论，中共河南省委《内部参阅》还以专报形式刊发。发端于大山深处的"课堂教学革命"，已成为一张耀眼的"教改名片"。

西峡"三疑三探"教学模式之所以能够迅速风靡教坛，一个关键因素，就在于它直击传统课堂之弊，紧紧围绕新课程培养学生创新精神和实践能力这个核心理念，通过设疑自探、解疑合探、质疑再探等简单易行的操作程序，培养学生能主动发现问题，能独立思考问题，能合作探究问题，能归纳创新问题，同时让学生养成敢于质疑、善于表达、认真倾听、勇于评价和不断反思的良好习惯。

有专家指出，西峡"三疑三探"教学模式既承继了优秀传统，又大胆进行了革命性的突破，有效解决了当前中小学生创新能力不强、"厌学""辍学"、课业负担过重、教学质量难以大面积提高四大问题，破解了教师职业倦怠、实施新课改"穿新鞋走老路"两大难题，开创了我国县域中小学整体推进课堂教学改革成功的先河。

温家宝总理说过："只有一流的教育，才有一流的人才，才能建设一流的国家。"那么，什么是一流的教育？是一流的校舍、设备，还是一流的师资力量？为什么许多比哈佛、剑桥规模还大的高校，却难以培养出世界一流的人才？在激烈的办学实力竞争中，人们往往忽略了最基础却是最关键的一个问题，那就是教育的最高境界是让人主动地发现并解决问题，而不是顺利地回答问题。奥地利的中小学生可以向老师提出"水为什么是湿的"这类奇怪的问题，而老师则认为这些孩子是最棒的。由此我们不难理解，人口仅 800 万的奥地利为何竟有 16 位"诺奖"得主。

纵观我国教育现状，从早年鲁迅笔下的"救救孩子"到科学巨星钱学森临终前对总理的提问，"为什么现在我们的学校总是培养不出杰出人才？"我们应该对此作出深刻反思。看来，一场扭转教育乾坤的"课堂革命"势在必行。衷心地希望各级教育行政部门和教育界同仁都来关注、研究教改问题，减轻学生负担，提高教学效率，让我们的学生轻松愉快地成为聪明的、具有创新能力的未来人才。

河南大学出版社在《课堂教学的革命》一书重印中，又收录了来自全国部分学习者的感悟和记者的评论，旨在为读者提供更加丰富的素材和多元的视角。如果你是教师，正致力于课堂教学的改革；如果你是校长，正在思考高效课堂的构建；如果你是局长，正在探索区域教改推进战略：相信本书一定对你有所启发。

杨文普
2009 年 11 月 11 日

代 序

"三疑三探",高效方便

一看到"三疑三探"我就感到眼前一亮,就像给孩子起了个好听的名字一样,以杨文普为首的西峡县教研室科研团队也给他们的研究成果起了个好听的名字,不仅响亮好记,而且操作方便,利于推广。

现在有很多教学模式不仅名称费解,而且环节多,操作复杂,不容易推广,而"三疑三探"教学模式只有三个大的环节,即设疑自探——解疑合探——质疑再探,一听就懂,一学就会,一用就灵,所以便于操作和推广。

"三疑三探"教学模式的特点在于紧扣了一个"疑"字和一个"探"字。"疑问疑问,有疑便问",有了疑问才会思考,才会探索,所以课堂的开始首先要提出问题,用问题来激发学生学习的动力和兴趣。当然问题也不是一次提出,在课堂教学中要不断地提出问题——解决问题,一波刚落,又起一波,环环相扣,持续推进课堂教学的进展。

所以"三疑三探"教学模式把"疑"字贯穿课堂始终,从一开始的"设疑"到后边的"质疑"是一个不断设疑解疑的过程。

"设疑——解疑——质疑"不仅是一个不断提出问题、解决问题的过程,还是一个不断深化学习教材、开发课程资源的过程。一开始的"设疑"是一节课的基本目标,是一种预设,当基本目标达成后,学生在学习的过程中会不断地产生新的问题,这些问题有时会超出教师的预设,这正是新课程所提倡的用好教材和超出教材。如果说一开始的"设疑"是"走进教材,用好教材",那么后边的"质疑"就是"走出教材,超出教材"。这是一个不断深化和拓展的过程,是新课程的理念在课堂教学中的灵活运用。

疑问的提出也有多种形式,从一开始的"设疑"到后边的"质疑",既可以是教师提出,也可以是学生提出。由教师提出问题体现了教师对课程标准和教材的理解,体现了教育工作者对学生的基本要求;由学生提出问题体现了课堂教学中的民主精神,学生可以根据自己的理解和困惑,随时提出问题。有目的、有意识地培养学生的问题意识是这种教学模式的基本特点。问题意识是创新的基本前提,一个人只有不断地发现问题才会去想办法解决问题。所谓创新正是对已有问题提出质疑并设法去解决它。我们要培养学生的创新精神,首先要培养他们的问题意识。

问题提出来了,由谁来解决?在传统的教学模式中教师也会不断提出问题,目的是通过设问的形式引起学生听课的兴趣。教师自问自答,问题由教师来解决,学生只要当个好听众就行了。而"三疑三探"教学模式妙就妙在一个"探"字。这里的"探"是探索、探究、试探的意思,既然是"探",就不是把现成的答案说出来,而是经历一个探索的过程,这也正是三维目标中的"过程与方法"问题。由谁来探?学生自探,同学合探,师生再探。这三个环节都贯穿了一个"探"字,体现了新课程所提倡的"自主、合作、探究"的精神。

首先,"学生自探"。在提出问题后教师不忙于给学生破题和讲解,而是引导学生自学教材,自己解决问题,有意识地培养学生的自学能力和自学精神,这也是新课程所提倡的。有人说:中学生有自学的能力,小学生也有吗?有!甚至幼儿园的孩子也有。自学首先是一种意识,遇到问题不要急于问别人,不要依赖教师给出答案,而是自己先思考、探索和实验,当遇到困难的时候再求助别人。所以,自学首先是一种独立自主的意识,一种不依赖于别人的意识。自学是自信的表现,一个不想自学的人,首先是不自信和缺乏勇气的人。不相信自己有能力克服困难,久而久之,就会养成一种依赖的思想,事事依赖别人,成为永远扶不起来的"阿斗"。这样从学校走出来的人怎么能适应社会的发展?怎么能应对复杂的社会竞争?自学也是一种能力,能力的培养需要一个过程。人非圣贤,谁也不是一开始就有自学能力,教师要有意识地培养学生的这种能力。一开始学生自学可能比教师讲授进展慢,但学生一旦形成了自学能力,就会自己学习教材,不用教师讲解,学习的进度会产生加速度效应。

其次,"同学合探"。这体现了新课程所提倡的合作精神。合作不仅是一种学习的形式,更是现代人的一种交往与合作能力。新课程从六个维度即道德品质、公民素养、学习能力、交流与合作、运动与健康以及审美与表现来评价学生的基本素质,可见"合作"在学生基本素质中的重要作用。所以培养学生的合作能力不仅是学习的需要,也是培养学生基本素质的需要。学生通过自学,不明白的问题教师不要急于回答和辅导,而是让学生通过合作来解决。合作的形式可以分为几个层次。首先是两个人的合作。经研究表明,在课堂教学中两个人的合作机会最多,效果最好。两个人不能解决的问题怎么办?教师不要急于讲解,由小组合作(4—8人)来解决。小组内仍然不能解决的问题再由全班合作(跨组合作)来解决。教师不要急于解答问题,要退到最后一步,直到全班学生都不能解答时教师才说,要给学生充分展示才能和挖掘潜能的机会。

再次,"师生再探"。在课堂教学中师生的交往互动主要是思维上的交往而不是表演上的互动。在探究的过程中,教师要启发、引导和激励学生,并真正实现角色的转化:由过去知识的传授者变为学生学习的组织者、引导者和激发者。这一过程也充分体现了课堂教学的民主。

总之,"三疑三探"是一种很好的教学模式,充分体现了课程改革的基本要求。几年来的大面积实验证明,它能够提高课堂教学的效率,减轻学生的负担;能够培养学生的创新精神与自学和合作能力,书中大量的案例和课例都充分证明了这一点。当然,作为一种基本的教学模式,在不同的学段和学科中它还应根据学生的情况和教材的情况灵活变通。我们期盼着这种教学模式在实践过程中不断完善,在推广的过程中使更多的人受益。

王敏勤

2008年9月1日于天津

(作者系全国和谐教学法研究会理事长,天津教科院基础教育研究所所长,天津市课程改革专家组首席专家,天津师范大学兼职教授,研究员)

前　言

推广"三疑三探"　培育创新人才

　　河南省教育厅厅长蒋笃运同志为这部《课堂教学的革命——西峡"三疑三探"教学模式理论与实践》欣然题词：

　　　　推广"三疑三探"，培育创新人才。

　　"推广'三疑三探'"，是向教育界特别是河南的教育界发出的号召；"培育创新人才"，则是指出了值得教育界关注的一种崭新的教育思想和教学理念。这种崭新的教育思想和教学理念，直接指明了当前的教育指向，就是我们今天需要培养什么样的人。美国芝加哥大学创办于19世纪末，短短20年就跻身世界一流大学之列，从1907年至今已有81位诺贝尔奖得主毕业于该校或在该校从事教学研究工作。校长锦穆尔说："主要原因是我们的教育指向是质疑而不是顺从。"哈佛大学校训中强调一个词——"真理"（有人译为"让真理与你同行"），鼓励每一个刚入校的新生向校长提出质疑。今天我们的教育指向，就是要以科学发展观为指导，"面向世界，面向未来，面向现代化"，培育构建创新型社会的创新人才！这样，"三疑三探"这个发前人所未发的教学模式就很值得推广——蒋笃运同志的题词蕴含着朴素而深刻的辩证法哲理。

　　钱伟长曾对北美洲和南美洲进行考察，并作过比较研究。为什么北美洲那么发达，而南美洲却是那么落后？结论是：北美洲发达是教育发达，南美洲落后是教育落后。这是个适合于全球所有国家和民族的研究结论。那么，决定中国发展速度的，应该是当前最值得关注的处在广大农村的亿万农民子女的教育状况。只有这个巨大的"基础教育"搞上去了，整个教育才能搞上去；整个教育上去了，中国才能真正实现跨越式的发展。

　　南阳市有1000多万人口，是目前河南甚至中国的一个人口大市、农业大市，曾被人戏称是河南的"西藏"，而地处南阳西北伏牛山腹地的西峡县，就是这个"西藏"的"阿里"。然而就是这个最基层、最"基础"的山区小县，经过多年的摸索探究，推出了"三疑三探"这一崭新的课堂教学模式，引发出了一场空前的、令人震撼的教学革命！它让人看到了培育当代中国急需的创新型人才的教育思想和方法的曙光！

　　"三疑三探"是什么？在《教育时报》2008年10月10日第一版褚清源撰写的文章中有一段话说得很充分、很深刻——

　　　　质疑、探究、解惑，再质疑、再探究、再解惑。一切都在学生自主、合作的学习探究中自然生成。西峡县中小学的课堂被一个个学生的疑问充斥着，被一次次学生为探究解惑的精彩演绎而响起的掌声充斥着……

与洋思、杜郎口那具有创新价值的教改经验相比,西峡的教改实践更具颠覆性。传统的课堂导入常常是教师出示问题,引导学生进入文本,而西峡的课堂导入是由学生提出问题,而后在探究中解决问题;传统的课堂练习多是由老师出示题目,老师评价,而西峡的课堂练习则是由学生自己编题,学生评价;传统的课堂,老师预设的问题多,生成的问题少,而西峡的课堂,课前精心准备的老师常常被学生出其不意的质疑"问住";传统的课堂,老师常常要求学生课前预习,课后布置作业,而西峡的课堂则不倡导课前预习,不提倡课后布置作业。

这就是西峡县——豫西南一个山区小县,无论是城区还是乡村都家喻户晓的"三疑三探"教学模式。

在仅有43万人的山区小县,进出的这个"三疑三探",引起了诸多专家的兴趣和媒体的关注,《中国教育报》、《教育时报》都有整版的报道。短短几个月,已有京、津、新、黑、吉、苏、鲁、皖、赣、川、陕、晋、豫等十几个省、市、自治区的上百起的教育界同行观摩访问,产生了巨大的轰动效应!然而,更值得说的是在它背后所呈现的骄人的成绩:

2008年高招本科上线1599人,是2005年的2.6倍,是2003年的4.8倍;2008年河南省高招普通本科录取计划186292人,占全省人口万人比为18.8,而西峡县普通本科过线人数万人比为37.8,高出全省19个万分点。2006年高考全市文理科前10名中西峡占7人,2007年高考全市文理科前5名中西峡占4人。2008年高考全市文理科前6名中西峡占5人。

2008年小学、初中入学率、毕业率均为100%;辍学率小学为0,初中为0.63%;小学文化课抽测合格率为100%;初中升高中全省统一命题考试总分645分,西峡县生均517.6分,如果各科满分按百分计算,人均高达80.25分,远远超出南阳市平均成绩。

然而,在文化课成绩背后,更重要的是学生变得敢于质疑,变得勤于思考,变得善于表达,变得快乐、活跃、生气勃勃,问题意识和探究能力明显增强。真正做到了"进得来,留得住,学得好"。与此同时,教师"成就"指数明显上升,全县有近千篇文章在国内刊物上发表或者获奖;全市优质课大赛,西峡选手全部获得了一等奖;吴焱、李清锋、赵惠三位教师还代表河南省参加国家级赛课,均获一等奖,他们的课被制成光盘面向全国发行。2008年西峡县代表河南省顺利通过了国家"两基"高标准验收,2008年西峡县基础教育教学研究室还被命名为"河南省基础教育先进教研室"。

抓好一个班级不易,抓好一个学校更难,要想抓好一个区域的教学改革可以说是难上加难,没有"真功夫"是不行的。而"三疑三探"却是一个区域性推进并且取得成功的教学模式。它的原则是不放弃最后一名学生——设置自学提纲充分考虑学困生,检查学习情况优先提问学困生,表扬鼓励也是首先送给学困生;学困生的成绩上去了,整个集体的成绩也就上去了——这就是"木桶"原理。几年来,西峡县区域性推进"三疑三探"教学模式,要求全体教师面向全体学生,教学质量大面积提高。这就是蒋笃运厅长题写"推广'三疑三探',培育创新人才",向河南教育界发出号召的原因所在。

这里,我们不能不提到这样一个人物和这样一个团结奋斗自强不息的教改团队——"三疑三探"的创生者杨文普和他领导的西峡县教研室。

年轻的杨文普在西峡土生土长,近20年的一线工作实践使他对西峡这个父母之邦的教育事业有着一种特殊的情结。如何有效推进山区教学改革是他多年来一直努力探索的一个大课题——为什么教师工资待遇提高了,却出现了"职业倦怠"？为什么上学免费了,学生却不愿上学了？为什么年级升高了,上课却不会提问了？面对新课程的严峻挑战和日益激化的教学矛盾,在一次全体会议上,杨文普提出了这个沉甸甸的"教育三问"。

杨文普说,"三个为什么"的答案,就是新课程实施仍然是"穿新鞋走老路"的问题,就是在教师队伍中存在着不愿改、不敢改、不会改的问题,就是教研员对新课标的理念理解不透、把握不准、引领不够的问题！

"教育三问"振聋发聩,教学改革势在必行。于是,杨文普对教研室和教研员进行了全新的定位：

教研室应该是新课标理念的研究院,是教师解疑问难的咨询处,是推进新课标实施的发动机,是新课程改革的航标灯；

教研员不再是教学的裁判员、评论员,教研员首先是服务员,要搭建教研平台,促进校本研究,倾心尽力为教师专业成长服务；教研员是运动员,要不懈学习,躬身实践,确保自己日有所长；教研员是领航员,要熟悉教学规律,精通教学方法,随时随地站在课改最前沿。

围绕这个定位,杨文普又对教研室全体人员明确提出"五看"：

一看工作态度：到乡、校调研,是真心实意为基层服务,还是图逍遥、走过程？

二看工作能力：能否切实为学校、教师解决教学中的实际问题,这节课上的不成功,你亲自示范一下怎么样？既是教研员就该亲自出马,就一定要以自己的亲身实践让一线教师心服口服。中小学期中、期末考试命题质量,要向基层学校问卷调查,让一线教师说了算。

三看工作成绩：教研员实行学科负责制,各科中、高招成绩如何？每个人每年有多少研究文章在国内报刊上发表？辅导的教师参加市级以上优质课竞赛的水准如何？

四看学习水平：每周五下午是教研室"雷打不动"的集中交流学习时间,也是每个人最紧张、最兴奋的时间。先由支部书记抽签(包括门卫、司机在内)确定出4—6名汇报对象,然后由"中签者"面向全体同志详细介绍本周对自己影响最大的某本书、某篇文章或在学校调研中遇到的精彩片断。有哪些感悟？有哪些收获？最后由全体人员打分,记录存档。在这个学习汇报会上,紧张的是怕自己阅读面窄,感悟肤浅,得分低,脸上难看,兴奋的是成果分享,人人有收获。此外,外出学习的同志必须在会上汇报学习内容之后方可以报销差旅费用,真正起到一人学习、全室人员受益的作用。

五看团队精神：构建和谐群体,在竞争中合作,在合作中竞争,以爱育爱,体现温情。每学期开学前的那一周是教研员们最为激动的日子。教研室这一学期要办几件大事都要在这一周敲定,而要办的这几件大事则是每位同志以给单位提出建议的形式产生的,先由工会主席将所有建议卡去掉姓名整理编号,再分发给每个人审阅打分,汇总评出最佳建议奖后,就把建议人的姓名和建议内容一同写入学期工作计划附件,并由建议人督导实施。

建立教研员成长档案,每半年对教研室全体工作人员进行一次考评,考评小组深入基层学校,分项对每个教研员进行测评,然后结合业绩考评的硬性项目指标,落实奖惩。

定位准确,要求具体。西峡县教研室在教学教研工作的导向作用得到了最大化、最优化的发挥。这就是一个基层教研室主任的领导思想和指挥艺术。

中国教育到底行不行？

如果说中国教育不行，怎么中国学生年年能击败对手拿下奥赛大奖？如果说中国教育很棒，怎么推动人类文明进步的诸多发明创造，包括中小学教材中的诸多定律却很少有中国人的名字？我们的许多学生少年聪敏而成年迟钝、我们的教育起点超前而终点落后，这又是怎么啦？

面对这些深层次的问题，杨文普认为，只会回答问题而不会提出问题，只有做题能力而没有创新能力，追根溯源，是培养学生创新能力的主阵地——中小学课堂教学出了问题！"三疑三探"教学模式的基本思想，就是从为建设创新型国家需要而培养创新型人才出发，从学生终身发展的需要出发，依据新课标的要求和学生的认知规律，通过疑探结合相对固定的教学模式，培养学生主动提出问题，独立思考问题，合作解决问题的能力，养成认真倾听、积极思考、敢于质疑、准确评价的良好习惯，让每一位学生都能在民主、和谐、平等、自由的氛围中学习和思考，全面体现学生在学习过程中的主体地位，使学生真切感受到创新的快乐，从而感悟到人生的意义和人生的价值。这就是"三疑三探"教学模式的核心理念。王敏勤教授说："'三疑三探'教学模式以目标明确、便于操作又立意高远的丰富内涵和灵动、大气、深邃的创新特质，科学地阐释了新课程的价值、智慧和魅力，这样的小课堂与社会的大课堂相互融合、紧密接轨，为全国的基础教育课程的创新与改革提供了一个成功的范例。"这是对"三疑三探"教学模式极高的也是极恰当的评价。

要把"三疑三探"的课堂教学模式在全县进行区域性推进，必须把全县教师队伍打造成一支教学"铁军"。在打造一支技术过硬的教师队伍方面，西峡县教研室也有一手高招。

首先，县教研室的每位教研员都必须上台讲课，都要有自己的几出拿手的"折子戏"；其次，各校校长必须率先垂范，亲自上台讲课，更必须上出优质示范课；再次，全县教师必须按照县教研室制定的考核方案接受全县组织的"三疑三探"教学模式的严格考核。指导思想就是要克服个别领导和教师的等靠思想，促使全县中小学教师尽快掌握"三疑三探"教学模式的操作步骤，并以此为载体推进新课程的全面实施。杨文普说，一花不放，就不可能百花齐放，一鸟不鸣，更引不起众鸟齐鸣！为此，全县几千名教师统一编号，随机抽签定人、定上课内容、定比赛顺序，像考试一样在规定时间内独立备课，像公务员面试一样，由各乡校组成的评委团当场给执课教师评出分数，最后全县通报，真是"一网打尽"，不漏一人！经过几年的努力，从县、乡教研员到学校的校长和各科教师都基本成了教学的研究者和课堂的实践者。这也是许多地方目前还做不到的事。

西峡县成功推出"三疑三探"课堂教学模式，我们还必须说到西峡县教体局局长孙占梅、主管教学的副局长陶成和教体局的全体领导成员。孙占梅以少有的胆识和魄力，大力支持教研室改革，大力支持"三疑三探"的试验和实施。她亲自带队去学习"洋思"，亲自深入基层听课，亲自主持全县教育大讨论，果断地把教育目标量化考核分数的50%交给了教研室，使县教研室这个主抓教学的职能部门，有职有权，有条件充分发挥在全县教学上的指导作用。试想，如果孙占梅这位领导全县教育的"一把手"，没有高度的事业心和责任感，没有宽阔的领导胸襟，没有对下属的肝胆相照、大胆任用，极可能就不会有"三疑三探"这个先进教学模式的降生!

由此,我想起了宋代改革家王安石《答司马谏议书》中的一段话:"人习于苟且非一日,士大夫多以不恤国事、同俗自媚为善……如曰今日当一切不事事,守前所为而已,则非某之所敢知。"且不说王安石改革的功过是非,他这种不墨守成规、不苟同流俗、大胆革新的精神,在今天仍然有很重要的现实意义,仍然值得发扬光大。现在,有一个位子就踌躇满志,端个"铁饭碗"便不思进取的情况,还相当普遍。而像孙占梅这样的行政领导、杨文普这样的业务主管,能够不甘于无所事事、不甘于"守前所为"、不甘于"同俗自媚",用心思考、锐意进取、积极作为、不计毁誉的精神品格,在他们身上体现出的高度的事业心、责任感,难道不值得我们深深思考,认真学习、汲取、借鉴吗?

有什么样的教育方法,就会培养出什么样的未来公民;有什么样的未来公民,就会给国家、民族带来什么样的前途命运。一个好的教育方法就是如此重要。现在,西峡县从中心城区到偏远的深山学校,已全面推进的"三疑三探"教学模式,对传统的教育思想、教育方法、教育内容都提出了挑战,为我们今天的教育管理、教育研究、教育实践提出了新的思考,为新课程改革开拓了光明的前景。"三疑三探"不仅是课堂教学模式,其中还包含着发展农村教育的模式、教学改革的区域性推进的模式、培育创新人才的模式、建设教育教学研究团队的模式、培养优秀教师队伍的模式等。这部《课堂教学的革命——西峡"三疑三探"教学模式理论与实践》对当前教育革命、教学改革有着重要的指导意义和实用价值。

聂振弢

2009年元月

(作者系南阳师范学院教授、韩国京畿大学客座教授、南阳师范学院学报主编、南阳师范学院冯友兰研究所所长、南阳市中学语文教学研究会理事长)

目　录

重印前言 …………………………………………………… 杨文普（1）
代序："三疑三探"，高效方便 …………………………… 王敏勤（1）
前言：推广"三疑三探"　培育创新人才 ………………… 聂振弢（1）

理　论　篇

概　述

"三疑三探"教学模式的提出 ……………………………… 杨文普（3）
"三疑三探"教学模式的基本内容 ………………………… 杨文普（9）
"三疑三探"教学模式的操作流程 ………………………… 杨文普（11）
"三疑三探"教学模式的教学原则 ………………………… 杨文普（15）
"三疑三探"教学模式的课堂评价 ………………………… 杨文普（17）
正确运用"三疑三探"教学模式 …………………………… 杨文普（20）

实　践　篇

小学部分

"三疑三探"教学模式在小学语文课堂中的应用 ………… 方华瑞　王　俊（27）
"三疑三探"教学模式在小学语文课堂应用中的问题与对策 …… 方华瑞　王　俊（30）
"三疑三探"教学模式在小学数学课堂中的应用 ………… 王星楼　杨根旺（49）
"三疑三探"教学模式在小学数学课堂应用中的问题与对策 …… 杨根旺　王星楼（52）
"三疑三探"教学模式在小学科学课堂中的应用 ………… 魏华光（63）
"三疑三探"教学模式在小学科学课堂应用中的误区与对策 …… 魏华光（66）
"三疑三探"教学模式在品德与社会课堂中的应用 ……… 宋玉强（76）

中学部分

"三疑三探"教学模式在中学语文课堂中的应用 …………………… 申致远（83）
"三疑三探"教学模式在中学数学课堂中的应用 …………………… 张景召（89）
"三疑三探"教学模式在中学英语课堂中的应用 …………………… 潘茂荣（105）
"三疑三探"教学模式在中学思想品德课堂中的应用 ……………… 葛荣选（116）
"三疑三探"教学模式在中学历史课堂中的应用 …………………… 王彤辉（124）
"三疑三探"教学模式在中学地理课堂中的应用 …………………… 刘宏超（133）
"三疑三探"教学模式在中学地理课堂应用中的问题与对策 ……… 刘宏超（136）
"三疑三探"教学模式在中学物理课堂中的应用 ………… 唐声韵 王君殿（143）
"三疑三探"教学模式在中学化学课堂中的应用 …………………… 张瑜琴（152）
"三疑三探"教学模式在中学化学课堂应用中的问题与对策 ……… 张瑜琴（157）
"三疑三探"教学模式在中学生物课堂中的应用 …………………… 王焕玲（162）

体音美部分

"三疑三探"教学模式在体育课堂中的应用 ………………………… 杜　钢（169）
"三疑三探"教学模式在体育课堂应用中的问题与对策 …………… 杜　钢（171）
"三疑三探"教学模式在音乐课堂中的应用 ………………………… 杜　钢（174）
"三疑三探"教学模式在音乐课堂应用中的问题与对策 …………… 杜　钢（177）
"三疑三探"教学模式在美术课堂中的应用 ………………………… 杜　钢（181）
"三疑三探"教学模式在美术课堂应用中的问题与对策 …………… 杜　钢（184）

思 考 篇

实践感悟

"三疑三探"——学生飞翔的翅膀 …………………………………… 王君殿（191）
"三疑三探"教学模式与课程标准的关系 …………………………… 杨明常（195）
"三疑三探"教学模式有利于培养创新型人才 ……………………… 杨根旺（198）
"三疑三探"教学模式内在的育人艺术 ……………………………… 张瑜琴（201）
浅议"三疑三探"教学模式的科学性 ………………………………… 高有顺（204）
分层递进　灵活多变
　　——"三疑三探"教学模式内在联系的探讨 …………………… 李云飞（207）

"三疑三探"——一种崭新的课堂教学模式 …………………………… 葛荣选(210)
"三疑三探"载你驶入新课程快车道 ……………………………… 王焕玲(212)
让课堂"疑"彩纷呈 ……………………………………………… 王长顺(214)
"三疑三探"教学模式环节的五字妙诀 …………………………… 李彦娓(216)
"设疑自探"环节操作之"五要" …………………………………… 武鹏举(219)
"三疑三探"教学模式中教师角色的定位 ………………………… 杜一丽(222)
创新是"三疑三探"教学模式的价值所在 ………………………… 刘显召(224)
"三疑三探"——用评价点燃师生思维的火炬 …………………… 杨永旗(226)

学科透视

这,是一场了不起的变革!
　　——论小学语文课堂中的"三疑三探"教学模式 ……………… 方华瑞(229)
"三疑三探"与学生创造性思维能力的培养 ………………………… 王 俊(234)
一种促使师生共同发展的教学模式
　　——谈小学数学中的"三疑三探"教学模式 ………………… 王星楼(237)
"三疑三探"教学模式与学生问题意识的培养 ……………………… 魏华光(240)
"疑""探"结合为品德与社会课教学注入活力 ……………………… 宋玉强(243)
实施音乐新课标的有效载体
　　——谈音乐课堂的"三疑三探"教学模式 …………………… 杜 钢(245)
对语文教学中"三疑三探"的理性分析 …………………………… 申致远(247)
谈"三疑三探"数学课堂教学模式的先进性 ……………………… 张景召(250)
"三疑三探",为英语课改扬帆 …………………………………… 潘茂荣(253)
发挥学生主体作用　焕发课堂教学活力
　　——谈"三疑三探"历史课堂的有效性 ……………………… 王彤辉(256)
运用"三疑三探"教学模式构建和谐地理课堂 …………………… 刘宏超(258)
数学课堂贵在开发学生创造性思维 ……………………………… 柴 娟(261)
在英语教学中如何设疑 …………………………………………… 任首杰(264)
在语文教学中运用"三疑三探"教学模式应体现"四要" ………… 张红梅(267)

评 析 篇

把课堂空间向学生思维全面开放
　　——来自河南省西峡县区域推进"三疑三探"课堂教学改革的报道 ……………………………………《中国教育报》(271)
西峡教改的课堂革命 ……………………《教育时报》(277)
西峡教改的教育学思考 …………………《教育时报》(282)
课改背景下一个县教研室的职能转变 ……《教育时报》(287)
西峡"三疑三探"教学模式叫响中原 ……《南阳日报》(291)
三疑三探：为我们自己的"诺奖"得主筑基
　　——河南省西峡县基础教育整体改革侧记 ………《中国教育》(294)
"三疑三探"促使孩子快乐成长 ………………… 封彦波(298)
"三疑三探"　魅力无限 ………………………… 符喜华(300)
焕发课堂活力　成就创新教育 ………………… 杨洪钟(303)
质疑精神成就"西峡经验" ………………《教育时报》(306)
"问"出来的课堂
　　——探访西峡"三疑三探"教学模式 ………《中国教师报》(308)
西峡县课堂教改模式引发全国教育界关注 …… 河南省委《内部参阅》(专报)(314)
"三疑三探"教育模式给我的启示
　　——校本培训思绪点滴 ………………………… 韦海玉(318)
学习"三疑三探"教学模式的心得体会 ………… 高　萍(321)
透视西峡教育的成功之处
　　——关于对河南省南阳市西峡县教育的考察报告 ……… 宁　炜(327)

后　　记 ……………………………………………………(333)

理论篇 1—24

回顾中国的历史,实际上是一部教育的发展史,教育培养了什么样的人,就会出现带有什么烙印的社会历史。

学生头脑中没有问题,这是教育的悲剧。教育原本应关注学生内在禀赋的开发,而不是摧残任何不符合"应试教育"体制的内在禀赋。当前我国中小学课堂最大的问题就是让学生学"答",而不是学"问",存在严重的课堂教学"技术主义"和"工具主义"错误倾向。

"三疑三探"教学模式的基本思想,主要是从建设创新型国家所需要培养具有创新能力的人才出发,从学生发展的需要出发,依据新课标的要求和学生的认知规律,让学生学会主动发现问题,学会独立思考问题,学会合作探究问题,学会归纳创新问题,同时养成敢于质疑、善于表达、认真倾听、勇于评价和不断反思的良好品质和习惯,让每一位学生都能在民主和谐的氛围中想学、会学、好学,全面体现学生在学习过程中的主体地位,使学生真切感悟到生命的价值和创新的快乐。

概　述

"三疑三探"教学模式的提出

杨文普

教育要培养什么样的人，实际培养了怎样的人，应该怎样去培养人？作为一名教育工作者，必须对此进行深入的思考、准确的定位和科学的决策。否则，我们的教育将是盲目和低效的，有时甚至是负面的。因为教育是一个引领学生成为我们所希望的人的过程，是一个价值开发和价值实践的过程。

一、教育要培养什么样的人

教育到底应该培养什么样的人？不同时代有不同的答案：在农业经济时代，中国封建社会的教育重点是巩固封建政权，教育的主要目的是将人都培养成"听话"和"顺从"的"良民"，以"六经"为准绳，以"灌输"为手段，将人分成九等，强调"师道尊严"、"权力至上"和"学而优则仕"，谁把封建礼教掌握得透彻，谁就能做"官"，然后再以此"教化"百姓，希望形成一个太平盛世。老百姓唯一的希望就是能出一个青天大老爷，因为"君要臣死，臣不得不死"，"官"就是百姓的衣食父母，官让民亡，民必然毙命。难怪唐太宗李世民在城楼上望着进城赶考的学子，开怀大笑，发出了"天下才子尽入吾彀"的感慨。

封建社会是漫长的，封建教育是桎梏的。当我们拖着长辫还在摇头晃脑死记封建"礼教"的时候，当我们还陶醉在古代"四大发明"的时候，西方"列强"用装着我们发明的火药的炮弹却不按"礼教"打了过来——鸦片战争标志着封建社会的教育因缺乏对创新能力的培养，而使整个民族远远地落后了。为此，晚清重臣张之洞曾深刻指出："人皆知外洋各国之强由于兵，而不知外洋之强由于学。"同时提出"中学为体，西学为用"的教育思想，为促使清政府"颁定学制，废止科举"，开创中国近代新式教育起了重大作用。

回顾中国的历史，实际上是一部教育的发展史，教育培养了什么样的人，就会出现带有什么烙印的社会历史。然而一个国家或地区，毕竟是世界的组成部分之一，在其发展的某个阶段无论多么独特，发展趋势都将最终走向整个人类社会的总体融合。随着全球化进程的加快，人类社会也从漫长的农业经济匆匆越过工业经济，很快跨入知识经济的时代。在这个时代，知识就是力量，知识和能力改变的不仅是某个人的命运，而且是整个国家和民族的命运，而能力的核心则是人的创新能力。因此，一个国家和民族能否自立于世界之林，能否站在历史的潮头，能否位于科学技术的制高点而成为世纪的主角，关键在于创新人才的数量和质量。而这一切，都又深深依赖于这个国家和民族的教育对受教育者创新素质的培养程度。

哈佛大学前任校长陆登庭在北京大学讲坛上曾讲了这样一段发人深省的话："在迈向新世纪的过程中，一种最好的教育就是有利于人们具有创造性，使人们变得更善于思考，更有追求的理想和洞察力，成为更完善、更成功的人。"著名的国际21世纪教育委员会的报告《教育——财富蕴藏其中》，也把创新作为教育的最高目标：教育的任务是毫不例外地使所有人的创造才能和创造潜力都结出丰硕的果实……这一目标比其他目标都重要。随着知识经济时代的到来，如何应对全球性的挑战，世界各国都把目光聚焦到培育下一代的目标上，日本政府提出：教育要成为打开能发挥每个人的创造力大门的钥匙，使受教育者成为面向世界的日本人；美国人则强调：教育的首要目的就是释放学生的创造力，要培养骨髓里都充满未来思想和未来意识的人和世界一流的创新人才。

中共中央、国务院更是高瞻远瞩，确立了到2020年把我国建设成为创新型国家的战略目标。从1999年6月中共中央、国务院颁布的《关于深化教育改革，全面推进素质教育的决定》中提出要培养学生的"创新精神"，到2006年9月实施的新《中华人民共和国义务教育法》中提出要培养学生的"创新能力"，如果说把创新的教育目标由"精神"层面上升到"能力"层面，是对"创新"的认识的飞跃，那么建设创新型国家，无疑是对我国教育改革与发展提出了新的挑战和要求。

建设创新型国家，不仅科学家和技术人员需要创新，而且政治、艺术、农业、商业等各个方面也都需要创新，只有行行有发明、人人有创造、处处有发明、时时有创造，这个社会才有活力，才会进步。因此，教育不仅要培养能获诺贝尔奖的大发明家、科学家，而且要培养千千万万个有创新精神和创新能力的高素质的劳动者。

今日之学生，即将来之公民；将来所需之公民，即今日应当培养之学生。因此，为建设创新型国家培养具有创新能力的合格公民，是教育的重要责任，是我国当前和今后相当长一段时间教育应该培养什么样的人的根本目标。

二、我国教育当前培养了怎样的人

看不到问题是最大的问题，看不到差距才是最大的差距。新世纪以来，我国进入了一个新的持续快速发展时期，但由于历史等诸多因素，在我国最能体现促进社会进步的科技创新水平比较滞后。从世界经济论坛发布的《全球竞争力报告》显示，我国的新技术参与度按国际标准衡量的教育成果排名较低，并且呈下降趋势（2002年第33位，2007年第34位）。目前世界上公认的创新型国家有20个左右，包括美国、日本、芬兰、韩国等，这些国家所拥有的发明专利数量占世界总数的99%，截止2007年，最能反映我国科技创新水平的国家自然科学奖和科技发明奖连续4年一等奖空缺。同时，我国的航空设备、精密仪器、医疗设备、工程机械等具有战略意义的高技术含量产品80%依赖进口。

近年来，国际方面涉及知识产权的官司一年多于一年，这个信号告诉我们："中国制造"必须换成"中国创造"，否则，用别人发明的技术贴上自己的标签又怎能不引起纠纷呢？

备受关注的2008年诺贝尔奖又与中国人无缘，虽说科学无国界，然而作为世界上人口最多的国家,在长长的诺贝尔奖名单里一直是空白,这不能不令人感叹我们在创新能力方面的欠缺。

美国中小学一直被批评为基础教育差,而从1901年设立诺贝尔奖至今,其中的科技奖和经济奖获得者美国人占43%。有人把我国基础教育和美国(包括其他发达国家)基础教育的价值取向相比较,说两国的根本区别在于我国基础教育重视解答问题,而美国的基础教育则重视发现问题。这话说得有些过分,但又有一定道理,不是说外国的月亮都比中国的月亮圆,而我们确实应该承认和反思这个事实,因为发展才是硬道理。

其实,获诺贝尔奖的也有华人,只是外籍罢了,这又给我们提出了一个严峻的问题:为什么聪明的中国人只有在外国才能显示出他们更高的创新能力?这是一个值得认真探讨和思考的问题。但有一点可以肯定,我们在培养创新人才机制上存在严重的问题,我们培养创新人才的这个基础教育的摇篮出了问题。《中国化工报》曾刊登了一篇发人深省的文章——大学生和幼儿园娃娃谁聪明?女教师画了一个圆圈问大学生:"这是什么?"大学生沉思良久,底气十足地说:"是零。"女教师转身问身边幼儿园的孩子们,随即换来了孩子们的七嘴八舌:"这是太阳"、"是鸡蛋"、"是教师脸上的小酒坑"、"是妈妈的大眼睛"……为此有人形象比喻:学生入学时像问号,毕业时却像个句号,走向社会则成了感叹号!

实际上,教育的首要目标就在于培养有创新能力的人,而不是重复前人所做的事情。我国教育之所以培养的人创新能力不强,从根本上讲,整体上还没有走出以知识传授和单向灌输为中心的传统教育思想的束缚。因此,使教育从传统的传授已有知识为中心的模式,转变为着重培养学生创新精神和创新能力的教育功能模式,是知识经济创新旗帜下对教育提出的新要求,是21世纪我国教育改革与发展的重要使命。

三、教育应该怎样培养人

课堂是培养学生创新能力的主阵地。据统计,一名学生在基础教育阶段,从幼儿园到高中,15年间花在课堂上的时间比16000节课时还多。可以说人的童年、少年和青年初期绝大部分时间都是在课堂中度过的,而这期间的每一节课,学生是积极主动地质疑探究还是被动地接受灌输,将直接影响着学生创新能力的培养和价值观的形成,甚至由于定式的原因影响到学生的一生。

然而,我们的课堂在培养学生的创新能力方面却是非常欠缺的。第一,从传统思想观念来看,无论是教师、家长还是学生本人,他们的尊师观仍然是师道尊严,以崇尚教师权威为主流。长期处于这种环境下,学生常表现为信心不足、自主性差和依赖性强,缺乏质疑问难的创新品质。第二,从传统心理特征来看,主要是封闭保守、不愿表达,有一种"随大流"的思想。许多学生也形成人云亦云的习惯,谦虚过度,直率不足,多顾虑他人褒贬,不尊重自我感受,这种现象的存在不利于创新思想的培养。第三,从教学方式来看,注重的是"灌输",它的主要形式是"教师讲,学生听"。在这个过程中,教师是机械的传授者,学生是被动的接受者,由于没有真正激发学生的学习兴趣,所以课堂上学生走神、看小说、打瞌睡等现象比比皆是,课堂效率低下。实施新课改后的课堂情况大有改进,然而大多仍是在教师的预设下进行,学生仍是被动地思考。例如,学生被动地按教师指定的自学提纲自学课文,被动地按教师提出的问题进行回答,被动地按教师编拟的习题进行练习,根本没有主动发现问题和提出问题的机会。因此学生自然难以形成创新的意识,更不用说创新的能力了。第四,从教学内容来看,教师仅仅停留在教材规定的内容上,是教教材而非用教材,很少同实践和日常生活相联系。

纵观世界发达国家对创新人才的培养,无一不是从关注教育、改革课堂入手的。以美国为例,1957年苏联率先发射人造卫星,震惊了美国朝野,美国人一致呼吁要求以高精尖的科学知识武装青年一代,并于1958年颁布了《国防教育法》,1959年美国"全国科学院"召开了中小学数理学科的教学改革会议,美国哈佛大学教授、教育心理学家布鲁纳主持了这次会议,并根据会议意见撰写了《教育过程》一书,布鲁纳针对传统课堂教学"教师讲,学生听"的讲授式教学,提出了发现学习理论,主张通过引导学生进行自己发现和探究,培养学生的创造性。此后,美国又制订了著名的"2061计划"(2061年是哈雷彗星下一次回归地球附近的年份),其目标是用一代人的时间,根本改变美国教育体制,改变教学模式,大力改革教学方法,造就一代具有创新精神和科学素质的国民。

反思我国当前基础教育教学方法和教学模式,真可谓"万紫千红、争相斗艳"。有人做过不完全统计,在报刊杂志上公开发表的,加上一些正在摸索的教学方法或模式不下百种,然而其中有许多不久便消失了。究其原因,这些方法或模式只注重了新课程标准外在的"形",而忽略了内涵的"神","换汤不换药",因而缺乏生命力。有的教育领导甚至还存在"课堂打基础,课外抓特长;课堂教学搞应试教育,课外活动搞素质教育"的形而上学的错误观点,对课堂教学改革缺乏真正的支持,造成改革的层面肤浅,浅尝辄止。

教育原本应关注学生内在禀赋的开发,而不是摧残任何不符合"应试教育"体制的内在禀赋。当前我国中小学课堂最大的问题就是让学生学"答",而不是学"问",存在严重的课堂教学"技术主义"和"工具主义"错误倾向。为什么教师热衷于学生学"答"?因为"答"的前提是围绕"应试"的"问",是在备战中、高招的全真模仿下的强化训练,不仅有"眼前"利益,还能考高分;更因为学生"答"的前提是教师在"问",无论"问"得或深或浅,或偏或怪,或是否具有价值和意义,"问"的那个神秘答案早在教师心中,教师永远是主动的,学生在这种形式下学"答",就会感到教师永远是"渊博"的、"权威"的、至高无上的。为什么一定要让学生学"问"?为什么提问题比答问题更重要?因为发现问题的本身就是对事物的加工和思考,是学生在主动的前提下好奇和兴趣诱发的结果,因而更能引起学生自我探究的欲望和达到目标的信心。学生学"答",最多只能做到"青出于蓝而止于蓝",只有学"问"才能做到"青出于蓝而胜于蓝"。"学贵知疑,小疑小进,大疑则大进",学生头脑中没有问题这是教育的悲剧。著名教育家陶行知曾经说过:"发明千千万,起点是一问,禽兽不如人,过在不会问,智者问得巧,愚者问得笨,人力胜天工,只在每事问。"从而强调了发现问题的重要性。

实践证明,科学上许多重大发明都是从"疑问"开始的:牛顿从苹果为什么会从树上掉下来,而不是掉到别的方向产生疑问,最终发现了万有引力定律;科学家从蝙蝠飞行为啥碰不到障碍物产生疑问后,发明了雷达;河南省唐河县六旬老人王春生发明的CN分子动高温超导变压器,解决了世界物理学界的一个难题,他是从初中课堂上对欧姆定律的一个结论质疑开始的。包括现在电视热播的《百家讲坛》之所以能引人入胜,扣人心弦,不都是从对传统经典著作的"疑问"（质疑）开始的吗？其实，现代学生思维活跃、视野广阔，他们对教材的一些内容持有自己的看法。若教师漠视这些现实，即使把教材讲得再深再透，学生也会认为这是说教而产生反感，这样的教学对学生的发展是毫无意义的。

因此，要培养学生的创新能力，必须改变现在学生只学"答"不学"问"的状况，真正实现从教师"教学"到"教学生学"的思想转轨，实现学生学习方式由单一接受到发现创造的根本转变，实现教师由文化的传承者走向人才的催生者，由教育理论的消费者走向先进教改思想的建构者的角色换位。只有这样才能实现教育为创建创新型社会培养创新型人才奠基的根本目标。

四、教育改革的"引爆"：一次民主生活会的启示

2005年春，按照中央和河南省委的统一部署，西峡县"保持共产党员先进性教育活动"进入重要阶段，根据要求必须召开一次深刻的自我剖析会和建言献策民主生活会。时值新学年开学在即，原定在这个民主生活会上先开展批评和自我批评，再宣读一下新学年工作计划，让大家提提意见。临传达时我突然冒出了一个念头：既然是民主生活会，何不先听听大家的意见呢？于是我说："今年计划还没制订，主要想听听大家的意见，看谁提的更有价值能被采纳。"谁知一语激起千层浪：大到全县教改思路和管理方法的改进，小到楼梯、厕所的手控灯改装成声控灯这些琐碎的杂事，大家都发表了很有见地的看法，一个个尖锐的问题令人深思，一个个创新式的建议令人鼓舞。例如，更换声控灯的问题本身就是一个改进，可偏偏有人表示反对，说声控灯白天有声音也会亮，不如改为声控和光控灯，只有光线达到一定暗度且有声音灯才会亮……

实际上大家提的建议大部分都是计划中已经"预设"的，也有部分是预设之外而"生成"的，但经过这次"故弄玄虚"之后，发现同志们的干劲更高了。

这次令人心潮澎湃的民主生活会，使我陷入了深深的思考：如果按照原定程序，计划草稿传达后肯定会迎来一片"喝彩"和"恭维"，根据经验，很少有人会对这类基本成型的文件提出"异议"的。因为在传统的思想中，计划和决定是领导的事，下级考虑的只是怎样按计划要求执行的问题，即使有偏颇，又有谁同领导当面过不去呢？这次民主生活会成功的根本原因是没有给出现成的条条框框（即新学年工作的要点和应该解决的问题），新学年工作努力的方向和应该主抓的大事主要是让大家提出的；同志们干劲更高，是因为领导和单位采纳了群众的意见，在每个人的心中，觉得大家都是朝着自己的目标在努力工作，内心深处有一种成就感。

我由此想到了我们当前中小学的课堂，即使所谓的"好课"，每一个环节不都仍在教师的"预设"之中吗？教师"问"学生"答"，教师编习题，学生做习题。如同会议上传达的各种计划和方案，学生一直是被动地思考和练习，根本没有自主发现问题的空间，创新的意识就很难培养，更不用说创新能力的培养了！这次民主生活会，难道不就是我们多年苦苦求索的，能在民主平等的氛围中充分调动创新思维的一节"好课"吗？

我们为什么不在课堂上也来个"故弄玄虚"，让学生主动地提出问题，质疑"权威"，共同参与到学习目标的制订上？为什么不设置一种相对固定的教学环节，让学生充分地自

主探究,在此基础上再让学生充分地合作和交流？为什么不让学生自己编习题而要教师包办代替呢？

　　于是,一个大胆而又宏伟的设想在我脑海中显现:既然我们的教研人员能在民主平等的氛围中调动创新思维,那么我们所研究的基础教育,难道不也应该瞄准未来社会对创新人才的需求,创设一种全新的教学模式,让学生通过"疑"和"探"等固定的教学环节,同样在民主平等的学习氛围中培养起创新能力呢？就这样,创新思维的"星星之火",在教研室全体同志认真研讨和冷静思考的基础上,以"可以燎原"之势,在试点广泛深入实验的前提下,逐步探索出了一套全新的教学模式——"三疑三探"教学模式。

"三疑三探"教学模式的基本内容

杨文普

"三疑三探"教学模式的基本思想,主要是从建设创新型国家所需要培养具有创新能力的人才出发,从学生终身发展的需要出发,依据新课标的要求和学生的认知规律,让学生学会主动发现问题,学会独立思考问题,学会合作探究问题,学会归纳创新问题,同时养成敢于质疑、善于表达、认真倾听、勇于评价和不断反思的良好品质和习惯,让每一位学生都能在民主和谐的氛围中想学、会学、学好,全面体现学生在学习过程中的主体地位,使学生真切感悟到生命的价值和创新的快乐。

所谓"三疑三探"是指课堂教学过程的几个主要环节,即"设疑自探、解疑合探、质疑再探"。但就整个课堂教学操作步骤来说还应包括对知识的运用拓展环节,所以用八个字更能全面地涵盖这一教学模式的全部过程,即"先疑后探,编题自练"。

第一步:设疑自探。它是指在课堂的开始阶段,根据教学实际创设问题情景,激发学生强烈的求知欲望,在此基础上围绕学习目标,引导学生提出问题,共同归纳梳理问题,从而形成需要解决的"主干"问题(即自学提纲),让学生通过阅读教材或其他方式独立自学探究问题,并尝试解答问题。

第二步:解疑合探。它是指通过师生或生生互动的方式检查"自探"情况,对于自探难以解决的问题合作解决。

前面两个环节可能在课堂中反复出现,如问题自探一、问题合探一,问题自探二、问题合探二等。

第三步:质疑再探。它是指在基本完成本节主要学习任务的基础上,鼓励学生质疑问难,标新立异,甚至异想天开,勇于向课本、教师以及其他权威挑战,针对本节知识再提出新的更高层次的疑难问题,再次进行深入探究解答,从而达到查漏补缺、深化知识、发散思维、求异创新的目的。

第四步:运用拓展。它是指学生针对本节所学的"新知",围绕学习目标尝试编拟一些基础性习题和拓展性习题,教师有选择地展示或补充后,供全体学生训练运用,在检查运用情况的基础上予以订正、反思和归纳。

其实,"运用拓展"这个环节在具体操作过程中,仍然是按"三疑三探"的步骤和理念进行的,是课堂教学中巩固新知的新一轮"三疑三探"。因此,从总体上来看,这一模式充分体现了学生在学习活动中的主体地位,同时也恰到好处地发挥了教师的主导作用,真正践行了陶行知先生所倡导的"教师的责任不是教书,不是教学生,乃是教学生学"这一伟大的教育思想,特别对于培养学生创新精神和创新能力具有重要的奠基作用,同新课标的要求更是一脉相通的。

以上仅是"三疑三探"教学模式的基本模式,根据不同学科和同一学科的不同课型,还可以使用灵活模式(即灵活运用基本模式的变式),如也可以在运用拓展之后让学生再次质疑等。同时也可以把"三疑三探"模式同其他模式整合运用,构成整合模式。由此可见,"三疑三探"模式不是固定不变的,不是单一的,这样给教师灵活辩证地使用,提供了更大的空间,达到既有模又无模的自由境界。

我国很早就有学者强调:教学有法,但无定法,贵在得法;无法之法,乃为至法。没有一种固定不变的方法,这就是最好的方法。同样我们可以指出:教学有模,但无定模,贵在得模;无模之模,乃为至模。没有固定不变的模式,这才是最好的模式。

如此说来,有人可能认为"三疑三探"教学模式有一定的程序,是束缚教师手脚的条条框框,是教条主义的东西,影响了教学改革的"百花齐放"。这种认识是不妥的。因为,我们主张这种教学模式并不反对其他教学模式,这就譬如同样是一批原材料,如果按照这种模式(程序)造出来的可能是电视机,而按另一种程序造出来的就可能是大炮或汽车。"三疑三探"教学模式是按照培养学生创新能力的程序设计的,培养的当然是具有创新能力的人才!实践证明,"三疑三探"教学模式本身,为教师合理组织教学活动指出了一道符合新课程理念和学生认知规律的科学程序,是能全面培养学生创新能力和大幅度提高教学质量的。但教学情况千变万化各不相同,生搬硬套一个模式是不科学的。生搬硬套所造成的问题,不是教学模式本身的错,而是教师使用不当的结果。

因此,我们在应用过程中切不可邯郸学步、东施效颦,必须深刻领会"三疑三探"教学模式的科学实质和深刻内涵,以学定教,以生施教,最终把"三疑三探"教学模式融会贯通,发扬光大。

"三疑三探"教学模式的操作流程

杨文普

一、设疑自探

〔基本操作〕
（1）设置问题情景，导入新课。
（2）引导学生提出问题，师生归类整理（包括教师必要的补充），从而形成本节"主干"问题（即自学提纲）。
（3）让学生自学课本，独立探究，解决问题。
（4）教师巡视。

〔目的意义〕
（1）设情激趣，使学生开始上课就产生强烈的求知欲望，创造良好的学习氛围。
（2）学生提出的问题，能被教师采纳并作为全体学生共同探究的问题，学生本身就有一种成就感和亲切感。同时，对学生来说，这些问题是主动提出的，不是被动接受而被迫思考的，更容易产生探究的兴趣。
（3）学生带着明确的任务、掌握恰当的方法探究，使自学更扎实有效。
（4）教师巡视，能及时了解学生自学的情况，同时以适当的语言或动作暗示，进一步激发学生学习的积极性。

〔注意事项〕
（1）教师在课前要将心态调整到平静愉悦的状态，理性地克服因其他事件导致的心境不佳或过度兴奋，将激情、微笑、爱心和趣味带进课堂，通过生活实例、社会热点、音像资料、实验操作等途径，迅速点燃学生思维的"火花"。
（2）自学提纲要根据学生实际水平确定。如果学生整体水平高，则问题设置跨度要大一些，留足思维的空间；反之，如果学困生较多，则必须把一个问题分作两步或三步来问，减缓"坡度"，让学生跳一跳都能摘到"桃子"。
（3）教师必须根据教学目标和学生实际，在课前对学生的"自学提纲"进行"预设"，做到心中有数，如果学生提出的问题不全面，教师要进行必要的补充。出示自探提纲要尽量保持学生提出的问题的"原始状态"，使学生有亲切感。
（4）自学指导要层次分明，让学生看后做到三个明确：一是明确本次自学内容或范围（有时一节课需要通过几次自学，因为每次自学内容较多，学生容易产生厌倦情绪）。二是明确自学的方法。例如看书，是边看书边类比回忆，还是边看书边练习（操作），总之什么方法好就用什么方法。三是明确自学的要求。即用多长时间,应达到什么要求,届时如何检测等。

(5)学生自学时,教师要加强督查,及时表扬自学速度快、效果好的学生,激励他们更加认真地自学;同时要重点巡视学困生,可以拍拍肩、说几句悄悄话,帮助其端正学习态度,但一般不宜同其商讨问题,以免影响其充分的自学。

(6)自学指导在一节课中根据教学内容和学生水平状况可能出现多次。

二、解疑合探

〔基本步骤〕

(1)检查自学情况。原则是学困生回答,中等生补充,中、优等生评价。

(2)针对自学中不能很好解决的典型问题,教师要引导学生进行讨论交流,让人人都敢于发表自己的意见,同时能虚心倾听别人的意见,尽量做到表述清楚、观点明确。

(3)教师引导学生归纳,上升为理论,指导今后的运用。

(4)特别难以理解的抽象问题,教师要精讲,有重点地讲。

〔目的意义〕

(1)检查自学情况,首先关注学困生,因为它能最大限度地暴露学生自学后存在的疑难问题,同时,如果学困生做对了,说明全班学生都能做对,就不需教师再教了,这样就节约了课堂时间。

(2)学困生解决不了的问题,需要中等生补充,如果中等生仍难以解决的问题则需要讨论,这样,什么问题需要采取什么样的合探形式,教师就能准确地把握。

〔注意事项〕

(1)教师要解放思想,真正让学困生回答或演示操作,千万不要搞形式主义,让优等生演练,表面上正确率高,实际上掩盖矛盾,不能最大限度地暴露自学后存在的疑难问题。

(2)讨论不要滥用。学生讨论的问题,一定是学生通过自学仍难以解决的共性问题,或者是教师在巡视中发现的虽属个性、但带有普遍指导意义、学生易错易混的问题。

如果在学生没有独立思考的前提下,教师直接把一些难度较大的问题展示给学生,并且让学生开始讨论,最终只能是个别优等生讲讲,小组内其他学生听听而已,同教师讲全体学生听,实在没有什么两样。因此,小组合探应该建立在充分自探的基础之上,换句话说,没有自探就不要合探。个别课因知识较容易,根本不需要讨论。

(3)学困生回答问题或板书时,要注意提醒其他学生认真聆听或观察,随时准备补充、评判和纠错。

(4)教师的"三讲三不讲"。"三讲"即讲学生自学和讨论后还不理解的问题,讲知识缺陷和易混易错的问题,讲学生质疑后其他学生仍解决不了的问题;"三不讲"即学生不探究不讲,学生会的不讲,学生讲之前不讲。

三、质疑再探

〔基本步骤〕

学生根据本节内容,提出新的更高层次的疑难问题,教师引导其他学生共同解决。

〔目的意义〕

"质疑"有利于培养学生的问题意识和创新能力,是对本节所学知识的进一步深化。

〔注意事项〕

(1)教师要营造民主、平等与自由的氛围,鼓励学生大胆质疑,敢于向书本和教师的所谓权威观点挑战,尽量引导学生提出有价值的深层次的问题。

(2)对于学生提出的问题,最好引导学生自己解决。

(3)学生提出的问题有的可能千奇百怪,超出教材的知识范围,但要允许学生表达自己的见解和感受。教师课前应充分做好思想上和知识上的准备,不能指责学生,更不能不懂装懂,搪塞应付。

四、运用拓展

〔基本步骤〕

(1)教师引领学生编拟基本题和拓展题。

(2)教师有选择地展示后,供全体学生训练。

(3)如果学生编拟的习题达不到教学目标的要求,教师要对习题进行补充。

(4)反馈学生答题情况。

(5)教师引导学生反思、归纳本节所学主要内容(包括课本具体内容和通过学习运用所感悟的内容)。

〔目的意义〕

(1)通过学生自编习题的训练,做到了对知识运用的举一反三。

(2)反思实际是对本节内容的及时归纳和梳理,使学生对本节知识有一个系统性的清晰认识。

〔注意事项〕

(1)学生开始可能不习惯或不会编题,教师要进行示范和引导。

(2)学生编题,教师要加强巡视,重点关注典型习题和学困生、中等生的编题情况。

(3)学生展示习题要体现基础性和拓展性。

(4)教师要对训练题进行"预设",以备补充。

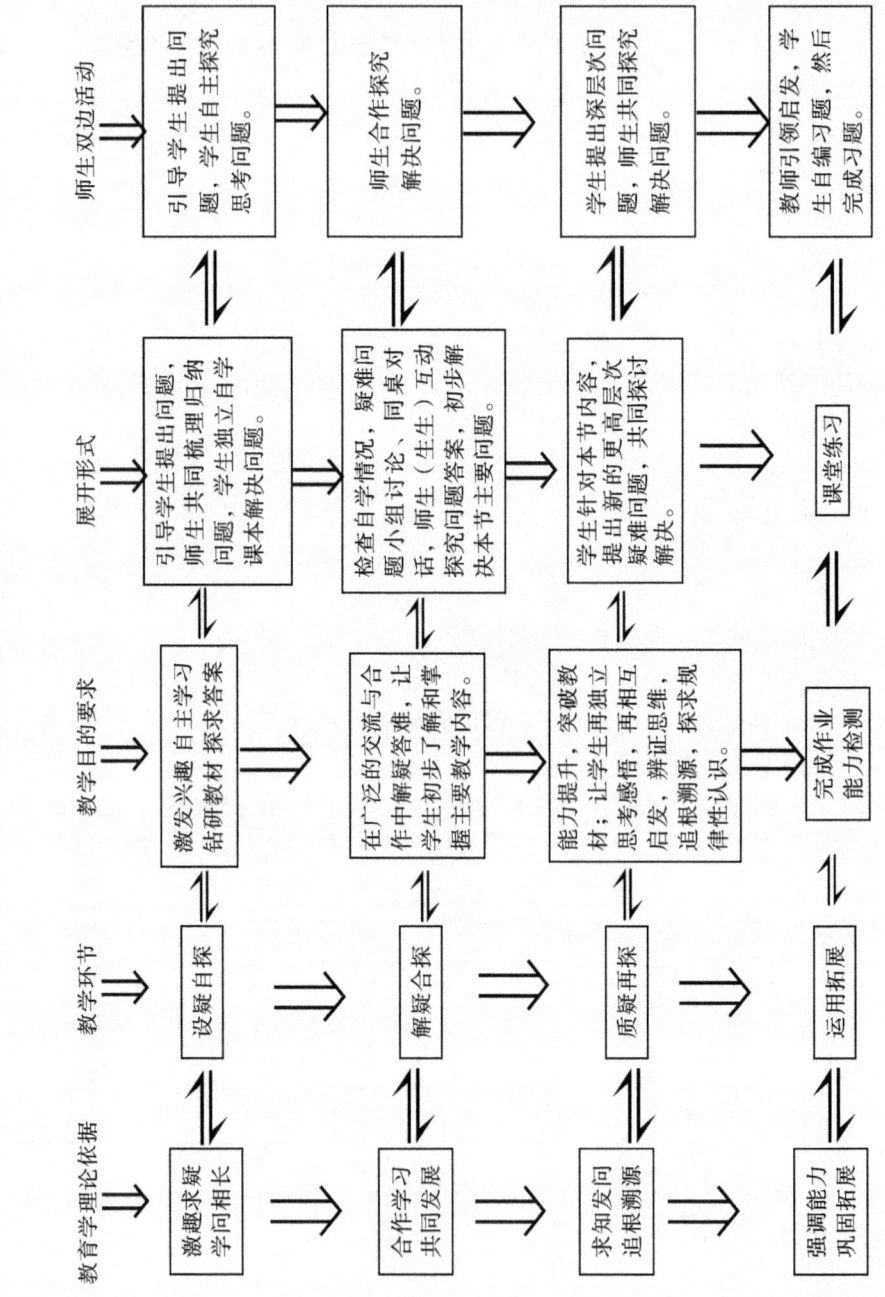

"三疑三探"教学模式的教学原则

杨文普

教学原则是根据教学规律和学生认知规律制定的,在教学过程中所必须遵循的基本要求。"三疑三探"教学模式重点遵循以下教学原则:

一、创新原则

这是"三疑三探"教学模式最根本的原则。课堂的每一环节都是围绕培养学生的创新能力这个目的设置的。通过创设问题情景使学生主动提出问题;通过探究使学生从不同途径去解决问题;通过思索使学生独到地回答(评价)问题;通过类比和假设使学生勇敢地质疑(反驳)问题;通过反思和回顾使学生针对学习目标编拟问题(习题)。因此,可以这样认为:"三疑三探"教学模式通过多种途径和方法培养了学生的创新精神、创新意识、创新思维、创新技能、创新情感和创新人格,最终形成了创新能力。

二、探究性原则

探究性是这一教学模式的本质特征。根据学生现有知识水平和求知的潜能,处处使学生"生疑",时时使学生带着"解疑"的欲望而去"探疑"。课堂始终贯穿着一条隐形的探究线索:即设疑(开始)→思疑→解疑→再质疑→再探疑→编疑→答疑→无疑(结束)。探究的形式可以分为学生自探、师生共探、生生合探。"疑问"最初由学生提出,最终仍由学生自己解决。

三、循序渐进原则

循序渐进原则是使用这一模式应遵循的最基本的原则。按照事物的认知规律、学生的心理特征以及学生现有能力水平处理每一个教学环节,给学生的思维慢慢"设卡",让学生跳一跳可以摘到"桃子"。具体来说,"自学提纲"的设计应由易到难;检查自学情况,要坚持"学困生回答,中等生补充,中、优等生评价"的原则;"合作探究"必须在独立探究的基础上进行;学生"质疑"的问题首先由学生自己独立解答,难度大的由学生合作解答,仍解决不了的,再由教师通过讲解解答。"运用拓展"也是先进行巩固运用,然后再变式延伸;在初始阶段先由教师示范编题,再由学生自主编题;当这一模式运用熟练后,学生养成了一定的习惯，具备了一定的能力，则先由学生编题，再由教师有选择地展示和补充，最后让全体学生"练"题。

四、全体性原则

全体性原则是实践这一模式的基本思路，并且贯穿课堂始终。其目的在于面向全体学生，绕开"精英教育"的误区，特别关注"学困生"的学习状态，做到编拟自学提纲充分考虑"学困生"，检查自学情况优先提问"学困生"，各种表扬鼓励首先送给"学困生"，同时也给中等生、优等生提供发展的机会，让所有的学生都能在教师的启发诱导和关心下获得不同程度的进步。

五、民主和谐原则

民主的师生关系、和谐的课堂气氛是保证学生成功的重要条件。教师应该是学生学习活动的促进者，学习方法的引导者，学习兴趣的培养者，学习氛围的营造者，更是创新人才的催生者。教师要走进学生的心灵，真正做学生的知心朋友。民主和谐原则需注意以下几个方面：

第一，课堂气氛的和谐。教师要注重营造问题氛围，使学生产生提出问题的欲望和冲动，要注重烘托课堂的气氛，使学生之间形成"比学赶帮"的意识，该"自探"时能专心致志，该"合探"时能相互合作，该"质疑"时有独到的理解，课堂张弛有度，充满和谐。

第二，师生之间的和谐。教师要使学生感到教师既是自己的师长，又是亲近的朋友，让学生能真心实意地把自己的困惑和见解说出来。教师要放下师道尊严的架子，用欣赏的动作、眼神、语言去启迪学生，让整个课堂没有苦恼和僵持。

第三，学生之间的和谐。学生之间既要独立思考，又要相互合作，在合作中竞争，在竞争中合作，形成人与人之间、小组与小组之间相互帮扶、共同进步的良好氛围。

第四，教与学的和谐。"三疑三探"强调学生的"学"，但并不排斥教师的"教"；强调学生的"主体"地位，但并不忽视教师的主导作用。当学生提出的"自学提纲"没有完全形成问题"主干"时，教师要进行必要的补充；当学生通过自探、合探仍解决不了问题时，教师要"精讲"，讲的原则是"三讲三不讲"；当学生编题达不到教学要求时，教师要进行补充。总之，一切把学生放在"前台"——教是为了"不教"，教是为了更好地"学"。

六、终身性和社会性原则

学校的每一节课都要为学生终身发展奠基，为建设创新型国家奠基，教师要让学生从平时的每节课中学会发现问题，学会思考问题，学会独立探究问题，学会合作解决问题，从而培养创新的意识，形成创新的能力，着力为未来社会培养合格创新人才。同时，教师要引导学生把"质疑"的习惯引向社会的课堂、生活的课堂，通过学生对社会和生活现象的思考，对周围人群请教式的"质疑"，从而激励整个家庭、整个社区和整个社会每一个成员的学习与思考。

"三疑三探"教学模式的课堂评价

杨文普

  对一节课的评价可以从不同角度、不同侧面进行，在不同时期、不同学科、不同对象、不同环境，评价也是不断变化的。但无论怎样变，有一点不能变，那就是在我们心中，教育要培养什么样的人的核心理念不能变，教育教学的规律和应遵循的基本原则不能变。"三疑三探"教学模式的课堂评价也是如此，那就是要围绕新课标的要求，瞄准未来社会对创新人才的需求去引领人和发展人，评价该模式下的课堂必须体现创新原则、探究性原则、循序渐进原则、全体性原则、民主和谐原则以及终身性和社会性原则，评价要体现"亮点"，那就是创新能力的培养。

  在具体评价的过程中，可以从模式操作本身的步骤去评价，也可以从师生两个主要对象的表现情况去评价。前者适用于最初应用这一模式的评价，目的是便于规范操作，尽快引领教师"入门"体验，是"有模之模"的评价；后者适用于熟练运用这一模式之后的"无模之模"的评价。

  模式不是固定不变的，评价也是不断发展完善的，希望广大教师要正确运用这个"评价标准"，共同发展这个"评价标准"，为深入进行教学改革注入新的活力和动力。

"三疑三探"教学模式课堂评价标准(一)

项目	评 价 标 准	分值
设疑自探(25分)	1. 创设情景,引导学生主动提出问题。	10
	2. 师生对提出的问题能围绕学习目标进行归纳、梳理和补充,形成的自学提纲具有层次性、针对性和探究性。	8
	3. 注重学法指导,但不影响学生独立思考。	3
	4. 学生自学时间充足,不流于形式。	4
解疑合探(30分)	5. 检查自学情况,坚持学困生回答,中等生补充,中、优等生评价的原则。	5
	6. 中等生难以解决的问题同桌讨论,难度较大或有争议的问题小组讨论。讨论有序,不流于形式。	7
	7. 学生敢于发表自己的见解,能认真倾听别人意见,勇于对别人的展示情况进行论证性或补充性的客观评价。	10
	8. 坚持教师的"三讲三不讲"。"三讲"即讲学生自学和讨论后还不理解的问题,讲知识缺陷和易混易错的问题,讲学生质疑后其他学生仍解决不了的问题;"三不讲"即学生不探究不讲,学生会的不讲,学生讲之前不讲。	8
质疑再探(20分)	9. 鼓励学生勇于向教师、课本等"权威"质疑,同时引导学生掌握质疑的方法。	6
	10. 学生质疑的问题具有挑战性、价值性和创新性。	8
	11. 学生质疑的问题仍由学生解决,解决不了的问题再由教师讲解。能灵活处理课堂"生成"的新问题,收放有度。	6
运用拓展(20分)	12. 学生都能围绕学习目标编拟一些基础性习题或拓展性习题。	7
	13. 学生自编题展示率高,展示具有针对性和层次性,习题达不到教学要求时,教师要做必要的补充。	5
	14. 教学目标达成度高,不同层次的学生能根据所学知识完成必做题(基础性习题)和拓展题。	6
	15. 学生能在反思基础上,从不同角度对本节内容进行归纳性总结。	2
参与状况(5分)	16. 学生参与度高,课堂无"闲人",都能真正进入学习状态,都能体验到探究和成功的快乐。	5

"三疑三探"教学模式课堂评价标准(二)

教师方面(30分)

1. 注重启发诱导,设情激趣,充分调动学生探究学习的积极性。(5分)
2. 注重学法指导,对于学生提出的问题善于归纳和梳理,问题(习题)设置具有层次性、探索性和针对性,给学生留足思考、练习和交流的时间。(8分)
3. 讲授准确无误、重点突出,时间一般不超过一节课的三分之一,做到"三讲三不讲"("三讲"即讲学生自学和讨论后还不理解的问题,讲知识缺陷和易混易错的问题,讲学生质疑后其他学生仍解决不了的问题;"三不讲"即学生不探究不讲,学生会的不讲,学生讲之前不讲)。(6分)
4. 关注全体学生(特别是学困生),评价及时准确,充满期待和激励。(5分)
5. 有驾驭课堂能力,能灵活处理课堂"生成"的新问题,收放有度,活而有序,时间安排合理,准时下课。(6分)

学生方面(70分)

1. 会提问:能根据教学情景、教材内容主动提出有价值的问题。(8分)
2. 会自学:具有良好的自学习惯与能力,能解决问题并发现新的问题。(9分)
3. 会展示:敢于发表自己意见,敢于尝试操作,错了也不怕,展示率高。(9分)
4. 会倾听(观察):能认真倾听别人的意见,能仔细观察别人的演示。(4分)
5. 会评价:能对别人的展示情况进行客观评价,并能利用有关资料来论证自己的观点。(7分)
6. 会质疑:有问题意识,敢于向课本、教师等"权威"质疑问难,问题具有挑战性、独创性。(7分)
7. 会讨论:小组讨论不流于形式(问题有一定的难度和价值,活动有序,能表现集体观点)。(4分)
8. 会总结:能在反思的基础上有针对性地进行归纳总结。(4分)
9. 都参与:课堂无"闲人",人人充满自信,都能真正进入学习状态(没有走神或不参与学习的现象)。(8分)
10. 都成功:不同层次的学生都能围绕学习目标编拟一些基础性或拓展性习题,答题正确率高,都体验到成功的喜悦。(10分)

正确运用"三疑三探"教学模式

杨文普

"三疑三探"教学模式为广大教师实施新课程提供了一个有效载体，但模式本身只是一个外在的"形式"，要用好这个模式必须首先领会其本身的精神实质和价值取向。"三疑三探"教学模式的核心就是创新能力的培养，所以，我们教学的每一个步骤、每一个动作、每一句语言、每一个眼神，只要都是在遵循教育规律，都是在为培养具有问题意识、探究能力的合格公民服务的时候，就是正确运用了这个模式。

所谓"三疑三探"是指课堂教学过程中的几个主要环节，即设疑自探、解疑合探、质疑再探。但就整个课堂操作步骤来说还应包括对知识的运用拓展环节。

一、设疑自探

设疑自探是课堂的首要环节，即围绕教学目标，创设问题情景，引导学生设置具体的自探问题，大胆放手让学生自学自探。这一环节主要涉及三个步骤：

一是创设问题情景。教师在课前要把自己的情绪理性地调整到最佳状态，通过口头（肢体）语言、音像资料、实验操作等方法，迅速点燃学生的思维火花，尽快形成问题氛围，使学生"生疑"，同时产生强烈的求知欲望。

二是设置具体的自探问题。根据学科特点，自探问题应该先由学生围绕学习目标发散性提出，然后师生归纳梳理，如果问题还没有达到目标的要求，教师再补充提出，最后将自探问题确定下来。在具体的使用过程中，教师必须明白：自探问题的"主干"就是本节学生应掌握的学习目标，是引导学生自学课本的提纲，问题设置是否准确、简明和恰当是一节课成败的根本。因此，教师要根据学生具体的学习基础，适当增加或减缓问题的坡度，让学生跳一跳都能摘到"桃子"。在实践中发现，教师直接提出自探问题，能直奔"主题"，节约课堂时间，但学生思维必须在教师设置的框架内运行，限制了学生的思维。如果让学生提出问题，则问题大部分是支离破碎的，需要教师进行引导归纳，问题提不到"点子"上还要教师进行补充，这样占据了课堂时间，特别是开始使用这一模式时，如果教师把握不好可能会影响到教学任务的完成。我们认为，学生能主动提出问题，说明学生有问题意识，这是"创新"萌芽的开始。因此，我们主张自探问题的设置，如果课型允许，应该先让学生提出，因为提出一个问题比解决一个问题更重要。这也是一个观念转变的问题——就是一切把学生放在"前台"。

三是学生"自探"。这里的"自探"是学生完全独立意义上的自探。自探前,教师一般要适当地进行方法的提示、信心的鼓励和时间的要求。自探中,要让每一位学生都能感到教师对自己的热切关注和期望(通过巡视的方式关注学困生,通过赞许的目光关注提前完成任务的优等生),无论关注的形式怎样变,有一个底线不能变,那就是不能打断或干扰学生独立学习的思路。

容易出现的误区:一是设置自探问题层次不清,不能紧紧围绕学习目标,问题太碎太杂或太大太空,要么一看就会,在课本上有直观的答案,不需思考或没有思考的价值;要么思维跨度太大,缺乏递进性,学生难以接受。二是自探走过程,时间安排不足。三是在学生自探过程中教师出现两个极端:要么唠唠叨叨,使学生不能专心思考;要么漠然视之,认为学生自探与己无关,使学生在失去教师亲和力情况下低效学习。

二、解疑合探

解疑合探是指通过师生或生生互动的方式检查自探情况,共同解决自探难以解决的问题。换句话说,即通过合探的形式共同解决设疑自探中的"疑"。"合探"的形式包括三种:

一是提问与评价。操作的办法是学困生回答,中等生补充,中、优等生评价。学生的表达能力、倾听能力、思辨能力和评价能力主要在这一环节得到培养和体现。另外,评价还包括对评价的评价,评价最好能用有关资料来论证自己的观点,对原来答错的学生,要让其倾听后找出错因,更新回答。

二是讨论。通过检查,如果学困生做对了,说明这个问题全班都解决了,教师就不需要在此着力,而应直接转入下一个问题的检查,以免浪费时间。如果中等生也难以解决,则需要讨论,教师在"自探"中巡视发现的虽属个性,但带有普遍指导意义、学生易混易错的问题也要讨论。讨论要建立在学生充分"自探"的基础上进行,难度小的问题同桌讨论,难度大的问题小组讨论,小组讨论要定主持人,定先后发言的顺序,同时要注意好、中、差不同水平学生的相互搭配和成员的相对稳定。

三是讲解。如果通过讨论仍解决不了的问题,教师则予以讲解,讲解的原则是"三讲三不讲":"三讲"即讲学生自学和讨论后还不理解的问题,讲知识缺陷和易混易错的问题,讲学生质疑后其他学生仍解决不了的问题;"三不讲"即学生不探究不讲,学生会的不讲,学生讲之前不讲。

容易出现的误区:一是抛开设疑自探中的问题,重新设置几个所谓难度较大的问题,在学生没有思考的情况下,直接让学生讨论;二是教师怕学生自学解决不了的问题,按自探提纲从头到尾重新讲解一遍,"换汤不换药";三是提问不是优先学困生,怕浪费课堂时间,仅让中等以上举手要求发言的学生回答一遍了事,掩盖了学情;四是试图烘托气氛,搞形式主义,很简单的问题也要进行讨论;五是小组讨论人员不固定,发言无序,时间没保证。

设疑自探,解疑合探,这两个环节根据教学内容的不同,有时可能在课堂反复出现,如设疑自探一、解疑合探一、设疑自探二、解疑合探二……目的是防止问题一次出示过多,容易使学生产生厌倦心理。

三、质疑再探

质疑再探是指在基本完成本节学习任务的基础上,鼓励学生敢于质疑问难,标新立异,甚至异想天开,勇于向课本、教师以及其他权威挑战,让不同学生针对所学知识,再提出新的更高层次的疑难问题,诱发学生深入探究。

质疑者的主体是学生。学生质疑的某个具体问题很可能与本节学习目标无关,甚至同样的问题如果换成教师提出则属于画蛇添足。但我们应该明白,对于学生来说,"质疑"本身的意义就在于是学生自己主动发现了一个问题,而不是被动解决了一个别人提出的问题。质疑再探之所以要作为课堂的一个固定环节,根本目的就是再次让学生发现和挖掘问题,进一步培养学生的问题意识和求异创新精神。在具体的实践中,对于中等以下学生质疑的问题,有可能还是本节学习目标的范畴,只是从不同侧面去提,这时让其他学生回答,实际上是起到了深化学习目标的作用;对于优等生质疑的问题,有可能超出书本知识,但教师还应先让其他学生思考解答,提出种种不同解决的办法,包括一些甚至是荒谬和错误的想法,然后教师再解答。如果连教师也解答不了,应坦诚说出,师生课后通过查资料等其他途径共同解决。

如果开始学生不会质疑,教师可以根据课堂的完成情况进行示范引领性质疑,启发引导学生提出有价值的问题。待学生养成习惯之后,教师考虑更多的应是如何应对学生可能提出的各种稀奇古怪的问题,而不是再给学生预设问题。试想,如果预设的问题属于学习目标的要求,则应作"设疑自探"的最后一个问题出现,或放在"运用拓展"的拓展部分出现。如果预设的问题不属于学习目标的要求,教师根本就不应该提出。因此,此环节如果确需教师"置疑",也应该是帮助学生由"质疑"而"置疑",引导学生为解决"质疑"问题而"置疑",但不可代替学生的质疑。

容易出现的误区:一是学生无疑可质,教师即转入下个环节;二是以教师"置疑"代替学生"质疑",重新出示几个问题,让学生被动思考,把"质疑再探"变成"设疑自探"的延伸;三是教师变成"答记者问",学生一问教师一答,忽视了教师的"三讲三不讲"原则;四是课前对学生可能质疑的问题,没有充分的估计和预测,当学生突然提出,要么不知所措,要么不懂装懂、搪塞应付。

四、运用拓展

运用拓展是指师生围绕教学目标,针对本节所学知识,分别编拟基础性和拓展性问题,让学生训练运用。在此基础上,予以反思和归纳。此环节主要包括三个层次:

一是学生拟题训练运用。即围绕学习目标,让不同水平的学生同时编拟难度不同的习题,通过展示训练,让学生评价所编习题是否属于本节所学知识运用的范畴,是否具有新意,是否对加深或辨析知识之间的联系具有指导意义;也可以让编题者自己说说编题的动机和目的,通过对典型试题的训练,还可以验证所编试题是否切合生活实际。

二是教师拟题训练运用。教师在备课时要原原本本地进行习题的预设,如果学生编拟习题达不到教学目标的要求,教师再进行必要的拓展与补充。

基础性习题检查反馈的原则是学困生展示,中等生评价,如果发现错误,还要让学困生本人说出错误的原因并纠正。基础性习题解决之后,教师再出示带有拓展性的习题。检查反馈原则是中等生展示,中、优等生评价,如果发现错误,还要让答错者本人说出错误的原因并纠正。

从学生被动做题到学生主动编题,是一个"质"的飞跃,是对所学知识的灵活运用,是创新思维的提炼和升华,是新课堂所追求的至高境界,同时学生自编自练更具有亲切感,也更容易激发学生学习的兴趣,感受自我创造的价值。

三是反思和归纳。反思归纳是对本节所学内容的梳理,是对学习过程中解决某个重要问题的感悟,是对整个探究过程的回放和体会。具体操作是学生先说、教师后评。

容易出现的误区:一是编拟习题不能牢牢把握学习目标的"底线",习惯于关注拔高题,忽视基础题;二是怕学生编题编不到"点子"上,浪费时间,干脆不让学生编;三是不给学生反思的时间和多数学生表达的机会,反思归纳都是教师"一言堂"。

以上仅是"三疑三探"教学模式操作中的基本模式和要领,根据不同学科和同一学科的不同课型,还可以增删或调换某个具体环节,进行灵活运用。

"三疑三探"教学模式是西峡县教研室和广大教育工作者集体智慧的结晶,带有鲜明的"本土"特色和深深的个性烙印。就目前而言,"三疑三探"教学模式本身还只是一个"毛坯"和"框架",还有许多需要广大教师进一步完善的地方,但是从实践中已检验到它强大的生命力。它的最可贵之处不是从某个现成的理论出发,也不是从引进什么国外的教育思想出发,而是从社会和人的发展所需的实际出发,从课堂必须培养创新型人才和怎样去培养这个关键性问题出发,让学生主动发现问题,而不是被动思考问题;让学生主动提出问题,而不是被动解决问题;让学生"会学"而不是单纯的"学会",从学生中来到学生中去,真正实现了学生学习方式由单一接受到发展创新的根本转变,实现了教师由知识的传承者到创新人才的催生者的角色换位。这就是我们必须理解的"三疑三探"教学模式的科学实质和深刻内涵,也只有理解了这个内涵,我们在具体运用过程中才能做到融会贯通,才能力戒形似而神异,才能达到心中有模而实际无模的境界。

实践篇

25—188

课前预习实际是加重学生课外负担的"变式",因为预习占据了学生课外自由的空间。通过预习,表面上看似提高了课堂教学效率,实际上带来的是学生在课堂上心不在焉,拉长了学生理解某个问题的时间,同时掩盖了学生最原始的阅读能力,这是非常不好的做法,因为考试从来不让学生预习。

教师提出问题让学生自主探究,教师编拟习题让学生自主解答,表面上是学生得到了自主,但仍然没有逃出教师设计的思维框架,因为学生必须按照教师限定的问题和编拟的习题去思考和解答……这样培养出来的学生是不可能有问题意识和创新能力的。

有人可能认为"三疑三探"教学模式有一定的程序,是束缚教师手脚的条条框框,是教条主义的东西,影响了教学改革的"百花齐放"。这种认识是不妥的。这就譬如同样是一批原材料,如果按照这种模式(程序)造出来的可能是电视机,而按另一种程序造出来的就可能是大炮或汽车。"三疑三探"教学模式是按照培养学生创新能力的程序设计的,培养的当然是具有创新能力的人才。实践证明,"三疑三探"教学模式本身为教师合理组织教学活动指出了一道符合新课程理念和学生认知规律的科学程序,是能全面培养学生创新能力和大幅度提高教学质量的。但教学情况千变万化各不相同,生搬硬套一个模式是不科学的。生搬硬套所造成的问题,不是教学模式的错,而是教师使用不当的结果。

[小学部分]

"三疑三探"教学模式在小学语文课堂中的应用

方华瑞　王　俊

"三疑三探"的精髓在于培养学生的问题意识、创新精神及自主学习的能力。根据这一理念,结合小学语文的学科特点和小学语文的学习规律,初步探索出了"三疑三探"教学模式在小学语文课堂教学中运用的基本操作流程及操作要领。

一、设疑自探

(一)创景激趣,自主设疑

新课伊始,教师根据文本特点及学生心理特点,创设适宜的教学情景:一是能够简洁恰当地导入正课;二是能够渲染课堂气氛,激发学生参与的期待;三是能够为整节课奠定良好的情感基调。适宜的教学情景在润物细无声中激起学生思维的涟漪,让学生自主地去发现问题、提出问题。

本环节操作要领:

1. 环境要适宜。适宜的环境为学生提供充分的"心理安全"和"心理自由",使学生大胆提问,没有心理障碍。

2. 时间要充足。充足的时间能使全体学生都有机会提问,不能"只见树木不见森林"。

3. 范围要明确。范围是根据课题质疑还是根据课文内容质疑,是课文内容理解方面的还是课文中语言文字应用方面的,要做到疑有所据。

4. 问题有特色。因课而异,因人而异,避免模式化、程式化。

5. 问题处理要灵活。不同的问题随机采取不同的处理方法,浅层次问题当场直接解决,稍有难度的问题回到学生中随时迂回解决,确有难度的问题探究解决;必须改变"批评训斥"、"置之不理"或"糊涂应付"等不良做法。

6. 探究的问题有价值。探究的问题必须与解读文本的重难点及本节课教学目标的实现息息相关。

7. 设疑过程要重视。教师引导学生经历思考——发现——提问——筛选——梳理的思维过程。教师要相信学生,放手让学生先设疑,在学生设疑的基础上,教师随机转化、归纳和补充,最终梳理出本节课探究的主要问题。

（二）提示引路，自主探究

问题来自学生须再回到学生中去，教师要引导学生带着自己感兴趣的问题走进文本，让他们凭借已有的知识与经验，潜心于文本，与文本进行心灵对话，寻找自己满意的答案。

本环节操作要领：

1. 自学提示要明确。自学提示要清楚地告诉学生自学内容、自学方法、自学要求和自学时间。

2. 语文活动要多样。如听、说、读、写、画、批注、想象、体验等，努力调动学生的多种感官参与知识的形成过程，并致力于良好学习习惯的养成。

3. 探究氛围要宽松。宽松的氛围让学生在自主、自由的文本活动中，焕发主体意识，变传统的被动的接受式学习为积极、主动的探究式学习。

4. 自学时间要充分。具体时间应根据中等水平学生自学的情况来确定，应给学生提供广阔的时间和空间。

二、解疑合探

在个体自主探究的基础上，组织学生发表自己对某个问题的看法，交流自己的探究收获。教师审时度势，适时地引导学生进行同桌交流、小组讨论、班级汇报等多重对话。在有效的对话中分析问题、解决问题、完善问题的答案，提升对文本的认识，以此达到发展思维、培养能力、张扬个性的目的。

本环节操作要领：

1. 选择好"多元"中的若干元。"多元"指的是多策略、多层次、多形式、多对象、多手段、多情景等，"多元"的恰当选择有利于问题的解决，有利于学生的发展，并省时高效。

2. 利用好班级交流与小组讨论。个体自学后的班级交流，应让学困生发言，中等生补充，中、优等生评价，并要求学生善倾听、会评价、能辩论；班级交流时出现的共性疑惑需要小组讨论的，应做到"五有"：有任务、有分工、有时间、有反馈、有效果，忌形式主义。

3. 把握好"导"。自探、交流、讨论后仍不能解决的问题，就需要发挥"主导"作用——精要讲解；自探、交流、讨论后尚不够清晰的问题，就需要发挥"引导"作用——变换方法，使"知其然"很清晰，"知其所以然"有深度。

4. 处理好问题的答案。提倡多角度的、有创意的阅读，赏识个性化的理解，但不能有悖于价值观的正确导向。

三、质疑再探

"艺无止境"、"学海无涯"，生活才是语文学习的大课堂。教学实践中，不要让学生满足于在课堂解决自己所发现的问题，还要引导学生不断挖掘问题。为此，应重视引导学生把问题的探索和发现延续到课尾，让学生回顾本节所学内容再次质疑，提出更有价值的问题，让学生带着自己感兴趣的问题走向课外，走向生活。

本环节操作要领：

1. 要明确回顾的内容,避免质疑的盲目性。
2. 要给足回顾与思考的时间,避免质疑的肤浅性。
3. 要慎重处理学生的问题,与本节课目标的达成及文本的理解关系密切的问题,应该完全解决和明白的,如果学生再次提出,教师一定要巧妙、彻底地解疑,坚决不留"尾巴";与文本有关系,但通过生生、师生对话能够随时解决的,要随时解决;对那些与文本关系不是很大,但当堂课又解决不了、学生又感兴趣的且有意义的问题,可以引导学生课外探究,确保课外探究的必要性。
4. 要尊重学生,允许奇思妙想,倡导个性化问题,确保课外探究的趣味性。
5. 要给学生展示探究成果的机会,确保课外探究的有效性和自主探究的持续性。

四、运用拓展

在自主探究、合作解疑的基础上,教师要让学生对新学内容进行梳理,自主编题,以达到运用知识、培养能力的目的。这样,学生不仅巩固了对所学新知的理解与掌握,还把新知纳入到已有的认知结构,使问题进一步升华,在完善认知结构中,实现求异创新。

本环节操作要领:

1. 根据学习目标及学情,引导学生俯视文本,从积累语言、获取知识、习得方法、陶冶情感、提升能力等方面进行梳理总结和编题测试。
2. 总结提升、自主编题应以学生为本,做到求实求真求深,不要贪大求全,避免流于形式。
3. 自主编题时教师要勇于放手,给足学生编题、做题的时间;要全面、仔细地查看学生编题、答题的情况;要采用亲自审阅或组内交流、班级评价等方法,掌握真实的编题答题情况;要根据年段学习目标、单元训练点及课文的重点,参考课后"思考与练习"的内容及"积累与运用"中的题型来补充、完善自测题,确保巩固检测扎实有效。

"三疑三探"教学模式
在小学语文课堂应用中的问题与对策

方华瑞　王　俊

一、观念上要走出认识"误区"

误区一：望文生义，认为"三疑三探"就是疑三次探三次

在调研中，发现有教师这样设计"三疑三探"课堂教学流程：课始破题质疑，让学生读读课文，交流交流，就把问题解决了；然后再让学生读课文提出新的问题，引导学生自读批注，交流解疑；最后再次让学生提出疑问，组织学生思考解决提出的问题。这种做法是对"三疑三探"教学模式的误解。

"三疑三探"教学模式，是一个引导学生"设疑——思疑——答疑——查疑"的学习思维活动。课始学生提出疑问，然后让学生带着课始提出的疑问自读批注；经学生一番独立思考、自主探究后，教师根据学生的自学情况，围绕课始提出的疑问进行合探解疑；最后回顾课文，对照课始提出的疑问看看学生是否真正解决，还有没有其他的疑惑。以课始设的"疑"为主线，以"疑"到底，其中"设疑"是关键，"思疑"是基础，"答疑"是重点，"查疑"是巩固。

误区二：本末倒置，语文课成了问题课

有的教师认为"三疑三探"教学模式就是要让学生学会提出问题，并解决问题。于是，教师就把目光聚焦在"问题"二字上，为解决问题而解决问题。

例如一位教师运用"三疑三探"教学模式教学《爬山虎的脚》，将问题梳理为：
(1)爬山虎的叶子是什么样的？
(2)爬山虎的"脚"是什么样的？
(3)爬山虎是怎样爬的？
请同学们带着这三个问题读课文，用笔画出问题的答案。
(几分钟后)这三个问题的答案找到了吗？
第一个问题的答案在课文的第几自然段？谁来读读？(一个学生读出相应的句子)找得很准！第二个问题的答案呢？(另一个学生读出对应的句子)很好！第三个问题的答案谁找到了？(再一个学生也读出了有关的句子)这几个问题谁还不明白？(没有人举手)看来大家课文学得很好，问题都解决了，课就上到这里。

在这个教学片段中，教师把找到问题的答案作为教学的最终目标，只着眼写了什么，而怎样写、为什么这样写全然不顾。学生只知其然，不知其所以然。课程标准提出的"知识与能力、过程与方法、情感态度与价值观"的"三维目标"被架空。这种理解与运用有悖于"三疑三探"教学模式的指导思想,既不能够培养学生的创新精神和自学能力,也提高不了学生的语文素养。运用模式不是目的,目的是通过使用这种模式培养学生独立思考、勇于探究和善于合作的能力,以达到形成良好的思想品质及学习习惯的目的。

二、操作上要克服环节"大忌"

语文教师在课堂中运用"三疑三探"教学模式,在几个重点环节上最容易步入盲区,出现"抓芝麻丢西瓜"、"胡子眉毛一把抓"的"低效现象",即教师一没有抓住文本的核心和精华之处;二没有抓住学生学习的关键点、兴奋点和效能点;三没有抓住课标的阶段要求,在进行设疑及让学生解疑、质疑、探究的过程中出现盲目和不到位。为此,在运用模式时应注意克服以下几项"大忌":

(一)设疑"五忌"

在运用"三疑三探"教学模式中,课始设疑是关键。一节课的问题好比是航标,目的是给学生指明"航行"的方向。在实验调研中,发现设疑需注意以下五个方面的问题:

1. 忌"琐碎"。

例如六年级语文(上)《牛郎织女》,一位教师这样罗列学生的设疑:

(1)牛郎是一个怎样的人?从哪儿看出来?

(2)牛郎的童年是怎样度过的?

(3)织女在天上有着怎样的命运?

(4)牛郎和织女是怎样结合的?

(5)牛郎织女结婚后的生活怎样?

(6)王母娘娘怎么做的?

(7)学了课文你有什么启示?

《牛郎织女》是一篇篇幅较长的略读课文,但故事的内容学生并不陌生,因为这是一个经典的民间故事。学习课文之前,大多数学生或从故事书上或从媒体上或从他人的口中多多少少了解到一些内容。上述问题过多过碎,照此进行教学,会出现亦步亦趋、肢解文本、费时颇多且收效甚微的不良现象。六年级学生已具备一定的阅读能力,对这篇学生喜闻乐见的民间故事,教师可以采用整合内容、长文短教的思路设计教学。一位教师是这样创景激疑的:同学们,《牛郎织女》这个故事我姥爷讲过,我爷爷讲过,我父亲讲过,我讲过,我的女儿也讲过……此时,你最想问的问题是什么?大多数学生脱口而出:《牛郎织女》这个民间故事为什么能够代代相传,久讲不衰呢?于是,教师把握火候,及时肯定:这节课我们就带着这个问题来研读课文《牛郎织女》,比比看谁的见解多、深刻且与众不同。这个问题可以引导学生从人物美(勤劳善良、向往幸福)、主题美(颂扬好人、鞭挞恶人)、情节美(跌宕曲折、扣人心弦)、语言美(明白流畅、琅琅上口)等多个方面来解读感悟。由于问题的问域宽、解距长和答案活,同时富有激发性、趣味性和探究性,因此不同程度的学生都能"吃得了、吃得饱、吃得欢",并能够达到"挈领而顿,百毛皆顺"的解读效果。

2. 忌"肤浅"。

例如五年级语文(上)《再见了,亲人》,一位教师梳理出的探究问题为:

朝鲜人民为志愿军做了哪些事?志愿军为朝鲜人民做了哪些事?

这样的"疑",学生读读课文就很容易从书上找到答案,不用怎么思考,而且答案固定且唯一。思维强度越小,就越激发不起学生自主探究的兴趣,学习效果也就越不佳。

而另一位教师是这样归纳梳理学生的设疑的:同学们从文中哪些语句可以体会到朝鲜人民把志愿军当做自己的亲人?又从哪些语句体会到志愿军把朝鲜人民当做自己的亲人?这样的问题就需要学生潜心品读,边读边想边体会,不仅要读懂字面意思,还要联系语境体会字里行间蕴含着的意思。问题直奔文章重点,有较高的含金量,思维跨度也较大,又接近学生的"最近发展区",容易激发学生探究的兴趣。

3. 忌"重复"。

例如四年级语文(上)《打赌》,一位教师梳理出的探究问题为:

(1)你认为"我"和爸爸这次打赌"值"在哪儿?

(2)为什么说这次打赌让"我"成了"真正的男子汉"?

这两个问题的答案实质上是一样的:这次打赌之所以"值",是因为让"我"和爸爸都改掉了坏毛病,而且都坚持做到说话算数,勇于战胜自我。这次打赌让"我"成了"真正的男子汉",是因为在打赌中"我"能够知难而进战胜自己。只要深入理解其中一个问题,另一个问题就水到渠成,不需要再探究。

为此,建议教师一定要认真钻研教材,正确把握文本的重难点和文本的主题思想。梳理设计出的问题要适当,能够使学生的学习活动目的明确、目标集中且重点突出,并且"探"有方向、"探"有所得、"探"有所乐。

4. 忌"模糊"。

有的教师第二课时还在让学生根据课题质疑,有的教师出示一些细枝末节的非重点句子让学生质疑等。一篇课文的设疑点到底在哪儿,这就需要教师吃透教材,准确把握教材特点,清楚设疑的地方。如果学生初次接触课文而且课题有"疑点",就破题设疑,如《"诺曼底"号遇难记》;如果初次接触课文而课题没有恰当的"疑点",可以从课文体裁导入,引导学生从课文的体裁方面设疑,如:《寓言两则》、《古诗两首》等;如果学生已经初读课文、感知大意,即第二课时,可以抓住文章的重点句或主要内容设疑等。简言之,设疑要因课题而异、因课时而异、因体裁而异、因内容而异,没有统一不变的死公式。

5. 忌"急躁"。

有的教师怕耽搁时间,有的教师嫌费事,所有课文的问题都由教师一人在课始"亮出"。教师不给学生搭建质疑的平台,不给学生质疑的机会,那么培养学生的问题意识、质疑能力将成为一句空话。学生由不敢质疑到乐于质疑,由不会质疑到善于质疑,是一个比较漫长的过程,需要锻炼的时间,需要培养的机会。因此,教师要有耐心,给学生留足思考的时间,给全体学生提供质疑的机会。尽量放手让学生提,引导学生经历"思考——发现——提问——筛选——梳理"的思维过程;在学生提问的基础上,教师可采用灵活变通、及时梳理、适当补充等方式。

（二）自探"四忌"

1. 忌"空"。

对自学提示，有的教师这样设计：请同学们自主探究课文，而自学什么内容、思考什么问题、可以采用什么方法等则没有说清楚。对于小学生来说，自学能力尚未真正形成，自学提示空洞，学生自学方向不明、目标不清、方法不当，自学效果就很可能为零。因此，自学提示要详细、须明确、易知晓，还应有层次性，更要清楚地告诉学生自学内容、自学方法、自学要求等。如默读古诗，可以先采用结合注释、联系诗句、观察插图等方法理解题目、词语、诗句的意思，把自己的理解用铅笔批注在旁边，然后用自己的话说说每句诗句的意思，不理解的地方标出"？"。

2. 忌"闹"。

自学需要适宜的思考环境，这个环境应该是以"静"为宜，热闹的环境不利于静心思考。因此应摒弃"三闹"：（1）书声"闹"。要学生边读边想、边想边批注，就不应该大声读，应以默读为佳。（2）教师"闹"。学生自学时，教师的提示、表扬和督促，每一次说话都会不同程度地打断一些学生的思考，甚至会终止某个学生的灵感。为此教师应静心察言观色，用心用眼来捕捉学生的自学信息，需要与学生交流时，可以个别轻声交流或以肢体语言的方式进行。（3）形式"闹"。有的教师认为自学就是学生在一起学，于是提示一布置就开始小组讨论。"自探"是培养学生的独立思考和自主探究精神与能力的重要环节，如果没有学生独立的读书思考与感悟体会，此能力又怎能培养？"自探"环节就是学生独自学习，这一环节不应合作，也不应交流。

3. 忌"闲"。

（1）教师"闲"。有的教师认为自学是学生自己的事，任务一布置要么甩手闲转，要么翻看教案，事不关己。（2）学生"闲"。由于小学生自学能力尚待培养，自学习惯尚未养成，尽管自学任务布置了，仍有部分学生进入不了自学状态，东张西望，抠抠掐掐。"自探"这个看似静态的环节，实际上则要求师生脑不闲、心不闲，要求教师眼亮起来、心活起来，要求学生思维活起来、感官动起来。此时，教师的任务就是引导全体学生都能进入自学状态，进行有效的自学。对于还没有进入自学状态的学生，就需要教师在不影响其他学生自学的原则下督促、引导其自学。教师要适时勘察学情，把准"不讲"与"讲"的脉。

4. 忌"匆"。

有相当一部分教师在此环节"来也匆匆，去也匆匆"。有时学生才把课文读一遍还没来得及思考，自学就叫停了；有时学生一个问题还没弄明白，自学就终止了；有时学生还没有批注一个字，就进入班级交流了……似乎"自探"就是一个形式，虚晃一枪就行了。时间没保障，自学思考的量就不足；量不足，就不可能出现质的飞跃。教师要深入学生中认真地察看学生的自学情况，要耐下性子等待学生的思维慢慢活跃起来，直至中等学生自学完所有的问题，才可以结束此环节。教师不要怕费时，不要低估学生的能力与潜力，相信在自己的耐心等待下，一个个小脑袋会"思出精彩，想出惊喜"。由慢到快，由费时低效到省时高效这是一个必经的过程。

（三）解疑合探"两忌"

1. 忌"浮光掠影"。

在班级交流、师生合探时,对于重点问题,教师一味地指名几个学生回答,即张三说完,李四说,而且在同一个层次上来回答,问题的深度、广度没有挖掘出来就了了之。重点问题得不到彻底解决,学生处于模糊状态,这就导致了"课上不足课下补"的不良现象。合探时的重点问题,建议教师可以采取"交流——评价——再交流——再评价……""朗读——评价——再朗读——再评价……"的方式,引导不同层次的学生在一次次交流、评价中激活思维,升华对问题的认识;在一次次朗读、评价中学习朗读、培养语感。

2. 忌"精英教学"。

课堂上,交流是那几个爱举手的学生,评价的还是那几个学生,朗读时依然是那几个学生,其他的学生成了一言不发的"看客"。"只见树木不见森林",即只着眼优等生,学困生被遗忘,那么学困生会越来越"困"、越来越"哑",班级两极分化就会越来越严重,而教学要"面向全体学生"、取得大面积丰收则成了空话。因此,合探环节要着眼全体学生,要关注学困生。对重点问题、共性的疑惑问题应发挥学习伙伴的作用,可以进行同桌交流或邻桌讨论或小组合作。不管哪种形式都要优中差生搭配,要具体分工,要有时间保证,要优先学困生。班级交流时,应始终坚持学困生发言、中等生补充、优等生总结的原则。

（四）质疑再探"两忌"

1. 忌"虚"。

有的教师似乎怕学生再提出什么问题,于是接二连三地问:"同学们,开课时提的问题弄明白了吗?还有其他的问题吗?"话语不带启发,眼神不含期待,也不给学生反思或自查的时间,学生当然不会再提出什么问题,一些有价值的问题也只好胎死腹中。于是此环节不到一分钟匆匆而过,形同虚设。"脑子里没有问题之日,就是你的知识生活寿终正寝之时。"问题是教师教学的心脏,也是学生学习的心脏,没有问题的课堂是悲哀的。不是学生不会提问题,也不是学生没有问题,而是教师的行为终止了学生进一步的思考和探究,教师是"问题学生"的终结者。为此,教师要反思自己的教学行为:话语中饱含启发学生质疑的意思了吗?眼神中充满希望学生质疑的期待了吗?问学生课始的问题是否彻底解决,给学生回顾、自查、反思的时间了吗?问题要一个一个地扎扎实实地进行处理,先问课上探究的问题解决了没有,待全体学生都理解明白了,再让学生浏览课文,从中发现新问题、提出新问题,激发学生对课文始终保持一种敏感性和好奇心。

2. 忌"替"。

质疑再探环节学生仍然是主体,问题由学生来发现和提出,然后再回到学生中,主要由学生们自己来解决。这一环节可以沿着"学生思考——学生质疑——学生解疑"的思路进行,而不应是教师自己再想当然地提出几个问题让学生思考,从而替代了学生的质疑。

（五）运用拓展"两忌"

1. 忌"假自主"。

在运用拓展这一环节,倡导学生自主编题。有的教师怕学生自主编题耽误教学时间,认为学生编的题水平低且浪费时间,于是就想办法予以暗示或直接锁定某一个类型的题。

这样,"自主编题"就成了一种摆设,不能够真实地反馈出学生学习本节课的得、失、优、劣。为使本环节的自主编题既尊重主体又不放纵主体,应做到:第一,教师要放心放手,"风物长宜放眼量",不要怕费时间;第二,为使学生编的题能够体现课文的训练点,并且有一定的价值,教师可以在学生编题时,先让学生回顾课文的重难点,参照课后的"思考与练习",然后在课文中寻找题眼,构思题型;第三,给学生适宜的编题时间,既让学生有相当充足的编题时间,又让学生有时间观念,追求单位时间内的效率,引导学生科学发展。

2. 忌"大撒手"。

自主编题强调尊重主体,并非否定教师的主导作用。如果教师听之任之随学生走,那么自主编题一定会陷入耗时低效的困境。所以,教师不能大撒手,应把好"三关":一是编题关。学生自主编题时,教师不能无所事事,要有针对性地查看优中差不同层次学生的进展情况;对优等生要讲质量和数量,对中等生要在题的质量上提出适度的要求,特别对学困生要看准问题及时予以指导。二是评价关。对学生编的题,教师不能让学生自己做做算了。教师要逐一审阅,全面掌握学生自编自测的第一手材料,让学生在学习小组内进行交流评选出优劣,然后进行班级交流和评价。交流和评价应以表扬鼓励为主,以巩固知识为重。三是补缺关。我们在相信学生能力的同时,还应承认学生编题存在有不到位、不全面、不灵活的弊端。为此,教师在掌握学生自编自测的详细情况后,要进行分析和对照,然后再适当予以补充和完善,确保每节课知识能力的巩固检测扎实有效。

三、方向上要坚持基本原则

（一）坚持从整体到部分再到整体的基本原则

语文阅读教学,不管怎样改革,不管使用哪种教学模式,都必须遵循语文阅读教学的基本规律和原则。从整体到部分再到整体是语文阅读教学的一个基本原则,我们必须坚持。在使用"三疑三探"教学模式中,有的教师往往忽视"先整体",在"设疑自探"的环节把问题一梳理就让学生去品读课文重点部分,而学生还没弄清楚课文的主要内容,就稀里糊涂地进入课文。

一篇课文就是一个整体,只有从整体上感知了大意、把握了主题,才能准确、深入地理解某一部分的内容。因此,在布置学生"自探"前,一定要引导学生读通课文、感知大意并把握主要内容,待学生看清"庐山真面目"后,再引领学生到精彩"景点"细细欣赏和感受;赏完"景点"后再回过头来从前到后回味一番,把精彩有用之处记于心中。

（二）坚持以读为本的基本原则

运用"三疑三探"教学模式,有的教师课堂问得多或讲得多,存在满堂问或满堂讲的弊端。文本的理解、问题的解决不应单单依靠分析交流与合作讨论。阅读教学必须培养学生一定的阅读能力与良好的阅读习惯。因此,问题的解决应主要靠读,以读代讲,以读促讲。从整篇课文来说,要让学生经历"读正确——读流利——读出感情"这一过程。对重点内容,可以采用感知性地读、理解性地读、体验性地读、欣赏性地读、积累性地读等方法。"读"还应做到"四结合":读与思相结合,遵循"读而未晓则思,思而未晓则读"的原则,带着问题有目的的读,不"盲"读;读与注相结合,养成"不动笔墨不读书"的好习惯,不

"懒"读;读与情相结合,"文章不是无情物",张口读书就要把自己的理解和感受表达出来,讲究声情并茂,有滋有味,不"干"读;读与评相结合,自己评,他人评,以评促读,评中受益,不"孤"读。

(三)坚持语言文字训练的基本原则

如果语文课不进行语言文字训练,就失去了语文味。教师要把问题的解决融入不同形式的语言文字训练之中,促进"三维目标"的整体推进。

例1:这些字哪些是你以前就认识的?你是在哪儿见过的?

引导学生要做生活的有心人,处处留心学汉字。觉得哪个字不好读?请教师领读或自读。认为哪个字最难记?准备怎样记住这些生字?教师引导学生一字多法记,一法记多字。

生字教学从学情入手,以学定教。在识字的过程中培养学生自主识字的意识和能力,同时兼顾知识与方法。

例2:总理( )审阅,看完( )就用铅笔在那( )后面画上一个小圆圈。

读课文填空,你认为括号里的词语可以去掉吗?为什么?

词语训练,一方面引导学生感悟重点词语在句子中的意思及作用,另一方面启示学生习作时用词准确、巧妙,能够恰当地表情达意。

例3:他挖了8小时、12小时、24小时、36小时,没人再来阻挡他。他满脸灰尘,双眼布满血丝,衣服破烂不堪,到处都是血迹。

从这段话中你体会到什么?是从哪些词语中体会到的?

理解句子,体现个性化解读,体现方法渗透。

例4:小兴安岭真会打扮自己:青松作衫,白桦为裙,还穿着绣花鞋呢!

读读这段话,说说自己有什么感受?为什么?选自己喜爱的事物,运用这段话的写法写一段话。

段落训练,读中悟法,练中得法;以读促写,读写结合,实现工具性与人文性的有机统一。

例5:引导学生概括课文主要内容。

默读课文,想一想课文主要讲了什么时间?谁在什么地方?做了一件什么事?(学生自主回答,教师相继归纳方法)

只要说清什么时间谁在什么地方做了什么事,就抓住了这篇课文的主要内容。谁再来说说?

小结:本文主要讲了暴风雨后的一个早晨,一个小男孩在沙滩上把一些困在浅水洼的小鱼扔回大海的事。这就是课文的主要内容。

在感知课文大意的过程中,掌握概括课文主要内容的方法,达到知识与能力并重、过程与方法并举。

案例 1

这条小鱼在乎

赵 惠

【教材解析】

这篇课文是西师版课标教材小学语文三年级上册第四单元的开篇讲读课文。本单元围绕"关爱生命、爱心美德"这个主题编排了5篇课文,从不同角度歌颂了人间高尚、美好的情感。为此,教学本组课文,重点要引导学生有感情地朗读,以读代讲,读中感悟,读中体会,读中受到情感的熏陶和感染。《这条小鱼在乎》以"这位先生"的散步为线索,紧扣小鱼的处境和命运,自然展开场景叙写,最终使我们看到了那个迥异于成人的童心世界,唤起我们对生命的关爱,小中见大,意蕴深广。

【教学目标】

1. 学会本课生字,借助字典或联系具体的语言环境理解词语,抄写课文中喜欢的词语,养成积累词语的好习惯。
2. 抓住课文中的关键词句感悟、理解课文内容,感受小男孩的善良和对生命的关爱。
3. 正确、流利、有感情地朗读课文。
4. 能够用自己的语言复述这个故事。

【教学重难点】

通过对重点词句的理解读懂课文内容,体会小男孩救小鱼的执著与善良,从中明白要关爱生命和关心他人。

【教学时间】

2课时。

【教学准备】

1. 制作与课文内容相关的教学课件。
2. 搜集关爱生命的小故事。

【教学过程】

一、设疑自探

(一)导入新课,审题质疑

1. 导课。

同学们,这节课老师和大家一起来读一个感人的故事,名字叫《这条小鱼在乎》(板书课题,指名读课题)。

2. 质疑。

读了这个课题同学们有什么疑问?

引导学生大胆设疑,教师及时归纳梳理出学习本篇课文所要探究的重点问题:这条小鱼是哪儿的小鱼?这条小鱼在乎什么呢?

"学贵有疑",刚才大家提出了很多有价值的问题,其实这些问题的答案就在课文中,相信大家在学习课文的过程中,自己能够得到满意的答案。有信心吗?对,要相信自己是最棒的!(梳理问题,相继解疑)

(二)疏通课文,整体感知

1. 读文。

同学们,这篇课文篇幅不是很长,自己先读读课文,努力把课文读正确、读通顺。

课文读得怎么样了?能把课文读正确、读通顺吗?(指名读课文,其他同学认真听)

2. 识字。

(1)出示带生字的几个词语,相信同学们也能读得很正确(出示:暴风雨、浅水洼、蒸干、捡起,指名读、齐读)。

(2)在这几个词语中,同学们认为哪个字特别容易写错?那么在写的时候,你们要提醒大家注意什么?(教师相继指导书写)

3. 概括主要内容。

再看看课文内容,想一想课文主要讲了什么时间?谁在什么地方?做了一件什么事?(学生自主回答,教师相继归纳方法)

只要说清什么时间、谁在什么地方、做了什么事,就抓住了这篇课文的主要内容。谁再来说说?

小结:本文主要讲了暴风雨后的一个早晨,一个小男孩在沙滩上把一些困在浅水洼的小鱼扔回大海的事。这就是课文的主要内容。

(三)提示引路,自读探究

请同学们默读课文,边读边想:这条小鱼是哪儿的小鱼?小鱼现在情况怎样呢?这条小鱼在乎什么呢?文中是怎么写的?然后用铅笔画出有关的句子来。

二、解疑合探

(一)体会困在浅水洼里小鱼的危险处境

1. 课题中"这条小鱼"指的是哪儿的小鱼?小鱼现在情况怎样呢?文中是怎么写的呢?这个问题谁读懂了?

它们被困在浅水洼里,尽管大海近在咫尺,却回不去了。用不了多久,浅水洼里的水就会被沙粒吸干,被太阳蒸干,这些小鱼就会干死。

2. 引导体会。

抓住"近在咫尺",多元对话,个性化体验。

预设:老师在读这段话的时候发现了一个四字成语("近在咫尺"),谁能帮助老师提醒大家?

(1)请同学们观察这个"咫"字,你们发现它是由哪两个字组成的?(由"尺"和"只"

组成,"咫"是个形声字)

(2)请同学们猜猜"咫尺"这个词语是什么意思呢?("咫尺"就是形容距离很近)那么"近在咫尺"的意思就是……

(3)请同学们观察文中的插图:你们认为被困在浅水洼里的小鱼离哪儿近在咫尺呢?

3. 指导学生有感情地朗读。

(1)是呀,这些小鱼离生的希望近在咫尺,让我们一起把"近在咫尺"这个词语送回这几句话,齐读。

(2)请同学们再用心读一读这几句话,边读边展开想象,你们好像看到了什么? 听到了什么?

(3)引导学生有感情地读出困在浅水洼里的小鱼的着急,读出小鱼危在旦夕,读出小鱼急切盼望能回到大海的怀抱……

(二)体会小男孩救小鱼的执著行为

1. 读出文中描写小男孩救小鱼的句子。

屏幕显示:他边走边看,不停地在每个水洼旁弯下腰去,捡起里面的小鱼,用力地把它们扔回大海。

2. 交流体会。

预设:

(1)请同学们仔细看屏幕上的这句话。

他,在每个水洼旁弯下腰去,捡起里面的小鱼,把它们扔回大海。

同学们,发现与刚才画下的那句话有什么不同吗? 谁来说说?

(2)那么用上这几个词语好在哪儿呢? 同桌之间可以交流自己的看法。

3. 个性化诵读。

同学们,从这些带点的词语中,我们感受到小男孩救小鱼时多认真、多费力、多细心,谁愿意读读这句话?(指名读,学生互动评价)

(三)感悟小男孩对生命的关爱

1. 角色体验,个性解读"小鱼在乎什么?"

同学们,你们的善良此刻在教师的眼里格外的美丽,小男孩的行为也打动了文中这位先生的心,假如我就是文中的这位先生,我想问:"孩子,浅水洼里有成百上千条小鱼,你是救不过来的。你知道吗?"

"那你为什么还要不停地捡呢?"

"那你为什么还要不停地扔呢?"

"那你为什么还要救呢?"

"你这样做谁在乎呢?"

让我们一起用心来回答——"这条小鱼在乎!""这条在乎,这条也在乎! 还有这一条、这一条、这一条……"

"那么,你认为浅水洼里的小鱼都在乎什么呢?"(引导学生个性化回答)

2. 多角度指导朗读,体会小男孩对生命的关爱与善待。

(1)引读:成百上千的小鱼凭小男孩一个人的力量是捡不完的,但他还是尽力地捡着、扔着。因为他知道他不是凭着一时的好奇在玩一种游戏,而是在执著地完成一项神圣的使命。同学们,小男孩在乎的仅仅是一条小鱼吗?通过你的阅读告诉大家——"还有这一条、这一条、这一条……"

(2)小结:鱼儿在乎自己的生命,小男孩也在乎鱼儿的生命,所以他才会用自己的实际行动去关爱每一个小生命,善待每一个小生命(板书:关爱生命,善待生命)。

3. 同学们,你认为这位先生听了小男孩的话后,又会怎么做呢?(引导学生个性化回答)

同学们,我们都认为这位先生也会去救浅水洼里的小鱼,因为我们也知道……

(四)补充资料,升华对文本主题的认识

1. 资料展示。

(出示图片并配音乐)生活中的一草一木,一虫一鸟,都有他们自己的生命,看:

一派生机盎然的浓浓绿意……

一群绵延生息的可爱精灵……

一个个孕育希望的生命之初……

正因为有了万物的生命,我们的生活才这样的温馨与和谐,让我们拉起手来,以实际行动去关爱每一个生命,善待每一个生命!让我们用心呼唤:关爱生命,善待生命!

2. 回读课文。

多么真实的声音,多么美好的愿望,让我们带着对生命的敬仰和向往之情,带着学完课文后的所有感受,再把课文朗读一遍。

三、质疑再探

1. 课文学到这里,课前提出的问题解决了吗?

2. "学问学问"有学就有问,谁还有不懂的问题?引导学生自主质疑,自主解疑。

四、运用拓展

1. 同学们,课文学到这里,你们想给自己设计一份什么作业来巩固本节课的学习内容呢?引导学生自主编题(建议:希望同学们可以从语言积累、写法运用、字词巩固等方面设计自测题)。

2. 组织学生自我解答或相互解答。教师查看学情,收集典型测试题。

3. 在班上交流典型测试题,引导学生评价;教师结合年段学习目标及课文的学习目标,适当补充检测题。

【板书设计】

小　男　孩

小鱼————————→大海

关爱生命　善待生命

(执教本节课的教师于 2007 年秋荣获河南省"十佳青年教师"一等奖第一名)

(作者单位:西峡县西坪镇小学)

案例2

瑞恩的梦想

代建伟

【教材解析】

《瑞恩的梦想》是西师版课标教材四年级下册第六单元的一篇讲读课文。这组课文以"美好人文情怀"为主题,学生走进本组课文,也就走进作者的内心世界,在不知不觉中受到情感熏陶、心灵震撼,获得人生感悟。学习本组课文,一方面引导学生运用查阅资料、边读边想、联系生活经验等多种方法进行阅读;另一方面引导学生运用自己喜欢的方式去感受和体会。《瑞恩的梦想》主要讲的是加拿大小学生瑞恩实现为非洲孩子捐献一口井的梦想的过程,使学生受到爱的教育,并懂得要实现梦想,就要坚持不懈。

【教学目标】

1. 学会本课的生字新词,联系上下文体会词句的意思。

2. 了解瑞恩实现为非洲孩子捐献一口井的梦想的过程,使学生受到爱的教育,懂得要实现梦想,就要坚持不懈。

3. 有感情地朗读课文,积累词语。

【教学重难点】

了解瑞恩实现为非洲孩子捐献一口井的梦想的过程,教育学生受到爱的教育,懂得要实现梦想,就要坚持不懈。

【教学时间】

2课时。

【教学过程】

一、设疑自探

1. 同学们,老师今天给大家带来了一位新朋友,屏幕上这个可爱的小男孩名字叫瑞恩(板书:瑞恩),他来自加拿大,今天这节课,我们就一起学习《瑞恩的梦想》(完善板书)。

2. 请同学们齐读课题。

3. 读了课题,此时你的脑子里产生了哪些小问号呢?

放手让学生大胆提问,教师及时进行归纳、梳理与补充,完善阅读本篇课文所要重点探究的问题:

(1)瑞恩的梦想是什么?

(2)瑞恩的梦想是怎样产生的?

（3）瑞恩的梦想是怎样实现的？

4."学问,学问,要边学边问",刚才大家提出了很多有价值的问题,其实这些问题的答案就在课文中,有信心通过自己读课文来得到答案吗？不知道大家读书的水平怎样？能把一篇新课文读正确、读通顺吗？自己先阅读一遍。

5.指名读课文,要求学生在读的时候要读准字音、读通句子,其他同学认真听。

重点生字教学预设：

赚:它和哪些字形状相近？引导学生利用形近字识记。

泵:"水落石出"打这一自然段中的一个生字,谁猜出来了？用"泵"组词,"水泵"指的是什么？谁见过？

攒:形声字,左边是"扌",右边是一个"赞"字,师生一起来写这个"攒"字,让学生在课文后的生字框旁,工工整整地写这个字。

6.引导学生用自己的话概括课文的主要内容。

7.布置学生自探:再默读课文内容,边读边思考黑板上的这些问题,找到答案后用括号在文中标出来,也可以把自己的体会、感想批注在旁边。

二、解疑合探

（一）了解瑞恩的梦想是什么

同学们,黑板上的问题解决了吗？咱们一起来交流一下。谁能告诉大家,瑞恩的梦想是什么呢？（为非洲孩子捐献一口井这是瑞恩最初的梦想；这一梦想实现后,攒钱买一台钻井机,以便更快地挖更多的水井,让每一个非洲人都喝上洁净的水,则成了瑞恩新的梦想）

（二）理解瑞恩梦想产生的原因

过渡:多么美好多么远大的梦想呀！而瑞恩是一个年仅六岁的小男孩,他为什么有了这么大胆的想法呢？瑞恩产生这一梦想的原因是什么？谁能把自己画出的句子读给大家听？

〔引导预设〕

（1）是的,非洲孩子的生存状况也深深打动了我们的心,请看这几句话：

孩子们没有玩具,没有足够的食物和药品,很多人甚至喝不上洁净的水,成千上万的人因为喝了受污染的水而病死。

（2）这句话用括号标出了吗？没有标上括号的同学可以先把这句话标出,用括号表示开始和结束,这是作标示的一种好方法。

（3）同学们,当瑞恩听了教师对非洲小朋友的介绍后,文中的一个词语准确的写出了他的心情,在课文的第二自然段,发现了吗？

（4）能否给"震动"找个近义词？第一自然段的哪些内容让你震动了？可以通过朗读表达出自己的震动吗？

（5）同学们,同在蓝天下,我们拥有关心爱护我们的爸爸妈妈,我们拥有文明向上的学习环境,我们生活在这样一个美好的时代,我们拥有的太多太多,而同在蓝天下非洲的小朋友——

（示意学生完成填空）他们却没有（　　　），没有（　　　），很多人甚至（　　　）。这的确让我们和瑞恩一样都感到……（学生答"震动"，屏幕显示非洲缺水的典型画面，配乐）

（6）带着自己的理解再次朗读这句话，并引导学生评价。

（7）听了大家的朗读，我感受到大家感动的心情，这的确是让人震动的事实，带着我们的感受一起读：

"孩子们没有玩具……70加元就可以挖一口井……"

（三）理解瑞恩实现梦想的艰辛

1．同学们，非洲缺水的现实让瑞恩深深地震动着，于是他打算攒70加元为非洲孩子捐献一口井的愿望成了他强烈的梦想。小瑞恩在实现梦想的道路上，哪些句子打动了你呢？谁愿意读一读？

2．对，就是这几句话，请看大屏幕：

哥哥和弟弟出去玩，他吸了两小时地毯，挣了2加元；全家去看电影，他留在家里擦玻璃，又赚到2加元；帮爷爷捡松果；帮邻居拾暴风雪后的树枝……

〔引导预设〕

（1）告诉大家自己读后的感受。

（2）同学们，"出去玩"与"吸地毯"、"看电影"与"擦玻璃"，多么鲜明的对比，请试着填一填（指名完成填空）：

哥哥和弟弟出去玩，他吸了两小时地毯，累得（　　　），他会想（　　　）；全家去看电影，他留在家里擦玻璃，累得（　　　），他会想（　　　）……

（3）从省略号，你能想到什么？

引导学生想象填空：当全家人饭后在一起散步时，瑞恩却在（　　　），当哥哥和弟弟去打球，瑞恩却在（　　　），为了攒钱，他会（　　　）；为了攒钱，他会（　　　）；为了攒钱，他会（　　　）……

3．引读：同学们，此时我们知道了瑞恩为非洲孩子捐献一口井的愿望已不仅仅是一种梦想，而是一种执著的行为。一个月过去了，他在坚持着；两个月过去了，他还在坚持着。

4．四个月后，瑞恩终于攒够了70加元，然而人家告诉他："70加元只够买一个水泵，挖一口井要2000加元。"

〔引导预设〕

从70加元到2000加元，相差很多很多，对于瑞恩来讲，无疑是天文数字。如果你就是瑞恩，听了这样的回答后会怎样想？怎样做？

（四）体会梦想实现的原因

1．同学们，听了大家的回答，我感受到大家都有一颗善良的心。在不懈的努力下瑞恩终于梦想成真。

2．出示句段：

"一年多以后，通过家人和朋友的帮助，他筹集了足够的钱，在乌干达的安格鲁小学附近捐助了一口水井"。"5年后,这个新的梦想已成为千百人参加进来的一项事业。'瑞恩的井'基金会筹款已达75万加元,为非洲的8个国家建造了30口井。"

〔引导预设〕

1. 指名读,引导学生个性化朗读。你是什么样的心情？读出自己的理解来。

2. 同学们,联系课文内容想一想:瑞恩能一步一步实现自己的梦想,关键的因素有哪些呢？可以用这样的句式说一说,屏幕显示:

瑞恩之所以能够一步步实现自己的梦想,是因为_____,是因为_____,是因为_____。

(五) 补充资料,升华对文本主题的认识

1. 是的,太多的人支持着瑞恩,帮助着瑞恩。2003年,11岁的瑞恩做客中央电视台"实话实说"栏目,教师读和晶的话,指名读瑞恩的话(出示对话片段)。

2. 听了瑞恩的话后,你想对瑞恩说些什么呢？

3. 多么朴实的语言,儿时的梦想成了瑞恩一生坚定的信念和追求,捐献的水井也被当地人命名为"瑞恩的井"。(教师相继出示"瑞恩的井"图片)

4. 请想一想,还可以为这口井起个什么名字？

5. 是的,瑞恩的井是爱心的井,瑞恩的梦想是爱的梦想(板书:爱)。

6. 今天瑞恩的梦想仍然在继续着,让我们一起告诉周围的人们:这个普通的男孩,也被评选为"北美洲十大少年英雄",被人称为"加拿大的灵魂",影响着越来越多的人去爱他人和帮助他人。

三、质疑再探

1. 课文读到这里,这些疑问解决了吗？

2. 浏览课文内容,看看你还有没有疑问？随机解决。

3. 看看瑞恩的梦想,想想自己,你会问自己一个什么问题？引导学生畅谈自己的梦想。

四、运用拓展

课文学到这里,同学们学得怎么样？在下节课,请给自己出一两道题考考自己,比一比看谁出的题有价值。

同学们,大家斑斓的梦想都承载着美好的希望,年少有梦,勇敢去追,让我们带着自己的七彩梦想扬帆起航！

【板书设计】

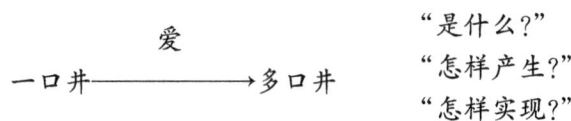

瑞恩的梦想

"是什么?"
"怎样产生?"
"怎样实现?"

(执教本节课的教师于 2008 年春荣获南阳市"十佳青年教师"一等奖)

(作者单位:西峡县城区二小)

案例 3

购买上帝的男孩

李利平　田青梅

【教材解析】

《购买上帝的男孩》这篇课文是西师版课标教材三年级下册第五单元的一篇略读课文。本单元围绕"情感世界，爱心育德"这个主题编排了6篇课文，字字饱含着情，句句渗透出爱，充满了人文精神，闪烁着人性光芒。教学本组课文，要引导学生反复朗读那些饱含真情的语句，用心感受那些真真切切的人和事，获得美好的人生体验，培养真诚的关爱之心。《购买上帝的男孩》讲述了一个叫邦迪的男孩为救摔伤的叔叔到处购买"上帝"，孩子纯真的心灵感动了一位老人，老人满足孩子的美好愿望，给了叔叔全力的帮助，挽救了邦迪叔叔的生命。从中让孩子们体会到爱是世界上最美的情感，爱会创造奇迹，从而引起他们心灵的共鸣，愿意像文中的邦迪和老人一样，做一个有爱心的人。

【教学目标】

1. 有感情地朗读课文，了解课文大意。
2. 从"真正的上帝是人们的爱心"中知道爱心会让一切变得更美好。

【教学重难点】

有感情地朗读课文，从"真正的上帝是人们的爱心"中知道爱心会让一切变得更美好。

【教学过程】

一、设疑自探

（一）破题设疑

1. 同学们，今天老师给大家带来一个词语（老师板书"上帝"），谁知道"上帝"指的是什么？（指名说）
2. 在我们的想象中，上帝是伟大的、神秘的、是无所不能的。其实在现实生活中上帝是不存在的。可是有一个小男孩却想要购买上帝，这节课我们一起来认识《购买上帝的男孩》。
3. 板书课题，提醒"购"字的写法，指导读题。
4. 引导质疑：读了这个课题，你最想知道什么？
5. 梳理问题，确定探究重点。
  (1) 他为什么要购买上帝？
  (2) 他是怎样购买上帝的呢？

(3)结果怎样?

小结:这节课我们主要带着这三个问题来学习课文,这三个问题读懂了,其他的问题也就解决了。

(二)自读课文,整体感知

1. 学生自读课文,要求读通顺、读正确。

2. 快速浏览课文,想想课文主要写的是什么?

(三)提示引路,自读探究

出示自学提示,请同学们默读课文,边读边想:

邦迪为什么要购买上帝?怎样购买?结果怎样?在课文中用不同符号画出相关的句子,也可以把自己的体会批注在旁边。

1. 指名读出要求。

2. 学生自学,教师巡视,了解学情。

二、解疑合探

(一)同桌交流读书收获

(二)感悟邦迪的不幸

1. 邦迪为什么要购买上帝?谁来读一读相关的句子?

2. 自由地读这几句话,边读边想:你眼前好像出现了一个怎样的男孩?

3. 学生汇报,老师追问:你是从哪儿体会到的?指导学生读出自己的理解(说、读、评)。

4. 指导朗读:邦迪很早就失去了父母,叔叔是他唯一的亲人,现在他正昏迷不醒,邦迪怎能不伤心流泪呢?让我们一起读一读这几句话。

(三)感悟邦迪的坚持不懈

1. 邦迪多爱自己的叔叔啊!他一定要把上帝买回来,那么他是怎样购买上帝的呢?读一读相关的句子。

2. 出示:一个小男孩捏着一元硬币,沿着商店一家一家地询问……(指导学生读)

3. 引导想象:邦迪捏着一元硬币,沿着商店一家一家地询问,询问到第10家时,他可能_____,他会想_____;询问到第20家时他可能_____,他会想_____;询问到第25家时他可能_____,他会想_____……

4. 小结:多么有爱心、多么有耐心的孩子呀!怎能不让人感动,怎能不令老人的眼圈湿润呢!那么同学们认为这位老人当时会怎么想?

(四)感悟邦迪购买后的欣喜

1. 善良的老人把一瓶"上帝之吻"牌饮料卖给了邦迪,邦迪心想:这回叔叔有救了,他多么高兴、多么激动呀!课文第四自然段有一个四字词语写出了邦迪高兴的样子,是哪个词?指导学生读出"喜出望外"的感情。

2. 指导朗读:让我们再和邦迪一起高兴地、激动地叫嚷道:"叔叔,我把上帝买来了,你很快就会好起来!"

(五)交流叔叔获救的真正原因

1. 过渡:叔叔得救了吗?同学们认为到底是谁挽救了叔叔的生命?

2.学生自由发表看法,引导学生说出理由,并评价同学的发言。

3.归纳:在老人的帮助下,在医疗小组的治疗下,更重要的是在邦迪的不懈努力下,叔叔得救了。他们都拥有一颗什么样的心呢?(爱心)那么同学们认为到底是什么挽救了邦迪叔叔的生命呢?

齐读:"真正的上帝是人们的爱心!"

(六)补充资料,升华对文本主题的认识

1.邦迪用自己的亲情、自己的爱心打动了老人,唤起了老人的爱心,挽救了叔叔的生命,由此可见,爱心是可以相互一一传递的。

看,在本单元的课文中,巴金爷爷是那么关爱着家乡的孩子,朱德爷爷是那么的勤劳和孝顺,苏珊的教师和同学又是那么的善解人意!爱心会继续传递下去吗?

2.爱心会传递给你吗?请回忆你关爱他人以及被他人关爱的事情,完成填空题:

爱心是一把雨伞。

那天下雨了,我把自己的雨伞让给了路远的同学。

爱心是_____。

_____。

3.理解诵读:"真正的上帝是人们的爱心!"

三、质疑再探

1.课文读到这里,课前的三个问题你都解决了吗?再看看课文,同学们还有什么不明白的地方?

2.引导学生自主解疑。

四、运用拓展

1.学了这篇课文,同学们想给自己设计一份什么作业来巩固本节课的学习内容?引导学生自主编题。

2.教师对有价值的题进行归纳梳理,在班级交流、测试。

【板书设计】

购买上帝的男孩

邦迪 老人
医疗小组

(本节课在2008年春南阳市小学语文优质课竞赛中获得一等奖)

(作者单位:西峡县城区二小)

"三疑三探"教学模式
在小学数学课堂中的应用

王星楼　杨根旺

一、设疑自探

〔基本步骤〕

1. 创设问题情景,训练导课。
2. 引导学生自主提出问题,师生根据教学目标整理、删减或补充,形成明确的探究提纲。
3. 学生自探,教师巡视,重点关注学困生的自学情况,必要时适当点拨,以减轻学困生自学负担。

〔目　的〕

通过创设问题情景,学生自主设疑,充分激发学生探求知识的欲望,培养学生发现问题和解决问题的能力。

〔注意事项〕

1. 设疑要尽可能地引起学生强烈的认知冲突,充分激起学生的探究欲望。
2. 让学生根据课题或问题情景提问题时,教师要鼓励学生大胆说出看到课题想要了解的知识,对学生提出的问题要进行整理、补充,要尽可能地保持学生问题的原貌。
3. 自探提纲对学生的自探起着引领和指导作用。自探提纲中的问题虽然由学生先设,但教师课前必须要对自探问题进行预设,设计问题要注意:问题必须围绕教学的重难点结合学生的知识经验和自学能力进行设计;问题的表述要简明扼要,让学生一看就明白问题问的是什么;问题的排列要符合知识形成过程的逻辑顺序;问题的表述中还要适当加上如"看一看"、"摸一摸"、"量一量"、"算一算"、"折一折"、"拼一拼"等指导学生如何探究的词语,帮助学生选择恰当的探究方法,提高自探效率。
4. 指导学生自探是指让学生知道自学什么内容,怎么自学,应达到什么要求等,而不是对自探问题的指导。
5. 学生自探过程中,教师要有目的、有重点地巡视,了解各层次学生自探的效果,特别是学困生的自探情况。

二、解疑合探

〔基本步骤〕

1. 检查自探效果。
2. 针对自探中解决不了的疑难问题,组织同桌或小组讨论。
3. 合探结束后,引导学生归纳概括,完成从个别到一般认知的飞跃,形成知识系统,并上升为理论,指导以后的学习和运用。

〔目　　的〕

通过生生、师生合作互动,对自探中没有解决的"疑难杂症"合作探究,解决本节疑难问题,使学生的认知结构向纵深发展。

〔注意事项〕

1. 检查合探效果要坚持学困生回答,中等生补充,中、优等生评价的原则。
2. 检查自探效果时,要注意组织其他学生认真倾听,积极思考,敢于评价,勇于发表不同的见解。
3. 在中等生对某一问题理解有困难时,要组织学生讨论,在全体学生对某一问题理解有困难时,教师要给予适当的点拨或进行必要的解释。

三、质疑再探

〔基本步骤〕

1. 鼓励学生结合本节学习内容,提出疑问或还想知道的相关问题。
2. 教师组织、引导学生探讨解决提出的问题。

〔目　　的〕

1. 反馈本节教学任务完成的情况,纠偏补漏,使学生对知识的理解更为完善、更为深刻,不留任何疑惑。
2. 培养学生善于质疑的习惯和品质,敢于向教材、教师等权威发问、挑战,提高学生的创造和创新能力。

〔注意事项〕

1. 要鼓励学生大胆质疑,说出自己心中的疑问或还想了解的相关内容。
2. 学生提出的疑问,属于本节学习范围内的尽量引导学生解决,学生解决不了的,教师要组织学生再次进行合作探究或进行点拨、诱导,帮助学生解决。
3. 学生提出的疑问不属于本节学习范围内的,教师要进行恰当的疏导,激发学生的学习欲望和敢于质疑、勇于探索的精神。

四、运用拓展

〔基本步骤〕

1. 教师出示习题,学生练习。

2.检查练习情况,纠错择优。
3.学生尝试自编习题,在组内或在全班展示并供大家欣赏练习。
4.引导学生对本节内容进行归纳总结,形成知识系统,并上升为理论。
〔目　　的〕
1.通过运用练习,巩固所学知识,检查学生对知识的掌握情况,培养学生运用知识解决问题的能力。
2.让学生编题有利于学生把获得的感性知识与实际生活情景相联系。通过编题,学生把知识信息重新检索、重组与整合,一是更进一步巩固学生所学的知识;二是通过自己编的题让别的同学练习,给学生创造了一种自我展示和成功的机会,可进一步激发学生学习的积极性;三是培养了学生联系生活实际和学以致用的能力;四是培养了学生敢于挑战和"我能行"的信心和能力。
〔注意事项〕
1.练习题的设计要由易到难,由基本到综合再到运用拓展,题型要多样,题量要适中。
2.学生练习时教师要注意巡视,了解学困生的练习情况,并给予必要的帮助。
3.检查练习情况时,仍要按照学困生回答,中等生补充,中、优等生评价的原则进行,并要注意对解决问题的方法进行对比,选择简便方法。
4.学生自编习题练习与教师预设习题练习的先后顺序可根据学习内容的难易程度及学生学习的情况而定。
5.课堂小结:
　　一般先由学生进行总结,教师在学生整理归纳的基础上进行矫正、定性。整节课的总结一般应包括如下几点:(1)该节课我们学了什么内容;(2)该节课内容有什么特征,有什么规律;(3)掌握该内容时的一般步骤与方法;(4)应该注意些什么问题或特别需要强调的问题。

"三疑三探"教学模式
在小学数学课堂应用中的问题与对策

杨根旺　王星楼

一、存在的主要问题

（一）设疑自探

这方面存在的问题主要有如下几点：

1. 自探提纲的拟定不全面，偏离教学核心内容或者说是没有包含全部教学的重点、难点和易混点。

2. 问题问法不科学。教师没有为学生提供正确的思考方向，阻碍学生思维向问题的纵深处发展。

3. 问题无价值。学生不动脑筋就能脱口而出，而这些问题既不属于本节知识点，又不是为本节内容的"层递"起助推作用，显得莫名其妙，非常别扭。

4. 对学生自探方法的指导欠缺。教师没有在自探前做专项说明，更没有把方法融于自探提示之中，导致学生无从下手，于是在自探过程之中不断打断学生思维，指导学生自探方法，影响了学生思考时的注意力和思考深度。

5. 对学生自探的时效不能很好把握。自探时间或长或短，课堂失去控制，影响下一环节教学内容的开展；在自探效果上，有的以学困生为标准，有的以优等生为标准，难以把握适当的度，或快或慢，影响整体教学部署，使课堂教学任务难以顺利完成。

6. 学生自探不是独立完成的。

（二）解疑合探

这方面存在的主要问题有如下几点：

1. 形式化，即合探的问题没有合探的价值，只是为了显现这一步骤，很牵强附会。

2. 完全没有合探，教师凡遇问题，都包办"解疑"，不让学生自己思考，更不让学生合作探究，自己讲清楚为止。

（三）质疑再探

这方面存在的主要问题有如下几点：

1. 概念不清。有的教师把知识分做三块：第一块设疑自探，出示几个比较容易的问题；第二块解疑合探，又出示几个有难度的问题；第三块质疑再探，再出示几个难度更大的问题。

2. 不知道质疑是学生行为，如果教师质疑后让学生再探就是本来倒置的方式。例如听课中有的教师讲完后问学生"你们还有什么不懂的地方请提出来"。学生们没提什么问题,教师就说:"那好,教师现在再提几个问题看你们会不会。"于是就"再探"起来。

3. 质疑习惯和质疑能力还没有培养起来,学生不会质疑也不敢质疑,有时教师甚至还无意中抑制了学生质疑的冲动和想法。例如教师在没有学生对本节知识提出还有什么疑问时说:"看来大家学的都很好,对本节知识都掌握了。"似乎是表扬学生,这样便给学生一个错误的信息:提不出疑问是好的,有疑问说明上课学习不认真、没有学好,使学生以后就是有不懂的地方也不敢再提,使该环节形同虚设。

（四）运用拓展

这方面存在的主要问题有如下几点:

1. 基本练习的题型比较单一、内容比较浅显,教师不能围绕所学内容设置形式多样、延伸适当、有利于学生能力发展的问题。因此,学生举一反三、触类旁通的能力差。

2. 在学生编题环节上存在以下问题:(1)没有留给学生充足的思考时间,教师刚一布置接着就让回答,使学生所编习题质量不高,甚至有的根本没有编出来,教师便草草收兵,使该环节形式化。(2)缺乏鼓励和顺势引导,表现在有的学生编题的质量不高,教师缺乏热情和关注,无意中刺伤学生的积极性;还表现在有的学生有了一个较好的问题情景或只编一半,教师缺乏顺势帮扶,没有鼓励其向下继续思考,急着又去关注其他学生,使该生"欲言又止",功亏一篑。(3)缺乏方法的指导或一定问题情景的创设,编题前教师自己也心中无数,强令学生硬编,学生无从下笔、无从思考,只能敷衍了事。

二、几点对策

（一）设疑自探

1. 设疑的总要求是:鲜明突出,新颖生动,具有强烈的吸引力和感染力,使学生产生强烈的求知欲望,很快投入到教学活动之中。

2. 教师课前要深入钻研教材,自探提纲的预设,要紧紧围绕教材的重点、难点、知识点和易混点。

3. 自探提纲的坡度要适当,问法要科学,为学生提供正确、科学的思考方向和方法,有利于学生思维的发展和认识结构的迁移内化。

4. 根据教材内容特点可以整体设计,也可以分板块设计为"探究提示一"、"探究提示二"……也可一边"推进"教学内容,一边不断出示探究提示。

（二）解疑合探

1. 这里的"疑"可以是"自探"中没有解决的"疑",也可以是在整节课"生成"过程中出现的"新疑"。

2. 教师在检查自探结果时要仔细倾听,对于自探过程中出现的问题不要急于纠正,更不要教师"包办"。俗话说:见微知著,一叶知秋。某一个同学的问题也许正是其他同学的问题的缩影,教师应有高度的警觉,更应及时抓住机会组织学生合作探究。

3. 教师要有意捕捉合探问题,特别是那些教学内容较易、教学过程比较顺畅的课,教师更要仔细倾听、细心观察,如学生回答不流畅、表述不准确、用词不恰当、举手不全面等,这些都是教师据以组织合作探究的机会与平台。

4.合作探究的时机是没有局限的,只要是自探以后出现的"新疑",不论什么时间,出现在哪里(如反馈练习中),教师都可以让学生合作探究。只有这样才能使合探活跃起来,才能避免许多课中因找不到合探机会而常常使该环节省略的情形,才能完整准确地体现"三疑三探"的整体思路和效能,最大限度地发挥它的优势和潜力,为培养新时期创新型人才作出更大贡献。

(三)质疑再探

1.教师定位要准确,要明确质疑是学生行为不是教师行为,但教师可以诱导,这种启发诱导包括质疑前和质疑过程中。

2.要给予一定的方法和方向的指导。如指导学生从以下几个方面去质疑:(1)这节课应掌握哪些知识目标,我是否全面掌握了;(2)这节课有没有难点,难点是什么,我是否已将其化解;(3)与这节课相关的知识或信息有哪些;(4)联系这节课我有一些什么假设和猜想。

(四)运用拓展

1.教师为学生提供的习题拓展性要适当,尽量减少毫无价值的重复性训练,题型要适当灵活多变,要让学生训练和感悟算理及规律,要培养能力、发展智力,以期达到举一反三、触类旁通的目的。

2.在学生编题环节要注意做到:(1)教师不要急,要给足学生思考的时间,以免学生为"急于应付"而不动脑筋地胡编乱造;(2)不要恨铁不成钢,发现一点进步都要及时鼓励,不能磨灭学生的灵感和智慧的萌芽;(3)适当明确任务,使学生的思考向某一方面集中,如采取第一组编填空题、第二组编选择题、第三组编判断题、第四组编应用题等方式;(4)适当量化任务,明确要求以达到某种目标,如必须用上某个条件,必须"先乘后除"等;(5)难度较大时为学生提供一定的方法、方向或设置一定的问题情景等,如放一段录像、录音和生活场景、教师编上半部分学生编下半部分、教师"铺垫"一部分学生补充一部分等。

案例 1

亿以内数的写法

史江侠

【教学内容】
义务教育课程标准实验教科书人教版四年级上册 P6 例 3,相应地"做一做"练习一的第 7—12 题。

【教学目的】
1. 使学生在已有知识基础上,掌握亿以内数的写法,能根据数级正确地写出亿以内数。
2. 培养学生主动迁移知识的思维习惯。
3. 结合显示素材感受我国社会主义建设的成就,激发民族自豪感。

【教学重点】
教学写万级的数。

【教学难点】
亿以内中间和末尾有 0 的数的写法。

【教学过程】

一、设疑自探

(一)创设情景,导入新课
1. 课件播放新闻。
荆州长江大桥总长四千三百九十八米。
西峡县城区二小现有学生三千四百五十三人。
校园面积为九千五百平方米。
同学们在刚才的画面中了解到了哪些数据?你们能把这些数据写出来吗?
订正时,让学生说说万以内数的写法:从高位写起,哪一位是几就在哪一位上写几,哪一位上一个单位也没有就在哪一位上写"0"。
2. 继续播放新闻。
据统计,2000 年有六千八百五十万少先队员参加了"手拉手"活动,三千零八十万参加了"保护母亲河"行动。
提问:在刚才的新闻中你们注意到了哪些数据?这些数据有什么共同的特点?和前面的数有什么不同?
教师说明:含有两级的数该怎么写呢?这就是我们这节课要学习的内容(板书课题:

亿以内数的写法)。

(二)让学生根据问题信息设计自学提纲

(三)将学生提出的问题进行整理和补充,形成自探提示

1. 含有两级的数怎样写?先写什么?再写什么?

2. 如果遇到哪一位上一个单位也没有,怎么办?

3. 自己试着把2、3小题写出来。

让学生结合自探提示,自学课本P6的内容,并完成上面的填空。

二、解疑合探

1. 让学生在全班充分交流自探结果。学困生回答,中等生补充,中、优等生评价。

2. 针对自探不能解决的问题合作探究。

3. 在合探的基础上重点强调:

写数的顺序和读数的顺序一样,也要先写万级再写个级,个级上的数和万以内的数的写法一样。哪一位上一个单位也没有,就在哪一位上写"0"。使学生明确"0"在写数时起占位的作用,千万不能丢掉。

4. 反馈练习:做一做P7的内容。

三、质疑再探

1. 学了这节课,同学们还有哪些不明白的地方,请举手提问。

2. 针对学生提出的问题,师生共同商量解决。

四、运用拓展

1. "我"当小教师:让学生根据本节课所学的知识,自编习题互相辨别、欣赏和练习。

2. 根据学生编题情况,有选择地出示下列习题进行练习。

(1)填空:

①一个数的最高位是万位,它是( )位数,一个数的最高位是十万位,它是( )位数。

②一个8位数,它的最高位是( )位。一个6位数,它的最高位是( )位。

③在写数时,哪一位上一个单位也没有,就在哪一位上写( )。

(2)判断下面的数写得对吗?把错误的地方改正过来。

　　四万五千二百　写作:45200( )　　三百零六万　写作:306( )

3. 处理练习一第7、8题。

4. 课堂小结。

(作者单位:西峡县城区二小)

案例 2

分数乘整数

赵明军

【教学内容】

九年义务教育小学数学人教版第十一册第一单元分数乘整数,教材 P1—P2 的内容,处理练习一。

【教学目标】

使学生理解分数乘整数的意义,掌握分数乘整数的计算法则。

【教学重点】

使学生理解分数乘整数的意义,掌握分数乘整数的计算法则。

【教学难点】

引导学生总结分数乘整数的计算法则。

【教学过程】

一、设疑自探

(一)设疑激趣,导入新课

小新、爸爸、妈妈一起吃蛋糕,每人吃 2 块,3 人一共吃多少块?

用加法怎样列式?乘法呢?同学们是怎样想的?那么整数乘法的意义是什么?

(强调:整数乘法的意义是求几个相同加数的和的简便运算)

如果教师把上题中的"每人吃 2 块"改为"每人吃 $\frac{2}{9}$ 块",又该怎样列式呢?

出示例题:小新、爸爸、妈妈一起吃一个蛋糕,每人吃 $\frac{2}{9}$ 块,3 人一共吃多少块?

(学生列出 $\frac{2}{9} \times 3$ 后,引导学生观察两个因数分别是怎样的数,引出课题:分数乘整数)

(二)让学生根据课题提出问题

看到课题你想了解哪些知识请提出来。

(教师对学生提出的问题进行评价、规范、整理后说明:教师根据同学们提出的问题,结合例 1 归纳、整理、补充成为下面的自探提示,只要同学们能根据自探提示认真探究例 1,就能弄明白这些问题)

(三)出示自探提示,组织学生自探

自探提示:

请同学们自学课本 P1 的例1,独立探究以下问题:

(1)要求3人一共吃多少块蛋糕?为什么可以列式为 $\frac{2}{9} \times 3$?

(2)分数乘整数的意义是什么?它和整数乘法的意义相同吗?

(3)怎样把 $\frac{2}{9} \times 3$ 转化成我们学过的知识来计算?

(4)分数乘整数的计算方法是什么?

(5)想一想,计算分数乘整数时应注意什么?

二、解疑合探

交流反馈,师生互动,学困生回答,中等生补充,中、优等生评价,遇到疑难问题讨论解决,得出以下结论:

1. 学生汇报,并说一说你是怎样想的。

方法1:$\frac{2}{9} + \frac{2}{9} + \frac{2}{9} = \frac{6}{9} = \frac{2}{3}$(块)

方法2:$\frac{2}{9} \times 3 = \frac{2}{9} + \frac{2}{9} + \frac{2}{9} = \frac{2+2+2}{9} = \frac{6}{9} = \frac{2}{3}$(块)

2. 为什么可以用乘法计算?

加法表示3个 $\frac{2}{9}$ 相加,因为加数相同,写成乘法更简便。

3. 分数乘整数与整数乘法的意义相同,都是求几个相同加数的和的简便运算。

4. 分数乘整数,用分子与整数的积作分子,分母不变。

5. 为计算方便,能约分的要先约分,然后再乘。

三、质疑再探

鼓励学生提出通过学习仍不明白的问题,或者通过学习联想到的问题,师生答疑。

四、运用拓展

1. 让学生根据本节课所学的知识自编习题,并解答。

2. 根据学生自编习题的练习情况,有选择的出示下面习题供学生练习。

(1)练习一第1、2题。

(2)改写算式:

$\frac{3}{4} + \frac{3}{4} + \frac{3}{4} + \frac{3}{4} = ($ $)($ $)$

实 践 篇   59

$\frac{5}{8} + \frac{5}{8} + \frac{5}{8} + \frac{5}{8} + \frac{5}{8} + \frac{5}{8} + \frac{5}{8} = ($ $)($ $)$

(3)火眼金睛判对错：

① $\frac{4}{9} \times 5 = \frac{4}{9 \times 5} = \frac{4}{4 \times 5}$ (   )

② $\frac{3}{13} + \frac{3}{13} + \frac{3}{13} + \frac{3}{13} + \frac{3}{13} = \frac{3}{13} \times 4 = \frac{12}{13}$ (   )

③ $\frac{3}{8} \times 5$ 和 $5 \times \frac{3}{8}$ 的计算方法相同。   (   )

④ $\frac{2}{9} \times 4 = \frac{2 \times 4}{9} = \frac{2}{9}$ (   )

⑤ $\frac{b}{a} \times c = \frac{b \times c}{a}$（这里 a 不等于 0）   (   )

(4)练习一第 4、7 题。

3.课堂小结：通过本节课的学习,同学们最大的收获是什么？（学生充分发表意见后,教师再进行强调、归纳和总结）

【板书设计】

分数乘整数

例 1.小新、爸爸、妈妈一起吃一个蛋糕,每人吃 $\frac{2}{9}$ 块,3 人一共吃多少块？

用加法算：$\frac{2}{9} + \frac{2}{9} + \frac{2}{9} = \frac{6}{9} = \frac{2}{3}$（块）

用乘法算：$\frac{2}{9} \times 3 = \frac{2}{9} + \frac{2}{9} + \frac{2}{9} = \frac{2+2+2}{9} = \frac{6}{9} = \frac{2}{3}$（块）

答：3 人一共吃了 $\frac{2}{3}$ 块。

分数乘整数的意义与整数乘法的意义相同,就是求几个相同加数的和的简便运算。
分数乘整数,用分子与整数的积作分子,分母不变。

（作者单位：西峡县城区二小）

案例 3

复合应用题

张艳丽

【教学内容】
九年义务教育六年制小学数学人教版第九册 P41 的例 1。

【教学目的】
1. 使学生理解并掌握解答应用题的一般步骤,会用解答应用题一般步骤分析解答应用题。
2. 培养学生分析能力和解决问题的能力,培养学生进行检验的好习惯和应用意识。

【教学重点】
掌握解答应用题的一般步骤。

【教学难点】
用一般步骤分析应用题。

【教学过程】

一、设疑自探

(一)创设问题情景,导入新课
先说出数量关系式,再列式解答。

1. 一个服装厂,平均每天做服装 75 套,5 天可以做多少套服装?

2. 一个服装厂计划做 660 套服装,已经做了 375 套,剩下的 3 天完成,平均每天做多少套?

通过刚才的练习可以看出,同学们对以前所学的一步、两步计算的应用题掌握得很好,哪位同学能根据这两道应用题的联系,不改变所求问题,把它们合编成一道较复杂的应用题,谁愿意试着说一说(或指名说),根据学生的口述,教师随机在黑板上板书:

一个服装厂计划做 660 套服装,已经做了 5 天,平均每天做 75 套。剩下的要在 3 天内完成,平均每天要做多少套?

刚才这位同学所编的这道题就是我们今天要学习的例 1,这节课老师将和同学们一起共同学习较复杂的应用题的解法(板书课题:较复杂的应用题)。

（二）让学生根据课题提出想要解决的问题

教师：看到这个课题，你们想提出什么问题？（教师对学生提出的问题进行评价、规范、整理后说明：教师根据同学们提出的问题，结合例1进行归纳、整理、补充后成为下面的自探提示，只要同学们能根据自探提示认真探究例1，就能弄明白这些问题）

（三）出示自探提示，组织学生自探

自学例1探究以下问题：

1. 例1里有哪些已知条件？要求的是什么？
2. 你是采用什么方法帮助理解题意的？还可以用什么方法？
3. 弄清题意后，下一步该做什么？
4. 例1这道应用题应先算什么，再算什么，最后算什么？
5. 先列出分步算式，再列出综合算式。
6. 得出结果后，你想用什么方法检验计算结果是否正确？
7. 根据例1，说一说解答应用题的步骤是什么？

学生自探，教师巡视学生的自探情况，了解学情。

二、解疑合探

学生自探后，教师检查自探效果，检查效果时遵循学困生回答、中等生补充，中、优等生评价的原则。第2、6、7题可能在自探时有难度，若多数学生不会回答，教师可以根据课堂实际情况抓住时机及时让学生合探，难度小的同桌合探，难度大的小组合探。根据学生的回答，教师随机板书（板书略）。

整理出解答应用题的步骤（出示课题）：

1. 弄清题意，并找出已知条件和所求问题。
2. 分析题中数量间的关系，确定先算什么，再算什么，最后算什么。
3. 确定每一步该怎样算，列出算式，算出得数。
4. 进行检验，写出答案。

三、质疑再探

通过本节课的学习，同学们还有什么疑问或不明白的地方，请提出来，大家共同解决。

四、运用拓展

1. 让学生自编一题交换练习。
2. 根据学生自编习题的练习情况，有选择的出示下面习题供学生练习。

写出数量关系式，再列式解答。

例1. 四年级和五年级要给500棵树浇水，四年级每天浇水50棵，浇了4天；剩下的由

五年级来浇,浇了5天。五年级平均每天浇多少棵?(解答并检验)

例2.小玲看一本290页的小说,前4天每天看20页。以后每天看20页,再用几天可以看完?

3.课堂小结:

(1)通过本节课的学习,同学们有什么收获?请说出来大家共同分享。

(2)教师结合板书,总结本节课的学习内容。

【板书设计】

应 用 题

(弄清题意——分析数量关系——列式计算——检验)

一个服装厂计划做660套服装,已经做了5天,平均每天做75套。剩下的要在3天内完成,平均每天要做多少套?

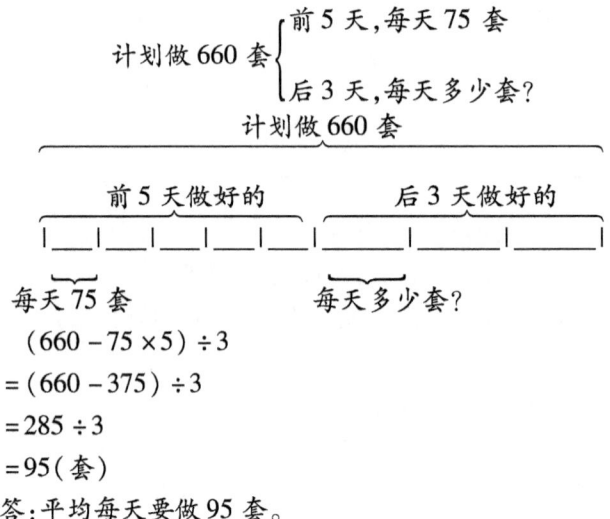

$(660-75\times5)\div3$
$=(660-375)\div3$
$=285\div3$
$=95(套)$

答:平均每天要做95套。

(作者单位:西峡县丁河镇中心小学)

"三疑三探"教学模式
在小学科学课堂中的应用

魏华光

小学科学课程具有开放性的特点,表现为在学习内容、活动组织、探究形式、作业练习、学习评价等方面,给师生们提供了选择的机会和创新的空间,使得教学可以最大程度地满足不同学生学习科学的需要。为此,依据"三疑三探"教学模式的整体要求,结合小学科学课的特点,归纳"三疑三探"教学模式的表现形式和应用步骤如下:

教学模式可以有多种表现形式,在小学科学教学中,结合学生和教材的特点,以"自主——合作——探究"为主线,针对教学内容尝试采用如下教学程序:创设情景,提出问题(设疑)——自主探究,解决问题(自探)——合作交流,形成共识(解疑合探)——总结建构,延伸拓展(质疑再探)。通过科学学习达到增长知识、提高分析问题、解决问题能力的目的,使学生的情感态度和创新精神得以提高。

一、设疑自探

〔基本步骤〕
1. 创设情景,导入新课。
2. 恰当出示教学目标。
3. 出示自学指导提纲。
4. 教师巡视。

〔目　的〕
1. 创设情景,提出问题,激趣求疑。在教学中,教师应根据教材的特点,精心设计问题;根据不同的教学内容,创设不同的情景,激发学生的求知欲,营造良好的学习氛围。
2. 自主探索,尝试解决。让学生带着明确的任务掌握恰当的方法进行自学探究。这一过程是让学生独立学习、主动建构、积极参与的过程,是他们真正学会积极思考的过程,也是其个性、心理、品质得到磨砺的过程。
3. 教师巡视,及时了解学生的自学情况。

〔注意事项〕
1. 创设情景应从以下几方面入手:
(1)通过生活实际、学习实际设置情景。
(2)通过故事、成语、俗语、谜语设置情景。
(3)通过科学发展的历史故事设置情景。

(4)通过设疑、揭露矛盾设置情景。
(5)通过新旧知识的联系,寻找新旧知识的"最佳结合点"设置情景。
(6)通过实验、野外考察设置情景。
(7)通过教具模型、计算机网络等现代手段设置情景。

2.能否设计一个好的问题是教学设计的关键,它是支撑和激励学生学习的源泉,是促使学生自主学习的切入点,是师生互相交流的桥梁,更是学生实现创新的条件。"好问题"应具有以下四个特点:
(1)具有趣味和魅力,能引导学生的思考和向学生的智力挑战。
(2)是一种情景,其中隐含的问题能够由学生自己去提出并作出解释。
(3)各种不同知识层次的学生都可以由浅入深地作出思考。
(4)解决它往往需要伴以个人或小组的教学活动。

"好问题"不一定是一个相当复杂的问题,它甚至可以是一个很简单或人们生活中相当熟悉的问题。创设情景,要贯穿课堂的始终,使课堂教学在不断提出问题和解决问题的过程中顺利地完成。

3.为了使学生真正地解决问题,教师应在学生已有的心理和智力水平的条件下,做好以下几项工作:
(1)给予学生自主学习的时间和空间,让学生充分地独立学习。
(2)鼓励学生大胆地寻找解决问题的策略,必要时可以从观念和方法的角度激活学生的思维,帮助学生选择解决问题的策略和模式(如观察、实验、分析、归纳、概括等),寻找解决问题的入口。
(3)充分运用各种教学媒体(如挂图、模型、录像、网络等)引导学生思考。
(4)保护学生的创新意识,鼓励学生质疑、争辩和发表个人的见解。
(5)在进行独立探究的过程中有意识地培养学生坚韧不拔的意识品质。
(6)教师不要讲,要充分让学生自学。在自主探究的过程中,学生的主观能动性得到了充分发挥,思维得到了充分发展,从而真正实现了知识和能力的提高。

二、解疑合探

〔基本步骤〕
1.检查自学情况,原则是学困生回答,中等生补充,中、优等生评价。
2.提出和发现自学提纲中的疑难问题。
3.组织学生进行必要的讨论和交流,开拓学生的思维空间,引导和鼓励学生主动思考,提倡思考无"禁区",提倡不同意见的争论,促使学生对知识的理解更加丰富全面。
4.鼓励学生敢疑、敢想、敢说、敢讨论,使课堂出现"信息传递与反馈畅通,思维活跃,乐于创新"的氛围。
〔目　　的〕
合作交流,形成共识。在广泛的交流与合作中解疑答难,让学生初步了解和掌握主要教学内容。师生、生生之间的互动,有助于培养学生发散思维能力,有助于他们建构知识和提高抽象概括能力。

〔注意事项〕

1. 教师应进行宏观调控,既要放得开又要收得拢。"放得开"就是要在教学过程中放手让学生敢于创新,不迷信教材和权威,使其自悟自得;"收得拢"就是正确发挥教师的主导作用,注意探究方向的引导。

2. 教材上学生能通过自主学习得到答案的内容,让学生自己做,教师一定要做到"三讲三不讲",对关键之处要点拨,对学习方法要提示、渗透和总结。

三、质疑再探

〔基本步骤〕

1. 帮助学生概括所学内容的知识结构,建立知识体系。
2. 帮助学生提炼观点,明确解决科学问题的一般方法。
3. 引导学生将问题向不同方向拓展,提出新的问题,并且尽可能地把新问题和老问题联系起来将问题对接,以使其进一步延伸。

〔目　　的〕

总结建构,延伸拓展;能力提升,突破教材;提高学生的问题意识;让学生再次独立思考、感悟,相互启发;让学生针对本节内容提出新的疑难问题,共同探讨解决。这是师生的思维相互融合的阶段,是学生的认识水平从低级向高级发展的重要环节。教师要抓住时机,做"问题解决"后的提炼和拓展。

〔注意事项〕

1. 给学生一种再发现、再创造的氛围,鼓励学生毫不保留、大胆地提出自己的一切问题。

2. 教师要认真总结归纳学生提出的问题,让学生自己解决所提出的新问题,疑难的由师生共同讨论;讨论确实解决不了的问题,教师要把问题留到今后的学习中逐步加以解决,决不能指责学生,更不能不懂装懂、搪塞应付。

四、运用拓展

〔基本步骤〕

1. 运用所学知识解决有关问题,并能自编习题,正确地拓展迁移。
2. 反馈学生答题情况。
3. 引导学生反思归纳本节所学内容。

〔目　　的〕

完成练习,反馈问题,总结归纳。

〔注意事项〕

1. 练习形式应按照巩固性训练——拓展性训练——自编习题训练的环节进行。
2. 教师巡视及时了解学生答题情况,及时反馈和展示,及时发现问题并纠正问题。

"三疑三探"教学模式
在小学科学课堂应用中的误区与对策

魏华光

一、存在的误区

误区一："疑"的内容

对"疑"的理解不透彻，把三个"疑"理解为设三次"疑"。"疑"的内容不详，不知道"疑"的内容是一次提出来，还是留一部分分几次逐步提出。

误区二："疑"的对象

不清楚"疑"的对象该是学生还是教师，或者说什么时候是学生，什么时候是教师。

误区三："探"的过程

一是学生自学走过场，既影响自学又缺乏关注；二是合探走过场，认为合探就是讨论，一会儿小组围起来一会儿散开，看似热闹却未能解决实质问题，或者讨论些不该讨论的问题。

二、正确理解和解决对策

（一）"疑"的内容

三个"疑"中前两个"疑"应为一个"疑"。第一个"疑"是通过各种创设情景后提出并归纳的本节课要完成的目标问题。它应简明扼要、由浅入深，并体现教学目标的主干。第二个"疑"，完全就是第一个"疑"，它将在这里逐步得到解决。通过自探能够解决的至此就结束了，解决不了的由中等生补充、优等生再帮助，直至采用同桌、小组讨论及教师引导等方式来逐步解决第一个"疑"，这个过程就是"解疑"——即第二个"疑"。第三个"疑"才是又提出的新问题，也可以是对本节教学目标没搞明白的、没搞懂的问题，它可以是对本节内容有着承上启下的新问题，还可以是与本节内容有着拓展延伸作用的更大问题。

（二）"疑"的对象

"疑"的对象要以学生为主体。第一个"疑"要由教师创设问题情景，激发学生求知欲，使学生会问、敢问、想问，提出多个问题。教师在此基础上，总结归纳出本节课着重要解决的问题，或者由教师直接出示本节教学目标。第三个"疑"应由学生提出，对本节内容不明白的问题、涉深问题及涉后问题，可以通过学生帮助解决、讨论解决、下去查资料解决、在今后的学习中解决等。但它绝对不能是教师故意在第一个"疑"中留几个问题，到这里再出示供大家来解决。

（三）三个"探"

首先，自探。自探要给学生以充足的时间，来阅读教材或其他方式寻找"设疑"的答案。教师不走过场，不要讲多余的话来打断学生的思路，也不要安排其他无关紧要的活动来影响学生自学，但也不要大撒手，不管不问，缺乏关注。

其次，合探。合探不一定必须是讨论，学生回答自学结果的过程，即学困生回答、中等生补充、优等生评价、教师总结的过程，也是合探。在自探过程中有疑难的、解决不了的问题，再用不同形式的小组进行讨论，如同桌、小组、中心发言人、主持人也是合探。此外，在科学课堂教学中实验验证也是一种合探方式。

再次，再探。再探采用对质疑过程中提出的问题进行再一次的探究，可以通过同学帮助、小组讨论、教师指导、查阅资料，进一步学习解决。

案例 1

鱼儿的家

魏华光

【教学目标】
1. 引导学生通过实地考察,体验和自行发现鱼儿的家——自然水域中存在的鲜活生命的问题,从内心深处意识到保护水资源的紧迫性和重要性。
2. 引导学生小组商议,明确活动规则,培养学生的计划与组织能力。
3. 引导加强学生合作与交流,尊重他人见解。

【教学重难点】
做好考察活动前的计划与组织工作,设计、填写"考察活动记录表"。

【教具学具】
考察活动记录表、笔、玻璃瓶、塑料袋、盆、放大镜、网兜等。

【教学过程】

一、设疑自探

(一)创设情景,引导学生提出问题
1. 引导学生看书本上的连环画,猜想小河里有什么?(学生猜想)
2. 同学们都说出了自己的猜想,并知道小河是鱼儿的家。那里到底怎么样呢?我们一起去考察吧!关于考察学生们会提出什么问题?
(学生提出问题)鱼儿的家在哪里?鱼儿的家是什么样子?鱼儿的家舒服吗?……
(二)教师归纳总结,出示自探提示
同学们提出的问题很多,但这次考察我们应重点解决这几个问题(出示自探提示):
1. 明确考察的目的。
2. 考察前我们要做好哪些准备?
3. 考察时应注意哪些活动规则?
4. 在考察过程中我们发现了什么?有什么问题?有什么感受?要认真做好记录。
(三)学生自学课本 P26—P28

二、解疑合探

1. 汇报交流(问题1—3):
(1)考察鱼儿的家是什么样子?是否舒服?
(2)准备玻璃瓶、塑料袋、考察活动记录表、网兜、盆等。

实践篇　　　　　　　　　　　　　　　　　　　　　　　　　　　　69

(3)明确分工、遵守时间和纪律、注意安全等。
(学困生回答,中等生补充,中、优等生评价)
2.根据性别、特长交叉分组,每组6—8人。
3.小组商议,明确分工,分配准备考察时所需要的物品,如谁拿什么材料、谁记录等。
4.小组讨论,制作考察活动记录表,为实地考察作准备,可参考课本 P28"考察活动记录表",并明确如何填写。

考察活动记录表

考察地点		考察时间	
考察目的			
我们的发现			
我们的问题			
学校	班级	考察人员	

三、质疑再探

针对以上内容同学们还有什么问题?
(学生提出问题,分别指名回答,解决不了的问题进行讨论)

四、运用拓展

1.学生自编习题,教师重点展示,学生回答。
2.外出考察时应注意些什么?
3.小组制订好考察计划,按分工准备好考察所需的材料。
4.课堂小结:这节课同学们有什么收获?(分别指名说说)

【板书设计】

鱼儿的家

　　鱼儿的家——小河
　　考察准备
　　考察注意

(作者单位:西峡县基础教育教学研究室)

案例 2

沸　腾

魏华光

【教学目标】
1.通过本课教学,使学生知道:水沸腾是水在100℃时迅速变成水蒸气的现象,知道蒸发和沸腾有什么相同和不同;学习用箭头和简单的文字表示这两种现象及其发生的条件。
2.会使用酒精灯给试管里的水加热,培养实验能力。
3.渗透"自然界的物质是变化的"科学观点。

【教学重点】
用酒精灯给试管里的水加热,观察沸腾的特征。

【教学难点】
比较蒸发和沸腾有什么相同和不同。

【课前准备】
分组实验材料——酒精灯、火柴、试管、水、试管夹。

【教学过程】

一、设疑自探

(一)设置情景,引入新课
在我们的生活中,每天都用到开水,谁能说说开水是怎样来的吗?
水咕嘟咕嘟地开了,这是怎么回事呢?……
这种现象就叫沸腾(板书:沸腾)。
看到这个课题,同学们想知道什么?……

(二)出示自学提示,自主探究
教师出示自学提示,学生自学课本,独立完成。
(1)酒精灯的用法。
(2)怎样用酒精灯加热试管内的水使其沸腾,并观察沸腾时有什么现象?
(3)什么是沸腾?
(4)比较蒸发和沸腾有什么相同点与不同点。

二、解疑合探

1. 学生汇报自探的结果：
(1)学生可根据课本 P7 的插图讲述酒精灯的用法(明确酒精灯外焰温度高)。
(2)分组练习：点燃、熄灭酒精灯。
2. 实验验证：
(1)学生分组实验：用酒精灯加热试管里的水，使其沸腾。(明确实验注意事项、实验目的和实验步骤，认真观察所发生现象，注意安全)
(2)学生汇报实验结果：
①当把水烧开后，看到的现象——有气泡从底部上升到水面。
②停止加热后的现象——不再有气泡产生。
③水的变化——减少。
(3)学生讨论问题，理解沸腾：
①水翻腾的原因——水变成水蒸气。
②那些气泡可能是——水蒸气。
③这些气泡的发生条件是——把水加热。
④水烧开时的温度是——100℃。
(4)归纳总结：把水加热到一定温度(通常是100℃)，水会迅速地变成水蒸气，并且不停地翻腾起来，这种现象叫做沸腾。
(5)学生结合 P9 的填空比较蒸发和沸腾的相同点与不同点。

三、质疑再探

同学们还有什么问题？提出来大家共同解决。

四、运用拓展

1. 引导学生编题。
2. 教师预设补充题：
(1)蒸发和沸腾有什么相同点与不同点？
(2)用壶烧水时，观察水沸腾后从壶嘴里冒出的"气"有什么特点？
(3)在茶杯内倒入热水，盖上杯盖，过一会儿观察杯盖内有什么？
3. 课堂小结：通过今天的学习和试验，同学们有什么收获？

【板书设计】

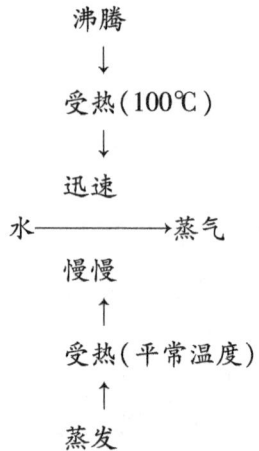

(作者单位:西峡县基础教育教学研究室)

案例 3

动物和环境

魏华光

【教材分析】
本课是按"观察——思考——实验"的思路编写,指导学生认识动物和环境的关系。课文分三部分:第一部分通过观察蝴蝶等动物的生活环境,使学生认识各种动物都必须生活在一定环境里;第二部分指导学生通过对比实验,认识蚯蚓生活需要的环境条件;第三部分通过观察不同地区生活的不同动物,指导学生认识不同环境中生活着不同的动物。

【教学目标】
1. 使学生知道动物生活需要一定的环境条件。
2. 指导学生学会做"动物生活需要一定条件"的对比实验,培养学生用差异法判明事物因果关系的能力。
3. 向学生渗透自然界的事物是相互联系的科学自然观。

【教学重点】
使学生认识动物和环境的关系,培养学生的对比实验能力和归纳能力。

【教具学具】
挂图及分组实验材料(长方形扁纸盒)、黑湿布、蚯蚓若干条。

【教学过程】

一、设疑自探

1. 导课。
在美丽神奇的大自然里,生活着无数人类的好朋友——可爱的动物。请同学们说说,你喜欢什么动物?你知道它们生活在什么地方吗?(指名说)俗话说"鱼儿离不开水",就是说动物不能离开它生活的环境。今天我们就来认识动物和环境的关系(板书课题:动物和环境)。

2. 看到课题,同学们想知道什么?想提什么问题?
学生提出问题……

3. 同学们提的问题真不少,现在就带着这些问题学习新课吧!教师整理、补充学生所提问题,出示自探提示:
(1)蝴蝶、蛾、猴子、白熊、鱼、骆驼分别生活在什么地方?
(2)动物的生活环境主要包括哪些方面?

(3)蚯蚓适于生活在什么样的环境中？怎样用实验证明？

4.请同学们打开课本自学课文,画出上述问题的答案,并记下自己不明白的问题,看谁是"会自学、爱动脑"的好学生。

二、解疑合探

1.指名汇报自探结果(主要是提示(1)、(2)中的问题)。

2.教师引导学生小结:不同的动物生活在不同的环境中,动物生活的环境包括阳光、温度、空气、水等。

3.实验验证:分组合作,进行"蚯蚓生活环境"的对比实验,教师巡视指导。

4.小组讨论后汇报实验结果,在全班交流。

实验(1):蚯蚓对明暗环境的反应。

现象:多数蚯蚓爬向暗处。

结论:蚯蚓适于生活在阴暗的地方。

实验(2):蚯蚓对干湿环境的反应。

现象:多数蚯蚓爬进湿土中。

结论:蚯蚓适于生活在潮湿的环境中。

三、质疑再探

同学们还有什么不懂的问题？提出来大家共同解决。

四、运用拓展

1.引导学生自主编题。

2.教师预设补充习题:

(1)填空:

动物必须生活在一定的(　　　　)里,动物生活的环境包括(　　　　)、(　　　　)、(　　　　)等。

(2)选择:

①蚯蚓生活在(　　　　)的环境里。

　　A.明亮干燥　　B.阴暗潮湿

②大象生活在(　　　　),长颈鹿生活在(　　　　),企鹅生活在(　　　　)。

　　A.南极　　B.热带森林　　C.热带草原

③观看《动物世界》、《人与自然》节目,记录其中的一些动物各自生活在什么环境里,看谁记得多、记得细。

3.课堂小结:本节课同学们学到了什么知识,有什么感想和收获？(师生总结:动物必须生活在一定的环境里,所以要想保护这些可爱的生灵,就必须保护它们赖以生存的环

境,保护我们共同的地球家园)

【板书设计】

动物和环境

$$\text{动物和环境}\begin{cases}\text{蝴蝶:白天　蛾:夜间}\\\text{猴子:热带　白熊:北冰洋}\\\text{鱼:水里　骆驼:沙漠}\\\text{蚯蚓:阴暗潮湿}\end{cases}\begin{cases}\text{动物必须生活}\\\text{在一定的环境}\end{cases}$$

(作者单位:西峡县基础教育教学研究室)

"三疑三探"教学模式在品德与社会课堂中的应用

宋玉强

综观当前的品德与社会课教学,我们不难发现教师生硬灌输的多,学生主动求索的少;学生盲目接受书本的观点多,自己独立思考形成结论的少。尤其是部分教师唯书至上,不顾学生的思想实际情况,照本宣科,脱离现实,强迫学生接受一些生硬的道德观点,形成一些唯心的道德认识,致使学生违背道德良知,说些假话、大话、空话,严重影响了学生的人格发展,大大降低了品德与社会课教学的实效性。基于以上认识,我们从改革品德与社会课堂教学着手,在品德与社会课教学中运用"三疑三探"教学模式,进行了小学品德与社会课教学的应用研究。

一、"三疑三探"教学模式的内涵

"三疑三探"教学模式是以教师精心设计的具有教育性、探索性、创造性的学生主体活动为主要学习形式,以鼓励学生主动参与、主动探索、主动思考、主动实践为基本特征,以实现学生多方面能力综合发展为核心。

二、"三疑三探"教学模式的理论依据

(一)教育学依据

课堂教学是教与学的双边活动,只有充分发挥学生的主体作用和教师的主导作用,才能最大限度地提高学生学习的积极性,提高整个课堂的教学效率。正如美国心理学家、教育家布鲁纳指出的:知识的获得是一个主动的过程,学习者不应是信息的被动接受者,而应该是获取过程的主动参与者。

(二)心理学依据

小学生具有强烈的求知欲和好奇心,总想揭开未知世界的奥秘,倘若他们对某一话题或某一观点发生了兴趣,就会专心致志且饶有兴趣地去领会、探索和研究。在品德与社会课的教学中,构成学生品德的基本心理因素有道德知识、道德情感、道德意志和道德行为。学生品德的形成发展有赖于学生主体意识、能动精神和创造才能的充分发挥。我们只有将学生的主观能动性与学生的道德兴趣、道德需要巧妙地结合起来,才能极大地提高教学的质量。

(三) 学科教学原理

品德与社会课教学只有坚持"晓之以理、动之以情、导之以行、持之以恒"的教学规律,才能达到教学的最终目的。因为这一教学规律重视发挥学生的主体性,重视发挥学生的内在动力,重视道德观念转化过程的引导,使品德教育处于一种亲切和谐的氛围,从而取得良好的效果。

三、"三疑三探"教学模式课堂教学的主要流程

任何教学模式,都有一套独特的教学结构和体现教学活动的逻辑过程的操作顺序。"三疑三探"教学模式的一个显著特征,是合理处理教学过程诸要素的相互关系,合理确定按照时间流程从逻辑上展开的各个教学步骤(即教学过程结构)。本模式的教学流程主要包括以下三个方面:

(一) 设疑自探

〔目　　的〕

现实生活是道德的生长点,道德知识存在于学生的生活周围,只有采撷生活中的浪花,才能拉近书本与学生的心灵距离,从而让学生产生一种亲近感,激发学生的情感共鸣、引发探索的欲望去自我设疑。

〔要　　求〕

设疑一般是教师首先引导学生提出问题,然后教师根据学生提出的问题结合课前预设归纳整理形成本节需要解决的"主干"问题。一般问题的提出是该节课学生需要解决和完成的目标任务。

〔注意事项〕

1. 提出问题的主动权要交给学生,由学生提出问题更有针对性。教师在问题的设置上起一个引导者、归纳者或整理者的作用。教师归纳的问题要简明且有针对性。

2. 教师不能包办,要鼓励学生主动参与,主动探索,主动思考,给学生创造一个观察、思考、辨析的氛围,给予充足的自探时间。

3. 探究性学习对小学生来说,要有一定的知识基础和能力基础作铺垫,没有基础的探究性学习,其效率必然是很低的。因此,教师在组织学生进行自我探究性学习时,要重视学生已有的水平和能力。自探过程中,教师要当好学生的组织者、引导者或合作者,要关注学困生。

4. 在自探结果上,既可得出统一认识,也可保留多种意见。

(二) 解疑合探

〔目　　的〕

品德与社会课是一门活动型课程,课堂上开展丰富多彩、形式多样的活动,既活跃了学生的身心,又让学生在轻松愉快的氛围中提高了道德水平,获得主体性发展。

〔要　　求〕

本环节是通过师生合作、生生合作,在集体中探究个体无法解决的疑难问题,在优势互补中使得个体对问题的理解更加丰富全面,思维向深度和广度发展,感受合作共事和分享成功的愉快。教师在检查自学完成情况时,可以通过学生发言、回答问题、学生评价等形

式,发现没有解决的问题,教师要及时组织学生合作探究,解决在自学中存在的疑难问题。

〔注意事项〕

1. 教师在检查学生自学情况时,要通过学困生回答,中等生补充,中、优等生评价的原则,来了解学生在自探过程中完成目标的情况。

2. 教师课堂上只解决学生经过合作探究后还解决不了的问题,组织学生讨论不理解或理解不透彻的部分。

3. 合作探究时,教师要深入到学生中去组织学生进行合作探究,了解在合作探究中存在的问题,调控合作探究有序进行使合作探究活而不乱;同时要留给学生充足的独立思考交流的时间,避免讨论合作流于形式。

4. 合探的过程是品德课活动性、开放性在本学科的具体体现,教师要允许学生发表自己的看法,提出自己的不同观点,让学生在轻松愉快和一个个鲜活的事例中产生共鸣,达成共识。

5. 教师要培养学生的团队精神和合作精神,使学生养成良好的合作学习的习惯。

(三) 质疑再探

〔目　　的〕

品德培养不仅要回归生活,而且要高于生活,并为学生将来的生活奠定基础。面对多元的价值取向,我们要引导他们学会辨析并作出正确、合理的选择,也就是在学生现在生活的河流里,引入一股他们未来生活的水流,把我们潜藏的教育目的的种子,移植到生机勃勃的学生生活的心田中。

〔要　　求〕

本环节是提升能力、超越教材、运用拓展的环节,学生通过自探合探形成了一个鲜明的价值取向。教师要引导学生能质疑、会质疑。质疑要围绕本课所讲的内容进行,不能偏离主题进行没有价值的质疑。同时也不是教师事先预设问题,而是以鼓励学生主动参与、主动思考、主动探索、主动实践为基本特征,以实现学生多方面能力综合发展为核心。

〔注意事项〕

1. 质疑要由学生来质疑,质疑的问题应由教师引导学生来解决,教师不能包办。

2. 质疑再探的过程是价值取向进一步升华的过程,是学生根据认知规律,产生新疑问提出对本节课有帮助的问题的过程。

3. 本环节在关注优等生的同时,要多引导学困生。对学生提出的超出其认知范畴的问题,教师要引导他们在今后的学习中去探索、去解决,不能予以否定。

(四) 运用拓展

〔目　　的〕

引导学生回顾总结本节所学主要内容,运用所学知识,解决有关热点、难点问题,提升价值取向。

〔要　　求〕

主要通过课堂提问、学生回答、总结情况及课堂训练完成情况,检测每位学生是否当堂完成了学习目标。

〔注意事项〕

1. 教师要引导学生根据所学内容,让学生自己编题、自我展示。

2. 教师根据学生自编自练情况,及时补充练习。

案例1

用眼睛来观察家乡

宋玉强

【教学目标】
1. 在俯瞰家乡的活动中拓展对家乡的认识,增进对家乡的情感。
2. 了解4个正方向和4个副方向的关系。

【教学重点】
认识4个正方向和4个副方向。

【教学难点】
了解4个正方向和4个副方向之间的关系。

【教具学具】
1. 教师准备一张地图(挂图)。
2. 学生学完本课后,自己到本地较高的地方观察家乡,并做好记录。

【教学过程】

一、设疑自探

1. 导课。

今天,请同学们跟随老师一起走进我们美丽的家乡,来观察一下生我们养我们的家乡。这节课,老师和同学们一起用我们的双眼来观察我们的家乡(板书:用眼睛来观察家乡)。

2. 看到这个课题,请同学们阅读P2—P7的内容,读完后你们有哪些感兴趣的问题?

3. 根据学生的问题,教师对其整理成如下自探问题:

(1)怎样用肉眼来观察家乡?

(2)你所看到的家乡有哪些特点?

(3)观察家乡的方位用哪些词语来表述?

(4)你喜欢家乡哪些美丽的景色?为什么?

4. 请同学们带着这些问题自学P4—P7的内容,解决以上问题。

二、解疑合探

1. 同学们解决了哪些问题？（学困生回答，中等生补充，中、优等生评价）

小结：站在高高的山岗上，居高临下俯瞰我们的家乡，四周远望，大片的农田、果园、绿树掩映下一栋栋整整齐齐的新房子……我们的家乡山美、水美、景色更美。

2. 组内交流，解决以下重难点：

(1) 观察家乡的方位时，都用了哪些词语来表述？

(2) 告诉学生把"东北、西北、东南、西南"这4个方向叫做"副方向"。请大家把自己的课桌当地图，按上北、下南、左西、右东来确定4个正方向，大家试找4个副方向。

(3) 这4个副方向分别在哪里？如北与东之间是东北。

3. 汇报合探情况。

4. 总结：能正确使用方位词，是我们正确分辨方向的重要保障，所以我们一定要理解方位之间的关系，并能牢记这些方位。

三、质疑再探

学到这里，同学们还有什么疑问？请说一说（对于疑难问题，师生共同解决）。

四、运用拓展

1. 我当小老师。学生自编自练、交流展示。

2. 教师补充练习。

(1) 游戏：教师随意喊一个方向，让学生正确、快速地摸到相应的桌角。

(2) 教师出示一张中国地图，随便指一个地方，让学生运用4个副方向说出它的位置，如某河在某山的东北面。

(3) 西峡县城在我家乡的＿＿＿＿＿＿方。

(4) 我的家在学校的＿＿＿＿＿＿方向。

(5) 根据自己的观察，完成课本P7的观察记录。

3. 课堂小结：同学们，学到这里你们有什么收获和体会？请说一说。

（作者单位：西峡县基础教育教学研究室）

案例 2

黄土高原

宋玉强

【教学目标】
1. 知道黄土高原的成因及主要地形特征。
2. 初步了解黄土高原的环境特点和人们的生活状况。
3. 理解在宝娃的家乡因地制宜改造农田的意义。
4. 知道黄土高原有丰富的煤炭资源。

【教学重点】
黄土高原上的农民因地制宜改造农田的意义。

【教具学具】
黄土高原景观图片,小黑板,课本彩图。

【教学过程】

一、设疑自探

1. 导课。
教师:同学们是否从电影、电视或画报上见过黄土高原的原貌?如果见过请向其他同学讲一讲。
学生讲后,教师把自己收集的图片给学生看,使他们对黄土高原有一个感性认识。
教师:今天咱们一起到宝娃家——黄土高原走一走,看一看(板书:黄土高原)。
2. 学生设疑。
教师:请同学们打开课本,快速阅读 P19—P24 的内容。
……
同学们,阅读之后你们想知道什么?
3. 教师归纳、补充学生提出的问题,并将其形成自探问题:
请同学们再次细读课文,解决以下问题:
(1)黄土高原形成的原因是什么?它的地形有什么特征?气候和降水量怎样?
(2)黄土高原传统的民居形式是什么?
(3)宝娃的家乡现在是怎样因地制宜调整农业结构的?有什么意义?
(4)为什么说黄土高原有我国的"煤海"之称,并在 P24 找出 4 个大煤矿。
4. 学生自探以上问题,教师巡回指导。

二、解疑合探

1. 全班交流学生自探效果(学困生回答,中等生补充,中、优等生评价)。
学生回答,教师板书:
(1)"风沙"的杰作
　　千沟万壑　　干旱　　缺水
(2)窑洞风情
(3)因地制宜,保持水土
　　缓坡地　　种粮
　　陡坡地　　植树、种草(保持水土、保护农田)
(4)煤海
分布广、储量多,山西、陕西两省就占全国储量的80%(如大同、神府、西山、阳泉等地)。
2. 引导学生以4人一组为单位合探问题(3)——宝娃的家乡现在是怎样因地制宜调整农业结构的?有什么意义?
第一步,教师出示合探提示。
(1)宝娃家乡的气候怎样,有利于农作物生产吗?
(2)面对不利的自然条件,他们把陡坡地和缓坡地分别种上了什么?
(3)把你想象的梯田画出来,然后想一想这种布局有什么意义?
第二步,学生分组讨论(由每组学生指定中心发言人)。
第三步,抽查学生合探效果。

三、质疑再探

在本节课里,同学们还有什么不明白的地方,请提出来。

四、运用拓展

1. 我当小老师。学生自编自练、交流展示。
2. 教师补充练习。
(1)填空:
①黄土高原的形成是_____的杰作。
②黄土高原上有无数的_____,把黄土高原的地面割裂得支离破碎。
③黄土高原地区年降水量较_____,气候比较_____。
④黄土高原地区的人们因地制宜地改造农田,这样既能保持____,又能起到____作用。
⑤黄土高原地下的煤储量丰富,仅山西和陕西两省的含量就占全国煤储量的80%左右,所以黄土高原有我国的_____之称。
(2)思考题:
①宝娃家的住房有什么特点?虎森和孟芳家为什么不住窑洞?
②阅读了P18"延安的窑洞"同学们想说些什么?
3. 课堂小结:同学们,学到这里你们有什么收获和体会?请说一说。

(作者单位:西峡县基础教育教学研究室)

「中学部分」

"三疑三探"教学模式在中学语文课堂中的应用

申致远

一、"三疑三探"语文课堂模型对应图示

课堂环节	设疑自探	解疑合探	质疑再探	运用拓展
问题源	学生设疑	学生解疑	学生质疑	学生编题（习题）
模式参与主体	学生	生生合作 师生合作	学生 师生合作	学生
学生参与方式	自学、自思	自探、合作 交流讨论	自探合作	口述、笔述
学习行为动词	提示、要求 朗读、批注 查阅、笔记 摘要、归纳	探究、交流 对话、请教 倾听、评价 展示、演讲	提问、争论 反问、对话 设问、演示 回答、表达	演讲 表达 辩论 作业
媒介作用关系	教材—学生—教师	学生—教材—教师	学生—教材—教师	学生—教材—教师

二、"三疑三探"教学模式在中学语文课堂中的应用要点

（一）现代文阅读

现代文阅读要让学生初读课文后能够提出问题,教师要引导学生注意阅读层次及有关要求,学会运用工具书及有关材料。

要点：

1. 问题提出要注重整体感知,对内容主题、结构层次要有认识。
2. 提出问题要注意句段研读后的感悟,要对章法、句法、语法有分析和认识。
3. 读书要分层次、分类型,要有的放矢,要把问题提在重点、难点上,要注重阅读方向。
4. 阅读理解既讲开放性,又讲规范性。允许多元提问、多元思考,但要从文本原意出发规范答案,给学生明确指向,不提倡漫无边际,更反对人云亦云。
5. 要精讲多练。"三讲三不讲"要辩证地灵活运用,要体现语文学科的训练特征。

6. 要有体现作者意图的板书设计,提示给学生。
7. 运用拓展要联系生活实际、学生实际、社会实际,要讲关联性。
8. 让学生有自己的心得与体验,有思考与结论。

（二）文言文阅读

文言文阅读与现代文阅读是有区别的。因为文言文课文中语言是教学重点,积累认识是教学任务。

1. 要在反复诵读课文的基础上,再提出问题。
2. 必要的文言实词与虚词要给学生提示与讲解,特别是句式句法,要让学生能用现代语言感知文意。
3. 对学生提出的有关作者、作品风格等问题,教师要事前准备好相关资料,或者事前要求学生收集资料。
4. 要帮助学生概括、归纳主干问题,但不要太细。
5. 在解疑合探中要注重演板与示范,让学生能举一反三地建立文言文知识体系。
6. 文言文阅读要遵循历史原意,不要任意解读。
7. 文言文阅读要注重文化传统的道德含义,对学生偏向质疑或逆向质疑要给予正确引导。

（三）古诗与现代诗歌阅读

古诗与现代诗歌在教材中占相当大的比例,这类课文在应用"三疑三探"教学模式时要注意教学目标不同,其重点也不同。

1. 积累和感悟是教学重点,要先背诵后感悟再提问。
2. 由于此类课文可能是一课多首,所以要有所选择。找出较难理解的引导学习方法,让学生知道一读二背三质疑四感悟的基本思路,并举一反三。
3. 对古诗的典故处理教师要准备在前,服务学生理解。
4. 现代诗中的意境、意象教学要适时点拨。
5. 学生提出的问题教师要给予指导、归纳、概括,并引导到诗歌原始意义上来。

三、"三疑三探"教学模式的突出特征

三疑三探教学模式突出"自"字,即自学、自主、自重、自思、自操、自我;侧重"悟"字,即悟词、悟句、悟文、悟理、悟人。这一教学模式,一方面把人的发展看做课堂之本,看成教育目的,体现了人的差异性,张扬了人的个性;另一方面,追求多样化的个人成长历程,让每个学生都有阳光明媚、花开叶舒的愉快心情,让每个学生都能感受到生命成长与成熟的真谛。

案例 1

社　戏

申　曼

【教学目标】
1. 学习作者围绕社戏这件事记叙详略得当的写法。
2. 领会小说景象描写的作用。
3. 分析文中人物形象。

【教学重点】
分析文中人物形象。

【教学难点】
领会小说景象描写的作用。

【教学过程】

一、设疑自探

1. 导课。

童年是七彩的梦/伴我们在床头玩耍/童年是弯弯的小船/载着我在知识的海洋里遨游/童年是快乐的小鸟张开翅膀/携我在自由的蓝天上飞翔/现在啊，童年却是一枚小小的铃铛/不管春与夏，秋与冬/永在我记忆深处/放声歌唱……是啊。

2. 读课文，学生提出问题，师生对有价值的问题进行梳理：
(1) 文章的线索是什么？总结小说的主要情节。
(2) 文章第一部分写出了平桥的"乐"，"乐"的具体表现有哪些？
(3) 文章出现了哪些人物？试分析人物。你最喜欢的人物形象是谁？
(4) 文中有几处景物描写？找出并品味这些景物描写的妙处。
(5) 文章表达了作者怎样的思想感情？

教师根据学生质疑的情况可进行适当补充。

二、解疑合探

学生对所提出的问题进行思考解答，有疑难的可合作交流。
学困生回答，中等生补充，中、优等生评价。

三、质疑再探

学完本文后,同学们还有哪些疑惑?

四、运用拓展

1. 根据课文内容,同学们能否回忆一下自己童年的趣事,一起交流一下。
2. 课堂小结:请同学们自我总结学习方法。

【板书设计】

社　戏
鲁　迅

平桥看戏→民风
双喜偷豆→民情

民风 { 一、随母归省小住平桥村
　　　二、钓虾放牛的乡间生活
　　　三、看社戏前的波折夜航去看社戏

民情 { 四、赵庄看社戏
　　　五、看戏后归航偷豆

(作者单位:西峡县城区二中)

案例 2

中秋咏月诗词三首

申 曼

【教学目标】
1. 领会诗中所表达的思念之情以及富于表现力的语言。
2. 学习情景交融、想象丰富的写法。

【教学重点】
学习三首词曲,并熟读成诵。

【教学难点】
引导学生体会文中所表达的思念之情。

【教学过程】

一、设疑自探

1. 导课。
同学们,谁知道在我们中国人的传统观念中,一年中哪一夜的月亮是最圆的呢?哪些同学愿意为大家描绘一下在中秋夜所欣赏到的月景呢?

2. 让学生对作者进行补充性简介:
(1)王建,字仲初,颍川(今河南许昌)人,曾任昭应县丞、渭南尉。他一生困顿,晚景尤为凄凉,与张籍齐名,世称"张王乐府",也是新乐府运动的积极参与者之一。
(2)苏轼(略)。
(3)艾青,中国现代著名诗人,原名蒋海澄,浙江省金华人,1933年第一次以"艾青"为笔名发表代表诗作《大堰河——我的保姆》。

3. 朗读指导:朗读时注意停顿与感情。

4. 根据同学们的提问归纳要求,然后让学生再读自探:
(1)根据课下注释,疏通诗意。
(2)挑选你最喜欢的诗句进行朗读,并说一说你喜欢的理由。
(3)说一说诗歌表达了作者怎样的思想感情?

二、解疑合探

学困生回答,中等生补充,中、优等生评价。

三、质疑再探

学完本文后,同学们还有哪些疑问?

四、运用拓展

1. 补充同学们所知道的有关咏月的诗句。
(1)海上生明月,天涯共此时。
(2)滟滟随波千万里,何处春江无月明。
(3)江天一色无纤尘,皎皎空中孤月轮。
(4)梨花院落溶溶月,柳絮池塘淡淡风。
2. 课堂小结。

【板书设计】

中秋咏月诗词三首

《十五夜望月》——形象的语言、丰富的想象
　　　　　　　　中秋望月特定的环境气氛
《水调歌头》——旷达的胸怀、乐观的情致
《我的思念是圆的》——中秋之月——愿祖国统一

(作者单位:西峡县城区二中)

"三疑三探"教学模式
在中学数学课堂中的应用

张景召

一、"三疑三探"教学模式在"新知识课"中的应用

"新知识课"是指学习概念、法则、定理等数学新知识的课,是最重要的一种课型。这种课型的课在教学中能够更好地体现"知识与技能"、"过程与方法"和"情感、态度与价值观"三位一体的教学目标。具体的教学操作流程如下:

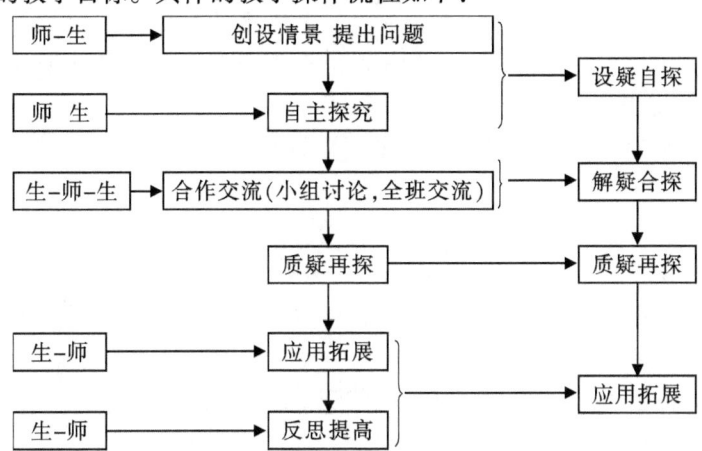

(一)设疑自探

1. 创设情景,提出问题

这一环节的操作方法是:引导学生明确目标,创设情景,提出问题。

教师引入课题后,引导学生提出问题(如教师板书课题后问:"同学们看到课题想到了什么?"提问学生回答)。教师梳理、补充学生提出的问题,从而形成完整的学习目标,让学生在探究前就明确本节的学习目标。学生明确学习目标后,教师创设具体的问题情景,提出问题。

在这个环节中,教师恰当创设情景是基础,巧妙提出问题是关键。

教师创设情景后,可以直接提出要探究的问题,也可以引导学生根据情景提出问题,教师梳理问题并完善地整理出探究的问题。

根据初中数学教材的不同特点,有三种不同的"创设情景,提出问题"的方法:

(1)直接使用教材中的情景问题。

教材中有的部分,本身就创设了情景,提出了问题,并且没有解答,需要学生自己探索。对于这些内容的教学就可以直接使用教材中的情景问题。如八年级数学(下)第十八章第一节"变量与函数"就属于这种情况。因此,在教学中教师可以直接使用这些问题。在设计教案时"创设情景,提出问题"这个环节就可以这样设计:

①自学课本 P24—P25 问题一至问题四,回答教材上提出的问题。

②在问题一、二、三、四中分别涉及哪几个可以取不同值的量?把它们一一说出来。其中量 T、y、f、s 是分别随着哪个量的改变而改变的?是怎样改变的?

(2)加工、改造教材中的已有内容,设计出有利于学生自主探究学习的情景、问题。

虽然教材中有让学生探索的实例,但由于教材是采用直接叙述的方式编写的,如果不对其进行加工和改造,就不利于学生独立地观察和思考。对于这样的教材,教师在设计教案时,就需要借助教材中的实例并改变实例出示的方式,设计出有利于学生自探的情景问题。如八年级数学(下)第十七章第四节"零指数幂和负整指数幂"就属于这种情况;零指数幂和负整指数幂的意义都是从学生熟知的实例探索中得到的。教材有具体的探索实例,但不加工不利于学生独立地观察和思考。这就需要教师在设计教学时,对教材中实例在叙述形式上作适当地加工和改造,设计出有利于学生独立探究的情景、问题。因此,可以这样创设情景,提出问题:

①仿照同底数幂的除法公式计算(结果用幂的形式表示):

$$5^2 \div 5^2$$
$$10^3 \div 10^3$$
$$a^5 \div a^5 (a \neq 0)$$

②在上面的三个式子中被除式等于除式,由除法的意义可知,所得的商都等于1。由此同学们有什么发现?

对于负整指数幂意义的学习,同样可以仿照上面的问题设计。

③仿照同底数幂的除法公式计算(结果用幂的形式表示):

$$5^2 \div 5^5$$
$$10^3 \div 10^7$$

④利用约分,直接算出上面两个式子的结果(结果用分数形式表示,分母化为幂的形式)猜想 $a^{-n}(a \neq 0,n$ 是正整数)等于什么?由此同学们有什么发现?

(3)根据教材中的问题(例题),设计有利于引导学生解答问题的过程性思考问题。

教材中的例题,因为分析很少或者没有分析,所以,在教学中教师需要设计出有利于引导学生阅读理解题目、挖掘题目隐含条件、明确解题思路或建立数学模型的过程性思考问题,如七年级数学(下)第七章第二节"二元一次方程组的解法"例6(第三课时)。本节课的"设疑自探"就可以这样设计。例如,认真阅读题目(出示例6)并思考下列问题:

①已知条件有哪些?未知条件有哪些?题目中有哪些相等关系?

②如何根据等量关系列出方程组求出粗加工、精加工的天数?

③如何根据粗加工、精加工的天数求出共获利多少元?

④同学们能归纳出列二元一次方程组解应用题的一般步骤吗?

"创设情景,提出问题"时应注意以下几点:

(1)必要性。要在教材的重点处、难点处和关键处创设问题情景,提出探究性问题,不能泛泛地提些不需要探究就能回答的问题。

(2)适中性。设置的问题难易程度要适中,要在"最近发展区"遵循"跳一跳摘桃子"的原则设置问题。

(3)明确性。所提出的问题必须明确无误,没有歧义,让学生明确探究的要求和方向。

(4)层次性。所提出的问题应有层次性,有利于学生环环相扣、层层深入开展探究活动。

(5)铺垫性。情景的设置、问题的提出要注意在复习旧知识的基础上展开新内容,使情景成为旧知发展为新知的桥梁。

(6)可操作性。情景的设置、问题的提出应有利于学生动手操作、动口讨论、动脑思考。要注重设计让学生口、手、脑并用的活动。

(7)新颖性。应注意变换角度提出问题,把平淡无奇的内容通过变换角度提出问题而变得具有新颖性,从而增强可探究性,唤起学生的探究欲望。

(8)自主性。注意让学生先根据情景,提出问题。教师完善学生提出的问题,形成自探问题,从而培养学生提出问题的意识,增强学生学习的主动性。

2. 自主探索

这一环节由学生独立完成,即根据教师创设的问题情景和提出的问题,学生自主探索。在这个过程中,学生自主进行阅读教材、操作实验、演算或证明等数学活动,通过观察、实验、归纳、概括、类比、猜想等活动探究数学规律,提出猜想,并对猜想得到的结论进行验证。

在这一环节中,教师应注意以下几点:

(1)教师要留给学生充足的时间,让学生实实在在地独立探索,切忌蜻蜓点水式地自主探索。

(2)学生的活动必须是独立的。教师不提示,也不允许与其他同学互相商量。对于不看课本探究的问题,不准让学生看课本直接寻找现成的结论,即使有疑问也要等到合作交流时解决。

(二)解疑合探

解疑合探就是在教师的指导下进行反馈、小结。学生回答前面提出的问题,教师进行点拨、指导,最终引导学生进行归纳概括,形成知识和方法。解疑合探的过程是在学生自主探索的基础上,生生合作、师生合作解决情景问题的过程;是进行归纳小结以形成知识和方法,同时培养学生具有团结协作的精神和表达数学语言能力的过程;也就是"建构主义认知学习论"所说的数学知识的"意义建构"的过程。

这一环节是引导学生进行合作交流的关键。合作交流有两种形式:小范围的合作交流和全班的合作交流。小范围的合作交流是指在小组内或同桌之间进行的交流活动,即我们所说的小组讨论。全班的合作交流是指在学生探究学习后,教师提问学生回答所提出的问题。但不是每一节都要先小组讨论再全班交流。对于难度较大的问题,教师可引导先学生小组讨论,然后再全班进行交流;对于难度不大的问题不需要小组讨论,在学生自主探究学习后即可提问学生进行全班交流。

在这个环节中应注意以下几点：

(1)回答问题的原则是:学困生回答,中等生补充,中、优等生评价。课堂交流面向全体学生,使各个层次的学生都能参与,都有收获,都能成功。

(2)要体现生生合作,师生合作,平等对话。

首先,教师要保持良好的提问心境,形成民主、融洽的师生关系,给学生的交流创设安全的心理环境。教师的作用在于激励、唤醒、鼓励学生。当学生有畏难情绪时,教师可以适当地运用"说说看"、"大胆地谈谈自己的看法"、"说错了没关系"等鼓励性语言,消除学生的心理障碍,让学生充分地发表不同的意见,最终达成一致。教师不要急于下结论,否则会使学生之间的交流流于形式。

其次,要发挥教师的主导作用,要体现师生的合作。对于学生回答问题,教师不是被动地倾听,而是提出质疑,引导学生说出问题的关键,让学生说出自己的想法。对于难度大的问题、约定俗成的规定以及介绍性的知识,教师要讲解。我们反对没有经过学生独立思考的讲解,但并不是不要教师的讲解,因为教师精彩的点拨也是课堂的亮点。

(3)要有适当的板书。在"三疑三探"教学模式的课堂上,虽然不要求像传统课堂一样对本节所学知识做认真的板书,但也要有适当的、画龙点睛式的板书。一般对于重要的数学概念、定理、公式、性质、法则等都要做简明扼要的板书;对于强调的要点要做简单的板书;对于知识形成过程中关键的实例也要做板书。所有这些板书都应当在学生回答问题或教师小结、点拨的过程中进行。

(三) 质疑再探

在这个环节中要引导学生提出自己在学习中的疑惑或问题,大家共同探讨解决。初中学生是有好奇心且思想活跃的人,在每一堂课中,他们都会产生一些想法或问题,如果不把这些想法或问题暴露出来并加以解决,就会形成一个个思维障碍。因此,教师要鼓励学生大胆质疑,把自己的想法或问题说出来供大家探讨。

在这个环节中应注意以下几点：

(1)对于学生的质疑,教师要端正认识,勇于实践。首先,教师要相信学生能提出问题。即便是刚开始学生不敢提出问题或提不出问题,但坚持一段时间后学生一定能提出问题。其次,教师的心态要放正,不要有为难情绪,不要认为学生故意刁难。不论学生在课堂上提出什么问题或说出什么想法,教师都要尊重学生的提问权,保护学生课堂交流的积极性。教师要热情地为学生创造吐露思想的机会,对于学生的质疑,要在态度上给予鼓励、方法上加以指导,让学生在教师亲切、赞赏的言行中产生强烈的思维意向,积极进行思维活动。

(2)让学生质疑提问题,教师要给学生留质疑提问题的时间和机会,并要有适当的引导。首先,要给学生的质疑留出一定的时间,不要急于往下进行,不要走过场;其次,要在前面的学习中故意留空白,给学生质疑留机会;再次,要引导学生质疑的方向,如可引导学生从具体数学知识的形成过程中质疑,也可以引导学生从具体数学知识的应用方面质疑等。

(3)学生质疑问题的解决方法。对于学生提出的问题,不是教师直接回答,而是先让学生解答,学生都不能解决的,由师生共同讨论解决。如果学生提出的问题涉及后续学习的内容,教师要肯定学生提出的问题具有前瞻性,鼓励学生课后继续探究。这时教师可以这样鼓励学生:"这位同学提出的问题很好,具有前瞻性,请同学们课下继续探究,看谁能在明天上课前把这个问题的答案告诉老师。"

(四)运用拓展

1.应用迁移

知识应在应用中深化,在应用中建立起与其他知识之间的联系,因此数学知识的应用是教学的一个重要环节。在学生初步建构了数学知识的意义后,就要练习、应用。

(1)练习题目应该包括基本题目和拓展题目。基本题目可以起到解释当前学习的数学模型、进一步理解新知识的作用;拓展题目有助于加强知识之间的相互联系,应用有关的数学思想方法,有利于形成数学知识"模块",提高解题能力。传统的初中数学教学注重"变式训练"的做法是很值得称赞的,在数学新课程教学中要继承和发扬,特别是注意让学生编题,培养学生学习的主动性。

(2)在习题的处理中,要重视让各个层次水平的学生演板,这样可以直观地暴露问题所在。在习题的评价过程中,要注重让学生交流解题思路和质疑。

(3)作业的设置要体现分层要求的原则,即作业要包括必做题、选做题和思考题三类。

2.反思提高

在"意义建构"和应用迁移的基础上,要深化对知识的理解,提高数学能力,就必须进行反思。通过反思,让学生回顾探究知识、获取方法的过程和知识应用的过程,加深理解所学的数学知识,积累探究学习的经验,丰富学生的隐性知识。反思通常就是小结的教学环节。一般情况下,教师可以通过提出问题引导学生反思回顾。最常见的问题有:"通过本节课的学习,你学到了什么?""本节课中你对你的表现有什么感受?""你从同学身上学到了什么?""你还有什么疑问?""你对教师在本节课中的教学有什么评价和建议?"等。

在这个环节中应注意以下几点:

(1)这不是一个可有可无的环节,每一节课都必须要有。只有让学生不断地回顾反思,才能积累更多的知识和经验。

(2)在这一环节中要发挥教师的主导和学生的主体作用。一方面,这一环节的主体仍然是学生,教师总结的再好也不如让学生自己总结出来使学生受益更大;另一方面,学生的回答也不能代替教师的小结,在学生回答后,教师还要做适当的小结。

(3)回顾反思(小结)的内容要全面。除了本节课所学习的数学知识和应注意的事项之外,还应该包括有关的思想和方法,以及探究问题、获取知识、发现规律的方法、活动的情况、疑惑或问题等。这些内容可以概括为两点:学生自己的收获和存在的问题。

(4)这一环节要留给学生适当的时间,如果时间太少,只能流于形式,实质上学生没有收获。因此,这一环节应留3—5分钟的时间,让学生交流自己的收获或说出自己的疑惑和问题。

总之,"三疑三探"教学模式的前三个环节,即设疑自探、解疑合探、质疑再探是三位一体的、不可分割的。"设疑"是"探究"的前提,"探究"是"设疑"的目的。在探究学习中,"自探"是主题和基础;"合探"则是"自探"的补充和深化;"再探"是升华,是为了解决个别学生的疑惑或探究个别学生提出的问题。"再探"可能在课堂上不能完全解决,需要延伸到课外。这一教学模式的显著特点和亮点是"质疑再探"。因此,在教学中一定要重视这个环节。

二、"三疑三探"教学模式在"习题课"中的应用

"习题课"是指以解题为主,基本上没有学习新知识的课。这类课的任务是巩固学生的数学知识和思想方法、培养学生的探究能力、丰富学生的解题经验和策略。因此,这类课的一般操作流程是:

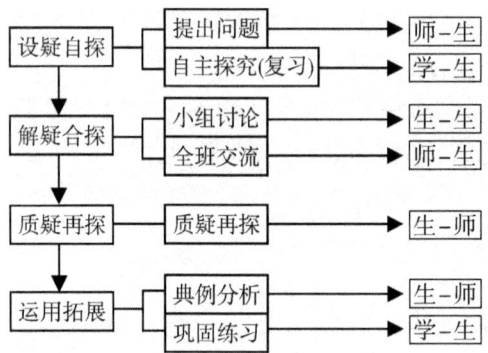

（一）引导学生回顾有关的数学知识和思想方法

〔基本步骤〕

让学生思考、回答有关的数学知识和思想方法。

〔目　　的〕

复习有关的知识和方法,为解题做铺垫。

（二）出示例题,引导学生分析题意

〔基本步骤〕

(1)教师出示例题,学生阅读、理解题目。

(2)教师提出问题(或由学生提出问题,教师归纳、整理出完整的问题),学生独立思考,探究解答思路。

(3)学生进行小组讨论,初步解决疑难问题。

(4)教师提问,师生交流,明确解题思路。

〔目　　的〕

引导学生观察题目特点,深挖题目中的隐含条件,明确已知与未知之间的联系,制订解题计划,形成解题思路。

（三）学生独立解答题目

〔基本步骤〕

个别学生板演，其他学生在练习本上完成，教师巡视。

〔目　　的〕

实施解题计划，完成题目解答，充分暴露问题。

（四）引导学生评价板演作业

〔基本步骤〕

提问学生评价板演的题目，肯定成绩，查找错误原因，形成共识。

〔目　　的〕

学习掌握例题的解题格式，提炼升华，总结规律，丰富解题经验。

（五）学生质疑或提出新问题

〔基本步骤〕学生质疑或变换题目条件以提出一个新问题（变式提问），教师引导学生共同解决。

〔目　　的〕

解决部分疑难问题，培养学生的质疑能力和问题意识。

（六）巩固练习

〔基本步骤〕

(1)学生自编题目，同桌之间相互解答。

(2)教师补充练习题目，学生独立完成。

(3)简评、纠错。

〔目　　的〕

进一步巩固学生所学的知识，培养学生的数学解题能力。

〔注意事项〕

练习的题目应包括基本题、变式题和拓展题三类。

（七）回顾小结，反思提高

〔基本步骤〕

引导学生回顾、反思本节课的收获，总结有关的应用知识和思想方法。

〔目　　的〕

避免为解题而解题。做到以解题巩固知识，以解题掌握方法，以解题训练思维。

三、"三疑三探"教学模式在"复习课"中的应用

数学复习课是一种重要的课型。在复习课教学中有以下几个任务：(1)变换角度深化对所学知识、方法的再认识、再理解；(2)掌握有关的新、旧数学知识之间的联系，使知识系统化；(3)强化应用，使技能操作熟练化、思想方法能力化；(4)解决个别学生的疑难问题。因此，复习课教学的一般流程是：

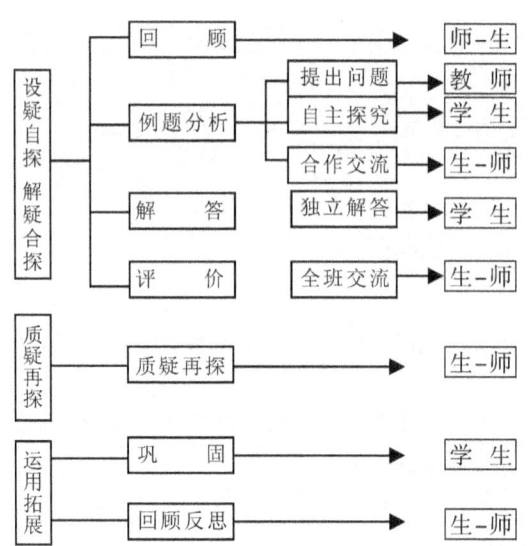

(一)设疑自探

1. 提出问题

〔基本步骤〕

教师出示问题(或引导学生提出问题,教师梳理、完善形成完整的问题),学生阅读、理解问题。

〔目　　的〕

创设再认识所学知识和方法的问题情景,为学生探究复习指明方向,激发学生探究学习的兴趣。

〔注意事项〕

(1)应变换角度提问题,尽量不要提直接回答概念、定理、公式、法则的问题。

(2)所提问题应有利于学生手、口、脑并用,即有利于学生动手操作、动笔演算或证明。所设问题的好坏要看是否能调动学生思考的积极性。

2. 自主探究(复习)

〔基本步骤〕

学生根据复习题自主探究复习,教师巡视。

〔目　　的〕

学生通过思考,变换角度再认识教材内容,加深对所学知识的理解;培养学生的探究意识和能力。

(二)解疑合探

〔基本步骤〕

教师提问,师生交流。对于难度较大的问题,引导学生进行小组讨论,然后再全班交流;对于难度不大的问题,不需小组讨论,可由教师直接提问,学困生回答,中等生补充,中、优等生评价。

实 践 篇

〔目　　的〕

通过小组讨论和师生交流,帮助学生解决疑难问题,深化对有关知识的理解;构建数学知识网络,系统地掌握所学的数学知识和有关的思想方法。

〔注意事项〕

要注意归纳使知识系统化,强化学生对疑难问题的理解。

(三)质疑再探

〔基本步骤〕

学生提出自己的疑惑或问题,引导学生共同解决。

〔目　　的〕

解决学生的疑难问题,培养学生的问题意识,提高学生学习的主动性。

〔注意事项〕

引导学生从数学知识、思想方法和应用方面进行质疑。

(四)运用拓展

〔基本步骤〕

(1)典例分析:方法同前面习题课所介绍的处理例题的方法相同。

(2)强化训练。

〔目　　的〕

典例引路,强化训练,使技能操作熟练化、思想方法能力化。巩固学生对知识的理解,培养学生运用知识解决问题的能力。

〔注意事项〕

(1)例题的选择要具有典型性、针对性和示范性,例题的处理方法同习题课中例题的处理方法相同。

(2)要注意让学生编题,提高学生的学习兴趣,培养学生的逆向思维能力和创新意识。

(3)强化训练的题目既要有全面性,又要突出重点、难点;既要有基本的题目,又要有拓展的题目。题量要适当。

案例 1

勾股定理(1)

张景召

【教学目标】
1. 体验勾股定理的探索过程,初步理解勾股定理。
2. 初步学会应用勾股定理解决有关直角三角形的三边关系的问题。
3. 感受数形结合、从特殊到一般再到特殊的数学思想方法。
4. 通过探索直角三角形三边关系的过程,获得有关数学活动的经验和探究问题的方法。了解勾股定理的文化价值,感受数学之美。

【教学重点】
通过实例发现直角三角形三边之间的关系,初步理解勾股定理。

【教学难点】
探索并理解勾股定理。

【教学过程】

一、设疑自探

2002 年,国际数学家大会在北京召开,在这次大会上,到处可以看到一个简洁优美的图案在流动,那个远看像旋转的纸风车的图案就是大会的会标。它是采用了 1700 多年前中国古代数学家赵爽用来证明勾股定理的弦图(学生看课本 P47)。弦图是由什么图形构成的呢?

学生:由四个直角三角形构成。

教师:为什么直角三角形能构成如此美妙的图案呢?直角三角形三边之间有什么特殊的关系呢?我们这节课就来探究这个问题。

问题 1:如下图,已知网格中的每一个小正方形的边长均为 1,则阴影正方形 P 的面积为多少?(教师画在小黑板上,学生按下图要求在课本后网格中画图并探究)

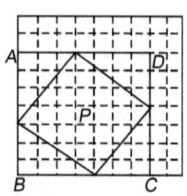

问题2：

(1)下图(左)是正方形瓷砖拼成的地面，观察图中用阴影画出的三个正方形，两个小正方形 P、Q 的面积与大正方形 R 的面积有何关系？

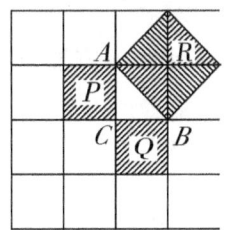 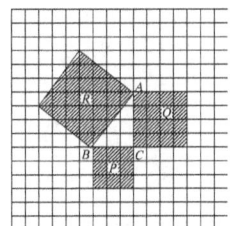

(2)观察上图(右)，如果每一小方格表示 $1cm^2$，那么可以得到：正方形 P 的面积 = _____ cm^2，正方形 Q 的面积 = _____ cm^2，正方形 R 的面积 = _____ cm^2。

正方形 P、Q、R 的面积之间有何关系？

在(1)、(2)中三个正方形的面积关系又如何用边长来表示呢？

问题3：如下图，分别以边长为 a,b,c 的直角三角形的三边为边做三个正方形，量一量 a,b,c 的长度，猜想 a,b,c 之间有何关系？（学生按下图要求在课本后的网格中画图并探究）

根据以上三个问题猜想直角三角形三边之间有何关系？

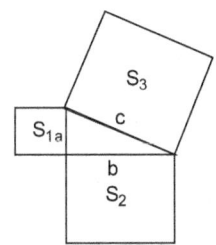

二、解疑合探

1. 提问学生回答上面的三个问题（教师在学生对问题进行探究后对学生进行提问，在学生明确如何在网格中求三角形的面积后，再让学生自探问题2、3）

2. 提问要求学困生回答，中等生补充，中、优等生评价。如果学生独立探究困难的，可引导学生小组讨论，然后再全班交流。

3. 通过合作交流，应使学生明确以下几点：

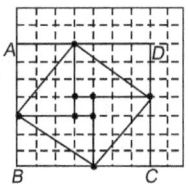

对于问题1,求正方形P的面积有三种方法:

求法一:正方形$ABCD$的面积减去四个直角三角形的面积,即

$$S_P = AB^2 - 4S_{Rt\triangle} = 7^2 - 4 \times \frac{1}{2} \times 4 \times 3 = 25$$

求法二:将正方形P分割为四个直角三角形和一个小正方形,其面积为四个直角三角形和一个小正方形之和,即

$$S_P = 4S_{RT\triangle} + 1 = 4 \times \frac{1}{2} \times 4 \times 3 + 1 = 25$$

求法三:用直接数数的方法数出正方形P所占的网格数目(少于一格$\frac{1}{2}$的不计,多于$\frac{1}{2}$的算一格,这是解决网格中不规则图形面积的一种方法)。

对于问题2、3,通过探究使学生明确直角三角形三边之间的关系:对于任意的直角三角形,如果它的两条直角边分别为a、b,斜边为c,那么一定有:$a^2 + b^2 = c^2$。由此,引出勾股定理。

勾股定理:直角三角形两直角边的平方和等于斜边的平方。

引导学生阅读教材P55中的"阅读材料":《勾股史话》。了解勾股定理的文化价值。

要点:勾股定理从被发现到现在已经有五千年的历史了,在我国叫"勾股定理",在西方国家叫"毕达格拉斯定理"(我国古代数学和西方古代数学的特点在下一节中作简要介绍)。

引导学生理解:勾股定理反映了直角三角形的三边之间的关系,根据勾股定理,已知任意两边,可以求出第三边。

引导学生写出公式的变形:

已知两直角边a、b,求斜边c:$c = \sqrt{a^2 + b^2}$

已知一直角边a(或b)和斜边c,求直角边:$a = \sqrt{c^2 - b^2}$ 或 $b = \sqrt{c^2 - a^2}$

三、质疑再探

引导学生从对勾股定理的探索过程和对勾股定理的理解两方面,提出自己的疑惑或问题,然后引导学生再探解决。

四、运用拓展

(一)探究

如右图,将长为5.41m的梯子AC斜靠在墙上,BC长为2.16m,求梯子上端A到墙的底边的垂直距离AB(精确到0.01m)。

(1)学生自探如何解答,说出解题思路。

(2)学生写出解答过程(2人板演)。

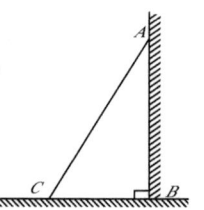

(3)评讲。①强调解题格式;②注意要明确已知和求解的是直角三角形的什么边。要知道如果只给出两边的长,没有指明哪是直角边、哪是斜边怎么办?

解:如图,在 $Rt\triangle ABC$ 中,

$BC = 2.16\text{m}$, $AC = 5.41\text{m}$,

根据勾股定理可得

$AB = \sqrt{AC^2 - BC^2} = \sqrt{5.41^2 - 2.16^2} \approx 4.96(\text{m})$

答:梯子上端 A 到墙的底边的垂直距离 AB 约为 4.96m。

(二)巩固、拓展

1.在 $Rt\triangle ABC$ 中,$AB = c, BC = a, AC = b$,$\angle B = 90°$。

(1)已知 $a = 6, b = 10$,求 c。

(2)已知 $a = 24, c = 25$,求 b。

2.请改变上题的条件,再编一道题,同桌之间互相解答。看哪位同学编的题好。

展评学生自编的题目,共同解答有特色的题目(如:如果一个直角三角形的两条边长分别是6cm和10cm,那么该直角三角形的第三边长是多少cm?)。

3.课堂小结:引导学生回顾反思,通过本节课的学习有什么收获?

(作者单位:西峡县基础教育教学研究室)

案例2

有理数的加法法则

张景召

【教学目标】
1. 经历有理数加法法则的探索过程,理解有理数的加法法则。
2. 能利用有理数的加法法则进行有理数的加法运算。
3. 体会由特殊——一般——特殊的思维方式和分类的数学思想方法。
4. 通过观察、分析、归纳、概括获得数学结论,体验数学活动充满的探索性和创造性。

【教学重点】
探索有理数加法法则,了解并应用有理数加法法则。

【教学难点】
绝对值不相等的两个异号加数相加的法则概括与理解。

【教学过程】

一、设疑自探(一)

创设情景,提出问题:
小明在一条东西方向的马路上行走,起点在点 O 处,他第一次可以向东走,也可以向西走,第二次在第一次的基础上可以向东走,也可以向西走,如果向东走2m记作(+2),那么向西走3m记作(-3)。

问题1:根据这个信息,请你尽可能多地提出小明各种走法的问题?

学生交流,师生共同把小明的各种走法的问题提出来作为探究的问题:

(1)小明先向东走2m,再向东走3m,此时两次总共所走的路程相当于离起点向哪个方向走几m?

(2)小明先向西走2m,再向西走3m,此时两次总共所走的路程相当于离起点向哪个方向走几m?

(3)小明先向东走3m,再向西走2m,此时两次总共所走的路程相当于离起点向哪个方向走几m?

(4)小明先向东走2m,再向西走3m,此时两次总共所走的路程相当于离起点向哪个方向走几m?

(5)小明先向西走3m,再向东走3m,此时两次总共所走的路程相当于离起点向哪个方向走几m?

(6)小明第一次向东(或向西)走3m,第二没有走,此时所走的路程相当于离起点向哪个方向走几 m?

问题2:能否把小明走的可能情况用数学式表示出来?

问题3:你是怎样理解这些数学式的?

二、解疑合探(一)

提问学生回答上面的问题,通过交流使学生明确:

(1)先向东走2m,再向东走3m,此时两次总共所走的路程"相当于"离起点向正方向走了5m,即 $(+2)+(+3)=+5$

(2)先向西走2m,再向西走3m,此时两次总共所走的路程"相当于"离起点向负方向走了5m,即 $(-2)+(-3)=-5$

(3)先向东走3m,再向西走2m,此时两次总共所走的路程"相当于"离起点向东走了1m,即 $(+3)+(-2)=+1$

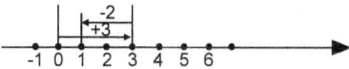

(4)先向东走2m,再向西走3m,此时两次总共所走的路程"相当于"离起点向西走了1m,即 $(+2)+(-3)=-1$

(5)先向西走3m,再向东3m,此时回到原点,"相当于"没有走,即 $(-3)+(+3)=0$

(6)小明第一次向东(或向西)走3m,第二次没有走,此时所走路的程"相当于"离起点向东(或向西)走了3m,即 $(+3)+0=+3$ 或 $(-3)+0=-3$

三、设疑自探(二)

1.根据上面的例子,给下列各式赋予不同的实际意义,并计算结果:

(1)$(+20)+(+30)$　　　　(2)$(-30)+(+20)$

(3)$(-30)+(-5)$ (4)$25+(-10)$
(5)$25+(-25)$ (6)$(-5)+0$

2.观察以上各题的计算规律(6个有理数的加法算式可分为哪几类情况？计算结果中的正负号和绝对值是如何确定的？)，你能总结出有理数的加法法则吗？试试看。

四、解疑合探(二)

通过学生对自探(一)和自探(二)问题的回答，引导学生总结出有理数的加法法则。

1.同号两数相加，取相同的正负号，并把绝对值相加。

例如：$20+30=50$；$(-30)+(-5)=-35$

2.绝对值不等的异号两数相加，取绝对值较大的加数的符号，并用较大的绝对值减去较小的绝对值。

例如：$(-30)+(+20)=-10$；$25+(-10)=15$

3.互为相反的两个数相加得零。例如：$25+(-25)=0$

4.一个数与零相加，仍得这个数。例如：$(-5)+0=-5$

五、质疑再探

引导学生从有理数的加法法则的形成过程和法则的理解与应用两方面进行质疑，提出自己的疑惑或问题，然后引导学生共同解决。

六、运用拓展

1.自己编5道有关有理数加法的题目，看谁编的题目类型多。教师巡视，有选择地把一些基础题和拔高题板书在黑板上，让全体学生解答。

2.教师预设一些习题，如果学生没有编拟此类型，则进行补充。

(1)计算(两人板演，其他学生在练习本上完成)：

① $(+2)+(-11)$ ② $(+20)+(+12)$

③ $(-\frac{1}{2})+(+\frac{2}{3})$ ④ $(-3.4)+(-4.3)$

(2)说一说下列计算错在哪里？

① $(-5)+(+3)=-8$ ② $50+(-45)=-5$

(3)练习1—4题。

3.课堂小结：引导学生回顾反思，谈谈本节课中有什么收获？

(作者单位：西峡县基础教育教学研究室)

"三疑三探"教学模式
在中学英语课堂中的应用

潘茂荣

按照新课程标准的要求,依据认知法、听说法、交际法的理论分析,"三疑三探"教学模式在英语学科的教学过程中大致可分为三个阶段、四个步骤。三个阶段即语言理解阶段、语言能力养成阶段和语言运用阶段,四个步骤即设疑自探、解疑合探、质疑再探、运用拓展。四个步骤的全部内涵,就在于使学生主动获得英语知识,通过合作、探究、体验等学习方式的运用,最终培养其独立学习的能力、与人合作的能力及综合运用语言的能力。

下面以英语对话课、英语阅读课两种课型为例分述这四个步骤:

一、"三疑三探"教学模式在英语对话课中的应用

《英语课程标准》中的语言知识,包括语音知识、语法知识、词汇知识、语言功能知识、话题知识等。现代认知心理学家安德森明确地把知识分为两类:陈述性知识和程序性知识。依照其原理,语言功能知识、话题知识属于程序性知识。这部分知识需要经过多次操练才能转化成听、说、读、写的技能,也就是说技能需要通过不断地练习才能形成。

现行口语教学存在的突出问题,是把口语课上成阅读课,讲解的语言知识太多,做题太多,而留给学生练习口语的时间太少,学生不会用学到的功能项目交流,以致出现"有口难言"的情况;而另一种情况也同样有害,那就是一部分教师片面地强调口头交际,不讲语言规律,不练语言结构,学生只靠模仿去学习英语,这样就很难培养学生自主学习的能力,学到的东西也很容易遗忘。因此,只有将结构与功能结合起来,才能真正地培养学生的语言运用能力,即先在模仿操练中掌握句子的结构,然后再从结构交际模式过渡到情景交际模式和主题交际模式,最终帮助学生在情景中学习和使用语言,培养其用英语思维和表达的能力。

"三疑三探"英语对话课课堂教学模式正是基于以上考虑,对课堂教学的各个环节进行了整合,是一条尝试、探索英语口语教学的新路子。

Step 1 设疑自探

〔任　务〕

感知、领会语言,熟悉话题内容。

〔基本步骤〕

a. 通过问答复习相关内容,引出本节话题。

b. 听/读对话,尝试提出问题。

c. 独立完成相关的理解练习。

d. 划出生词及新学功能项目的相关句型。

〔意　义〕

渐进型句型是学生学会表达的基础，提出问题的能力就属于这种类型，它需要在很长的一段时间里才能培养起来。因此，必须训练学生能够自己提出问题，从而培养其自主学习的能力及快速捕捉信息的能力。

〔注意事项〕

a. 此环节属于学生感知、领会语言阶段，因此不要违背学生的认知规律，让学生在还没有得到语言训练的情况下就表演对话、运用语言。

b. 应训练学生分层次提出问题的能力，数量以三个为宜。

Step 2　解疑合探

〔任　务〕

练习语言，训练学生的语言技能。

〔基本步骤〕

a. 以分组合作形式解决设疑自探环节的问题。

b. 进行新学功能话题的操练、练习。

〔意　义〕

语言技能是能够运用语言的基础，属程序性知识。这种知识需要通过大量的变式练习才能转化为技能和能力。

〔注意事项〕

a. 练习宜分层次进行，先结构，后意义。

b. 小组对话时，应要求学生面对面地小声进行，以免影响他人。这样做既是语言交际的要求，同时也可以使教师能及时地发现学生在对话过程中出现的错误。这一点应让学生长期坚持，养成习惯。

c. 不要让少数学生的展示代替了多数学生的练习。应给多数学生更多的练习时间，使他们新学的语言达到流畅的程度从而增强其信心。

Step 3　质疑再探

〔任　务〕

辨析语言，为准确地运用语言提供保证。

〔基本步骤〕

a. 分析较长的对话都运用了哪些功能用语，并掌握同一功能项目使用多种方式表达的方法。

b. 找出英汉表达习惯不同的句子并体会运用。

c. 学生学习课本后面的 Appendix 中的 Notes to the texts 及 Grammar 中的相关内容，熟悉英语中各种不同的表达方法（如同义词、句辨析等）并能根据所学提出与其相关的问题，然后进行小组讨论或请教教师，以便能准确地掌握其用法。

d. 设计并完成有关的巩固练习，综合运用本课词汇与语法（句子层面）。

〔意　　义〕

一些较长的对话涉及了多项功能用语,只有让学生弄明白它们各属于哪些功能项目,掌握了多种表达方法,学生才能够准确运用、灵活运用。

〔注意事项〕

a. 对新学的句子结构应多提供例句,让学生理解其表达的意义,然后仿照其造句,不必过于细讲概念。

b. 练习形式以填空、改写、造句、翻译等为宜。

Step 4　运用拓展

〔任　　务〕

运用语言

〔操　　作〕

a. 运用所学的功能话题在图、文的提示下编写对话或根据自己的经历编写类似所学的对话。

b. 转述对话内容并写成小短文。

〔意　　义〕

在学习语言的方法中,学用结合最有效,尤其是口语。学生只有在说英语的过程中才能学会说英语。同时,让学生把自己使用的语言写下来,这样不仅有助于巩固记忆,而且可以锻炼写作技能。

〔注意事项〕

a. 必须用上所学的主要内容(词汇、功能项目)。

b. 根据学生的实际分层要求,对于一些水平较低的班级或学生,结构性练习可适当多一些。

二、"三疑三探"教学模式在英语阅读课中的应用

阅读教学是英语教学的重点,其目的不仅要让学生学会语言知识,获取文章提供的信息,领悟文章的内涵,更重要的是使学生掌握阅读的方法和技能,同时侧重培养学生的创造力、逻辑思维能力、分析和解决问题的能力,使学生成为有独立阅读能力的人。

高效率的阅读包括较快的阅读速度与正确的阅读率,如何在阅读教学中进行学法指导,提高学生的阅读速度和理解水平并形成相应的技能,成为阅读教学的关键。

课标要求掌握的主要的阅读技能有预测、略读、找读、猜词等。根据课标的要求及"三疑三探"教学模式的特点,英语阅读教学宜采用以下教学步骤:

Step 1　设疑自探

〔任　　务〕

热身(warming up),预测课文内容,感知、领会语言,了解课文大意。

〔作　　用〕

激活学生已有的相关背景知识,启发其对有关话题的思考。

〔目　　的〕

培养学生快速阅读、把握课文主旨或检索信息的能力。

〔基本步骤〕

a. 通过问答复习相关内容,引出本节话题。

b. 根据标题和图片预测课文内容并学会提出相关问题,把握课文要点。

c. 略读课文(skimming),完成相关的理解题目。

d. 找出生词及重点句,猜测其词义句义。

〔意　　义〕

培养学生提出问题的能力及快速获取信息的能力是阅读教学的重点。

〔注意事项〕

a. 该环节主要是了解课文大意,学生根据自己的理解提出相关问题,教师在此不要讲解。

b. 一般不要在阅读课开始阶段使用让学生听课文录音后回答问题的方法来处理课文,因为阅读理解(reading comprehension)重在阅读能力的培养而不是听力能力的培养。况且,阅读材料难度较大,不适宜作为听力材料。

Step 2　解疑合探

〔任　　务〕

理解、练习语言,进一步训练学生的语言技能。

〔目　　的〕

从语义角度认知和理解课文,同时培养学生合作交流的能力。

〔基本步骤〕

a. 分组合作(Pair work)的学生彼此就自己提出的问题进行问答,核对预测信息并据此找出主题句、关键词。

b. 查读课文(scanning),提取和整理课文细节信息并根据内容制作图表,梳理出文章结构。

c. 有声输入,整体感知课文,培养学生的语感。

d. 用自己的语言重组信息,根据关键词(key words)描述相关的内容,整理和表达课文的信息,将信息和语言知识内化。

〔注意事项〕

a. 让学生听录音跟读、朗读应在学生理解课文后进行。

b. 应训练学生根据自己对课文的独特感受寻找不同的关键词(key words)进行复述的能力。

Step 3　质疑再探

〔任　　务〕

辨析语言,训练学生准确运用新学的语言项目的能力(即语言知识教学)。

〔目　　的〕

从语言结构形式上对新学的语言项目进行认知和训练,使学生达到准确运用语言的目的。

〔基本步骤〕

a. 对新学的语言项目进行操练、练习。

b. 找出英汉表达习惯不同的句子并体会其运用。

c. 让学生参阅课本后面的 Appendix 中的 Notes to the texts 及 Grammar 中的相关内容,熟悉英语中各种不同的表达方法(如同义词、句辨析等)并能根据所学提出与其相关的问题,然后进行小组讨论或请教教师,以便能准确掌握其用法。

d. 设计并完成有关的巩固练习,综合运用本课词汇与语法(句子层面)。

〔意　义〕

通过对新学语言项目的练习及语言点的辨析,进一步提高学生准确运用英语的能力。

〔注意事项〕

a. 语言知识的学习要以学生的自主探究为前提,合作讨论为途径,通过问答、质疑等形式,开启学生思维的闸门,增强其分析、比较、综合等能力。

b. 对新学的句子结构应多提供例句,让学生通过观察例句,在课文中发现更多的具有相似结构的句子,体会语法的用法,然后仿照其造句,不必过于细讲概念。

c. 学习语法的主要途径不是听讲或看书,而是做练习(练习形式以填空、改写、造句等为宜)。

Step 4　运用拓展

〔任　务〕

运用语言,围绕本节课训练重点,从口头、笔头运用所学的语言。

〔基本步骤〕

a. 理解作者的意图、评价阅读内容(如对文章的观点进行讨论和评价并发表自己的看法等)。

b. 运用所学的新语言项目(重点词汇、重点句型)在图文提示下进行说话、写话活动,将课本信息转换成自己的语言。

c. 写摘要。

〔意　义〕

课文教学既是对学生进行听、说、读、写训练的载体,也是学生阅读能力、分析能力、归纳能力、表达能力得以展现的平台。

〔注意事项〕

a. 必须用上所学的主要内容(单词、句型、话题)。

b. 根据学生的实际分层要求,对于一些水平较低的班级或学生,结构性练习可适当多一些。

案例 1

Teaching Plan for Conversation

Pan Maorong

Would you like something to drink?
Section A

Teaching aims and demands:

1. Learn the sentence patterns of entertaining guests to dinner at home and the response.

2. To improve students' listening and speaking ability through entertaining guests to dinner at home and the response.

3. Learn the usage of countable nouns and uncountable nouns.

Important Points in Teaching:

1. Listening and speaking practice.

2. Talk about entertaining guests to dinner at home.

3. Learn the usage of countable nouns and uncountable nouns.

Difficult Points in Teaching:

Talk about ordering food and giving meals in English.

Main Procedures in Teaching:

Step 1

1. Let the students talk about their families in groups.

Let the students work in pairs, using the following sentences:

Glad to meet you.

Come in, please.

Make yourself/yourselves at home.

What does your father/mother do?

He/She is a _____.

Where do they work?

They work ...

2. Let the students look at the picture and read 1a. Learn to ask and answer the questions:

What are they doing?

Whose home are they having meals at?

3. Let the students read 1a and underline the sentences with "would" in order to have a

further understanding of these sentence structures.

For example:

I would like/I'd like…, Would you like…, What would you like? etc.

4. Listen to 1a. Let the students finish 1b alone, and then check the answers in pairs.

Step 2

1. Listening: Listen and fill in the blanks in 2.

2. Let the students listen and repeat, using the new pattern:

A: What would you like to have/drink?

B: I'd like some...

3. Action chain:

——What would you like to drink/eat ?

——I'd like some rice/a piece of bread/a bag of milk/ a bottle of juice,etc.

4. In pairs, have the students read the dialogue and substitute the appropriate words on the blackboard. Encourage the students to say what they think. Add more food and drink words if possible.

5. Give the students time to read through the dialogue and practise acting it out. The students don't need to keep the dialogue exactly as it is, but may substitute other foods or drinks for the food and drink words in the dialogue without looking at the textbook. Have several students act out their dialogue for the class.

6. Have a free dialogue in groups about entertaining guests to dinner at home. Then act it out in class.

Step 3

1. Let the students listen to the tape and match the words with the pictures.

2. Let the students read the explaining of uncountable nouns on P115, present countable nouns and uncountable nouns. Then ask them to read 3 and divide the new words into countable nouns and uncountable nouns.

countable nouns: glass, vegetable, hamburger.

uncountable nouns: fish, chicken, rice, drink, juice, milk, water, bread.

Emphasize:

a. some + the countable nouns

For example: some cakes, some apples, some pencils...

b. some + the uncountable noun

For example: some water, some milk, some juice...

c. n. + of + the uncountable noun

For example: a glass of milk, a cup of tea, two bowls of rice ...

3. Work in pairs. Let one student say a countable noun or an uncountable noun, and another student embellish it with "some", then give another noun. Pay attention to the differences

of singular and plural form.

For example:

S₁ Rice.

S₂ Some rice, hamburger.

S₁ Some hamburger, water.

S₂ Some water...

Then let the students list them and check their answers each other.

4. Help the students to find out some language points and encourage them to ask questions and then solve them together.

5. Let the students discuss and find out the differences between Chinese and English culture.

For example: What would Chinese people say when they are asked if they would like something to drink/eat in their friends' home.

Then the teacher can give additional explanation:

In English speaking country, if somebody asks you "Would you like something to drink/eat?" The response is "Yes, please./ No, thanks." They usually mean what they say. It is unlike in China where the Chinese would say "No, thanks." Even if they are hungry or thirsty, to show politeness.

Consolidation:

1. Write each of the following sentences in a different way:

Instead of saying: We can say:

a. What do you want to eat?   What _____ to eat?

b. Why don't you buy this coat?   _____ buy this coat?

c. Give me some meat, please.   Give _____ to me, please.

2. Complete the sentences with the new words from the texts. The first letters are given.

a. Maria and Jane, help y ____ to some chicken.

b. —What would you like to have?

— I'd like some f ____ and v ____ .

c. —What would you like to d ____ ?

——A glass of water, please.

Step 4

1. Let the students read 1a and make up a new dialogue or complete a dialogue. Then have them work in groups of four and write a dialogue of their own using the dialogue in 1a as a model.

2. Ask the students to make a survey in groups of eight and finish four. Ask one student from each group to give a report on the food that his/her group members like.

3. Let the students to retell the story according to 1a with the third person.

(作者单位:西峡县基础教育教学研究室)

Teaching Plan for Reading

Pan Maorong

How is the weather in fall?
Section C

Teaching aims and demands:

1. Learn how to make travel plan according to different weather.

2. Learn how to get information by skimming and scanning.

3. Get to know the word formation

4. Get to know the use of lowest and highest in weather report.

Important and Difficult Points in Teaching:

1. Learn how to make travel plan according to different weather.

2. Get to know the use of lowest and highest in weather report.

Main Procedures in Teaching:

Step 1

1. Ask the students to talk about their favorite season and give the reasons.

Let the students work in pairs, using the following sentences:

How is the weather in spring/summer/fall/winter?

What can we do in spring/summer/fall/winter?

How was the weather like yesterday?

What's the weather like today?

2. Let the students look at the pictures and read 1a, get the students to learn to ask and answer questions like these:

a. How many countries does this passage mention?

b. What's the weather like in most parts of China in August?

3. Let the students read 1a quickly and silently within 2 minutes.

4. Let the students guess the meaning of the words "sunny, brightly, overcoat, sunglasses, softly" according to word formation, and ask them to find out the key sentences:

Where do you plan to go for your holidays?

It's the best time to go to Australia in August.

It's a good place to spend your holidays.

Step 2

1. Ask and answer the questions in 1b in pairs.

2. Read 1a very carefully and complete the table in your worksheet, and ask the students to make a list like this and fill in the chart.

For example:

areas	weather	suggestion
England	hot	Take an umbrella
Australia	cold	Wear warm clothes
Part of China	hot	Wear sunglasses/T – shirts/shorts

3. Let the students retell the passage according to the table above and encourage some of them to report their passage in their own words.

4. Group work. Get into groups of four. The first one tells the class his/her favorite place to travel, the second one makes a weather report for him/her, the third one makes suggestion for him/her, the last one, please get ready for traveling.

For example:

S_1 My favorite place to travel is Guilin.

S_2 It's hot.

S_3 You need to wear shorts and sunglasses.

S_4 OK, thank you.

...

5. Present the sentences about weather report by showing the students pictures and let them work in pairs and ask and answer questions about the weather. They should use the model and the pictures to help them. As the students are practising, walk around and give help as needed.

For example:

——What is the weather like in Harbin/...?

—— It's snowy.

——What's the temperature?

——It's from... to...

——What's the lowest temperature?

——What's the highest temperature?

Step 3

1. Help the students to find out some important and difficult language points and encourage them to ask questions and then solve them together. Then the teacher can give additional explanation and write them down on the blackboard.

For example:

Summer holidays **are coming.**

remember $\begin{cases} \text{to do sth.} \\ \text{doing sth.} \end{cases}$

be different from …

It is a good place to spend your holidays.

It's the best time to go to Australia.

(It's + n. + to do sth.)

The lowest/highest temperature is…

2. Let the students make sentences according to the example.

　　For example:

a. He **is leaving** for Beijing next month.

b. **I'm going** out later on.

c. Please remember **to turn** off the lights when you go out.

d. I remember **to post** the letter. I remember **posting** the letter.

e. Chinese **is quite different** from English.

Consolidation:

1) Write each of the following sentences in a different way:

a. Is the weather in England the same as that in Australia?

　　We can say: Is the weather in England _____ from that in Australia?

b. How is the weather in fall? We can say:

　　What _____ in fall?

c. The girl is in a new dress today. We can say:

　　The girl ____ a new dress today.

d. Which season is your favorite? We can say:

　　Which season ____ you like ____?

2) Rewrite these sentences, then check your answer against the text.

a. They are ____ (fly) to Hainan for their holidays.

b. You need to take an umbrella when you _____.

c. I'm sorry I forgot ____ (ask) him for his address, I can't get to his home. Can you help me?

d. Life today is much better than ____ in the old days.

e. It's not easy ____ (learn) a foreign language well.

Step 4

1. Let students read the key points on the blackboard together, and make similar sentences with the key phrases and sentences.

2. Turn to P82. Read the chart and the weather report. Have the students write their weather report individually and then read it to their partners. The partners should guess which season it is. Then choose several students to read their weather reports for the class.

3. Ask the students to write down the weather report these days.

(作者单位:西峡县基础教育教学研究室)

"三疑三探"教学模式
在中学思想品德课堂中的应用

葛荣选

一、设疑自探

1. 导课。既可以通过设置问题情景,导入新课,也可以采用复习导入、"开门见山"式直接导入、时政或生活事例导入等多种方式导入新课。但不管采用何种方式的导入,都不宜长篇大论,而应尽可能地言简意赅,直奔主题。时间以3分钟以内为宜。

2. "设疑"是学生在教师引导下,在快速阅读课文的基础上,自己提出疑问,经教师归纳整理,然后向全体学生出示提炼过的带有疑问的自探指导(也可称"自学指导"或"思考题")提纲;"自探"是让学生通过自学课本独自演练或自主探究,并尽其所能得出所设疑问的答案或答案要点。

"设疑"即所预设的带有自探思考题的自探指导,要依据学生当前的实际能力和学习水平,在学生整体感知教材、适当思考的基础上,由个别学生(虽然不多,但能够代表好、中、差各个层次)提出,教师筛选、整理,然后将准备的3—5个思考题在黑板或投影上出示给全体学生,供"自探"所用。这样做,既发挥了学生的自觉性和主体性,也体现了教师对课堂教学的主导性。当然,根据教材实际,个别时候也可以不经学生设计而由教师直接出示自己准备的自探思考题。

3. "自探"也可称作自学,即所有学生根据预设的疑问自主探究,获取初步答案或结论的活动。要求学生各自为战,高效率、快节奏地完成全部"设疑"题,形成初步答案或结论。

"设疑自探"还要求教师做到以下几点要求:
（1）明确告知学生自探的时间:5—15分钟。
（2）明确告知学生自探的方法:归纳法、演绎法、实验法……什么方法好就用什么方法。
（3）明确告知学生自探的结果检验方式:提问、演板、实验、答卷、辩论……
（4）教师加强对学生自探的巡视督导,使学生认真、专注、高效。

二、解疑合探

"解疑合探"阶段,也就是教师和学生解疑答问、合作探究,从而对所设疑问获得较深层次的结论或较完整的答案。这是一个对本节需学知识内容、系统整体感知,能力初步锻炼、情感态度价值观初步培养的阶段。

这一阶段,需要做到以下几点:

1. 检验自探情况:针对所设疑的自学指导(思考题),教师通过提问、演板、实验、答卷、辩论等"解疑"(检验)方式,检查学生自学效应,查验自探的结果。原则上,检验需要针对学生情况分层实施:学困生回答,中等生补充,中、优等生评价。

2. 针对有可能出现的或在"解疑"过程中发现的不能很好地解决的疑难问题,例如学生自探难以解决的共性问题,或者是教师在"解疑"过程中发现学生不能很好地解决的疑难问题,这些虽然属个性,但都是带有普遍指导意义的问题或学生易混易错的问题,应进行"合探",做到进一步"解疑"。

教师可在预设情景(教材上或生活中的典型事例并伴随有思考题)的基础上,引导学生通过商量、交流、讨论、辩论等合作探究形式,让人人都敢于并且能够发表意见,同时能虚心听取别人的意见,要求学生尽量做到观点明确、结构严谨、表述清楚……特别难以理解的抽象问题,教师应有重点地予以精讲。

3. 引导学生及时归纳整理,逐步构建知识逻辑框架。

4. 教师在"解疑合探"中要争取做到"三讲三不讲":"三讲",即讲学生自探与讨论后还不理解的问题,讲知识易混易错易出现认识缺陷的问题,讲学生在其他学生质疑后仍解决不了的问题;"三不讲",即学生已弄懂学会的不讲,学生未探究的不讲,学生讲之前不讲。

5. 时间控制在 8—10 分钟。

三、质疑再探

学贵质疑。所谓"质疑再探",就是学生在初步完成本节所学知识的前两个学习阶段的基础上,在教师引导下,根据教材提出新的更广层面或更深层次的疑难问题,然后教师引导学生共同解决的过程或阶段。

这一阶段的注意事项和要求有以下几点:

1. 要鼓励学生大胆质疑,尽量引导其提出有价值的更广层面或更深层次的的问题。

2. 学生提出的问题,最好能引导学生自己解决。

3. 学生提出的问题有的可能千奇百怪,甚至超出教材的知识范围,教师课前应充分做好思想上与知识上的准备,不能指责学生,更不能不懂装懂,搪塞应付。

4. 时间控制在 5 分钟左右。

四、运用拓展

1. 通过教师编拟习题、学生自己编拟习题或完成课堂作业等方式,指导学生运用所学知识,解决相关问题。学生答题情况要及时反馈。

2. 在基本完成本节教材学习任务的前提下,教师引导学生对主要的知识点、能力点、学习方法、情感态度与价值观进行适当地拓展迁移。

3. 时间控制在 10 分钟左右。

案例 1

我知我家

杨　丽

【教学目标】

1. 知识目标：了解家庭关系和家庭关系确立。
2. 能力目标：知道子女与父母的关系不可选择。
3. 情感态度与价值观目标：认识自己家庭的能力，辩证看待家庭中父母与子女权利义务关系的能力。

【教学重点】

认识和摆正自己在家庭中的位置，认识家庭关系的情形。

【教学难点】

关于家庭关系的建立。

【教学过程】

一、设疑自探

1. 导课、设疑。

每个人都有自己的家，每个人都有父亲和母亲。人人都盼望有个温暖的家。子女作为家庭中的一员，不仅要了解家庭、爱自己的家，而且要爱自己的父母、孝敬长辈。

今天我们学习的内容是《我知我家》，那么，同学们知道家是什么吗？你们想要一个什么样的家呢？我们首先来阅读 P4—P7 的内容，然后提出自己在探究过程中遇到的问题。

2. 师生共同梳理、归纳出自探（自学）提纲：

（1）通过阅读 P4 的内容，说一说家是什么？

（2）什么是家庭？家庭关系确立有几种形式？

（3）现在常见的家庭结构形式有哪些？

（4）家庭的功能有哪些？

（5）怎样理解与父母血缘关系的不可分性？

学生自探，教师指导。

二、解疑合探

活动一：

我们每个同学想一想在自己家里曾经发生过的故事,然后写出一句话"家是_____"来表达你对家的理解。

我们再来看看书本上写的"家是什么"(指导学生讨论回答)。

教师归纳:正如同学们所说,家是一个温馨的港湾,让我们休息与依靠,无论是远方的游子,还是白发苍苍的老人,家都是他们心中永远的牵挂,因为那里有着骨肉相连的亲情,有着如山如水的父爱与母爱。所以可以说:

家是有形的,也是无形的;

家是物质的,也是精神的;

家有形式上的东西,更有丰富的内涵。

活动二：

请大家来具体介绍一下自己家的情况(包括有哪些人、哪几种关系),先写在小纸条上,把他们的相互关系用线条表示出来(学生讨论回答,教师总结)。

父亲、母亲、子女的关系：

父亲、母亲——婚姻关系

父母、子女——血缘关系(父母子女关系)

养(继)父母、养(继)子女——收养关系(父母子女关系)

活动三(学生阅读教材P5的相关链接后讨论)：

下列材料中的内容分别体现了什么样的家庭功能?

今年暑假,小明过得非常充实,教师布置的作业也已按时完成了,虽然碰到过几道难题,但在妈妈的帮助下也顺利地解决了(家庭教育功能)。在家里,他早上跟爸爸一起打羽毛球,晚上偶尔与爸爸下几盘中国象棋(休息娱乐功能)。小明的爸爸是个会计师,收入很高,长大了小明也想当一名会计师(物质生产功能)。上个星期的双休日,全家一起去普陀岛玩了两天(消费功能)。后来又去奶奶家住了几天,正好赶上叔叔的小孩满月,于是大家一起欢天喜地地喝了喜酒(抚育和赡养功能)。暑假快结束了,小明打算和同学一起分享他的快乐。

家庭功能：

人口生产　消费　抚育赡养　教育　休息娱乐　物质生产

具体表现(见教材P5—P6图表)：

活动四(畅所欲言)：

通过前面的讨论,我们已经了解到,在家庭关系中,最主要的是父母与子女的关系。父母子女关系的确立,绝大多数是基于血缘关系。

1.请同学们说说,你喜欢"选择什么样的父母"？(学生畅所欲言)

2.子女与父母的亲情会因家境状况、父母地位甚至父母缺陷而改变吗？

3.你是如何理解与父母的亲情的？(指导学生阅读教材P6的相关链接)

教师归纳：

生命是父母给予的,这种关系不可选择。我们与父母的感情,是天然生成的最自然的一种亲情。

三、质疑再探

引导学生发散思维,对于有疑难问题鼓励学生大胆质疑。

四、运用拓展

1. 学生编拟习题,择优让全体学生解答。
2. 教师预设题:小明自从进城上初中以后,虚荣心渐长。同班同学大多数都有好的家庭背景,或是官家公子,或是城里千金,且常在他面前自诩自傲,这使得家住农村的他感到自卑。虽然勤劳本分的父母尽其所能为他的读书创造条件,他也刻苦学习,成绩名列前茅,但他仍然感觉比城里的同学矮一大截,低他们一等。假如你是小明的教师,你如何做小明的思想工作,让他抬起头来做人?
3. 课堂小结。

(作者单位:西峡县田关乡一中)

案例 2

做诚信的人

葛荣选

【教学目标】
知道诚信的智慧和诚信守则;懂得在不同的情景中能自觉遵守诚信守则的道理;能运用诚信的智慧解决所面临的问题。

【教学重点】
诚信守则,懂得在不同的情景中能自觉遵守诚信守则的道理。

【教学难点】
诚实做人,讲究信用。

【教学过程】

一、设疑自探

1. 导课。
通过上一节课的学习,我们了解了什么是诚信,知道了诚信是我们的立身之本。那么,怎样做一个诚信的人呢?今天我们学习:做诚信的人(板书课题)。
2. 教师出示学习目标。
3. 围绕目标,学生设疑、教师补充。可能有以下问题(或其中的一些)被提出来:
(1)王婆卖瓜,该不该夸?
(2)考试作弊,已蒙混过关,合适的态度是什么?坦白?不坦白,但下不为例?总结经验,下次作弊手段更高超?
(3)小明的妈妈捡到一个钱包,看看周围没人发现,于是叫小明别说,你认为小明该怎么办?
(4)诚信做人是实事求是,还是弄虚作假?
(5)你对"逢人只说三分话,未可全抛一片心"这句话怎样看?
(6)要"以诚待人,以信交友"的道理是什么?
(7)实事求是是诚信做人的守则,那么,它具体要求我们怎样做?
(8)辨析诚实与隐私不能共存,讲诚实就没有隐私,要隐私就做不到诚实。
(9)怎样才能拥有诚信的智慧?
学生自探,教师指导。

二、解疑合探

教师提问,检查自探效果(学困生回答,中等生补充,中、优等生评价)。

归纳问题(1)(2)(3)(4)(5)(6),答案(略)。

师生重点合探问题(7)(8)(9)。

1. 教师出示情景:

小明的爸爸开了一家小酒店,由于货真价实,服务周到,生意还算红火。可是在他家酒店的对面新开张了一家小酒店,生意出奇的好,夺走了小明家的许多老顾客,看着顾客一天一天地减少,小明的爸爸陷入了沉思:要是从长远的眼光看需要扩大规模,办出经营特色,可是……要从眼前看,想留住老顾客最好是降低成本,可是……该怎么办?

小明的爸爸最终选择了一条捷径,他想到了用水和酒精兑制白酒的方法来降低成本,没想到生意还不错,拉回了许多以前的老顾客,可是好景不长,"老板呢?老板在哪里?"一天,小明家里涌来了好多人,他们都气愤地找小明的爸爸。原来,这些人喝了酒后都肚子疼。小明的爸爸赶紧安抚他们,给了他们一些钱作补偿,事情就这样很快平息了下去,小酒店也恢复了昔日的热闹。

思考:你觉得此时小明的爸爸是怎样想的?预测一下,小明的爸爸接下来会怎么做?

学生答,教师出示情景:

小明的爸爸更加变本加厉地兑制白酒,想要把自己的损失全部补偿回来。一天小明放学后去酒店,发现爸爸正在用水和酒精兑制白酒,小明劝爸爸不能这么做,爸爸说:"我不这样做,你的学习和生活费用哪里来,以前虽然红火,但哪能比得上这样钱来得快,你这小孩子,别管这么多事。"又一天小明放学回家,看见店里有好多人,门口还停着警车,一打听才知道许多人喝了酒后有中毒反映,还有一个人正在医院里抢救。警察正在调查此事。

小明想起了爸爸兑制白酒的场景,他很害怕也很犹豫,一边是自己的爸爸,全家的顶梁柱;一边是法律,爸爸违法是事实。

学生思考:他会怎样选择呢?

学生分组合探,代表发言、归纳小结:实事求是是诚信做人的守则:一是要求我们在涉及利益冲突的问题时,诚信守则要求我们站在多数人利益一边;二是在眼前利益与长远利益冲突时,诚信守则要求我们站在长远利益一边;三是在情与法的冲突中,诚信守则要求我们站在法律一边。

2. 教师出示情景,见 P121,学生思考:

(1)小健如果告诉教师实情,结果会怎样?

(2)小健如果履行对小奎的诺言,结果又会怎样?

(3)如果你是小健该如何办?为什么?

学生分组讨论,代表发言,归纳小结问题(8),答案见 P122。

3. 教师出示情景,见 P122,学生思考:

(1)医生该不该告诉病人实情?

(2)病人有没有权利知道自己的病情?

(3)假如医生告诉病人实情,病人可能有什么反应?

(4)医生的"谎言"是否违反职业道德?

(5)什么是"善意的谎言"？

学生分组讨论,代表发言,归纳小结问题(9),答案见 P123。

三、质疑再探

通过本节课的学习,同学们还有什么疑问？请大胆提出来。

学生提出问题,其他学生帮助解决,教师修正答案。

四、运用拓展

1.学生自编习题训练。

2.教师补充习题训练：

(1)单项选择：

小宾的奶奶被诊断为胃癌晚期,为了不使奶奶受到精神上的打击,小宾告诉奶奶她患的只是慢性胃炎。对小宾的这一做法,下列理解不正确的是（　　）

　　A.诚信的核心是善,他的做法是善的表现。

　　B.诚实与说谎是不相容的,他不应该欺骗奶奶。

　　C.他拥有诚信的智慧。

　　D.他的做法是为了维护奶奶的利益,并不违背诚实的道德。

(2)概括：

世界上万事万物都有底线,如果说确保耕地、稳定粮食生产、保护生态环境、注重节能降耗、着力提高人民群众生活质量等,是实现科学发展观的底线,必须牢牢守住,那么诚实守信则是社会和谐的底线,同样要牢牢守住。

(3)简答：

一天,宁宁和静静在学习互助组学习。这时,宁宁的妈妈叫她回去吃饭,宁宁对静静说："我们明天再接着读吧。"

第二天,宁宁正要跟妈妈说出去玩电话铃响了,原来是姥姥突然病了。妈妈很着急,想马上就带宁宁去姥姥家,可宁宁想昨天已经跟静静约好了,这该怎么办呢？

①如果你是宁宁,你会怎么办？

②如果宁宁不跟静静说就去了姥姥家,这样做对不对？为什么？

(4)辨析：

八年级学生小华在同学小强的请求下,答应为他到网吧玩游戏的事保密。看到小强整日沉溺游戏不能自拔,小华便将此事告诉了教师。小强生气地斥责小华说："你说谎,你答应我的事做不到,你不讲诚信！"请对小强的话进行辨析。

3.课堂小结：学习了本节同学们有什么收获？学生回答,师生共同小结。

诚信的核心是善。尽管在诚信问题上有各种复杂的情况,但是,只要我们正确理解诚信原则,与人为善,出于公心,永不自欺,我们就能拥有诚信的智慧,做一个诚信的人。

（作者单位：西峡县基础教育教学研究室）

"三疑三探"教学模式
在中学历史课堂中的应用

王彤辉

结合历史学科的特点,运用"三疑三探"教学模式,在历史课堂教学上的主要教学步骤如下:

一、设疑自探

1. 导课,出示课题和目标。这一阶段的目的在于激发学生的学习兴趣,并为新知识的学习作铺垫和准备,时间一般控制在2—3分钟。在内容和形式的确定上要求简捷,选取最佳途径切入主题。在导语设计方面有:(1)材料导入式;(2)故事导入式;(3)热门话题导入式;(4)疑问悬念导入式;(5)图解导入式;(6)复习导入式;(7)音像导入式。教师可以根据实际情况灵活选用各种方式导入,然后出示课题,明确学习目标。

2. 教师创设情景,学生自读课文,依据学习目标,自己把握知识点,然后以问题的形式提出来。教师在此基础上归纳整理(从总体上把握本节课的重难点),出示自探题目,设定学习任务,再让学生回归课本,独立探究。

在这一环节,教师必须注重以下三个方面:

(1)创设情景。历史情景的创设就是要将历史本来具有的生动、鲜活的面目展现给学生,让学生身临其境,感受历史,产生浓厚的学习兴趣。

(2)情景问题要有激趣性、挑战性、时代感,能激发学生的求知欲望和探索精神。

(3)所设置的自探问题能囊括本课的基本知识点。

同时,教师还要做好如下工作:

(1)做好服务者。此时教师要静候课堂,听从学生"调遣",围着学生的需要转,协助学生学习。

(2)做好引导者。对学生设置的自探问题要及时点拨,引导思考,力求简洁,尽可能把思考的时间和空间交给学生。

(3)做好组织者。教师要从宏观上掌控课堂,把握教材的重难点,归纳出示学生提出的问题,创造并维持良好的课堂氛围。

(4)做好观察者。在学生独立探究时,教师要始终关注学生的个体差异,特别是中等生和学困生学习的困难,以增加学习指导的针对性。

学生各自带着情景问题开展独立探究。学生运用适合自己的各种学习方法,充分利用各种学习资源,在自己原有的知识经验、能力及情感态度、价值观的基础上进行新的建构。

二、解疑合探

1. 检查自探情况。同一问题,要找多名学生回答,倾听他们的想法,洞察这些想法的由来,并鼓励学生之间相互评价和补充。教师在重视学生自己对各种现象理解的同时也要根据实际情况引导学生进行有效的合作交流。
2. 对于涉及本课重难点的问题,教师要适当总结扩展,引导学生彼此丰富和调整自己的理解;对于学生合作探究还解决不了的问题,教师要加以引导、点拨或讲解。
3. 教师要根据实际情况板书重难点(或知识结构图),以促使学生把本节课的知识系统起来。
4. 通过自探、合探解决自探问题之后,要让学生再次回归课本,识记重点,并为"质疑"做好准备。

三、质疑再探

1. 首先明确"质疑"是让学生在前面学习的基础上,独立思考、辩证思考,用历史的观点提出新的问题。
2. 教师要营造民主、平等、自由的氛围,通过启发、引导,鼓励学生来提问题。
3. 学生质疑的问题,让学生通过自探、合探来解决,必要的时候教师再加以引导、归纳。

在这一环节中,教师必须注意以下两个方面:
1. 一定要起到引导作用,即引导学生提出新问题,提出有价值的问题,以达到巩固、深化本节重难点的目的。
2. 课前一定要做好知识储备,允许学生充分表达自己的见解和感受。

四、运用拓展

1. 反思小结:让学生对本节课进行归纳和梳理,谈谈收获。若合探环节没有把知识系统起来,就要在此让学生动手画出知识框架图,并互相展示。
2. 以学生编题为主,教师补充、完善,然后有目的地展示。要通过新颖、有操作性、有针对性的习题积极引导学生多动手、多实践,用联系的、发展的眼光,多侧面、多角度地剖析历史人物、历史事件、历史现象。

高强度的训练是对前三个环节的巩固深化,也是培养学生探究能力的必要工作。设计练习必须让学生始终处在主体位置上,让学生成为探究活动的积极参与者,彻底扭转以往教师出题目、讲答案,学生对标准、背条条的局面,要让学生探究思维的火花在教师的点拨下更加光彩夺目。

以上所述是历史新授课的整个过程,历史复习课是对教材某一单元的总结和检测,其教学程序和新授课基本相似，略有不同。

1. 关于"学习目标"，教师不是重复过去新授课的全部学习目标，而是根据新授课上掌握的反馈信息，抓住章节内部知识之间的联系，突出重点难点，重新优化组合，强调知识的综合理解和实践运用。

2. 关于第一环节设疑自探，新授课中是学生设疑，教师整理完善并出示。而在复习课中，由于学生对每节课的重难点大都了解，则可以完全由学生设疑，即让学生来说说每节课应当掌握哪些知识（只是要变成问题的形式），可以多找几名学生，尽量把问题提得全面，然后教师把这些问题出示。另外，教师要做到心中有数，把握好问题的广度和深度。

3. 第二环节解疑合探基本同上。关键是让学生把本单元的知识点归纳和梳理，找出内在联系，把散落的"珍珠"用线一颗颗地穿起来。

4. 第三环节质疑再探，教师一定要努力创设情景，启发诱导学生找规律、找联系，提出综合性有价值的问题。

5. 第四环节拓展训练，注意复习课的系统性、综合性，反思归纳出有规律性的知识。训练题的设计既要源于课本，又要高于课本。各种题型的训练，要充分体现从基本理论到实际运用、从文字到图像、从专题到综合、从课堂到实地，融基本知识、发展智能于一体的"知识技能密集型"的特点。

模式应用中应注意的几点：

1. 结合历史新课程标准，教师在确立每节课的目标时，一定要体现出知识、能力、情感三个方面的目标，并在教学中努力实现这三个方面的目标。

2. 教师还可根据实际情况（如某节课知识点较多或各目之间联系不紧密时），设计自探A、自探B、合探A、合探B。

3. 问题贯穿于各个环节之中，所以教师一定要引导得当，考虑设计问题的科学性，创设问题的启发性，把握问题的层次性，注意问题的广泛性、开放性，解决问题的彻底性。

4. 教师在第二、第三环节要注意"三讲三不讲"。"三讲"即讲学生自学和讨论后还不理解的问题，讲知识缺陷和易混易错的问题，讲学生质疑后其他学生仍解决不了的问题；"三不讲"即学生不探究不讲，学生会的不讲，学生讲之前不讲。

5. 这四个环节是环环相扣、密切联系的，所以在应用过程中，一定要使环节之间紧密衔接，自然过渡。

当然任何一种教学模式都不能生搬硬套，否则会使教学走向教条化。要根据实际情况进行调整、改造和完善，这样才能使模式的理念落到实处，达到历史课程标准的要求，使学生既学会知识又受到思想教育，还能提高能力的目的。

案例 1

万千气象的宋代社会风貌

王 侠

【教学目标】

1. 知识目标:了解宋代生活大概的风貌,包括当时流行的穿着打扮、饮食习惯、居住条件和房屋建筑的主要特点,以及交通旅行的条件、文化娱乐活动、节庆风俗等方面。

2. 能力目标:归纳概括宋朝社会风貌,培养学生通过历史资料获取历史信息的能力。

3. 情感态度与价值观目标:使学生对历史有更加生动直观的认识,拉近学生与历史之间的距离,加深学生与中华民族历史和文化的亲和力。

【教学重点】

了解和感受宋朝丰富多彩的社会生活,加深对宋朝时代特色的理解。

【教学难点】

探究宋朝社会出现万千气象的原因。

【教学思路】

运用信息技术再现有利于学生学习的历史场景,突出"探究"、"质疑"、"生成"的新课改理念;从历史学科的课程特点出发,有效地实施信息技术与历史教学的整合,不断优化教学和学习过程,促进学生的全面发展。

【教学过程】

一、设疑自探

1. 导课。

前面我们学习了宋代的政治经济,今天我们接着学习万千气象的宋代社会风貌。

2. 请同学们认真阅读课本 P61—P64 的内容,你们认为应该掌握住哪些基本知识点,请以问题的形式提出来。

教师对于学生提出的问题加以归纳整理,对于没有提出的重点、难点问题,可由教师补充:

(1)宋代衣食住行的变化表现在哪些方面?

(2)宋代市民的娱乐活动有哪些?瓦子出现的原因是什么?有何作用?

(3)今天的传统节日中哪些在宋代已经出现?

请同学们自主探究以上问题(做好批注)。

二、解疑合探

检查上一环节学生自探的效果,对于没有解决的问题,由学生经过讨论进行更深入的思考并进行解决(在合探的过程中教师可把重点内容进行出示)。

(一)宋代衣食住行的变化

1. 宋代服饰变化的三个方面:
(1)官员服饰——从节俭变为奢侈。
(2)劳动者服饰——受少数民族影响,小袖狭身的短衣。
(3)陋习——妇女缠足。

2. 南北方饮食的差异:
(1)主食——北方以包子等面食为主,南方以稻米为主;南北方都有喝腊八粥的习俗。
(2)肉食——北方吃羊肉多,南方吃鱼多。
(3)饮茶——"斗茶"习俗和"献茶"民俗。

3. 宋代住房的特点:
(1)农村百姓:住房简陋——多为茅屋。
(2)城市平民:茅屋与瓦房相结合。
(3)贵族官僚:宅地宏丽,前堂后寝,以穿廊相连,两侧还有耳房和偏院。

4. 宋代的交通工具:
(1)宋朝缺马,人们多用牛车,也有驴车。
(2)达官贵人出门乘轿已很普遍,士大夫一般骑驴、骡。
(3)交通比较发达,供住宿的邸店很多。

(二)热闹的瓦子和欢乐的节日

1. 宋代城市的娱乐活动:说书、唱曲、演杂剧、耍杂技、踢球。
2. 瓦子出现的原因:市民阶层的不断壮大。
3. 瓦子的作用:增添了城市的生气。
4. 欢乐的节日:春节(元旦)、元宵节、端午节、中秋节。

三、质疑再探

关于宋代的社会风貌同学们还有什么疑问吗?请大胆地提出来(学生可以畅所欲言,发表自己的意见)。

教师要做好知识储备,预设学生可能提出这样的问题:

宋代为什么会出现万千气象的社会风貌?

四、运用拓展

1. 由学生在规定的时间内自编选择题,比一比哪一组先编好,先展示。这些选择题仅

供参考,如果学生提出来的话,教师就可以不展示。材料分析题由教师出示:

(1)妇女缠足这种陋习逐渐传开是在(　　)
　　A.五代　　B.隋朝　　C.两宋时期　　D.元朝

(2)河南某电视剧制作中心拍摄电视剧《包公》,下面是剧组准备的一些场景材料,你能说出哪项不符合当时的实际要求吗?(　　)
　　A.剧中百姓多穿粗布衣裤,农妇多着青裙。
　　B.剧中的东京城食品丰富,小吃很多还有冷饮。
　　C.剧中包拯出门常常骑着头毛驴或乘驴车。
　　D.剧中出现了一些咖啡馆,布置高雅,是士大夫常常聚会的地方。

(3)梁山好汉花和尚鲁智深与兄弟逛街,这条街上有说书、唱曲、相面算卦、杂耍、表演等。请问他们走到了当时被称为什么的地方?(　　)
　　A.专门制造房瓦的瓦茨厂　　B.食客盈门的酒楼
　　C.娱乐兼营商业的瓦子　　　D.好汉比武的擂台

(4)阅读下列材料:
　　　　　　爆竹声中一岁除,春风送暖入屠苏。
　　　　　　千门万户曈曈日,总把新桃换旧符。
　　　　　　　　　　　　　　　　——王安石

①此诗所反映的是我国宋朝哪一个传统节日的情景?
②诗中介绍了当时人们过这个节日的哪些习俗?
③这一节日与今天我国的哪一个节日相同?请你列出几项古今节日习俗的相同点。

2.作业:结合课前提示,假如你是开封的一名导游,你将如何介绍这一古都的风貌?请写一篇解说词。

3.课堂小结:教师引导学生说出通过学习本课对宋代的社会风貌的了解及感悟,然后再通过与现实生活的对比,鼓励大家努力学习,为构建和谐社会贡献自己的力量。

(作者单位:西峡县双龙镇一中)

案例2(复习课)

祖国统一的历史大潮

李 瑛

【教学目标】

1. 知识目标

(1)简述香港、澳门回归的史实,说明"一国两制"的科学构想是推进祖国和平统一的基本方针。

(2)了解祖国大陆与台湾经济文化交往日益密切的史实,认识祖国统一是历史发展的必然趋势。

2. 能力目标

引导学生自我探究,发现问题并解决问题,培养学生的概括分析能力。同时使学生学会质疑,初步学会自编习题。

3. 情感态度与价值观目标

(1)通过对中国共产党推进祖国统一大业方针的归纳和分析,学生认识到中国共产党始终把国家民族的利益放在首位,树立爱国爱党的思想,对统一前景充满信心。

(2)通过香港、澳门的回归,深刻体会香港、澳门与祖国大家庭的血缘关系所筑就的爱国情感,以及对两岸交往信息的交流学习,学生认识到两岸人民血脉相连,台独分子想使台湾从中国分离出去的企图永远不会得逞,统一是民心所向、大势所趋,从而也树立起对国家、民族的历史责任感和使命感。

【教学重点】

香港、澳门回归的历史意义,祖国和平统一的大政方针。

【教学难点】

正确理解一国两制,认识到祖国统一是历史发展的必然趋势。

【教学过程】

一、设疑自探

1. 导课。

利用多媒体播放视频《一九九七年》、《乡愁》,引导学生仔细观察并指出这两段视频和哪些历史有关,导入本节复习课。

2. 同学们认为本节要复习的重点知识有哪些?我们应该突出解决哪些问题?师生归纳问题。

(1)一国两制指的是什么?
(2)香港、澳门回归的时间、历史意义是什么?
(3)英国把香港交还给中国说明了什么问题?
(4)同学们能说出祖国大陆对台关系的演变吗?
(5)同学们知道两岸交往日益密切的原因是什么?

二、解疑合探

1.指导学生对照大屏幕,自主解决本节课的复习重点。教师进行巡回指导,对于简单的问题教师不必解释,对于有些难度的问题,鼓励学生同桌讨论解决或者小组内合作交流解决问题。

2.教师适时出示本节复习脉络,系统整合本节知识点。

一国两制 ┌ 提出者:邓小平
　　　　 │ 含　义:在中华人民共和国境内,大陆实行社会
　　　　 │ 主义制度,港澳台地区实行资本主义制度
　　　　 └ 作用及地位

香港澳门回归祖国
　香港回归 ┌ 1984年签署《中英联合声明》
　　　　　 │ 1997年7月1日举行香港政权交接仪式
　　　　　 └ 中华人民共和国香港特别行政区成立
　澳门回归 ┌ 1987年签署《中葡联合声明》
　　　　　 │ 1999年12月20日举行澳门政权交接仪式
　　　　　 └ 中华人民共和国澳门特别行政区成立

新中国成立后不同时期的对台政策
┌ 新中国成立:明确提出要武力解放台湾
│ 20世纪50年代:提出以和平方式解放台湾
│ 改革开放:邓小平提出和平统一、一国两制的对台方针
└ 1995年江泽民提出推进祖国和平统一进程的八项主张

两岸关系的变化
┌ 1987年台湾当局被迫调整"三不"政策
│ 1990年台湾成立海峡交流基金会
│ 1991年大陆成立海峡两岸关系协会
│ 1992年汪辜会谈并达成"九二共识",两岸关系迈出历史
└ 性的重要一步

海峡两岸的交往
┌ 台胞来大陆探亲人数增多
│ 两岸经贸联系加强
└ 海峡两岸经济上相互促进、互补互利的局面初步形成

三、质疑再探

解决了我们展示出来的问题,同学们认为还有哪些问题值得探究呢,请大胆提出来。

四、运用拓展

1. 由学生按照时间的先后顺序,分别写出香港、澳门回归以及新中国成立后对台政策关系变化大事记。

2. 由学生根据大事记编拟 2—3 道试题(题目形式自定)。

3. 教师有选择地展示,供全体学生解答,或者以小组为单位交流后,组与组之间通过提问、竞赛解答。

4. **课堂小结**:我们用 3—5 分钟时间回顾本节课所复习的历史知识,对自己进行客观评价,并谈谈自己有哪些收获?

(作者单位:西峡县城区二中)

"三疑三探"教学模式
在中学地理课堂中的应用

刘宏超

"三疑三探"教学模式在地理课堂中的一般操作流程如下:

一、设疑自探

〔基本步骤〕
1. 创设情景,导入新课。
2. 设置具体自探问题。(1)学生设疑:学生根据问题情景或课题发散性地提出问题;(2)师生归纳整理,围绕学习目标确定自探问题。
3. 学生独立自学自探,教师巡视。学生带着自探问题独立阅读课本和相关地图,尝试找出问题的答案;教师巡视,关注学生的自学情况。

〔目　的〕
激发学生的学习兴趣,让学生带着问题独立研读教材,培养学生提出问题的意识和能力,培养学生良好的自学习惯与能力。

〔注意事项〕
1. 设情激趣:地理新课导入的方法很多,教师要根据教学内容和学生特点选择最佳的导课方法,如复习提问导入新课,运用学生感兴趣的地理奇闻趣事、各地风土人情、名胜古迹、各自然带的珍奇动物等内容导入新课。
2. 自探问题的提出:根据本节课的特点,可以由教师围绕学习目标直接出示,也可以先由学生发散性提出,然后师生归纳梳理,如果问题达不到目标要求,教师再补充提出。我们主张自探问题先由学生提出,因为学生能主动提出问题,说明学生有问题意识,而且学生对于自己提出的问题,探究的兴趣会更高,主动性也会更强。
3. 自探问题的要求:无论是教师设疑还是先由学生设疑,教师都必须明白自探问题的"主干"就是本节课学生应掌握的学习目标,是引导学生自学课本的提纲。问题点设置的是否准确、简明和恰当是一节课成败的关键。因此,问题必须具有以下属性:(1)问题具有基础性。本环节设计的问题要依据教学目标,紧扣教材内容,充分体现本节课要求学生掌握的基础地理知识。(2)问题具有导向性。把教学变成在教师的引导下的学生真正地学,提出导向性问题是非常关键的一步。学生在导向性问题的引导下,学习兴趣被激发,就会积极主动地去自学探究。(3)问题具有科学性。设计的问题要科学合理、难易适度、层次清晰且针对性强,让学生跳一跳都能摘到"桃子"。(4)问题具有可操作性。

4.留给学生充分的自学时间,让学生多读教材,多看地图,读懂教材,读出图表中蕴含的知识。

5.关注学生的自学情况,培养学生的自学能力。学生自主探究时,教师要多观察,对于自学能力强的学生,可放手让他们独立自主地探究;但对于自学能力差的学生,就需要多关注,督促他们认真读书,分析地图,找出问题的答案后可画出或写下,养成良好的自学习惯,从而确保全体学生都能全身心地投入到学习中。

二、解疑合探

〔基本步骤〕

1.教师提问:检查学生自学情况。
2.小组讨论:生生合作解决部分学生不能独立解决的问题。
3.教师讲解:通过讨论仍解决不了的问题,教师予以讲解。

〔目　　的〕

通过师生或生生互动的方式检查自学、自探情况,解决自探中难以解决的问题,让学生了解和掌握主要的教学内容,获得基本的地理知识和技能。

〔注意事项〕

1.检查自学情况:针对"设疑自探"环节的自探问题,遵循学困生回答,中等生补充,中、优等生评价的原则,通过学生的回答,我们知道哪些是学生可以独立解决的、教师不用再讲的问题;哪些是有疑问和争议的、需要通过合作学习和小组讨论探究出结果的问题;哪些是学生通过自学和讨论后还不理解的、需要教师讲解的问题。这样使教师对学情有充分的了解,努力做到"三讲三不讲"。

2.师生合作探究,解决疑难问题:对于疑难问题,教师要积极创设情景,引导学生合作讨论,探究出结果。如讲八年级下册《"中原之州"——河南省》这节课时,提出的问题是:请你谈谈河南省境内"地上河"的治理措施。这个问题是本节课的难点,学生独立完成是很难的,需要教师创设情景:课件展示一些黄河各河段的图片,黄河下游成为"地上河"的原因,引导学生根据黄河各河段的水文特征,讨论治理措施。

3.板书重点内容:教师可根据学生的回答将本节课的知识点板书在黑板上(或用投影显示),便于学生梳理知识,形成知识体系和框架,更有利于学困生查漏补缺。

4.学生能力培养:(1)会展示。检查自学情况时,教师要鼓励学生大胆回答,回答错了也不怕。(2)会倾听、会评价、会总结。学生回答问题后,教师不要急于肯定,可以让其他同学来评价、来判断、来补充、来完善。这样学生只有认真地倾听,才能作出正确的评价。(3)会讨论。对于疑难问题,教师要给学生留足讨论的时间,选择好讨论的方式(同桌对话、小组讨论、师生讨论),使讨论不流于形式。

三、质疑再探

〔基本步骤〕

1.学生质疑:"解疑合探"环节结束后,可给学生1—2分钟的时间,让学生独立思考感悟,提出新的疑问。

2. 生生、师生探究:针对学生的质疑,让生生、师生合作探究,解决问题。

〔目　　的〕

突破教材难点,探求地理学中的规律性认识,培养学生学习地理的能力,形成初步的地理科学素养和人文素养。

〔注意事项〕

1. 激发学生质疑的勇气和积极性(敢质疑)。学生提出问题时,教师首先要给予肯定,对于有价值的问题,要给予表扬。

2. 提高学生质疑的水平(会质疑)。学生敢于质疑后,教师就要引导学生提出有深度、有难度、有价值、有挑战性和独创性的问题。教师可以用语言提示,也可以提供相关的材料(文字、图片、地图等),让学生分析,从而发现或提出新的问题。如讲八年级下册《农业》这节课时,我国农业各经济成分的分布规律及其与资源、环境的关系是本节课的难点,教师就可以通过提供相应的材料和专题地图引导学生提出"我国农业各经济成分的分布规律是什么?分布规律与资源、环境有什么样的关系?"这样的问题。

3. 引导学生再一次合作探究。针对学生提出的新的疑难问题,可以让小组先讨论,然后汇报讨论结果。正确的教师给予肯定,不完善的教师再进行补充。

四、运用拓展

〔基本步骤〕

1. 学生拟题训练运用。
2. 教师补充试题训练运用。
3. 反思和归纳。

〔目　　的〕

师生围绕学习目标,针对本节所学知识,分别编拟习题进行训练运用,并予以反思和归纳,达到巩固知识、运用拓展、强化能力的目的。

〔注意事项〕

1. 在学生编拟练习题时,教师要强调围绕学习目标自编习题。检查反馈时,教师可以快速了解学生习题编拟的情况,精选出部分有新意的典型试题进行全班训练;也可以采用竞赛的形式一问一答,还可以同桌或小组内互问互答。

2. 教师编拟的习题要分为基础性习题和拓展性习题。基础性习题重点考查学生对基础知识的运用情况,检查反馈的原则是学困生展示、中等生评价。基础性习题解决之后,教师再出示拓展性习题,检查反馈的原则是中等生展示,中、优等生评价。

3. 当学生具有编题的习惯和能力后,即可放手让学生编题,同样包含基础性习题和拓展性习题,同时教师在备课时还必须预设习题。当学生自编习题达不到学习目标的要求时,教师则进行必要的补充。

4. 反思归纳是对本节所学知识的整理、感悟和体会,教师一定要留给学生反思归纳的时间和机会,使学生体验到学习成功的喜悦。

"三疑三探"教学模式
在中学地理课堂应用中的问题与对策

刘宏超

"三疑三探"教学模式在地理课堂应用中,容易出现以下问题:

一、"设疑自探"环节

(1)教师不让学生设疑。(2)教师对学生提出的问题不理不睬,学生设疑只是一种形式。(3)学生提出问题后,教师不能将问题快速整理补充,形成自探题。自探问题层次不清,不能紧紧围绕学习目标,问题太碎太杂或太大太空。(4)一次性出示疑问过多,给学生造成巨大的学习压力。(5)"自探"不是学生完全独立意义上的自探,存在合探现象。(6)学生自探时,教师袖手旁观或不时插话打断学生自学。

二、"解疑合探"环节

(1)教师在检测学生自学时,不能做到学困生回答,中等生补充,中、优等生评价,课堂上不是"都参与"的学习状态。(2)合探流于形式。(3)教师不能做到"三讲三不讲"。

三、"质疑再探"环节

(1)学生无疑可"质",教师即进行下一个教学环节。(2)学生不质疑,教师代替学生质疑。(3)学生质疑后,教师直接解疑。(4)对于学生质疑的问题,教师给予了不准确的解释,造成知识错误。

四、"运用拓展"环节

(1)教师单纯依赖《学习指导》等资料上的习题,习题不分基础性和拓展性。(2)教师不给学生自编习题的时间和机会。(3)学生没有对自编的习题进行展示和训练。(4)检查反馈时忽视了学困生。(5)教师不给学生反思归纳总结知识的时间和机会。

针对以上问题,建议教师们从以下几个方面改进,做到科学使用"三疑三探"教学模式。

首先,加强对《地理课程标准》的学习和理解,科学地使用教材。

自探问题太碎太杂或太大太空,其主要原因是教师没有把握好教材,不会用教材,仍是单纯地教教材。因此,教师要多读《课程标准》,依据《课标》对各部分知识的要求及活动建议,结合教材中的文字、地图活动探究题来确定自探问题。

其次,根据教材内容安排和需求,决定"设疑自探"、"解疑合探"两个环节是否在课堂中反复出现。

如果一节课的内容比较少,可以使用一次"设疑自探"、"解疑合探"完成教学任务;如果内容较多,就可以多次使用"设疑自探"、"解疑合探"完成教学任务。如《欧洲西部》这节课,教材安排了"欧洲西部的范围和地理位置、经济实力、旅游业"三部分内容,如果一次性出示全部的自探问题,会因为问题太多使学生有很大的学习压力,同时也不利于学生形成清晰的知识体系。因此,教师应按照教材内容的安排,分三次进行"设疑自探"、"解疑合探"。

再次,在具体各环节运用中,要注意环节中的重点和要求。

1. 创设问题情景,放手让学生设疑。

学生提出一个问题比解决一个问题重要,一切把学生让到"前台"。因此,教师一定要解放思想,放手让学生去发现问题、提出问题。通常,看到地理课题,学生就能提出许多问题,如讲到国家,根据课题学生自然会提出:这个国家的地理位置、地形、气候、经济、文化、城市等有关自然地理和人文地理方面的问题,而这些问题也正是教学内容的"主干"。但当问题由学生自己提出时,他们主动探究的兴趣就很强烈,迫切地想找到问题的答案,很自然地进入了主动学习状态。

2. "设疑自探"中的"自探"是指学生完全独立意义上的自探。

这个环节旨在培养学生养成良好的自学习惯和能力,不存在合探现象,对于学生不能独立解决的问题,要放在"解疑合探"环节解决。同时,当学生正全神贯注自学时,教师不要突然插上一句话,打断学生的思考,但也不是学生开始自学后,教师就袖手旁观。自探过程中,教师要仔细观察每位学生,给认真自学的学生一个鼓励的眼神,拍拍走神学生的肩头……通过无声的肢体动作,使全体学生都能感受到教师殷切地关注和期望,真正进入学习状态,确保课堂无"闲人"。

3. "解疑合探"是培养学生会展示、会倾听、会评价、会补充、会讨论、会合作等能力的关键环节。

在检测自学情况时,教师一定要遵守"学困生回答,中等生补充,中、优等生评价"的原则,多提问学困生,多让学困生展示。当学困生能正确说出问题答案时,教师就不必讲了,做到学生会的不讲;当学困生回答不是很完整时,教师不要急着讲,让中等生补充,做到学生讲之前不讲;当中等生补充得很好时,教师也不要急于肯定,让中、优等生评价。当问题难度较大,大部分学生无法说出正确答案时,教师就要引导学生进行有效的合作探究,可以是同桌讨论,可以是小组讨论,也可以是师生讨论,力争让学生通过合作讨论自己解决问题。对于难度很大的问题,教师就要精讲了,即讲学生自学和讨论后仍解决不了的问题,讲知识缺陷和易混易错的问题。

总之,在这一环节,教师们不要总是担心学生学不会、学不好、学不透,自己拼命地多讲，而要解放思想，放开手脚，让学生大胆表现，参与到整个过程中来。

4."质疑再探"环节中的质疑是让学生提出问题，提出本节课自己还没有完全弄懂的问题或是更深层次的问题。

针对"学生不质疑"这一情况，教师可以自己先进行示范性质疑，给学生引路，当学生有了质疑的意识和习惯时，一定要让学生质疑，培养学生的问题意识。学生质疑后，谁来解决这些疑问呢？首先是学生，当学生解决不了时，教师再来解疑，当教师也无法给予准确答案时一定不要不懂装懂，避免出现知识性错误。

5."运用拓展"是师生围绕学习目标，针对本节课所学知识，分别编拟基础性和拓展性习题进行训练运用。

教师在编拟习题时，不要单纯依赖学生手中的资料，还可以利用网络上的教育资源寻找更多、更丰富的练习题目，更可以放手让学生自编练习题。对学生编拟的习题可以采用全班展示、同桌互问互答、小组交换等形式进行训练。巩固练习后，教师要引导学生进行反思归纳，可以采用绘制知识树的方法理清知识脉络，还要让学生谈谈学习体会和感悟。

案 例

中国的民族

刘宏超　王　燕

【教学目标】
1. 知识目标：
(1)知道我国民族的构成情况,了解我国各民族独特的民族风情。
(2)运用民族分布图和表格分析归纳我国民族的分布特征。
2. 能力目标：
(1)教学过程以学生活动为主,小组合作学习。
(2)通过举行少数民族风情知识竞赛,培养学生收集、归纳、整理资料和处理地理信息的能力。
(3)通过读图、析图活动获得地理知识。
3. 情感态度与价值观目标：
(1)提高学生对我国民族政策的认识,树立正确的民族观。
(2)了解祖国丰富多彩的民族文化,激发学生的爱国热情,增强民族自尊心、自信心。

【教学重点】
我国民族的分布及其特点。

【教学难点】
我国民族的分布特点和各民族的民族风情。

【教学过程】

一、设疑自探

(一)创设情景,导入新课
多媒体播放《爱我中华》MTV。
教师:通过这首歌,同学们获得了什么信息？(学生回答:我国共有56个民族,是一个团结统一的多民族大家庭)这一节课,我们就来学习《中国的民族》(板书课题:中国的民族)。

(二)确定自探问题
1. 设疑:同学们,看到课题你们产生了哪些疑问？
学生提出问题,教师写在黑板一侧。
2. 师生共同归纳整理补充成以下自探问题:

(1)我国的 56 个民族是哪些?大家比较熟悉的是哪些民族?

(2)读"中国民族分布"图,找一找分布最广、人口最多的是哪个民族?人口超过 400 万的少数民族是哪几个?人口最多和最少的少数民族是谁?哪个少数民族散居各地?少数民族最多的省份是谁?台湾省的少数民族是什么?我们河南的少数民族主要有哪些?

(3)读"中国民族分布"图,看看汉族主要分布在哪里?填出下列少数民族的主要分布地区。想一想我国各民族的地理分布有什么特点?

民族名称	主要分布地区	民族名称	主要分布地区
壮族		彝族	
满族		傣族	
回族		蒙古族	
维吾尔族		藏族	

(4)各民族有什么民族风情?

3.学生自学,教师巡视:请认真阅读教材内容及地图册 P9 各民族服饰图片,边读边记,并思考自探问题。

二、解疑合探

检查学生自学情况:教师提问,学困生回答,中等生补充,中、优等生评价。疑难问题,小组讨论合作探究,重难点处教师讲解。第(1)题由多名学生将答案说完整。第(2)题引导学生说出:汉族人数最多,占全国人口总数的 92%,其他 55 个民族占 8%。据此,我们习惯上把其他 55 个民族称为少数民族。其他小问题在学生回答的基础上,教师将其归纳成歌谣:壮满回苗维,彝土家蒙藏;壮族人最多,珞巴人最少;散居各地者,唯独数回族;民族数最多,云南独占鳌。第(3)题学生小组讨论得出:汉族的分布遍及全国,主要集中在东部和中部,少数民族主要分布在西南、西北、东北等边疆地区,各民族"大杂居、小聚居",相互交错居住。第(4)题小组内互相交流,说说自己知道的民族风情。

三、质疑再探

质疑:同学们,请用 2 分钟时间整理一下新知,想一想,你们还有哪些疑问,请大胆提出来。

学生可能提出的问题:我国的民族政策是什么?

解疑:学生小组讨论,各抒己见,最后教师归纳总结(各民族政治上一律平等,实行民族区域自治,尊重各民族的风俗习惯、宗教信仰自由)。

四、运用拓展

(一)课堂练习

1. 学生自编习题训练。

请运用本节课知识,自编练习题(填空题、选择题、填图题、思考题等)。

学生编好习题后,先同桌互问互答,然后教师快速选出一些典型、新颖的习题在全班展示训练。

2. 教师补充习题训练。

组织学生进行民族风情知识竞赛。

(1)比赛规则:

①将全班同学分为四个小组。

②本次竞赛题目分为两类。

必答题:每题40分,答对一小问得10分,答错不扣分,本小组成员如果都不会,可将此小题让给其他组成员回答。

抢答题:每题10分,答对加10分,答错扣10分,必须等教师念完题目后方可举手回答,违规一次将扣去本小组10分。

③评出优胜小组,予以奖励。

(2)多媒体出示竞赛内容。

必答题:

①长鼓、两面鼓、马头琴、冬不拉各是哪个民族的乐器?

②民族服饰图片4幅,请说出图片中分别展示的是哪个少数民族的服饰?

③"那达慕大会"、"泼水节"、"火把节"、"赛龙舟"分别是哪个民族的民族风情?

④"阿凡提"、"阿诗玛"、"腾格尔"、"巴特尔"分别是哪个民族的人物?

抢答题:

①我国少数民族主要分布在哪里?

②我国少数民族中人口最多的是哪个民族?

③我国古代建立元朝的是哪个民族?

④我国民族分布特点是什么?

⑤歌手韩红演唱的《家乡》一曲,歌唱的是哪个民族?

⑥我国的"旗袍"是由哪个民族的服饰演变来的?

⑦歌曲《阿拉木罕》是哪个民族的音乐?

⑧"阿里郎"歌唱组合是哪个民族的?

⑨清朝的慈禧太后是哪个民族的?

⑩我国少数民族最多的省份是哪个省?

(3)总结本次竞赛,对优胜小组予以奖励

(二)反思与归纳

同学们,本节课你们有什么收获? 学生将本节知识归纳成歌谣:

中华民族五十六,人口最多是汉族;
少数民族五十五,人口最多是壮族;
汉族分布遍全国,集中东部和中部;
西南西北和东北,少数民族广分布;
各族杂居或聚居,平等团结又互助。

(三)课后活动

收集各民族的民歌和风俗,并学唱一首民歌。

结束语:让歌声在祖国大地自由飞翔,让民族团结之花四处绽放,愿祖国的明天更加辉煌灿烂。播放歌曲《爱我中华》。

(作者单位:西峡县基础教育教学研究室　西峡县西坪镇一中)

"三疑三探"教学模式在中学物理课堂中的应用

唐声韵　王君殿

教学过程	课型 理论依据	概念规律课	习题课	复习课
设疑自探	"情景"是学习环境的四大要素之一,提出疑问是激发学习内驱力的重要途径	教师设置教学情景,学生提出疑问,教师梳理、补充,确定自学提纲。学生自学课本,联系生活实例、自然现象,在好奇心驱使下自行探究解决上述问题。需要实验的,要进行假设与猜想,思考实验方案。这一环节强调学生的独立性,提倡学生独立思考	教师设置教学情景——出示典型例题,启发学生独立思考、自主探究,尝试解答	教师设置教学情景,出示复习课题,学生提出、归纳复习任务,然后自行解决,形成知识体系
解疑合探	"协作"、"会话"和"意义建构"是学习环境四大要素中的三个要素。	在教师的组织下,学生展示自己的看法或实验设计,进行实验、收集数据、分析与论证、评估与交流。鼓励学生大胆发言,大胆实验,适时参加讨论,完成科学探究的主要环节	学生展示自己的解法,补充、矫正、评价,生生合作,师生合作,提倡一题多解,培养发散思维,重视物理方法学习,培养良好的科学态度	学生展示自己对复习任务的见解,生生合作,师生合作,总结出知识体系,充分揭示知识的内在联系
质疑再探	围绕问题进行交流与合作对"意义建构"有重要作用。重视三维教学目标的落实	学生提出新的问题,将探究引向深入,从而对概念和规律有进一步认识,达到"意义建构",即对概念和规律的理解	学生提出新的问题,引发探究,从而加深理解,提高能力	学生提出更深层次的问题引发探究,从而加深对物理知识的理解,掌握学习物理的方法,培养科学的思维品质

续表

教学过程	课型 / 理论依据	概念规律课	习题课	复习课
运用拓展	"从物理到社会","关心科技发展",理论联系实际,培养实践能力	尝试利用所学知识解决简单的实际问题,进行课堂练习,自编习题,完成教材中的小实验或小制作	练习不同层次的习题,并进行自编习题训练,以达到灵活运用知识、培养学生的创新精神和实践能力的目的	练习不同层次的习题,并进行自编习题训练,以达到灵活运用知识、培养学生的创新精神和实践能力的目的

案例 1

用伏安法测电阻和测小灯泡的功率专题复习

靳宝强

【教学目标】
1.知识目标:使学生真正掌握用电压表和电流表测电阻及测小灯泡电功率的一般方法,增强学生的综合分析能力。
2.能力目标:通过对比,让学生理清两个实验的相同点与不同点,在处理问题时不易混淆。
3.情感态度与价值观目标:培养学生敢于提问、积极实践的学习态度和习惯,增强学生学习的信心。

【教学重点】
掌握各实验的电路图的设计、实验的原理、数据的处理。

【教学难点】
理解滑动变阻器在实验中的作用以及实验的延伸。

【教学过程】

一、设疑自探(一)

1.导课。
我们在复习了电学中的欧姆定律、电功、电功率之后,对这部分知识中两个重要而又相近的实验——用伏安法测电阻和测小灯泡的功率有什么样的认识呢?这两个实验涉及的器材多,不仅对同学们的实验技能要求高,也是中招考试的热点,所以学好它们非常必要,本节课我们就来进行专题复习。

2.让学生拿出笔、三角尺,画出伏安法测电阻的电路图和测小灯泡功率的电路图(让两名学生分别画到黑板上)。
教师巡视,然后让学生评价黑板上的两个电路图,若不对要修改正确。

3.对照伏安法测电阻的电路,学生能够提出哪些问题?
教师提问学生,将学生提出的问题板书在第一个电路图下面。教师要及时肯定学生的提问,并让其他学生补充。学生可能提出如下问题:
(1)电流表的使用规则是什么?

(2)电压表的使用规则是什么？
(3)滑动变阻器使用时应注意哪几个方面？
(4)电路连接时要注意什么？
(5)实验原理是什么？
(6)为什么要使用滑动变阻器？
……
学生独立思考问题。

二、解疑合探(一)

让学生回答以上问题,生生交流,师生交流。

三、设疑自探(二)

1. 对照测小灯泡功率的电路,你能提出什么问题？
2. 两个实验中,你能发现它们有哪些共同点？哪些不同点？

让学生提出问题(教师板书于测小灯泡功率的电路图下面),并由学生补充,独立思考问题。

四、解疑合探(二)

解决上述问题。
两个实验的共同点:电路图相似,所用器材大部分相同。
两个实验的不同点:实验目的不同,实验原理不同,滑动变阻器的作用不同。

五、质疑再探

通过以上的复习,同学们对这两个实验还有哪些疑问？还能提出哪些值得探究的问题？请大胆提出来,我们进一步探究。

六、运用拓展(一)

1. 小明和小亮手中都拿着一截电炉丝,小明说:"可能我这截电炉丝的电阻较大,因为它比较长。"小亮说:"也可能我这截电炉丝的电阻较大,因为它比较细。"他们决定通过实验来测量各自电炉丝电阻的大小(估计都不超过10Ω)。

(1)小明连接的实验电路如下图,经检查发现有两处错误:
a. _____;b. _____。

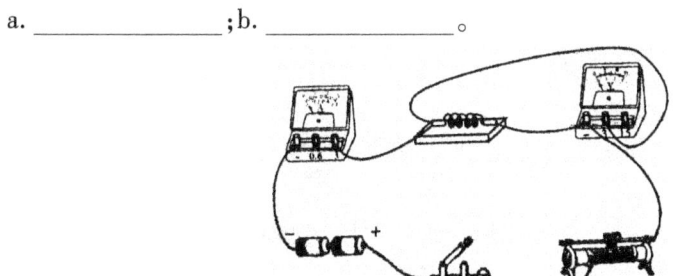

(2)小明改正了电路中的错误,开始实验。闭合开关后,观察到两个电流表的示数如下图所示。于是小明就根据这一组数据算出了他拿的电炉丝的电阻为_____Ω。

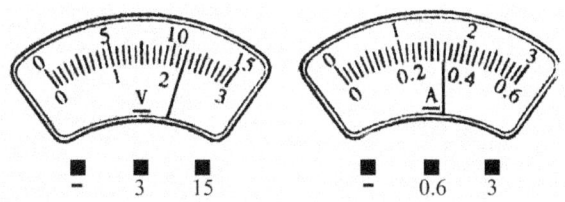

(3)小亮在实验中正确连接电路后,先测出了四组数据,并通过求平均值的办法算出他拿的电炉丝的阻值为7.8Ω。你认为他们的测量哪个更可靠?为什么?

2.在测定小灯泡额定功率的实验中(小灯泡标有2.5V字样,电阻约为8Ω)。

(1)小刚同学在连接电路时还有部分导线未接上,请你连接好,使滑片向右滑动时灯泡变亮。

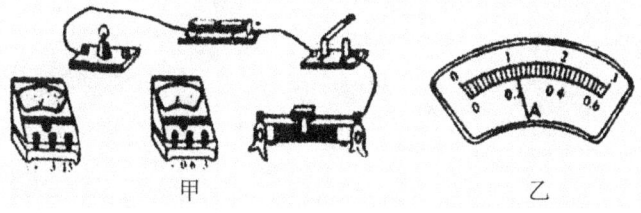

(2)右图是小刚同学测出的数据,第三次测量时电流表的示数如图乙所示,请你把这一数据填在下表中。

次数	1	2	3	4
U(V)	2.5	2.0	1.5	1.0
I(A)	0.30	0.26	0.20	
P(W)				
亮度	亮	→	暗	
平均值				

(3)根据表中的数据可知,这个灯泡的额定功率为____W。

(4)记录表格的设计存在一个不当之处,请你指出来:_____。

七、运用拓展(二)

1. 用伏安法测电阻时,若缺少了一个电流表,给你一个定值电阻 R_0,你能设计出几种测量未知电阻 R_X 的方案?

2. 根据本节课复习内容,每位学生编拟一道练习题(教师巡视,有选择地板书,供大家练习)。

3. 课堂小结:通过学习本节,同学们有什么收获?

(作者单位:西峡县回车镇一中)

案例 2

站在巨人的肩膀上

王春阁

【教学目标】

1. 知识目标：

(1) 了解当前科学技术取得的成就及其给人类生产生活带来的变化。

(2) 了解物理学研究的对象及其要解决的问题。

(3) 了解科学探究的一般方法和主要环节。

2. 能力目标：通过事例培养学生对研究方法的应用能力。

3. 情感态度与价值观目标：通过了解科学家的感人事迹，培养学生热爱科学、追求真理的科学品质。

【教学重点】

1. 物理学研究的对象。

2. 科学探究的方法。

【教学难点】

理解科学探究的方法。

【教具学具】

1. 课件：太空人在太空行走，天体图片，微观世界，激光、集成电路、超导现象等。

2. 人物图片：牛顿、哥白尼、居里夫人、爱因斯坦、玻尔等人物图片及生平事迹。

【教学过程】

一、设疑自探

(一) 情景设置，激发疑问

资料展示：神舟飞船

从 1999 年 1 月 20 日至 2008 年 9 月 25 日，我国在酒泉卫星发射中心用长征二号 F 火箭进行了神舟飞船一号至七号的发射，均取得成功。科学家们借助飞船发射及运行，分别进行了太空农作物育种、微重力环境下空间生命科学、空间材料、空间天文和物理等大量的实验探究，并从神五开始进行载人飞行，神五搭载的是中国飞天第一人杨利伟，神六搭载的是航天员费俊龙、聂海胜。神舟七号飞船搭载的航天员是翟志刚、刘伯明和景海鹏,其中翟志刚并实现了中国首次太空出舱。

神舟系列飞船的发射,标志着我国的航天技术已经初步达到国际水平,这是我国一代代科学家攻坚克难、不懈奋斗的结果,对我国电信、军事、新材料制造、农业、医药、太空探索等起到了巨大的推动作用。

飞船发射,需要用到多种学科,而物理学至关重要。

看了这个资料,同学们有什么要说的或要问的?

(教师也可使用别的情景材料。要通过学生的说、问,梳理归纳出以下问题:(1)物理学及其运用;(2)如何进行科学探究?(3)举例说明科学探究的精神(教师也可补充别的问题,如让学生谈谈自己所熟知的科学家)。

在探索之路上,有众多的科学巨人披荆斩棘、铺路架桥,为我们后人留下了科学探究的方法和不朽的科学精神。伟大的科学家牛顿曾经说过一句格言:"如果说我比别人看得更远的话,那是因为我站在巨人的肩膀上。"今天这一节课我们学习第三节《站在巨人的肩膀上》。

(二)学生自探

阅读教材 P11—P16 的内容,自主解决以上问题。教师巡视。

二、解疑合探

1. 组织学生发表自己的见解,畅谈感想。

2. 教师播放课件,展示有关图片,让学生感受科学对人类社会的进步,对我们生活、思想产生的巨大影响,感受科学家可贵的探究精神。

三、质疑再探

通过以上的学习,同学们还有什么要问?请大胆地提出来,我们共同解答。

四、运用拓展

1. 谁能运用本节的重点内容自编习题,出示让同学们一起来完成?教师要热情地鼓励学生勇敢地做小老师(若学生难以进行,教师可适当补充题目)。

2. 作业:搜集科学家的故事,根据课本上科学探究的环节,说说他们是如何进行科学研究的。

3. 课堂小结:通过本节的学习,同学们有什么收获?学生回答、补充后,教师进行强调并板书。

【板书设计】

站在巨人的肩膀上

1. 知识园地——硕果累累
2. 科学研究——其乐无穷
3. 科学精神——永远高扬

(作者单位：西峡县五里桥镇初中)

"三疑三探"教学模式
在中学化学课堂中的应用

张瑜琴

化学学科新课程标准的基本理念包含以下三方面内容：
——人人学有价值的化学；
——人人都能获得必需的化学知识；
——不同的人在化学上得到不同的发展。

"疑是思之始,学之端"。问题既是思维的起点,又是思维的动力。"三疑三探"教学模式是一种面向全体学生,以"自主、合作、探究"的学习方式代替传统的被动接受式学习的教学模式,就是把课堂教学活动看成是一种特殊的交往活动,采用自主学习、分组互助合作学习等方式,通过创造和谐民主的教学氛围,形成师生合作互动、生生合作互动的氛围,使学生个体得以借助教学媒介(教材、教学手段和其他媒体)进行创造性的学习,从而使学生在主动、轻松的学习活动中提高综合素质。

根据具体教学内容的不同,化学新授课常分为概念原理课型、元素化合物课型、实验活动课型等不同课型。而"三疑三探"教学模式在不同课型中的应用,同样也要根据不同课型而有所变化。

一、概念原理课型

概念原理课的学习内容以基本原理和基本概念为主。本部分内容比较抽象,有一定的难度。处理这部分内容可根据具体内容灵活分块,多采用教师引导、集中自学和分步探究的方法进行。此外,本课型中对于知识点繁杂的知识单元,可灵活地分块进行,在学生活动探究的同时,应注意引导学生将知识系统化、网络化整合。其教学程序为：

（一）设疑自探

〔基本步骤〕

1. 揭示学习目标。概念原理课的学习目标往往是"了解""理解",因此,不仅要求学生理解概念的内涵与外延,而且还要求学生运用概念解决一些化学问题。

2. 引入课题,激发兴趣。教师要运用各种手段,如故事引入、妙趣实验引入、科学事实引入、录像引入、新闻报道引入、生活化学引入、新旧知识之间的联系等创设情景,达到激活学生思维、激发学生求知兴趣、吸引学生关注以及调动其主动参与的目的。

3. 提出问题。通过解读学习目标、情景的创设或学生用1—2分钟时间通览教材等,激发学生大胆提出本节的中心问题,教师加以梳理、归纳,作为本节的自探提纲或自学指导。

4.学生自主探究。学生围绕所提出的问题,独立自学,自主探究,得出答案。

学生的自主学习主要依靠学生已有的知识和经验搜集、选用与问题有关的材料(如实验、图表、模型、实物、知识介绍、教材内容等),从感知和知识结构上进行探究,找出解决问题的途径、办法、原理等。探究的方法有:旧知回顾、学科渗透、生活联系、实验活动、观察思考、自学教材等。

〔目　　的〕

通过本环节可以培养学生善于发现问题、敢于提出问题的能力及自主学习和实践能力,促进学生知识迁移能力的形成和创新能力的发展。

〔注意事项〕

1.新课标淡化了对概念定义的记忆,而加强了对概念的理解和应用(如化合价的教学,不再强调化合价的定义,而着重于利用元素化合价解决实际问题)。

2.对重要的原理和概念的掌握,教师可指导学生抓住对关键字、词的理解。

(二)解疑合探

这一环节中,教师在了解学情之后,可以先用几分钟时间把解决不了的问题进行综合,然后充分地让师生交流、生生交流(同桌对话、小组讨论),合作探究解决问题。

所采取的探究形式:在学生独立思考的基础上,适时采用同桌对话、小组讨论和整班集体讨论(包括师生间交流探究)等形式。通过对话、争论、答辩等方式,发挥学生的学探优势,让他们集思广益、思维互补、各抒己见,使问题的结论更清楚、更准确。教师要随时引导、及时点拨,共同解决问题。

化学课堂教学中,合作探究解决问题的途径包括了假设验证的一般探究模式、归纳推理模式和演绎推理模式。对于基本概念、基本理论知识的学习比较适用归纳推理和演绎推理的模式。归纳推理可从大量的例子中寻找它们之间的规律,通过比较、归纳而得出它们的本质属性。在化学学习中,某些广义概念包含狭义概念,可从广义概念到狭义概念的学习采取演绎推理模式。

本环节让学生初步了解和掌握本节的主要学习内容,初步解决本节的主要问题。

〔注意事项〕

1.第一步和第二步可以结合运用,根据不同课型、不同内容采用一疑一探整体把握教材或多疑多探(即设疑自探一、解疑合探一;设疑自探二、解疑合探二等)分步解决问题。

2.课堂上讨论要适时、适度。所讨论的问题,是学生通过自探不能解决的共性问题,或虽属个性,但带有普遍指导意义,学生易错易混的问题。

3.本环节中教师的点拨指导,要点拨学生自主探究和讨论不能解决的问题以及知识缺陷和易混易错的问题。

(三)质疑再探

教师引导学生针对已学知识提出深层次,具有挑战性、独创性的问题,让学生深入领会教材内容,探究更全面、更深刻的问题答案。

通过质疑再探环节的学习,目的在于使学生敢于突破教材追根溯源,敢于发表自己的见解,敢于质疑问难,达到求异创新能力的进一步提升。探究式教学不只是以学生寻求答案为目的,而是要培养学生的问题意识,即自己要找到水源而有水喝。以问题教学为平台,善待学生的个性差异,对于学生的猜想和质疑,无论有无实际意义,教师都要及时加以肯定、称赞和鼓励,应着力于学生情感态度与价值观的培养。

（四）运用拓展

〔基本步骤〕

1. 学生自编1—2道练习题,在同桌之间交流,教师挑选有代表性的题目进行展示。

2. 知识应用。教师指导学生将学到的知识和方法用于解决实际问题的过程,是知识反馈的重要途径,要着重练习概念和原理的实际应用。

常用的方法有:课堂练习、小测验、撰写小论文等。

3. 课堂小结。在教师的引导下,尽可能让学生自己总结本节知识要点。可采用描述法、表格法、导图法等多种形式列出本节的知识提纲或知识树。

〔目　　的〕

检测和巩固本节课所学知识并加以拓展和延伸,有利于学生把所学知识应用于探究身边的化学,解决生活中的化学问题,培养学生发现问题和解决问题的能力;有利于培养学生的迁移能力和创新能力。

二、元素化合物知识课型

元素化合物知识课的学习内容以单质、化合物的性质、用途等为主。《化学课程标准》中的要求一般是"认识"、"知道"。教学中教师要注意紧密联系实际,尽可能让学生多接触实物、多动手进行自主探究实验和分组探究实验,以增强感性认识,使学生掌握重要的单质、化合物的性质、制法和用途。此外,本课型应注意以下几点:首先,在新教材中,元素化合物知识的内容比较零碎且繁而杂,因此应采用分散学、分散教的方法。注意引领学生把繁杂知识进行整合,从而达到知识的系统化、一体化。其次,重要知识点(元素符号、化合价、化学式、化学方程式等化学用语)要求学生在探究过程中当堂识记,并进行检测。再次,学生的实验探究要注重实验的探究过程、方法和步骤,而不能单方面强调探究的结论。其教学程序为:

（一）设疑自探

〔基本步骤〕

1. 导入课题,激发兴趣(方法同概念原理课型)。

2. 提出问题。首先通过创设情景、演示实验或通览教材,让学生在整体感知的基础上,由学生发散思维,提出本节要掌握的知识要点或本节要解决的问题,教师根据《化学课程标准》要求将学生提出的问题进行整理、归纳、补充和完善,作为本节的自学提纲或自学指导。应注意分步设置问题,并提出明确的自学要求和自学指导方法。

3. 学生自主探究。探究的方法有:实验探究(简单的实验活动可以让学生独立进行实验探究)、观察思考、学科间渗透、生活联系、自学教材、样品展示(如物质的物理性质)等。

（二）解疑合探

在学生自主探究基础上，教师检查自学情况，进行疑难解答，点拨指导。

分步检查自学情况，了解学情。掌握物质的物理性质往往是通过检查自学效果即可完成的，而物质的化学性质常常是通过实验探究的方式来完成的，学生要充分发挥小组合作的方式，合作探究解决问题。

对不同性质的问题可采用不同的合作探究方式，教师要注意引导学生掌握科学探究的一般方法（科学探究有八个环节，对不同探究问题应有不同的侧重）。

教师在课堂上要做到眼观六路、耳听八方，随时引导和及时点拨，既能放得开也能收得拢。

（三）质疑再探（同概念理论课型）

（四）运用拓展

〔基本步骤〕

1. 学生自编1—2道练习题，在同桌之间交流，教师挑选有代表性的题目进行展示。

2. 知识应用。课堂练习要围绕学习目标来设计，并具有典型性。课堂练习要形式多样，常用的形式有：选择、填空、化学方程式的书写、是非判断、实验设计、实验评价等。

3. 课堂小结。在教师引导下放手由学生自己总结本节所学知识要点，可采用列表比较、画出知识框图等形式进行。

三、实验活动课型

实验活动课的教学内容以学生实验为主。《化学课程标准》中的教学目标通常是初步学会运用观察、实验等方法获取信息，对信息进行加工，能分析知识的联系和区别，并能够运用知识去解决一些简单的化学问题。该课型所涉及的基本操作，在课程标准中可分为初步学习和初步学会。初步学习是指在教师的指导下，进行实验操作；初步学会是指在教师的指导下，能够正确地进行实验操作。此外本课型注意以下几点：首先，实验小组的划分要把动手能力较强和动手能力较差的学生合理搭配。其次，新教材的活动与探究实验分为基本操作的实验、物质性质的实验、物质制备的实验和知识应用的实验四类。再次，整堂课要分步进行、统一进度。教师宏观调控进度，微观把握学生的学习状况，使每个学生在课堂上学有所得、学有所长。这部分的内容比较适宜采用集中自学、分步探究的方法。其教学程序为：

（一）设疑自探

实验课的教学目标往往是掌握实验原理、实验操作步骤和实验操作注意事项，以及练习或初步学会有关的实验操作。

教师出示简要的实验提纲，学生自学或复习旧知，使学生明确实验原理和实验操作步骤，并为他们指出有关操作的注意事项；也可提供条件由学生设计不同的实验方案，进行评价优化，选择合理的方案、方法。对于有危险的实验，教师先进行演示，然后再由学生动手做。

（二）解疑合探

学生要提前分好实验小组。

学生做实验时,教师要深入学生中间,认真巡视,观察其操作步骤是否正确,操作注意点是否注意到,操作是否规范,及时纠正学生的不规范操作。

教师要引导学生学会选择实验仪器、学会观察实验现象、学会分析实验失败的原因、学会记录、学会评价、学会合作等。

（三）质疑再探

针对实验中存在的问题,教师引导学生进行质疑,并鼓励学生敢于发表自己的见解。

（四）运用拓展

1.学生练习实验的基本操作,练习实验基本原理的迁移应用,并对实验设计作出评价等。

2.课堂小结:学生总结本节实验探究的收获。

"三疑三探"教学模式
在中学化学课堂应用中的问题与对策

张瑜琴

"三疑三探"教学模式的运用,使教师"教"的行为和学生"学"的方式发生了很大变化,同新课程的要求越来越近。但在实际运用过程中部分教师还存在一些困惑和疑问,现针对有关问题提出一些建议和对策。

问题一:"设疑自探"和"解疑合探"中的"疑"如何理解?

"设疑自探"和"解疑合探"中的"疑"是同一个疑。"设疑自探"是在教师创设情景或出示本节学习目标等的基础上,由学生提出疑问,教师经过梳理、归纳得出本节的自探提纲,并给予自探方法指导。学生通过自学教材、自主实验等方式自主探究解决自探问题。"解疑合探"是在自探的基础上,检查自探效果(应注意优先提问学困生回答,中等生补充,中、优等生评价),针对自探中不能独立解决的典型问题,再进行生生合作、师生合作交流解决。

问题二:新授课中元素化合物课型知识零碎且繁而杂,如何把握?

在新教材中,元素化合物知识的内容大多比较零碎且繁而杂,一次性设置自主探究题目太多,学生完成质量不高,解疑合探效果不佳。可按知识内容不同采用分散学、分散教的方法,即利用"设疑自探一、解疑合探一"或"设疑自探二、解疑合探二"等分步进行。注意引领学生把繁杂知识进行整合,从而达到知识的系统化、一体化,这就要求在解疑合探过程中教师要有简明的系统板书,在运用拓展环节中学生进行课堂小结时要引导学生画出本节的知识树或知识网络图。

问题三:质疑再探环节在课堂中能否略去?

"三疑三探"教学模式中设置质疑再探环节的目的是要培养学生的问题意识,敢于质疑问难的精神,加强其对本节知识的深化和理解。质疑再探环节应尽可能放手让学生进行质疑,当学生实在无疑可提时,由教师引导学生从某些方面提出更深层次的疑难问题,再次进行探究解答,从而达到查漏补缺、深化知识、提升能力的目的。从某种意义上讲,质疑再探环节是"三疑三探"教学模式的亮点,是不可缺少的一环,因此不能略去。

问题四:"三疑三探"教学模式在复习课中各个环节如何把握?

根据化学学科知识点零散、知识点多的特点,复习课采用"三疑三探"教学模式更有利于帮助学生自主构建系统化的知识网络。

"三疑三探"教学模式在复习课中的"四步骤八要素":

第一步设疑自探。这一步包括三个要素,即考纲解读(了解考点,明确目标)、明确任务(注意要有学生根据考点目标,提出本节应掌握的问题,教师整理归纳后为本节的自学提纲,提纲的展示使学生学有所依)、自学整理。

第二步解疑合探。这一步的要素为点拨提高(知识的结构化、系统化整理和提高)。学生回答问题时,原则上要学困生回答,中等生补充,中、优等生评价。教师要做到"三讲三不讲":"三讲"即讲学生自学和讨论后还不理解的问题,讲知识缺陷和易混易错的问题,讲学生质疑后其他学生解决不了的问题;"三不讲"即学生不探究不讲,学生会的不讲,学生讲之前不讲。

第三步质疑再探。这一步包括两个要素,即百家争鸣(自由发言,大胆质疑)和典例剖析(选题要有针对性,针对考点,针对学生的薄弱环节)。

第四步应用拓展。这一步包括两个要素,即小结回顾和拓展训练。

总之,复习课要尽可能做到知识点以问题的形式呈现,而问题则以习题的形式呈现,即知识问题化,问题习题化。同时复习课要有新意,找准复习的切入点。如复习酸的性质时可采用两种方法:一种是逐条列出酸的性质;另一种是首先提出疑问,即如何检验一瓶溶液是盐酸?学生回答后再进行总结归纳出酸的性质。比较两种复习方法,实践证明第二种复习方法的效果要好得多。

问题五:"三疑三探"教学模式在习题讲评课中能否使用?

"三疑三探"教学模式在习题讲评课中同样也能适用,并且能达到很好的教学效果。在习题讲评课中要灵活应用"三疑三探"教学模式的四个步骤,不能生搬硬套。习题讲评课可以归纳为如下八个环节:

(1)自我订正(前一天把答案评分标准交给学生);(2)试卷评价(考试情况分析通报);(3)合作交流(小组内讨论解决疑难);(4)问题反馈(集中反馈,找出共同疑难问题);(5)疑难点拨(小组代表难点讲解,教师做必要的点拨指导);(6)变式训练(疑难问题进行巩固训练);(7)相互找错(可在同桌之间完成);(8)课后反思(巩固再测)。

案 例

原子的构成

王长顺

【教学目标】

1. 知识目标：

(1)了解原子是由质子、中子和电子构成的。

(2)初步了解相对原子质量的概念，并会查相对原子质量表。

2. 能力目标：

(1)充分利用教材提供的图、表等资料,借助模型,多媒体等教学手段,化抽象为直观,初步学会运用类比、想象、归纳、概括等方法对获取的信息进行加工。

(2)通过讨论与交流,启发学生的思维,让学生逐步养成良好的学习习惯和学习方法。

3. 情感态度与价值观目标：

(1)激发学生对微观世界的探究欲和学习化学的兴趣。

(2)对学生进行世界的物质性、物质的可分性等辩证唯物主义观点的教育。

【教学重点】

原子的内部结构、相对原子质量。

【教学难点】

对"原子不显电性"的理解。

【教学过程】

一、设疑自探

(一) 创设情景,导入课题

1. 媒体展示:展示原子弹爆炸图片以及原子结构发现史资料。

2. 展示原子结构图片,并用乒乓球与地球图片类比原子体积的大小。

利用多媒体展示图片,引导学生比较体积,鼓励学生说出感想。告诉学生构成物质的微粒原子与乒乓球的体积之比相当于乒乓球与地球的体积之比。

3. 导言:我们知道,化学变化中原子是不可分的最小粒子,如果抛开化学变化这一前提,原子能否再分？原子内部有什么奥秘呢？（引入新课,板书课题：原子的构成）

(二) 鼓励学生设疑,教师归纳补充并出示自探问题

对于本课题的学习,同学们一定有很多的疑问,请同学们用2—3分钟时间通览教材

P70—P71 的内容,提出本节的中心问题。

  1. 构成原子的微粒有哪些?(可进一步发问:是否所有原子中都含有中子?)
  2. 构成原子的三种粒子的电性、质量如何?整个原子的质量集中在哪里?
  3. 原子中有带电粒子,那么整个原子是否带电?为什么?
  4. 原子中的质子数、电子数、中子数有何关系?
  5. 不同种类原子内部结构有何不同?
  6. 原子的质量该怎样衡量呢?
  方法指导:学生自学教材 10 分钟,独立思考解决以上问题。

二、解疑合探

  师生交流,教师逐一提问学生,遵循学困生回答,中等生补充,中、优等生评价的原则进行点拨(重点点拨原子不显电性的原因及相对原子质量的计算),并适时板书。

  第 1—4 题由学生回答,教师板书:
  原子的构成:

$$\text{原子} \begin{cases} \text{原子核} \\ \text{(中心)} \begin{cases} \text{质子(带正电)} \\ \text{中子(不带电)} \end{cases} \\ \text{电子} \\ \text{(核外)} \text{(带负电)} \end{cases} \Bigg\} \text{整个原子不显电性}$$

$$\text{核电荷数} = \text{核内质子数} = \text{核外电子数}$$

  第 6 题由学生回答定义、符号、表达式,教师板书:

$$\text{相对原子质量} = \frac{\text{该原子的实际质量}}{\text{一个碳 12 原子质量的} \frac{1}{12}}$$

学生活动:
1. 练习:已知某 4 种原子的实际质量,求出原子的相对原子质量。
2. 讨论:相对原子质量与原子的三种构成粒子间有何关系?
(提示:计算中子、质子的相对质量)
教师板书:
相对原子质量 ≈ 质子数 + 中子数

三、质疑再探

  下面给同学们两分钟的时间将本节课的知识梳理一下,你们还有哪些疑问,请大胆地说出来。

四、运用拓展

1. 自编题:请同学们根据本节内容自己尝试着设计几个问题,然后同桌交换着做一做,挑选1—2名学生进行展示。

2. 教师预设补充习题:

(1)原子中带电的粒子有①质子 ②中子 ③原子核 ④电子(　　)
　　A ①④　　　B ①③　　　C ②④　　　D ①③④

(2)某些花岗岩石材中含有放射性元素氡。一种氡原子的质子数为86,这种氡原子的核外电子数为(　　)
　　A 50　　B 86　　C 136　　D 222

(3)一个碳12原子的质量是 1.993×10^{-26} kg,镁的相对原子质量为24,则一个镁原子的质量是_____。

(4)一个氧气分子是由2个氧原子构成的,那么一个氧分子的质子数是_____个。

3. 选做题:以"我想象中的原子结构"为题,写一篇科普习作。

4. 课堂小结:通过本节的学习,同学们有哪些收获?

【板书设计】

原子的构成

1. 原子的构成

$$原子\begin{cases}原子核(中心)\begin{cases}质子（带正电）\\中子（不带电）\end{cases}\\电子(核外)（带负电）\end{cases}\bigg\}整个原子不显电性$$

核电荷数 = 核内质子数 = 核外电子数

2. 相对原子质量

$$相对原子质量 = \frac{该原子的实际质量}{一个碳12原子质量的\frac{1}{12}}$$

相对原子质量 ≈ 质子数 + 中子数

(作者单位:西峡县双龙镇二中)

"三疑三探"教学模式在中学生物课堂中的应用

王焕玲

一、各步骤的操作要领及注意事项

(一)设疑自探

设疑自探顾名思义,就是设置疑问让学生自主探究。它的指导思想是引导学生望文生"疑",以"疑"为载体自主探究学习教材。设疑自探分两步进行:一是教师引导学生设疑。教师根据知识的积累和有序的设疑培养,启迪学生望文生"疑",列出设疑自探题。初始阶段,学生不一定能设或设好,但教师应鼓励引导,循循善诱,学生就能根据学科特点设出"一二"。二是教师根据教学目标和教材内容对学生的自探题给予认定、规范、完善,出示设疑自探题。教师应肯定学生的积极态度,根据教学目标和教材内容认定学生的设疑,将学生的设疑修补完善。设置自探题要做到:(1)围绕教学目标和教学内容,体现知识主干,具有轮廓性,不易太碎、太小、太多;(2)用文字叙述问题的形式表述而不要以练习题的形式出示;(3)问题要简洁,紧扣教材,有梯度、有可探究性,突出核心内容;(4)应说明学习的内容、方法、形式、时间、思维指向和要达到的学习目标。这样,学生就会以自探题为主线和提纲,有层次、有主次、有方法、有兴趣地全面系统地学习教材。在操作中需要注意的是:(1)要留足自探时间;(2)自探以学生独立阅读思考为主;(3)学生自探时,教师应专注于学生的自学,不要过多地走动,或者从事其他无关的事情,漠视学生的存在与学习,也不要唠叨,以免打乱学生的思维;(4)根据学生驾驭教材的能力和教材内容,设疑自探题可依据教材的层次分步出示,循序渐进,避免探究内容过多、自学时间过长而引起学生疲劳与懈怠。

(二)解疑合探

解疑合探就是师生一起解决设疑自探中的问题。它的指导思想是教师相信学生的自主学习能力,营造和谐有序的互动氛围,给学生提供展示能力的机会,引导学生展示自探情况,使学生从合探中检查自探的正确程度,解决疑难问题,以促进学生更积极主动地探究学习。需注意的是:(1)合探并不是狭隘的只限于浅层次的讨论或齐答,学生独立展示、补充、评判,教师点拨、点评、归纳与总结,都是合探。初中知识理性较强,学生也有一定的思维能力和表达能力,更应注重独立展示。(2)展示探究情况要面向全体学生,真正做到让更多的学生学会用准确的语言阐释问题。层面探究题尽量照顾学困生和中等生,有一定深度的应让多个学生发表见解,补充完善,直至答案准确全面。(3)教师的点评和归纳总结是必不可少的,通过点评使知识更加准确和系统化。教师对知识的结构体系和详细内容要做到心中有数,但切忌点评时不分主次、滔滔不绝,占用过多的时间。(4)教师要做好组织教学,让学生学会倾听、善于表达、勇于评价。当然,教师也应学会做到倾听赞赏、精彩点评,使课堂活而有序,让师生之间的交流、点评在活跃中透着适度的严肃和严谨。(5)教师坚决不能穿新鞋走老路,无视学生的存在和能力,以讲授代替学生的自学与展示,扼杀学生学习的积极性和表达的欲望,要真正做到以"疑"为主线,以问题为载体,成为学生自主学习的引领者、帮助者和促进者。

(三)质疑再探

质疑再探是学习新知后学生的质疑和师生的再探。它的指导思想是引导学生学会发现问题,不懂就问,提出质疑,开阔思维,拓宽视野。教学是一个动态的过程,它总有一些新的问题生成,尤其在自探、合探的基础上,学生会在教师预设之外有一些新的思想。在这部分教学中,教师一定要激活学生潜在的质疑冲动与欲望,鼓励学生勇于质疑,诱发并形成问题意识。生物学科的质疑,一是学习之后教材文本知识还有哪些不懂的,二是运用文本知识解释自然现象、生理现象、生态环保等遇到的困惑。教师可让学生回顾学习内容,反思学习情况,查找缺漏,并联系实际进行质疑。质疑后的再探,应让其他学生帮助探究解疑,若多个学生都确实不能解决的,才可有教师梳理知识,帮助解决。初始阶段,学生质疑可能不十分踊跃,教师应慢慢引导,循循善诱,学生就会乐于质疑、勇于质疑,并养成质疑的习惯,提高质疑的能力。

(四)运用拓展

运用拓展是对所学知识的巩固记忆和运用提升。教学时,可用文字表述问题的形式或练习题的形式为载体进行活动,以达到巩固记忆基础知识、联系实际实现知识迁移提升的目的。这一环节也分两步进行:一是教师引导学生自编习题。教师对学生自编运用拓展题要提出要求,帮助学生学会编题;要求学生借鉴以往的练习和试卷,采用选择、填空、识图、实验、探究等适当的题型编写习题,既要体现本节所学知识内容,又要联系实际解释自然生命现象,阐述自己正确的生物学观点,提高健康生活水准,推进生态环保等,实现知识的迁移运用。二是教师对学生自编题进行组合补充,出示运用拓展题。运用拓展不只是简单的文本知识的再现与练习,它是在强化基础知识的同时,加强对知识的运用,使学生学会用所学知识解决一些与生物学有关的实际问题,以达到巩固强化知识、运用拓展知识、拓宽学生视野的教学目标。

二、基础知识课及实验、探究内容的教学模式

无论是基础知识课,还是实验、探究内容,运用"三疑三探"教学模式都要突出生物学的特点:一是要加强基础知识教学,二是要突出识图、实验和探究。基础知识课的教学模式如前所述,实验部分应通过自探题,让学生先从理论上明白实验的目的要求、材料用具、方法步骤和注意事项,然后进行操作。对实验操作中出现的问题,如操作的规范程度、现象的差异、结果的出入等,教师要认真指导点评,并达成共识;探究部分也要先用自探题让学生学习教材,明白探究活动中提出的问题、作出的假设、制订的计划以及实施计划时的

注意事项，然后按制订的计划进行探究，得出正确结论。无论是实验还是探究，在质疑时，教师要引导学生对实验和探究过程中出现的新问题和可能出现的问题进行质疑。同时，还可通过再实验、再探究，整体提升学生的实验探究能力。实验部分可模拟相近实验提高学生的实验技能；探究部分可改变探究活动中的探究因素，提出新的问题，作出新的假设，让学生寻找新的变量，作进一步探究，从而提高学生的探究能力。质疑再探之后，还应顺着该模式往下走，进入运用拓展环节。运用拓展应以适当题型对实验和探究的方法、步骤、操作要领及注意事项等知识进行强化训练，使学生掌握实验和探究的方法，具有这两方面的能力。

案 例

细 菌

王焕玲

【教学目标】
1. 了解细菌的发现。
2. 描述细菌的主要特征。通过与动植物细胞的比较,推测出细菌的营养方式,正确认识细菌在生态系统中的运用。
3. 通过了解细菌的生殖及其与人类的关系,认识到搞好个人卫生的必要性。

【教学重点】
细菌的结构特征及其与人类的关系。

【教学难点】
细菌与动植物细胞的主要区别及细菌的营养方式。

【教学过程】

一、细菌的发现

设疑自探(一)

1. 学生设疑。

营造和谐氛围,启发学生:看到"细菌的发现"这一标题时你们想知道哪些知识,请梳理成自探题。

2. 教师归纳、整理、补充,形成自探提纲。

请阅读"细菌的发现",完成下面设疑自探题:

(1) 简述细菌的发现。

(2) 为什么称巴斯德为"微生物学之父"?

活动形式:

引导学生设疑,教师补充完善。学生依据自探题自主学习。

解疑合探(一)

活动形式:

学生独立展示对自探题完成的情况,其他同学评价、补充,教师点评。

点评要点:

细菌是由列文·虎克通过显微镜最先发现的,然后巴斯德又通过实验证明了细菌不是自然发生的,而是由原来已经存在的细菌产生的。巴斯德除了这一伟大的发现之外,还发现了乳酸菌、酵母菌(真菌的一种),提出了保存酒和牛奶的巴氏消毒法以及防止手术感染的方法,因此他被称为"微生物学之父"。

二、细菌的形态和结构

设疑自探(二)

1. 学生设疑。

教师启发学生:看到"细菌的形态和结构",同学们想知道哪些知识?应该了解哪些知识?说出你的自探题。

2. 教师出示设疑自探题。

请阅读"细菌的形态和结构",完成下面自探题:

(1)举例说出细菌的形态种类。

(2)说出细菌的结构名称,比较细菌与病毒在结构上有何异同。

(3)比较细菌与病毒和动植物细胞在结构上的异同。

(4)根据细菌的结构特点,推测细菌的营养方式。

活动形式:

师生共同设疑,学生结合文字和插图完成自探题。

解疑合探(二)

活动形式:

学生独立展示对自探题完成的情况,其他同学补充、评价,教师点评。

点评要点:

细菌的个体十分微小,要想看清楚它们的形态必须要借助高倍显微镜或电子显微镜。细菌有杆状、球状、螺旋状等不同形态。每个细菌都是独立生活的。

细菌的结构有细胞壁(有的细菌细胞壁外有荚膜、鞭毛)、细胞膜、细胞质和DNA。它与动植物细胞的区别主要在于:有DNA集中的区域,却没有成形的细胞核;有细胞壁,却没有叶绿体。

大多数细菌的营养方式是异养,是生态系统中的分解者。

三、细菌的生殖

设疑自探(三)

1. 学生设疑。

引导学生,你认为"细菌的生殖"这部分内容应该学习哪些知识?写出自探题。

2. 教师认定、补充、完善学生的设疑,出示设疑自探题。

阅读"细菌的生殖",并进行思考:

(1)细菌怎样进行生殖?

(2)芽孢是怎样形成的?它有什么特性?

(3)为什么细菌几乎无处不在?

活动形式：
学生自主读书，完成自探题。

解疑合探（三）
活动形式：
学生独立展示对自探题完成的情况，其他同学补充、评价，教师点评。
点评要点：
细菌进行分裂生殖，繁殖速度相当快。有些细菌在生长发育后期形成芽孢，它是细菌的休眠体，对不良环境有较强的抵抗能力。细菌快速繁殖和形成芽孢以及个体又轻又小的特性，便于媒体携带传播，使它们几乎无处不在。

质疑再探
1. 学生质疑。
营造质疑氛围，向学生提问：
（1）本节文本知识你还有哪些不理解的地方？说出来，同学们帮你解决。
（2）在生活当中，你还遇到了哪些与细菌有关的事例或现象，不明白或不能解决的，提出来大家共同探讨。
2. 教师为质疑做好准备。
根据本节内容和学生学习情况，教师应为学生可能的质疑做好准备，如假设你手上此刻有100个细菌，细菌的繁殖速度按每30分钟繁殖一代计算，在没有洗手的情况下，4小时后你手上的细菌的数目是多少？这对你搞好个人卫生有什么启示？SARS是细菌吗？细菌与人类的关系，等等。

运用拓展
1. 引导学生自编习题。
要求：（1）加强学生对基础知识的巩固练习；（2）让学生尝试对知识进行迁移运用，用所学知识解释生活中的一些自然生命现象。
2. 教师对学生的自编题补充、完善，出示运用拓展题。
在学生编题的基础上，教师根据教材内容和学习目标进行补充，形成如下运用拓展题，检测学生的学习效果。
（1）识图填空：
①填出细菌的结构名称（教材 P60 插图）。
②一个细菌是一个细胞。它与动植物细胞的主要区别是：它虽有 DNA 集中的区域，却没有成形的_____；有细胞壁，却没有_____，因此它只能生活在_____的环境中。
③你认为荚膜和鞭毛对细菌有什么作用？
④细菌进行_____生殖，有些细菌在生长发育后期，个体缩小，细胞壁增厚，形成_____，它是细菌抵抗不良环境的休眠体。
（2）简答：
①当咳嗽或打喷嚏时，会把口腔或鼻腔内的液滴喷出两米以外。联系学过的知识，想一想这会对他人带来什么危害？我们应该怎样做呢？

②外科大夫在给病人做手术之前,要进行严格的消毒,手术时还要戴口罩和手套,为什么?

③说一说细菌的营养方式及在生态系统中的作用,谈一谈细菌与人类的关系。

3.**课堂小结**:让学生对本节学习内容进行全面总结(知识框架结构、主要内容及运用)。

(作者单位:西峡县基础教育教学研究室)

{体音美部分}

"三疑三探"教学模式在体育课堂中的应用

杜 钢

一、设疑自探

对于已学过的内容,学生自己进行回忆、讨论、交流,进而形成自探问题;对于新授内容,教师示范后,引导学生进行模仿、讨论,进而提出疑问。教师归纳出切合教学任务实际的自探问题,学生围绕自探问题独立或结伴练习,探求技术动作的要领。学生的自主学习主要依靠学生现有的技能和经验,从技术动作的结构上进行探究,找出掌握技术动作的练习方法。

〔基本步骤〕

1. 根据教学内容,学生自己进行回忆、讨论、交流,进而形成自探问题;或者教师示范后引导学生提出疑问,教师归纳出切实可行的自探问题。

2. 学生以独立或结伴合作的形式进行探索练习。

〔目　的〕

通过本环节可以充分发挥学生的主体作用,培养学生自主学习和实践的能力,促进学生动作技能迁移能力的培养和创新能力的提高,体现体育教师在体育教学中的主导作用。

〔注意事项〕

1. 本环节中可采用分散自由练习、集中自由练习、独立或分小组合作等多种方式灵活进行。设疑要尽可能地引起学生强烈地探究技术动作要领的欲望。

2. 技术动作的重点、难点及关键要求学生在自练过程中形成较为正确、明晰的技术动作概念,并能用自己的话进行表述。

3. 在学生自探练习过程中,教师要有目的、有重点地巡视,了解各层次学生自探练习的效果,特别是学困生的练习情况,从而确定合探的重点。

二、解疑合探

在学生自主探究基础上,教师检查自探练习情况,进行疑难解答、点拨指导,充分发挥师生交流、生生交流(小组讨论)的作用,采取合作探究的方式掌握技术动作的练习方法。

在这一环节中,教师在了解学情之后,可以先用几分钟时间把技术动作的重点、难点及关键点拨出来,结合教学内容进行讲解示范,然后让学生进行合作探究。一般以小组合作探究练习的形式为主,教师要做到眼观六路、耳听八方,随时引导、点拨学生,共同解决问题。

〔操作步骤〕

1. 多种形式交流,展示自探成果。
2. 教师讲解示范动作要领。
3. 分组练习,初步掌握动作要领,教师巡回指导。

〔目　　的〕

通过解疑合探的协作学习,让学生初步了解和掌握技术动作,初步掌握动作的重点、难点和关键。

〔注意事项〕

1. 第一步和第二步可以结合运用,根据不同的教学内容,采用一疑一探整体把握动作的要领或多疑多探分步解决问题。

2. 在本环节的指导中,教师要指导学生自主探究和讨论不能较好掌握的动作要领。在学生对某一动作要领学习有困难时,可以让做得好的同学进行示范,教师提示动作要领,帮助学生解决问题;还可以在学生练习后让其说出自己的感受,并与老师或其他同学进行讨论交流;对于难度较大的项目,教师可先讲解示范,然后学生再进行学习、讨论和交流。

三、质疑再探

教师引导学生针对已学动作提出更高的要求,领会动作的重点、难点和关键。不只是以让学生掌握动作为目的,而且要培养学生的问题意识和创新思维能力。以问题教学为平台,善待学生个体差异,对于学生的猜想和质疑,无论有无实际意义,教师都要及时加以肯定和鼓励,应着力于培养学生对体育锻炼的热情,着力于培养学生的情感、态度和价值观。

〔操作步骤〕

1. 问题组示范,引导学生质疑思考:他们为什么做不好?原因在哪里?
2. 优秀组示范,引导学生质疑思考:他们为什么做得好?两组之间的差别在哪里?
3. 引导学生进一步理解、掌握技术动作要领。

〔目　　的〕

使学生敢于发表自己的见解,敢于质疑问难,进一步提升其创新能力。

〔注意事项〕

1. 教师要鼓励学生大胆质疑,让学生说出自己心中有价值的疑问。
2. 如果学生提出的疑问不属于本节学习的范围,教师要进行恰当、合理地鼓励与疏导,避免挫伤学生的学习欲望和敢于探究、勇于质疑的精神。

四、运用拓展

教师指导学生将学到的技术动作应用于实践的过程,是知识反馈的重要途径。其目的是巩固本节课所学技术动作并加以运用和拓展,这样不仅有利于学生把所学技术动作灵活运用,也有利于培养学生的体育创新能力和动作技能迁移能力。

"三疑三探"教学模式在体育课堂应用中的问题与对策

杜 钢

在体育课中实施"三疑三探"教学模式的主要问题是"设疑"和"质疑"环节与体育课固有的教学思维模式存在冲突。具体表现在:(1)原有的教学设计中对教学重难点主要采取教师示范讲解——学生分组练习——教师巡回指导的方法,提倡教师精讲、学生多练。这种方法没有调动学生的主动思考和主动参与,仍局限在教师教、学生学的范畴。(2)对教学中出现的问题(学生对技术动作要领的理解),采取小范围或全体集中指导,教师针对错例示范讲解,虽然对问题进行了处理,但学生仍停留在模仿阶段,不能做到"知其所以然"的程度。综上所述,我们不难看出,现有体育课堂教学模式,在体现学生的主体地位、重视学生的体育感受和体验方面,存在较明显的缺陷,而"三疑三探"教学模式的推出,为解决这一缺陷提供了一个全新的思路。作为一名体育教师应有勇于接受新思想、新事物的勇气和魄力,而不是观望和排斥。鉴于此,提供两点建议,供同仁借鉴。

一、改变传统,解放学生

在体育教学固有的教学模式中,学生没有主动思考,只是跟着教师的口令或哨子做动作,机械地回答"是"、"不是"、"对"、"不对"、"好"、"不好"……"三疑三探"教学模式颠覆了这一传统,要求学生有自己的思考、自己的见解。这一改变,不单单是教师,学生也会有一定程度的不适应。这就要求体育教师首先要解放学生的思维方式,让学生不但会动,而且会思考、会表达,完成从被动跟随到自主思考的转变,从只动不说向又动又说的转变。

二、抓住重点,"设疑质疑"

前面已经说过,与固有的体育课堂教学模式最大的不同就是"三疑三探"教学模式中的"设疑自探"和"质疑再探"两个环节。如何做好这两个环节呢?关键在于培养学生的问题意识,使学生从单一的听口令、听哨声到积极参与、主动思考,主动提问转变,只有学生在体育课上敢问了、敢说了,"设疑"和"质疑"两个环节才能得到更好地展现,"三疑三探"教学模式在体育课堂上才能扎下根来,我们的体育课才能更好地体现体育新课程中"以学生发展为中心,培养学生主动参与学习的积极性"这一核心理念。

案 例

跳长绳　接力跑

杨　奇

【教学目标】

本课的授课对象是小学四年级的学生。根据新课程改革的理念,确立以身体练习为主要手段,以健康第一为指导思想,以学生发展为中心,注重培养学生主动参与学习的积极性。选择跑"8"字跳长绳和"8"字接力跑作为教学内容,给学生的个性发展和创造能力培养留有一定的时间和空间,使学生的身心健康和社会适应能力得到发展和提高。

【教学内容】

跑"8"字跳长绳;"8"字接力跑

【教学任务】

初步掌握跑"8"字跳长绳的技术,提高学生身体的灵敏性和协调性以及弹跳力;教会学生"8"字接力跑的方法,培养学生团结协作的精神。

【教具学具】

录音机、长绳若干、接力棒。

【教学过程】

一、设疑自探

1. 开课常规:集合整队,报告人数,师生问好,检查着装,宣布本课教学内容。
2. 集中注意力的小游戏:高人矮人。
3. 徒手操:扩胸运动,腰部运动,弓步压腿,膝绕环,模仿跳短绳30次,转身跳6次。
4. 分小组引导学生质疑,归纳出自探问题。
5. 让学生小组合作,尝试跳长绳。
6. 边练习边思考。

二、解疑合探

1. 抽男女各一个小组示范自探成果,教师予以点评。
2. 跑"8"字跳长绳教学:

(1)讲解动作要领,并找学生配合示范1—2次。

(2)分四组,让学生一个接一个地从摇转的绳下跑,每人3—4次。

(3)分组练习,学生轮流做摇绳人,教师巡回指导。

三、质疑再探

1. 通过问题组演示,引导学生思考:为什么他们跳的不好?原因在哪里?
2. 引导学生理解、掌握摇、跳的技术动作要领。
3. 巩固练习。

四、拓展延伸

1. 学生小组讨论,自主发明跳法(如换脚跳等)。
2. 游戏:"8"字接力跑。

方法:在场上画一条起跑线,线前并排画两组圆圈(每组两个),把学生分成人数相等的两队,分别成一路纵队面对圆圈站在起跑线后,各队第一人手持接力棒。教师发令后,各队立即按规定路线绕过两个圈,跑一个"8"字形回来把接力棒交给第二人,自己站在队尾,依次进行,先跑完的队为胜。

规则:
(1)起跑前不得踏起跑线,接到接力棒后才能跑。
(2)必须按规定的路线跑,不得进入圆圈或跨过圆圈。

组织:
(1)讲解示范游戏的方法和规则,让学生熟悉行进路线。
(2)分组做圆圈跑2次,让学生掌握跑的要领。
(3)教学比赛2—3次。

3. 整理活动:三步一踢,听音乐放松思想。
4. 课堂小结:总结上课情况,布置作业,预告下节课的内容,师生再见。

(作者单位:西峡县城区二小)

"三疑三探"教学模式在音乐课堂中的应用

杜 钢

一、设疑自探

教师要运用各种手段,如故事引入、图片或影像引入等情景创设,达到激活学生思维、激发学生求知兴趣、吸引学生关注、调动学生主动参与的目的。在学生反复聆听作品产生并提出疑问后,教师根据教学目标归纳梳理出自探问题,然后让学生围绕自探问题独立自学,钻研教材,自主探究,探求答案。

学生的自主学习主要依靠学生现有的知识、能力、经验,搜集、选用与问题有关的材料,从感知和知识结构上进行探究,找出解决问题的途径、办法等。

〔目　的〕

通过本环节可以培养学生的自主学习能力和实践能力,促进学生知识迁移能力的形成和创新能力的发展。

〔基本步骤〕

1. 创设情景,提出疑问。
2. 听歌曲,自学自探。
（1）初听:这首歌给你们的感觉怎样?
（2）再听:从乐句、乐理符号、节奏型、旋律等方面进行设疑,教师归纳出自探问题。
（3）学生自探,教师巡视。

〔注意事项〕

1. 本环节可采用分散自学、集中自学等多种方式灵活进行。设疑要尽可能地引起学生强烈的探究欲望。
2. 对重要知识点、概念要求学生在自学过程中形成较为正确、明晰的思路,对节奏、旋律能初步击打或模唱。
3. 学生自探学习过程中,教师要有目的、有重点地巡视、了解各层次学生自探的效果,特别是学困生的自探效果,从而确定合探的重点。

二、解疑合探

在学生自主探究的基础上,教师检查自学情况,进行疑难解答,点拨指导,充分发挥师生交流、生生交流(小组讨论、同桌对话)的作用,合作探究解决问题。

在这一环节中,教师在了解学情之后,可以先用几分钟时间把解决不了的问题进行综合,然后让学生进行合作探究。可采取生生讨论探究、小组讨论探究、整班集体讨论探究(包括师生间互相探究)等形式。发挥学生的合探优势,让他们集思广益、思维互补、各抒己见,这样得出的结论就会更清楚、更准确。教师要做到眼观六路、耳听八方,随时引导、点拨学生共同解决问题。

〔目　　的〕

通过解疑合探的协作学习,让学生初步了解和掌握本节的主要学习内容,初步解决本节的主要问题。

〔基本步骤〕

1. 多种形式交流,讨论自探问题。
2. 检查自探效果,合作探究解决疑难问题。
3. 模唱旋律。
4. 学唱歌词。以学生自学、感悟为主。

〔注意事项〕

1. 第一步和第二步可以结合运用,根据不同课型、不同内容采用一疑一探整体把握教材或多疑多探分步解决问题。
2. 本环节的点拨指导中,教师要点拨学生自主探究和讨论不能解决的问题。在学生对某一问题或乐句理解、掌握有困难时,教师要适时点拨、启发、引导,帮助学生解决问题、掌握知识,切忌包办。
3. 问题解决后,教师要引导学生对歌曲进行多种形式的练习,以加深学生对歌曲整体的理解和感悟。

三、质疑再探

教师引导学生针对已学知识提出深层次、具有挑战性、独创性的问题,深入领会教材内容,探究更全面、更深刻的问题答案。探究式教学不只是以让学生基本掌握歌曲为目的,更是要培养学生的问题意识,以问题教学为平台,使学生能从力度、速度等方面理解、诠释歌曲。同时要善待学生个性差异,对于学生的猜想和质疑,无论有无实际意义,教师都要及时加以肯定、称赞和鼓励,应着力于培养学生的情感、态度和价值观。

〔目　　的〕

使学生敢于突破教材追根溯源,敢于发表自己的见解,敢于质疑问难,进一步提升其创新能力。

〔注意事项〕

1. 要鼓励学生大胆质疑,说出自己心中有价值的疑问。以对歌曲力度、速度等方面的理解、处理为主。
2. 学生提出的疑问不属于本节学习范围内的,教师要进行恰当、合理的鼓励、疏导,避免挫伤学生的学习欲望和敢于探究、勇于质疑的精神。

四、运用拓展

教师指导学生将学到的知识和方法用于巩固新知、拓展延伸的过程,是知识反馈的重要途径。其目的是巩固本节课所学知识并加以运用和拓展,这样有利于学生把所学知识灵活运用、举一反三,有利于培养学生的迁移能力和创新能力。

"三疑三探"教学模式
在音乐课堂应用中的问题与对策

杜 钢

"三疑三探"教学模式在音乐课堂中,容易出现的问题和需要注意的地方归纳起来有以下四个方面:

一、发声练习不扎实

发声练习是音乐课堂上的一个重点。由于缺乏长期、系统的训练,部分教师出示的发声练习缺乏针对性,对学生的表现或不置可否,或简单说两句了事;学生在课堂上往往表现得十分业余,既无正确的歌唱方法,又无饱满的歌唱状态。

要解决这个问题应注意以下几点:(1)坚持长期、系统的训练,尤其在开学初教师要有重点地对学生的训练加以强化。从练习曲目到歌唱方法,要形成规定。(2)练习曲目要有针对性和趣味性。针对性是指练习曲目要根据本节所学歌曲来设定、趣味性是指练习曲目要生动、有趣,不要一味的"mi、ma、mi"。(3)练习曲目要少而精。教师可根据本册或本年级的歌曲特点,设置4—6首不同风格、不同类型的练习曲,上课时根据需要从中挑选一首即可,这样坚持久了学生可在熟能生巧中不断提高发声技巧,教师也可摆脱"堂堂教、堂堂不会"的怪圈,以便把更多的精力和时间用到其他环节中去。

二、对"设疑自探"中节奏型和旋律两个环节的处理不到位

节奏型和旋律两个环节是"设疑自探"中"听录音,自学自探"中的训练内容。目的是通过这两个环节,培养学生的音乐观察力和判断力,为学生熟练地掌握歌曲做好铺垫。现在暴露的问题是学生对主要节奏型找的不准、不全或缺乏代表性,旋律这一环节在课堂上没有得到体现。究其原因主要是教师对教材没有吃准、吃透。

解决方法主要有以下几种:(1)教师要吃透教材,找准歌曲的重难点。如歌曲《库尔班大叔喜洋洋》,有的教师把第一乐句的节奏型作为整首歌曲节奏型的代表进行练习,这显然是以偏概全。(2)找节奏型应以一完整乐句为单位进行练习,而不是一小节或几小节,否则会显得凌乱而不全面。(3)旋律练习应建立在节奏练习的基础上,二者互为表里。如一首歌曲的一、三乐句为主要节奏型,教师可在练习这两个乐句节奏的基础上,让学生试唱这两个乐句的旋律,有了这个铺垫,后面再进行旋律模唱就容易得多了。

三、"解疑合探"中师生交流、反馈缺乏

在音乐课堂上有这样一个现象：教师只顾层层推进、环环紧扣，对学生歌唱中出现的问题、错误却视而不见，更不用说让学困生回答，中等生补充，中、优等生评价了。究其原因还是教师对模式运用不熟练及平时过于随意所致，建议教师加强学习，提高对自己的要求，养成良好习惯，避免课堂上随意性过大。

四、"质疑再探"形式单一

这个环节是建立在学生通过自探、合探对歌曲熟练掌握并有了一定的理解后，水到渠成的质疑问难。而不是有些课堂一到"质疑再探"就打击乐齐鸣（不管敲得对与不对），热闹非凡。这些问题都是教师没有找准"主导者"的位置，没有发挥好"主导者"的作用造成的。

案 例

《叮铃铃》

周春晓

【教材解析】

这是一首具有浓郁的湖南民歌风格的歌曲,它描绘了在广阔的田野上,牧童们赶着羊群愉快地歌唱和互相嬉戏的情景,抒发了他们对大自然的喜爱和无比自豪的情感。歌曲采用湖南民歌旋律特点作为主导动机,使得歌曲旋律极为流畅,且具有山歌的特色。

【教学目标】

指导学生用欢快活泼的情绪演唱歌曲,抒发对大自然的热爱之情。

【重点难点】

学会用自然的声音演唱歌曲。

【教具学具】

录音机、磁带、电子琴。

【教学过程】

一、设疑自探

1. 基本练习:
(1)师生问好。
(2)发声练习。
2. 导课。

同学们,你们去过农村吗?你们放过羊吗?如果你赶着羊群漫步在小溪边唱着童谣,那将是一件快乐的事情。今天,老师就带同学们去体会一下牧童的生活(播放歌曲《叮铃铃》)。

3. 听录音,初步感知歌曲。

初听歌曲,这首歌曲给同学们的感觉怎样?

4. 教师简介歌曲,再听录音。

同学们有什么问题要问?

学生质疑,教师引导归纳出自探问题。

5. 自主探究。

请同学们用自己喜欢的方法解决下面的问题:
(1)全曲一共有几个乐句组成?

(2)旋律中哪些乐理符号是你学过的？哪些是你不认识的？

(3)这首歌曲的主要节奏型有哪些？

(4)这首歌曲的旋律有什么特点？

6.学生带着问题自主探究,教师巡视。

二、解疑合探

1.同桌交流解决问题(1),师生、生生合作解决问题(2)、(3)、(4)。

2.模唱旋律：

(1)教师示范,"la"音模唱。

(2)学生跟琴用"la"音逐句模唱。

(3)齐唱,抽测,反馈。

(4)学生自己选择喜欢的衬词模唱旋律2—3遍。

(5)跟琴视唱旋律1—2遍。

3.学唱歌词：

(1)朗读歌词(可自由选择形式)。

(2)学生跟琴自学歌词。

(3)多种形式练习、展示、反馈。

三、质疑再探

1.现在,同学们觉得应该用什么样的情绪、什么样的力度来演唱这首歌呢？（讨论——尝试——表现）

2.通过学习欣赏,同学们还有什么问题？

四、运用拓展

用自己最喜欢的方式表现这首歌曲。

(作者单位:西峡县城区二小)

"三疑三探"教学模式在美术课堂中的应用

杜 钢

一、设疑自探

教师要运用各种手段,如故事引入、实物展示、图片或影像等情景创设,达到激发学生审美兴趣,调动其主动感受美、体验美的目的。在引导学生提出疑问后,教师依据教学目标,归纳梳理出自探问题,学生围绕自探问题自学,钻研教材,自主探究,探求工艺技巧或绘画方法。

学生的自主学习主要依靠学生现有的知识、能力、经验,从感知上进行探究,找出解决问题的途径或办法。探究的方法有:欣赏、想象、思考、比较、讨论等。

〔基本步骤〕

1. 创设情景,学生质疑。
2. 自学自探。
(1)师生共同归纳梳理出自探问题。
(2)学生自探,教师巡视。

〔目　　的〕

通过本环节可以培养学生的自主学习能力和实践能力,促进学生的知识迁移能力和创新能力的提高。

〔注意事项〕

1. 本环节中可采用分散自学、集中自学、独立或分小组合作等多种方式灵活进行。设疑要根据教学内容的不同区别对待,既可围绕课题设疑也可围绕作品本身进行设疑。如佳作欣赏,要求学生能根据不同作品提出自己审美感受方面的疑问;绘画练习,要求学生能围绕作画的步骤、技法进行设疑、探究;工艺制作,要求学生能够自主发现材质、造型、用色的规律、技巧并以此提出疑问。

2. 学生在自探学习过程中,教师要有目的、有重点地巡视,了解各层次学生自探的效果,特别是学困生的自探效果,从而确定合探的重点。

二、解疑合探

在学生自主探究的基础上,教师检查自学情况进行疑难解答、点拨、演示、指导,充分发挥师生交流、生生交流(小组讨论、同桌对话)的作用,合作探究解决问题。

在这一环节中,教师在了解学情之后,可以整理出具有共性的重要问题,然后让学生进行合作探究。可采取生生讨论探究、小组讨论探究、整班集体讨论探究(包括师生间互相探究)等形式。采取对话、尝试、比较、演示等方式,发挥学生的合探优势,让他们集思广益、思维互补、各抒己见,使问题得以及时、有效地解决。教师则置身其间,随时引导、点拨学生共同解决问题。这样便于学生更加深入、全面地感受美术作品的魅力韵味和审美情趣,体会艺术创作的快乐。

〔基本步骤〕

1. 多种形式交流,讨论自探问题。

2. 检查自探效果,合作探究解决疑难问题。

3. 引导学生归纳,形成明确思路,并加以指导运用。

〔目　　的〕

通过解疑合探的协作学习,学生初步了解和掌握本节课的主要学习内容,从而初步解决本节课的主要问题。在情感体验和交流中提高学生的美术想象力和创造力。

〔注意事项〕

1. 第一步和第二步可以结合运用,根据不同课型、不同内容采用一疑一探整体把握教材或多疑多探分步解决问题。

2. 本环节中教师要点拨学生自主探究和讨论不能解决的问题。在学生对某一问题理解有困难时,教师要适时点拨、启发、引导、演示,帮助学生解决问题,理解知识,学会审美。

3. 对于知识零碎、知识点繁杂的单元,在引导学生探究练习的同时,应注意引导学生将知识系统化、网络化地整合。

4. 问题解决后,教师要引导学生对知识、技法等进行归纳总结,形成结论性语言,以加深学生对美术知识的理解和积累,锻炼其分析问题、解决问题的能力。

三、质疑再探

教师引导学生针对已学知识提出深层次的、具有挑战性和独创性的问题,深入领会教材内容,探究更加全面深刻的答案。探究式教学不只是以让学生寻求答案为目的,而是要培养学生的问题意识,让其在再探中提高审美眼光,拓展眼界,挖掘想象。以问题教学为平台,善待学生个性差异。对于学生的猜想和质疑,无论有无实际意义,老师都要及时加以肯定、称赞和鼓励,并着力于培养学生的情感、态度和价值观。

〔目　　的〕

在于使学生敢于突破教材追根溯源,敢于发表自己的见解,敢于质疑问难,进一步提升其创新能力。

〔注意事项〕

1. 教师要鼓励学生大胆质疑,勇于创新,乐于表现,让学生说出自己心中有价值的疑问,拿出有自己个性特点的审美见解。

2. 如果学生提出的疑问不属于本节的学习范围,教师要进行恰当、合理的鼓励与疏导,避免挫伤学生的学习欲望和敢于探究、勇于质疑的精神。

四、运用拓展

教师指导学生将学到的知识和方法用于巩固新知、运用拓展的过程,是知识反馈的重要途径。其目的是巩固本节课所学知识并加以运用和拓展,这样不仅有利于学生把所学知识灵活运用、举一反三,正确运用到美术鉴赏和创作中,也有利于培养学生的美术创新能力。

"三疑三探"教学模式
在美术课堂应用中的问题与对策

杜 钢

"三疑三探"教学模式在美术课堂推广、运用以来,深受一线美术教师的欢迎。但在实际运用过程中,部分美术教师还存在一些困惑和问题,现针对有关问题提出一些建议和对策,以供参考。

一、"设疑自探"中怎样"设疑"才更合理

该环节要求教师运用各种手段创设情景,激发学生的问题意识,引导学生提出自探问题,进而自主探究。教师"设疑"要视教学内容而定。有的学生看课题就能提出自探问题;有的则需要教师引导或让学生接触范作后产生疑问,进而引导、归纳出自探问题,即"导课,引起兴趣——观察范作,产生疑问——引导归纳自探问题——自主探究"这样一个过程。这就要求教师要吃透教材,根据教学内容选择不同的"设疑"方式,而不是机械地生搬硬套。另外,后一种"设疑"方式对教师的课前准备提出了更高的要求,如果教师没有充分的课前准备,那么很难达到"设疑"的效果。

二、"设疑自探"和"解疑合探"中的"疑"如何理解

"解疑合探"是"设疑自探"环节的延续,"设疑自探"是指教师运用各种手段创设情景,激发学生的问题意识,引导学生提出自探问题,进而自主探究。"解疑合探"则通过师生、生生合作的方式,检查自探情况和共同解决自探中难以解决的问题,"解"的正是"设疑自探"中的"疑"。

三、"解疑合探"和"实践操作"是一个环节还是两个部分

"解疑合探"是指通过师生、生生合作的方式,检查自探情况,共同解决自探中难以解决的问题。"实践操作"是传统美术课中让学生练习的环节,而这也包括在"解疑合探"的范围内。传统美术课的教学模式是"教师示范讲解——学生实践操作、展示评价","三疑三探"美术课堂教学模式则是"设疑自探——解疑合探",变教师示范讲解为引导学生提出自探问题,进而自主探究;变学生听完教师讲解后实践操作、展示评价为师生、生生合作

探究——学生实践操作、展示评价,这样就使学生的问题意识和自主探究、合作探究意识得到了加强,学生的主体地位得以彰显。

四、"运用拓展"环节如何处理

如果说"质疑再探"环节是建立在前两个环节已基本完成本节学习任务的基础上,鼓励学生针对所学从不同的侧面质疑问难的话,那么"运用拓展"环节则是在学生充分质疑的基础上,让学生对所学知识灵活运用、举一反三。它是"质疑再探"的延伸和拔高。教师应根据教学内容进行预设,再根据课堂情况进行灵活处置。如果时间不够,可将"运用拓展"环节作为课外作业布置给学生,使学生有更充足的探究时间和空间。

五、"三疑三探"美术教学模式适用于哪些课型

通过实践表明,"三疑三探"美术课堂教学模式适用于美术课的所有课型(如手工、绘画、欣赏等)。但是,该模式最关键的是其中渗透的教学理念。教师只有对"三疑三探"美术课堂教学模式的理念烂熟于心,才能在课堂上灵活运用,游刃有余。

案　例

工艺——制作小挂饰

庞惠娟

【教材解析】

本课是让学生学习用不同的纸张作为材料制作挂饰物,以便节日到了美化教室,活跃节日气氛,或者美化自己的居室。

吊挂饰物是用稍好的纸张经过折剪加工制作的。第二课时让学生学习制作挂饰鱼,主要学习挂饰鱼的制作方法和步骤。本课教学既锻炼了学生的动手制作能力,又培养了学生的集体主义精神,使班级更具有凝聚力。

【教学目的】

1. 学习制作挂饰鱼的方法和步骤,提高学生的动手制作能力。

2. 开发学生的创造性,培养学生创造美、应用美的能力。

【教学重点】

挂饰鱼的制作方法。

【教学难点】

造型设计和精美制作。

【教具学具】

范作、实物、剪刀、彩纸、胶水、课件。

【教学过程】

课前准备:检查学具,稳定学生情绪。

一、设疑自探

1. 导课。

同学们,再过几天我们将迎来一个举国欢庆的日子,大家说是什么节日?（十月一日国庆节）对！国庆节将要来临,一些商店、宾馆已经开始布置装饰品来庆贺了,我们也来布置教室迎"十一"好吗？看！老师给大家带来了什么？知道它叫什么吗？（挂饰）那么,我们今天就以鱼的造型为例来学习制作小挂饰（板书:制作小挂饰）。

2. 看到这个课题,同学们认为这节课我们应该解决哪些问题呢?

学生:……

3. 教师归纳总结出自探要求:

请同学们观察挂饰鱼,可以试着拆一拆、想一想,看看能不能解决你们心中的疑问:制作挂饰鱼有哪些方法?挂饰鱼的制作步骤是什么?

4.学生分小组围绕范作及自探问题展开探求。

二、解疑合探

合探一:挂饰鱼的制作方法

1.谁能把自己探究出来的挂饰鱼制作方法告诉给大家?

2.学困生回答挂饰鱼制作方法,中等生补充,中、优等生评价。

3.总结:同学们真聪明!一会儿工夫就发现了挂饰鱼的制作秘密,原来制作挂饰鱼我们采用了折、剪、粘、卷的方法。那么,大家有没有信心做好挂饰鱼呢?

合探二:挂饰鱼的制作步骤

1.了解鱼结构及设计创意:

(1)欣赏鱼的结构图片。为了更好地制作挂饰鱼,我们要了解一下鱼的结构。我们先欣赏一些鱼的图片,看看鱼的形状一样吗?色彩呢?(播放短片:海底世界)

(2)提问。鱼的形状千奇百怪,鱼的颜色五彩斑斓,既然它们都是鱼类,就应该在形体上有相同之处,谁发现了它们的共同点,给大家说说?

(3)小结。同学们说得好极了!不管鱼的颜色、形状多么复杂,其实它的外部结构主要由头部、尾巴、鱼鳞、鱼鳍这几个部分组成。因此,我们在制作的时候把这几个关键部位做出来就行,同学们,有信心做好挂饰鱼吗?

2.动手研究,总结步骤。

教师:同学们刚才已经找到了制作挂饰鱼的方法,下面让我们再来拆一拆、合一合,看看挂饰鱼怎样制作比较合理?它的制作步骤应该是什么?

学生边操作边回答,师生共同评价总结:

(1)将纸对折。

(2)在折后的纸上画鱼形,并画出剪口。

(3)按画好的部位剪出鱼眼、鱼鳞、鱼尾、鱼鳍,按剪对称形的方法剪鱼的各个部位。

(4)对折鱼体,粘贴鱼鳍部位,使其呈鱼形。

(5)制作吊穗和吊环。

(6)组装吊穗和吊环。

3.实践操作,提高本领:

(1)小组合作,实践操作:

教师:同学们真聪明!此时此刻,大家已经跃跃欲试了,那么我们就小组合作,共同设计完成精美的挂饰鱼作品。

温馨提示:用剪刀时注意安全,剪下的纸屑不要随地乱丢。小组成员之间紧密团结,合理分工，相互帮助。

(2)展示评价，汇报交流：

①让学生说出自己的制作感受以及在制作过程中遇到的困难是如何解决的。

②几个小组的作品放一起比比，看哪组做得更好，说说好在哪里，并找出自己的不足。

三、质疑再探

1. 学到这里，同学们在制作挂饰鱼的过程中还有哪些问题不能解决？

2. 全班交流解决问题。

四、运用拓展

1. 教师出示拓展问题：

(1)制作挂饰鱼还有没有其他的方法？我们能用今天学习的方法制作出另外一些挂饰物吗？

(2)想一想，怎样利用自己的作品装饰教室、美化环境？

2. 课堂小结：同学们真了不起，一会儿工夫就做出了漂亮的挂饰鱼，其实美无处不在，让我们善于发现美，用大脑想象美，用自己的巧手创造美、展现美吧！

（作者单位：西峡县城区二小）

思考篇

189—268

"三疑三探"教学模式的最可贵之处在于其不是从某个现成的理论出发,而是从社会和人的发展所需的实际出发,从课堂必须培养创新型人才和怎样去培养这个关键性问题出发,让学生主动发现问题,而不是被动思考问题;让学生主动提出问题,而不是被动解决问题;让学生"会学"而不是单纯的"学会",从学生中来到学生中去,真正实现了学生学习方式由单一接受到发展创新的根本转变,实现了教师由单一的传承者到创新人才的催生者的角色转换。这就是我们必须理解的"三疑三探"教学模式的科学实质和深刻内涵,也只有理解了这个内涵,我们在具体运用过程中才能做到融会贯通,才能力戒形似而神异,才能达到心中有"模"而实际无"模"的境界。

> 实践感悟

"三疑三探"——学生飞翔的翅膀

王君殿

中国历来讲究师道尊严。在中小学课堂上，教师居高临下是主宰者，是权威，是支配者，学生处于被动的地位，是服从者。教师讲，学生听，教师问，学生答，学生的反应顺乎教师，使学生成为了没有思想的知识容器，师生之间不能在平等的前提下交流和探讨。在这种单调乏味、缺少生气的课堂环境下，一茬又一茬听话的孩子被"培养"出来，他们循规蹈矩有余，创新精神和实践能力不足。这种教育对学生的危害是相当大的，以至在大学课堂上，大学生们只会埋头记录而没有积极发言的习惯，他们中的大多数人甚至缺乏在大庭广众之下开口说话的勇气，缺乏在众人面前流畅自如地发表自己见解的能力，更不用说向权威质疑和挑战了。我们在为大学生们的表现感到遗憾之时，更为中国的基础教育感到不安，因为它对学生的思维方式、行为方式乃至能力的形成，产生了波及一生的消极影响。显然，我们的基础教育确实到了不改不行的地步了。

在基础教育阶段，课堂教学大约占学生在校活动总时间的3/4以上。因此，课堂教学是实施素质教育的主阵地，教学改革是教育改革的核心。我们的课堂教学应该担当起开发培育创新精神的时代责任，以便为社会、为未来培养更多富有创新精神和创造能力的人才。

改造我们的课堂，是每一个基础教育工作者义不容辞的责任。我们应当对传统的课堂进行改革，给学生足够大的自由度，充分解放其个性，营造宽松、民主的学习氛围，使学生的生命活力完美展现，生命境界全面提升，让学生真正把握命运，创造精彩人生。

"三疑三探"教学模式在这方面给我们作出了很好的阐释：

一、"三疑三探"教学模式落实了学生在课堂中的主体地位

"三疑三探"教学模式较好地反映了新课改的要求，彻底改变了教师主宰课堂的局面，使教师真正成为课堂教学的组织者、引导者、参与者，而学生通过亲身体验和主动探究，真正落实了在课堂中的主体地位。

如果让教师们回答这样两个问题，相信90%以上的人都能答到点子上。第一个问题："学生在课堂教学中应该处于什么地位？"答："主体地位。"第二个问题："课堂教学中如何体现学生的主体地位？"答："让学生充分参与课堂教学，把课改理念渗透到教学中。"实际情况如何呢？

尽管已对中小学课程进行了改革，尽管对广大教师进行了课改培训，但学生的主体地位落实得并不好，不少教师仍然在课堂上大讲特讲，导致的结果是"穿新鞋走老路"。究其原因，一是教学观念落后，不相信学生；二是惰性大，"讲"最省事，学生接受快，"应试"分数高，能立竿见影；三是随意性大，缺乏对课堂的精心设计和精心安排；四是想落实，但不会做；五是素质低，不能做；等等。

显然，先进的教学理论对教师们固然重要，能让教师们站在更高的层面上认识教学，但先进的教学方法或教学模式对教师们来说更实用，更容易改变教师的教学行为。为了孩子们的未来，西峡县教研室创造性地提炼出"三疑三探"教学模式，成为广大教师落实课改理念的载体和平台，既为教师教学搭桥铺路，也促进了教师教学观念的转变和专业成长，促进了学生的科学发展，大幅度提高了教学质量。

"三疑三探"教学模式对课堂教学中教师和学生的角色进行了合理定位，优化了教师的教学行为和学生的学习方式，呈现出一种比较理想的和谐状态。看下表：

"三疑三探"教学模式各主要环节师生行为及角色显示表

对象	项目	设疑自探	解疑合探	质疑再探	运用拓展
教师	行为	创设情景，激发学生学习兴趣，形成问题氛围；归纳、梳理、补充、确定自探问题；组织学生自探；巡视学情	借助师生、生生互动，检查自探情况，解决"设疑自探"中的"疑"	鼓励学生质疑问难，诱发学生深入探究	让学生运用所学知识进行基础性、拓展性练习（包括自编题训练），并展示、评价；让学生进行反思、归纳，教师作必要补充
教师	角色	组织、引导、参与	组织、引导、参与	组织、引导、参与	组织、引导、参与
学生	行为	针对情景，提出问题；针对自探问题，独立探究	展示自探情况，学会表达、倾听、思辨、评价，进行必要的合作学习	敢于向课本、教师及其他权威挑战，标新立异，积极探究更高层次的疑难问题	积极练习、自编习题；展示、评价；对本节所学进行反思、归纳
学生	角色	主体	主体	主体	主体

从表中不难看出，在教师的组织、引导下，课堂上学生动眼看、动脑思、动口说、动耳听、动手做，五官并用，在自主、合作、探究中获取了知识，发展了能力，培育了品德，成为课堂教学中最生动、最活跃的因素，主体地位得以实实在在地落实。

二、"三疑三探"教学模式成为培养学生创新能力的有效载体

所谓教学，说到底就是师生共同探讨解决问题的过程，是交流思想与观点的过程，而不仅仅是一个传授知识的过程。知识只有围绕问题展现出来，才能很好地被学生所理解

和接受。在这一过程中,学生如果学会了如何发现、分析和解决问题,那么,教师的"教"就获得了成果。不仅如此,问题还可以激活学生的思维,思维被激活了,课堂就绝不会是死水一潭,被激活的课堂气氛,又可以使学生的思维处于兴奋状态,促进学生的思维从封闭型走向开放型、创造型。无论对教师还是对学生来说,问题意识应该是其基本意识。问题意识要求在面对新知识时,运用已获得的知识经验与技能,通过积极主动的思维活动去解决一个又一个新问题。课堂中一旦有问题形成,围绕问题,我们就能展开以学生为主体的教育教学活动。问题是创新的基础,是创新的源泉,创新正是在一个个问题的提出中,开始其生命的历程。对于教育者来说,培养学生自觉的、强烈的问题意识,应该是创新教育的出发点和中心。在问题意识指引下的"教学相长",必将有益于素质教育的全面实施。这需要教育工作者努力克服传统教育的弊端,那种用教师的"问"代替学生的"问",用教师的"问"剥夺学生的"问"的做法,实质上扼杀了学生的创新萌芽。

值得深思的是,为什么不善提问、不敢反问、不敢挑战权威成了我们学生的共同特征?这与我们的教育只重"学答"不重"学问"有关,与我们教育者缺乏问题意识、缺乏民主意识、缺乏对话意识有关,我们没有给学生发问的空间,课堂中的提问成了教师的"专利"。

而"三疑三探"教学模式正是围绕"疑"展开,把培养学生的问题意识提升到较高的层次:无论是课始学习新知前借助问题情景"激疑"(生疑),还是知识展开后学生在新的认知水平上的"质疑"以及在运用拓展时的自编习题(问题),无一不包含着对学生提问能力的开发,无一不渗透着对学生创新精神的培养。这种开发与培养,不仅会对学生在校的成长起到良好的促进作用,而且能对学生一生的发展奠定坚实的基础。学生将因具有"问题意识"而使自己的人生充满活力!

三、"三疑三探"教学模式提高了学生参与的深度和广度

思考总是从疑问开始。一个成功的教学过程,教师总是有目的、有计划、有层次地步步设疑、导疑、释疑。而对于学生的学习来说,形成动机的因素中最活跃、最有力的是学习兴趣。凡是有兴趣的事物,学生总是想办法认识它、接近它、获得它,并对它产生愉快的情感。因而,兴趣是激发学习活动的动力,是学习自觉性的起点。兴趣能引发学生积极主动、全神贯注地学习。因此,在教学中激发学生的求知欲,激发学生自己解决问题的强烈愿望,乃是实现学生主体地位的关键。

"三疑三探"教学模式首先借助创设的问题情景,启发学生发现问题、提出问题,激发了学生的求知欲,使学生的学习主动性大为增强。在此基础上,学生先自探、再合探,解决提出的疑问,其间有个体展示、他人补充、评价,有同桌讨论、小组讨论,有师生交流、生生交流,这样就营造了浓厚的学习氛围,真正体现了新课程自主学习、合作学习、探究学习的要求。"质疑再探"是让学生在更高层次上审视所学知识,再次生疑、再次探究,使认知水平有一个新的提升。在"运用拓展"环节,要求学生自编习题,以求学生在掌握知识的同时,更为灵活地运用知识。整个教学过程,学生呈现出来的是主动学习、生动学习的局面,在最大程度上使学生成为课堂学习的主人。对传统课堂而言,这是一种根本性的变革。

四、"三疑三探"教学模式使不同层次的学生都得到了和谐发展

基础教育,绝不应当是精英教育,它应当让文化素质不同的各类学生,都能在课堂上养成科学探究的意识和习惯,让他们既能独立思考,又能合作交流、大胆展示、积极评价,感受创造的价值,体味成功的愉悦,自尊、自信、自强地为融入未来社会做好知识、能力、品格的准备。"三疑三探"教学模式所要促进的是全体学生的发展,所要培育的是"立体型"学生。在这样的课堂上,平等的师生关系,民主的探究氛围,教师的关爱与尊重,合理的流程与要求,使得无论是优等生还是中等生甚至所谓的"差生",都成为一个个鲜活的个体,其潜能得以开发,个性得到张扬,与成功相伴,与快乐同行。在教师的眼里,"中差生"是可爱的,因为他们的困惑成为教师了解学情、调整教学的依据;优等生也是可爱的,因为他们的良好展示和评价引领着课堂教学,成为了营造生动活泼的学习氛围的助推剂。这样的学习情景,这样的师生关系,难道不正是我们广大教育工作者所应追求的吗?

古人云:"道而弗牵则和,强而弗抑则易,开而弗达则思。"用现代的话说就是:引导而不强迫,师生关系才能和谐,学生才能"亲其师而信其道";激励而不压抑,学生才会感到自信愉快、轻松容易;启发而不代替,学生才能开动脑筋,独立思考。"三疑三探"教学模式使学生感受到了教师的亲切、学习的愉快,使学生能够积极地思考、探究,因而成为学生成长的沃土、成功的平台。

当我们认真领会"三疑三探"教学模式并合理运用的时候,我们的教育教学观念将随之变得先进,我们的课堂将变得绚烂多彩,成为学生飞翔的翅膀!

(作者单位:西峡县基础教育教学研究室)

"三疑三探"教学模式与课程标准的关系

杨明常

"三疑三探"教学模式以其先进的理念、易于操作等特点已为广大教师所接受。这种教学模式与新课标的要求紧紧吻合,主要表现在以下几个方面:

一、"三疑三探"教学模式的理论基础

"三疑三探"教学模式可概括为"三疑三探,运用拓展",但从其教学思想、教学流程、教学管理、教学评价等诸方面深入研究,不难发现其具有深厚的理论基础,也正是这些理论体现出了"三疑三探"教学模式的先进性。

（一）成功教育理论

这种"会展示"、"会总结"、"都参与"、"都成功"的成功教育理念,激发了学生的学习潜能和兴趣,调动了学生的学习积极性,也决定了教师的课堂教学标高。

（二）愉快教育理论

"三疑三探"教学模式能把课堂教学变为学生乐学的天地。教师在课堂上始终给每一个学生畅所欲言、质疑问难的空间,使学生在教师的点化下进行深入探讨;学生可以发表不同见解,展示自己,教师及时给予充分的肯定和鼓励;学生可以对教师、对同学进行评价……这些都使师生在课堂上其乐融融,身心愉悦,在愉快的体验中完成了教和学的任务。

（三）主体教育理论

"三疑三探"教学模式是以课堂教学的生动实践来诠释主体性教育的。首先,以"设疑自探"为基础,"解疑合探"为重点,"质疑再探"为知识提升,"运用拓展"为能力培养,关注学生独立意识的培养,使个体在学习过程中得到发展;其次,在教学对象的指向上,面向课堂上自学有困难的学生,体现了教学的针对性,也调动了学生的主动性和创造性;再次,教师要做到"三讲三不讲",为学生主体性的形成提供保障,这同时也强调了教师的主导地位,克服了主体性教育中"重生轻师"的错误倾向。

（四）掌握学习理论

美国教育心理学家布卢姆提出了以"为掌握而教,为掌握而学"为主要思想的学校教学理论。这一理论要求:(1)教师要为掌握而教;(2)学生要为掌握而学;(3)教学要找到学生掌握所学知识的手段,即要有正确的教学和学习策略;(4)把教学评价贯穿于整个教学过程中,对教育教学目标进行分类,为教学评价提供依据。"三疑三探"课堂教学模式

就是通过"探"来掌握知识形成的过程与方法,从而获得终身学习的能力;通过"疑"引导学生"探",教学生学习的方法和策略,从而掌握知识。"三疑三探"课堂教学模式强调学困生回答,然后中等生补充,中、优等生评价,最终让全部学生都掌握。这种教学模式强调掌握学习理论的本土化。

(五)结构主义教学理论

结构主义教育家布鲁纳认为:基本结构是不能简单地靠教师传授的,因为学习是主体认知结构的构造过程,基本结构也只能通过学习者对它的主动作用才能获得。因此,他提出了著名的"发现学习",即不把学习内容直接呈现给学习者,而是学习者通过一系列发现行为而发现并获得学习内容、基本结构的过程。"三疑三探"教学模式用设疑自探(包含课始质疑)、解疑合探、质疑再探、运用拓展构建多级学习系统,引导学生发现问题、解决问题,通过教学过程,培养学习主体发现、探究、解决问题的能力。"三疑三探"教学模式有利于学生创新能力的培养。

(六)合作教育理论

合作教育重在培养两种精神:一种是自主精神,一种是集体精神。"三疑三探"教学模式关注学困生,并让学生大胆质疑,营造一种和谐的、平等的师生关系,培养学生独立的人格和自主精神;用同伴互助、分组讨论、合作探究的教学方法培养学生的合作意识和集体精神。合作教育在"三疑三探"教学模式中得到充分体现。

二、新课标倡导的理念及对课堂教学的要求

新课标确立的基本理念:一是正确把握学科教育的特点,要求课堂教学具有多样性、开放性和灵活性。二是积极倡导自主、合作、探究的学习方式,把学生看作学习的主体、发展的主体,课程必须根据学生身心发展和学科学习的特点,关注学生的个体差异和不同的学习需求,保护学生的好奇心、求知欲,体现主体性教育思想。这种学习方式的确立将改变传统的师生关系、教学方法及教学评价制度,充分体现学生学习的自主性,培养学生主动探究、团结合作和勇于创新的精神。三是课程"三维目标"(知识与技能、过程与方法、情感态度与价值观)的构建,要求知能掌握与情感体验和谐统一,从"学会"到"会学",达到终身学习的目标。

三、"三疑三探"教学模式是实施新课标的有效载体

从教育理论基础看,"三疑三探"教学模式贯彻了主体性教育思想,改革了教学方法,这与新课程标准的要求是一致的。此外,这一模式在不同年级、不同学科的课堂教学中均有不同的操作要点,但总的特点是突出学习主体,突出知识形成的过程与方法。

从实施素质教育角度看,课程标准制订了素质教育目标,"三疑三探"教学模式体现了素质教育的要求。素质教育的核心是培养学生的创新精神和实践能力,而培养创新精神和实践能力就要改革教学方法,改变学习方式。课程标准积极倡导"自主、合作、探究"

的学习方式,开展综合性学习。"三疑三探"教学模式是问题化的课堂教学,也是情景化的课堂教学。其课堂通过问题的设置,将学生带入怀疑、探究、解惑的情景,在学习的过程中启发学生思维,在设疑、质疑中释疑,从而营造一种探究和创新的课堂气氛。从另一方面讲,"三疑三探"教学模式是平等、民主的,因为在问题面前师生平等,在释疑的过程中相互合作,从而形成平等、民主的师生关系,这正是素质教育对教学方法改革和学习方式改变的要求,也是课程标准所倡导的教学理念。我们平常总觉得课堂沉闷、缺乏生机,学生参与率低,"三疑三探"教学模式就这样应运而生,它的相对固定的教学环节把"自主、合作、探究"有机融为一体,迫使教师必须努力设计每一环节,着眼培养学生的问题意识,从而不断地发现问题、提出问题和解决问题。

从教学目标看,"三疑三探"教学模式与课程标准是包含关系,"三疑三探"教学模式的目标是课程标准的分解和具体化。从"三疑三探"教学模式的程序来看,无论哪一种课型都必须出示自探问题,而自探问题的"主干"就是本节学生应掌握的学习目标。通过"三疑三探,运用拓展",环环相扣,完成课堂教学的总体目标。可以说,"三疑三探"式课堂既是问题化的课堂,也是目标化的课堂。

从培养学生终身学习能力方面看,"三疑三探"教学模式实现了课程标准的"课程目标"。课程标准对学生提出以下要求:养成学习的自信心和良好习惯,掌握最基本的学习方法;能主动进行探究性学习,在实践中学习、运用;培养终身学习能力。"三疑三探"教学模式放手让学生"自探",然后解疑,再质疑、释疑,最后训练。这种方法,有利于培养学生的自学能力,教给了学生学习方法,激发了学生的学习兴趣,帮助学生养成了良好的学习习惯,让学生具备终身发展的潜能,充分体现了课程标准的教学要求,使学生成为学习的主人,使教师成为学习活动的组织者和引导者,构建了新课标下的新型师生关系。

总之,"三疑三探"教学模式经过短短几年的探索,以培养社会创新型人才为宗旨,以培养学生适应未来社会应具备的基本能力为目标,融汇了先进的教育思想和理念,具有强大的生命力,形成了一种具有先进性、本土化的教学模式。因此,我们应把发展和完善"三疑三探"教学模式作为己任,使其在实施新课程中发挥更大的作用。

(作者单位:西峡县阳城乡中心小学)

"三疑三探"教学模式
有利于培养创新型人才

杨根旺

"三疑三探"教学模式的核心是"疑"和"探"。朱熹说:"读书无疑者,须教有疑;有疑者,却要无疑,到这里方是长进。""疑"是打开一切智慧大门的金钥匙。如果没有"疑",人类将永远停留在一个既定水平上,永远也不会前进。当然,仅有"疑"是不行的,"疑"是"探"的前提条件,有"疑"才能有"探","疑""探"结合才是发现规律进而推动人类向前发展的动力。而"三疑三探"正是从人类认识和改造世界这个自然规律出发来探究教学规律和方法的。所以,它的生命力必将会得到越来越多同仁的共鸣和认同。

一、让学生设计探究问题,有利于培养学生的创新思维和创造能力

"三疑三探"教学模式的基本步骤是:设疑自探——解疑合探——质疑再探——运用拓展。设疑自探是第一步。该步的要求是:通过新颖巧妙的导课,展示出本节的教学目标或任务,然后先让学生根据以往积累的知识、经验和信息,设计探究的方向、方法,自拟出学习提纲(差一点的学生只需提出自己想了解哪些问题)。若学生所拟的提纲(或问题)已经涵盖了本节的学习目标,就以学生的提纲进行探究,若有遗漏或偏差,甚至不着边际或与学习目标相距甚远,教师可进行纠偏、补漏,重新整合探究提纲。这是"三疑三探"有别于当前其他教学模式的最关键的一步。当前,比较优秀的教学模式大多为教师提出教学问题,学生在教师所提问题的前提下学习(好一点的学生自主学习),但仍然没有脱离"牵着学生鼻子走"的窠臼。让学生设计(或提出)探究问题,其价值要比别人设计出问题自己去探究更具创造性。因为解决一个问题是在"问题"已经明确的前提下去思考的,在某种程度上,别人已经为你提供了一定的方向和某种信息,而提出一个问题或某种方案,是在没有既定条件下的思维活动,它需要更加丰富的想象力和创造力。

古往今来,那些凡成大器、推动历史前进的人,没有一个不是善于提出问题、善于发问、善于生"疑"的人。法拉第走路时,一块石头粘吸到他的带有铁钉的鞋上,正是他产生了"这块石头为什么会粘吸到我的带有铁钉的鞋上而其他石头不会粘吸"的疑问,激起了他誓志投身科学的远大理想和对"磁一定能生电"的猜想的不懈的实验与探索,最终发现了电磁感应定律,人类从此进入了真正的电气化时代。如果没有当初人们无意把一块含有铀的矿石放在钥匙上面,得到了钥匙在图纸上的影像,激起居里夫妇"钥匙为什么会在铀矿石下成像"的疑问和后来不懈的实验与探索,就不会有放射性元素的发现,更不会有今天的核时代。苹果从树上落下来是人们司空见惯的事,只有牛顿提出了"苹果为什么会向下落而不是向其他方向落"的疑问,才会有牛顿第一定律、牛顿第二定律、牛顿第三

定律的诞生。

"疑"是叩开智慧大门的钥匙,是一切创新的开始,更是人类向前发展的原动力。对于学生而言,产生"疑"的条件是具备和存在的,而"三疑三探"教学模式中的让学生"提出问题"(或提出想知道的问题)也是可能的,具有可比性。"三疑三探"教学模式中的看了课题(或其他相关信息)后,让学生"提问题"或"生疑",就相当于前面所举事例中的"苹果从树上落下"、"磁石粘吸到鞋上"一样,都是"提问题"或"生疑"的前提。这里的"提出问题"和"生疑"正是超出一般人的地方,一般人只会解疑而不会"生疑"。

"三疑三探"教学模式之所以先进就在于此。如有一次一位教师在讲分数,导出课题后,教师问学生:"看到这个课题你们都有些什么想法或想提出什么问题?"学生们在已经积累的知识和经验的基础上一共提了六个问题:(1)分数是怎样产生的?(2)分数的性质是什么?(3)分数和整数有什么区别?(4)过去我们学习过整数,今天又学习分数,是不是还有其他什么数?(5)分数的计算方法和整数的计算方法有什么异同?(6)分数是谁发明的?这六个问题完全涵盖了这节课所要讲的内容和目标,而且比教师提前预设的问题范围更加宽泛,甚至超过教师的预设,如(4)和(6)这两个问题是教师提前没有想到的。这说明学生完全有能力依据一定的问题情景提出学习问题。更重要的是通过学生提出问题,一是训练和培养了学生以问题的眼光看世界的能力,培养了他们善于且敢于向世界发问和挑战的信心与能力;二是由于是自己提出的问题,增强了学生探究的兴趣和欲望;三是通过自己提出问题又自己解决问题,尝试到了成功,这种成就感会更加激励学生奋发向上和积极进取的精神;四是通过"搜肠刮肚"的"设计"和"提问",培养了他们的创新意识和创新能力。

二、反复的"疑"和"探"使学生掌握了扎实的基本知识与技能

心理学研究表明,人的遗忘与两方面因素有关:一是对所记忆对象理解的深度,二是记忆对象重复出现的次数。在"三疑三探"教学模式的基本步骤中,设疑自探的"疑"首先由学生提出,然后由教师纠正补充。学生设疑的过程,实际上已经对学习对象(学习目标)进行了一次整体的、概括性的通览和定向性的初探,已经为思维向纵深方向发展做好了"定位"与"切口"。

自探是思维向纵深发展的实际行动,在这一活动过程中,学生在已经积累的知识经验和信息的基础上,通过阅读、理解、梳理、归纳与整合,已将大部分知识消化、吸收甚至迁移内化,有大部分学生已经构建起知识的网络系统,完成了一次对知识信息的理解与记忆。但对于一部分学生来说,这一次的"完成"也许还是不牢靠的。不管是牢靠的还是不牢靠的,还要再进行一次"解疑合探"。该步将在设疑自探中不能解决的、模糊的知识信息,以小组为单位提出来,首先由学生探讨,学生探究后仍不能解决的问题教师可帮助解决,最终形成准确定型的知识信息。至此,整个知识信息从理解的深度上更加准确和透彻;从出现的频率上,已经至少经过两次有的甚至多次重复出现。这种理解得准确、透彻而又多次重复出现的知识信息,才能牢固地存储在学习主体的大脑里,才能成为真正的知识。

俗话说:博闻强识。也就是说,一个博学多才的人,一定是一个记忆力很好的人。"解疑合探"之后,是"质疑再探"。该步是让学生对所学知识进行整体回顾、梳理、归纳、

总结。该步的作用有：一是整理归纳，对知识进行整体网络构建、建立知识系统，由前两步中的支离破碎、各个击破到整体构建、形成"系统知识"，以达到"会当凌绝顶，一览众山小"的效果；二是对学习效果进一步反馈，通过学生的质疑发现问题并及时补漏；三是进一步训练学生发现问题的能力，鼓励学生敢于质疑，敢于向教师、向同学、向已成定论的东西挑战，训练学生思维的多元性和发散性，提高学生的创新能力；四是为今后的学习埋下伏笔，也许学生提出的问题是今后要学的问题，教师可告知学生，这样有心的学生或许会搜集有关信息，激发学习的兴趣；五是纠正教师的教学行为，通过学生所提的问题，折射出本节课中教学的得失，为今后教学提供借鉴；六是进一步强化知识信号对学生记忆细胞的刺激，使学生对知识再次回忆重复，使学生记忆得更加牢固。总之，这种反复的"疑"和"探"，有利于学生对知识信息的理解与记忆，使学生学到的知识更加扎实牢固。而扎实牢固的基础知识是人形成一切能力的前提，它为学生今后继续学习或走向社会奠定了终身发展的基础。

三、让学生编拟练习题，有利于培养学生学以致用的能力

"三疑三探"教学模式的最后一个环节是运用拓展，在这一环节中又设置了"我当小教师"或"我来考考你"等环节。该环节是让学生依据所学知识，自己编拟练习题供小组或全班同学借鉴和练习。在该环节开始之前，教师一般要用"看谁编得与本节内容联系最紧密？"、"看谁编得新奇"、"看谁编得能难住大家"等鼓励性的语言来激励学生。因此，学生编题的热情十分高涨，编有选择、填空、判断、应用题等各种题型。有的同学为了编好题，提前到书店里购买相关资料作参考，有的提前在网上搜索查找。

哲学上认为：认识来源于实践，只有再回到实践中才能得到检验和发展，才能上升为真理。学生经过前两步获得的知识，还只是感性认识，还仅仅属于"知识"，能否为生产实践服务，能否转化为能力或生产力，还需要在实践中反复磨合运用。让学生根据所学知识编题，是一种间接的实践行为。它需要学生与实际生活中的经验、信息、问题情景相联系，而这个联系过程就是一种间接的实践过程，甚至有的就是直接把知识转化为生产力的过程。如一位教师讲了二次函数后让学生编题，有一个学生是这样编的：我的家乡有条小河，现在想在河上架一座抛物线型拱桥，已知河宽10米，桥中间的最大高度是8米，若每隔两米竖一根支柱，每根支柱的高是多少米？能编出这道题，实际上学生就已经把知识转化为运用能力了。

过去，人们常说我们中国的学生高分低能，每次在奥赛上都能取得好成绩，但一到实际应用中就不行了。中国把科技转化为生产力的能力低，究其原因，除了与国家的经济基础与体制有关外，与教育本身的观念和教材建设也有很大联系。过去，我们的教材建设和教育观念多是重知识技能轻实践能力，而现在的教材与实际生活联系非常紧密。新课标强调教学要与实际生活相联系，要注意创设问题情景，要从日常生活中、从身边的事物中发现数学问题，就是这种观念转变的体现。让学生编题，加强了学生对生活和生产实践的沟通和联系，它有利于培养学生学以致用的能力。

（作者单位：西峡县基础教育教学研究室）

"三疑三探"教学模式内在的育人艺术

张瑜琴

新课程赋予课堂教学以新的内涵,其焕发出的生命活力是新课程理想课堂教学的理念。在这种理念的驱使下,我们研创出疑探结合解决问题的教学模式——"三疑三探"教学模式。该模式提倡理想的课堂教学应有和谐的氛围、活跃的思维和灵活的教学环节;应该用知识激活知识,用生命激扬生命,用心灵激动心灵,用人格激励人格。据此,"三疑三探"教学模式下的课堂教学育人艺术,应着眼于培养学生独立观察思考、同伴协作、发现问题、提出问题、归纳创新的能力,同时帮助学生养成良好的思维方式和学习习惯。

一、问题意识——"求疑"的艺术

学源于思,思源于疑。创造性思维能力是中小学教学中必须培养的重要能力之一,而提出问题是判断思维是否具有独特性和创造性的一个重要依据。"三疑三探"教学模式提倡要创设问题情景,引导学生善于发现问题,敢于提出问题,整个课堂以"疑"为主线,围绕"疑"展开活动。

"三疑三探"教学模式的课堂教学,教师在课始通过课题板书及学习目标的出示,采用音像资料、故事引入、魔术实验、演示实验等方法,迅速点燃学生的思维火花,尽快营造提出问题、思考问题的氛围,使学生"生疑",学生通过发散性思维提出自探问题,然而教师根据本节的学习目标加以归纳、梳理、补充、完善后,确定为自探提纲。"解疑合探"环节穿插于"解疑——质疑——再解疑"的过程中。"质疑再探"环节的根本目的是再次让学生发现和挖掘问题,进一步培养问题意识和求疑创新精神,鼓励学生敢于质疑问难,标新立异,勇于向课本、教师以及其他权威挑战。

二、自主探究——"不讲"的艺术

"以学生为主体"是当代教学的基本思想,自主学习是一种让学生主动参与学习的学习方式,着重培养学生自主识别、选择、摄取、调控的学习能力,为学生终身学习奠定基础,而培养终身学习型人才正是新课程的需要,也是对新型课堂的要求。

"三疑三探"教学模式克服了"满堂灌"、"满堂串"、"满堂问"等现象,力主放手让学生自主学习、自主探究,形成"目标让学生明,课本让学生读,问题由学生提,效果让学生评"的新型课堂,让学生自测、自析、自悟。教师把握好"不讲"的艺术,在课堂上做到"三讲三不讲"。"讲"即讲学生自学和讨论后还不理解的问题,讲知识缺陷和易混易错的问题,讲学生质疑后其他学生解决不了的问题;"三不讲"即学生不探究不讲,学生都会的不讲,学生讲之前不讲。

"三疑三探"教学模式下的课堂要让学生有尽可能多的主体活动,引导学生参与获取或主动获取知识,并把学生的活动引向设计性、探索性的方向发展。教师的引导作用表现为创设问题情景,启发学生提出思考性的问题,做好学生对科学探究的启蒙。

三、学会合作——"交流"的艺术

新课程要求"学会合作、同伴互助"。新课程实施中更注重让学生在合作学习中获取进步,在互动合作中相互取长补短,集思广益,共同提高。

"三疑三探"教学模式中的"解疑合探"环节宗旨是采取师生合探、生生合探来解决自探中的"疑"。在合探过程中让学生各抒己见,直抒胸臆,小组实验操作、小组讨论交流等都必须相互合作,营造人与人之间、小组与小组之间相互帮扶、互助竞争的良好氛围。实验小组成员之间要学会沟通、分工、协作、互助及分享。

四、赏识教育——"激励"的艺术

赏识教育是通过激励、表扬等手段肯定学生的优点、长处,鼓励他们不断追求成功,不仅培养孩子的自信心和责任感,同时也能培养学生的创新精神。课堂教学中的赏识教育能充分发挥不同学生的积极主动性,营造一个宽松的创新氛围。

"三疑三探"教学模式的每个环节,都体现了教师的赏识教育。从"设疑自探"中的提出问题,"解疑合探"中的解决问题和知识归纳到"质疑再探"中的学生质疑,步步都贯穿着关注全体学生的指导思想,具体操作方式是由学困生回答,中等生补充,中、优等生评价。课堂上尤其要关注学困生优先提出和回答一些简单的问题,让他们登台做简单的演示实验或做教师的小助手,教师及时给予肯定、鼓励和赞许,让他们在成就感和自豪感中找回责任和创新的勇气,认识到自己完全有能力学好各门学科。

爱是教育的真谛,无论是优等生还是学困生都有一个共同的需求,那就是教师关爱的阳光和真诚的赏识。人是需要赏识的,而挫折多于成功,沮丧多于欢乐的学困生更需要赏识,赏识为学生提供积极上进和争取成功的动力。

五、张扬个性——"和谐"的艺术

课堂的主人是具有丰富想象力和创造力的鲜活的"人",刻板的教学方式往往禁锢他们的思维。课堂教学要充分展示教师的教和学生的学,绚丽多彩的课堂需要个性飞扬的教师和学生。

"三疑三探"教学模式原则之一是民主和谐原则,民主的师生关系,和谐的课堂气氛是保证学生成功的重要条件。在学生设疑、解疑和质疑过程中,要允许学生自由大胆地想象,敢想敢说,允许学生对同一问题发表不同的看法和观点,允许学生评价偏颇,教师则及时给予指点、肯定和鼓励。

一个宽松和谐的学习环境不仅有利于解放学生的思想,张扬学生的个性,更有利于培养学生的创新精神和创新能力。

六、课堂之美——"创新"的艺术

新课程标准的核心,是培养学生的探究精神和创新能力,提高学生的科学素养。"三疑三探"教学模式始终贯穿着对学生探究精神和创新能力的培养。从学生的设疑、解疑、质疑,到学生的自主探究、合作探究,无时不迸发出启迪学生思维和创新的火花。如在课堂教学中充分发挥实验探究的优势,提高实验的开出率和成功率,研究实验方法,创造实验条件,改进实验手段,增加可见度,变演示实验为分组实验,变验证性实验为探究性实验等,这无不彰显出师生创新意识与创新思维的发挥和培养。

"三疑三探"教学模式扎根于西峡本土,带有浓厚的山乡情味,却与现代最先进的教育理念不谋而合,两者都重视知识的发现过程,重视学法指导,突出以人为本。可以说,它在课堂上的育人艺术,具有重要的现实意义。

(作者单位:西峡县基础教育教学研究室)

浅议"三疑三探"教学模式的科学性

高有顺

"三疑三探"教学模式的核心是"疑"和"探",这种把"质疑"和"探究"的能力培养,作为课堂教学的重点和核心的教学模式,既蕴涵新课改的精神,又符合建设创新型国家的时代发展趋势。而这一切均彰显着模式本身的科学性。

一、培养"问题中心"的科学意识

爱因斯坦曾经说:我没有什么特别的才能,不过喜欢寻根刨底地追求问题罢了。"三疑三探"教学模式就是在追求这种效果。它旨在使每一节课都充满一个"疑"字,用"设疑"、"解疑"、"质疑"这样的反复过程来激发学生的思维,使其产生大量的疑问,然后通过师生、生生共同探究来完成课堂教学内容。学生的问题意识是靠科学的教学方法,在教师科学地深挖教材、掌握学生的思维倾向之后,在实施课堂教学的过程中给"引"出来的。长此以往,学生就会养成"疑"的良好习惯。这种效果的形成,还要求有高素质的教师去深入地学习教材、研究教材、挖掘教材,去了解学生、研究学生、挖掘学生的智力潜能,从而形成一整套知识链,由教师在课堂上创设情景,在学生求知欲望高涨的情况下,由师生共同把所要解决的问题"抖"出来,师生、生生共同质疑探究,共同切磋解决。

目前,国家对中小学课程进行了较大幅度的改革,改革后的新课程在编排内容上更具有探究性。当前推进新课改的核心是如何处理好"教"和"学"的问题,也就是说,教育的终极目标是单纯传授前人积累的知识,还是使受教育者获得持续发展的能力?是满足于把真理交给学生,还是努力尝试着带领学生去寻找真理?对这些看似抽象的问题,就是一次新与旧两种截然不同教育理念的大冲撞。我们说,现代全新的教学模式,应是教给学生学习的方法,即学生会学习的方法。引导学生思考问题及解决问题,发展学生的求异思维及创新精神,培养学生的各种适应社会并推动社会前进的能力。

"三疑三探"教学模式比较科学的地方,就在于它注重了学生问题意识的培养,它在课堂教学中留给学生较大的思维空间,学生和教师、学生和学生可以相互交流、共同探讨,学生有充分的自由,能在教师的启发引导下活跃思维、丰富想象,"问题"就会一个一个"蹦"出来。相信只要教师掌握并能自如地运用这种教学模式,学生问题意识的培养就不会有多大的问题。

二、构建探究学习的科学新路子

培养学生的问题意识以后,关键点在于解决问题,能够发现问题并不等于愿意解决问题。只有具备了解决问题的愿望,才能引起解决问题的动机,这个动机怎么引起,需要教师想尽办法去予以激励。解决问题的过程也就是探究的过程。"三疑三探"教学模式把"探究学习"作为课堂教学解决问题的过程予以强化,即通过"设疑自探"、"解疑合探"、"质疑再探"和"运用拓展"四个环节的实施,来培养学生分析问题和解决问题的能力,形成探究学习的模式。

《基础教育课程改革纲要》指出:"改变课程过于注重知识传授的倾向,强调形成积极主动的学习态度,使获得基础知识与基本技能的过程同时成为学会学习和形成正确价值观的过程。……将科学探究作为改变学生学习方式的突破口。""三疑三探"教学模式,着重强调课堂上学生的主动参与,强调学生在学习过程中自主探究等能力的培养,强调由浅入深、从外到内、从表象到实质的研究、探索和推理,这就是主动学习的状态。它会激发学生探求的兴趣,调动学生在求学的过程中,把好奇和期盼转化为对知识的渴望。当成功欲望和求知欲望紧密结合起来的时候,必定是学生学习主动性最为高涨的时候。试想,当我们催动了学生这样一种学习状态的时候,学生内在的创造品质将会得到怎样的提升?

有这样一个美国的家庭故事:一天,家里要来客人,妈妈正准备晚宴,七岁的孩子穿着新衣服等待客人的到来。这时天突然下起了大雨,孩子好奇想知道雨是怎样从天上掉下来的,就在雨里疯狂地玩耍,滚了一身泥巴。客人来了,妈妈喊他吃饭,孩子应声道:"我在登宇宙飞船呢!"孩子回来后像个泥猴,妈妈并没有训斥他,而是温和地说:"登上了吗?"孩子说:"还没呢,快了。"孩子长大后,果然成了登上宇宙飞船遨游太空的英雄,当返回地球之时,一群记者蜂拥而上,问他此时此刻最想说的一句话是什么?他大声说:"妈妈我回来了,我要回家吃晚饭!"这则故事启示我们:一是孩子探究的天性不能抹杀,要顺其发展就有可能成功;二是母亲成功的教育,得到了感恩回报。

人类对世间的事物都有一种好奇心,总想弄清楚它的来龙去脉,特别是对一些奇妙的事物更是如此。但为什么往往结果不同呢?那就是追求探究的目标不同的缘故。比如魔术表演很奇妙,人们看了都会有很大的兴趣。但有的人一看了之,知道这是假的就不再追究了,而想做魔术师的人就不同了,他非要搞清楚每一个细微的部分,因此他要深入地研究,不弄清楚不罢休。"三疑三探"教学模式也是如此,通过层层设疑,使学习的知识"奇妙化",使所设定的课堂情景"奇妙化",并使学习的目标"明朗化",来激发、引导学生产生浓厚的兴趣,继而进行探究性学习,最终达到教学目的。因此,"三疑三探"教学模式将成为我们中小学培养学生探究能力和创新人才的极好的"教学工具"。

三、打造培养创新人才的科学新格局

长期以来,传统教育的教育方式,家长单一的育人目标,一些学校功利化的办学方向,使得课堂教学存在不少问题。从本质上看,那种近乎单纯的"给予与接受性"的教育活动充斥着课堂,教师把现成的知识交给学生,学生则顺从地接受与掌握,学生对知识的接受只知其然,不知其所以然,非常被动。学生的思维被困在教师的知识笼子里,永远飞不出这个小天地,学校培养出来的学生如一个模子生产出来的一样,千人一面。

胡锦涛在2006年全国科学技术大会上,发出了在15年内把我国建设成为"创新型国家"的伟大号召。在建设创新型国家的历史进程中,教育无疑是担负着为建设创新型国家输送优秀人才的历史使命。而"三疑三探"教学模式几年来的实践,用生动的事实回答了中小学如何为培养创新型人才奠基的这一重大课题。

"三疑三探"教学模式的实质和内涵至少有以下几点值得推崇:一是适应新课标要求,注重发挥学生学习的主动性和探究性;二是课堂上给学生充足的时间,使其在疑中学习,形成问题意识;三是"疑"、"探"结合,师生、生生互动,形成合作和交往的良好氛围;四是师生平等、民主和谐,教师是学习的引导者,学生是学习的主导者;五是培养的学生思维活跃,并具有探究精神和创新能力。

"三疑三探"教学模式是对传统教学方法的一次革命。在这种模式下的教学活动中,学生在主动地参与问题的生成和探究的过程当中,会不时发出"为什么是这样"、"为什么要这样做"之类的研究性欲望,师生、生生共同形成一个"学习研究场"。在这个"场"中,教师会适时提供新的"点子",引导学生不断搜索新的学习资源,以便对各种不同的知识点进行比较、甄别、分析和选择。课堂上充满了交流与合作,教师在学生面前既是一个"引领者"也是一个"学习者",师生共同学习成长。

实践证明,"三疑三探"教学模式充分体现了新课改的要求,能够大幅度提高教学质量,能够切实减轻学生的课业负担,能够培养学生的求异精神和创新能力,能够在运用的过程中使学生形成独立思考、相互合作、沟通交流的良好品质。只要坚持使用,大面积推广,就一定能为建设创新型国家培养出更好更多的创新型人才,形成培养创新型人才的新格局。

(作者单位:西峡县基础教育教学研究室)

分层递进　灵活多变
——"三疑三探"教学模式内在联系的探讨

李云飞

"三疑三探"教学模式的精髓，在于培养学生的问题意识、创新精神和探究能力。这种模式首先确立了学生在课堂上的主人意识，凸现了学生的主体地位。如果说由"满堂灌"到教师提出问题让学生思考问题是课堂教学的一个进步，那么由教师提出问题到学生自主提出问题，并且能够探究问题，应该是课堂教学的一次革命。它从根本上解决了学生被动学习的问题，颠覆了传统教法的疾弊，具有很强的生命活力。

一、"三疑三探"教学模式符合事物的认知规律和教育学、心理学的科学理论

"三疑三探"教学模式以简明和可操作性强的特点呈现在广大教师面前，"疑"与"探"两个字是该方法的灵魂。

在"三疑三探"教学模式中，"疑"与"探"是紧密联系不可分割的统一体。"疑"是指路的明灯，"探"是打开智慧大门的钥匙。不"疑"就"探"，就像无头苍蝇一样乱撞；"疑"而不"探"，就像黑夜走路，愈加迷茫。只有"疑"与"探"结合，方向明确，路线清晰，相得益彰，效果才最佳。"疑"是学生学习的开端，设疑是关键，思疑是基础，解疑是重点；"探"是获取知识的经过，自探是起点，合探是发展，再探是升华。"疑"与"探"两条线贯穿课堂教学整个过程。

二、"三疑三探"教学模式中的"三"是课堂教学要达到的三种境界

"三疑三探"教学模式的"三"是指课堂教学三个层次、三个阶段、三个步骤，更是课堂教学要达到的三种境界，即"设疑自探"是基础，"解疑合探"是过程，"质疑再探"是提升。

"设疑自探"所设之"疑"，是学习本课的基础，更是学习本课的纲领。学生在未了解所学知识之前，其疑问重重，他们想提出自己不懂的问题，教师可启发学生设疑，尽管他们所提出的问题是浅显的、单纯的、零碎的、不具体的，但对每一个学生自身来说，每个问题都是思考的结果，要么是百思不解的困惑，要么是孜孜以求的收获，要么是灵光闪现的发现……只要有一点点的相近或切中核心，其意义和价值就无法估量，这正是"我要学"的源泉、思考的火花。教师对每一位学生的"提问"，给予必要的点拨、归纳、整理，最后形成

"自学提纲"性质的"疑"。这些"疑"鲜明突出、新颖生动,具有强烈的吸引力和感染力,能激发学生强烈的求知欲望。"自探"是学生根据所设的"疑",利用已掌握的知识和已形成的能力,运用学习工具独立探究的过程,也是学生自学能力提高的过程。

"解疑合探"所解之"疑",是在学生独立自学之后,仍不能解决的"疑",或者是学生在初步了解知识以后,又会出现解决深层次的疑问的愿望,而这些问题在再次独立思考后,需要合作交流,从而对知识的认识达到了新的高度,以解决较难问题。在同学们合作探究解答问题的过程中,学生的自学能力逐步提高。解疑合探,是"要我学"转变为"我要学"的过程,问题愈多,好奇心愈强,兴趣愈浓,注意力就愈集中,思维就愈活跃,这时学习成为自觉的愿望。在教师的调控引导下,学生进入一个"研究者"、"探索者"的角色之中,探讨自己提出的问题,其乐无穷。在解疑合探中,首先,通过自我思考,让学生从自己的现实出发,在创设具体情景的教学活动中,自己思考、探索有关结论,这些都是合探的关键。其次,通过动手操作,经历知识形成的过程,学生的思维离不开形象和动作,动手操作是学生解疑获知的重要途径。这样,不仅培养了他们分析问题的思维能力,而且同时经历了知识形成的过程,给了他们探索的体验、实践的机会,进一步增强了他们学习的信心和强烈兴趣。再次,合作交流是合探的主要方法。课堂教学是师生共同的集体活动,是不断进行频繁的信息交流的活动。这些交流既包括教师与学生间的双向交流,也包括学生个体与学生个体之间的交流和学生个体与学生集体之间的交流。课堂上学生同桌商量、小组讨论、教师巡回指导,都属于以上这三个层次交流范畴。在"合探"过程中,规律让学生自主发现,方法让学生自我寻找,思路让学生自己探索,问题让学生自行解决。

"质疑再探"所质之疑,是学生在学习本节知识后,进一步发现更新、更深的问题,也就是通过对本节课知识掌握较深刻的情况下,又会据此产生新的疑问,于是学生需要质疑再探,力求彻底解决这个疑问。而这种疑问,往往不同于前两次的疑问,它的难度大,解疑比较费力,这就需要认真学习回顾前面的知识,甚至还要合作探究,更需要教师的帮助才能解决。而这个环节在课堂上学生大多提不出来有价值的问题,因此,有的教师认为这个环节是形式,可以省略。其实不然,这个环节的目的是培养学生的自主意识、回顾反思意识、创新意识,进而培养学生的创新能力。学生提不出来,正说明缺乏这些意识,需要着力培养,只要坚持下去,学生一定能够提出问题,也一定能够提出较高质量的问题。让学生在自主学习中探究,在观察比较中探究,在矛盾冲突中探究,在问题解决中探究,在实践活动中探究,充分体现学生在活动中学习,在主动中发现,在合作中增知的学习自主性。

三、"疑"与"探"是一个不断发展、循序渐进的动态过程

学生的学习过程,是一个不断发现问题、提出问题、解决问题的过程。问题由学生提出,最终由学生自己解答。这是"三疑三探"教学模式与其他教学模式最根本的区别。教师在整个教学过程中不包办、不代替,而是适时恰当地"疏"、"引"、"拨",用不同的方法启发和鼓励学生自己分析问题、解决问题,让学生真正成为学习的主人。浅显的问题个别点悟;共性难题组织集体讨论,教师点拨讲解;有争议的问题,教师不急于表态,让学生各抒己见,引导学生自学自悟。

"疑"与"探"是一个不断发展、循序渐进的动态过程,不能机械地理解为三次,有时需九次,有时也可能是两次。这需要视教材情况、学生能力、课堂情况灵活进行。在这个过程中,教师与学生的比重是不断变化的。在起步阶段,教师要扶着学生走,这一步虽然小,但意义却十分重大。它是由被动走向主动的第一步,是成长的第一步,以后教师可逐步放手,学生在学习过程中所占比重不断增加,然后学生开始试着自己走,最后才是学生大步向前走。在这一变化过程中,学生不断地成长,教师也要在成长中不断地变化。"三疑三探"正是具有不断变化的灵活性以及广泛的适用性,从而诠释着强大的生命力。不管怎样变化,它的实质不能变,那就是"三疑三探"的理论要求改变教师的问题替代学生提问的现象,换句话说就是,要让学生的提问替代教师的提问。"疑"与"探"两个字平凡中露着伟大,简单中透着神奇,过程中蕴含着模式的灵魂,体现着教育改革的历史进程和时代嬗变。

（作者单位:西峡县基础教育教学研究室）

"三疑三探"——一种崭新的课堂教学模式

葛荣选

"三疑三探"教学模式是西峡县教研室提出的一种崭新的课堂教学模式。经过全县中小学校几年来的实验证明,这一模式是先进的,也是富有生命力的。它具有一般教学模式所不具备的新颖性和实效性。具体表现如下:

一、理念新

"三疑三探"教学模式是在全面推广新课程、使用新教材的背景下,依据新课程理念探索总结而来的。

新课程的核心理念是以学生发展为本,让学生参与是新课程实施的核心。实施的关键是:应尊重学生,还学生学习的自由,提高学生的学习兴趣;优化教学环境,加强交流与合作;给每位学生以期望和激励,让学生有成功感;适当进行开放式课堂教学。

然而,相当一部分教师并不能够利用好新课程、新教材,没有改变过去课堂教学中存在的一些问题,如课堂以教师为主、对学生要求太多、课堂气氛沉闷,学生被动接受、在学习上依赖性强、厌学情绪明显、学习效率低下等。课堂教学活动基本上仍是"穿新鞋走老路"(拿着新教材,用着传统教法)。

"三疑三探"教学模式以现代建构主义理论为支撑,以"设疑自探"、"解疑合探"、"质疑再探"的三环论或三步论为基本框架,辅以"运用拓展"的环节,充分体现了以学生的发展为本的教学理念,为学生提供了真实、有趣、富有挑战性的学习氛围和探究、交流的操作平台,展现了知识的形成与应用过程,能够最大限度地满足不同学生发展的需求。"三疑三探"教学模式是与新课程核心理念吻合、顺应时代发展的产物。

二、内容新

"三疑三探"教学模式的本身是全新的,其"疑"与"探"的内容设置体现了模式内容与新课程和时代要求的统一。俗话说,学贵质疑。孔子曰:敏而好学,不耻下问。"三疑三探"教学模式就是通过不断地质疑、解难,直至学生学会、会学为止。

三、形式新

每一次的"疑"与每一次的"探"内容不同、方式不同,"疑"与"探"的质量越来越高,这样就会产生层层推进的效果。第一次"设疑自探",其"疑"为学生自学、思考之后产生的疑难,其"探"为自主探究;第二次"解疑合探",其"疑"来自前一环节所设之"疑",但又不完全等同于前一环节所设之"疑",而主要是前一环节所设之"疑"中学生自探未能完全解决之"疑",其"探"为师生合作探究;第三次"质疑再探",其"疑"为经过学生自探、师生合探这前两个层次之后学生未能完全理解、弄懂的共性问题或新发现的个性问题(带有一定的普遍指导意义),其"探"为新的疑问所产生的新的探究,也是更深入、更全面的探究。

四、过程实

"三疑三探"教学模式事实上是三个主环节("设疑自探"、"解疑合探"、"质疑再探")和一个辅助环节("运用拓展")主导下的课堂教学活动。教学过程中,学生在教师引导下,通过读、思、疑、解、练等教学活动,不断对当堂所学知识熟读、精思、置疑(质疑),然后先自探,再生生合探、师生共探,从而当堂完成所有学习任务。这四个环节环环相扣,步步推进,逐步引导学生在学习中做到由点到面、由表及里、由伪至真。

五、效用高

我国著名的学者、教育家谢觉哉曾说过"善于想,善于问,善于做的人,其收效则常大而且快。""三疑三探"教学模式简便易学,可操作性强,不断地启发并且引导学生"善于想,善于问,善于做",既重视了知识与能力,也关注了过程与方法,并且结合学科特点渗透了情感态度与价值观。同时当堂讲授、当堂检测既锻炼了学生的能力,也治好了课后留作业的痼疾,有利于减轻学生和教师长期以来过重的课业负担。因此,这一教学模式不仅能很显著地提高课堂教学成效,大幅度提高教学质量,也有较好的群众基础和社会效应。

六、宜推广

"三疑三探"课堂教学模式的文字通俗易懂,操作简便易行,实践证明,宜于大面积推广使用。

(作者单位:西峡县基础教育教学研究室)

"三疑三探"载你驶入新课程快车道

王焕玲

"三疑三探"教学模式将新课程理念有机地融入到课堂教学中,真正体现了课堂教学行为和教师角色的转变。教师成为学生学习的引领者、帮助者、促进者和课堂教学活动的组织者,学生成为课堂自主探究学习活动的主体,这些转变给课堂带来了无限的生机。"三疑三探"教学模式对新课改精神的体现主要在以下几方面:

一、实现了教师的引领

实施新课程的主要任务之一,就是要坚定不移地推进教学方式和学习方式的转变。教学方式的转变就是要求教师改变过去的填鸭式教学方法,从长期以来知识传授者的角色中解放出来,促进学生个性和谐健康发展,而"三疑三探"教学模式真正体现了教师的引领和帮助,是学生学习能力的培养者。设疑,是教师根据学生学习的意愿和本节的教学目标梳理、归纳形成的自探提纲,可引领学生读懂教材,学会读书。解疑合探,是在教师的组织下有序的师生互动。教师是师生合作探究、平等交流中的首席,是课堂航母的舵手,他们的引领不仅在于对自探问题的设置,还在于对学生阐释自探题的评价中渗透着的学习方法和思维指向;他们的引领将使学生对自探题的个性展示不偏离教材的本意和教材的重难点。质疑再探,是教师引领学生对预设中新生问题的再次探究,促使知识的迁移提升和新的生成。"三疑三探"教学模式的使用,使教师在有意和无意间转变了教学行为,进入了适应新课程教学的教师角色,成为了课堂中学生学习知识的引领者、帮助者和学习能力的培养者。

二、落实了学生的自主探究

在新课程的实施中,学生的学习形式也随之发生了转变,由被动接受变为自主探究。自主探究学习的首要特征是主动,核心是独立。主动,需要有兴趣,兴趣来自于有可探究的问题,有通过努力要达到的目标;独立,是当今时代每一位学生都应具有的一种潜能与要求。而"三疑三探"教学模式的使用,为实现学生的主动和独立学习搭建了舞台。设疑中自探题的引领为学生主动学习创设了情景,提供了依托,提出了目标,激发了学生学习的兴趣与斗志;解疑与质疑为学生对问题的不同见地提供了展示与交流的平台,使学生独立学习的能力得以施展,为大家各抒己见和相互学习提供了机会;运用拓展更是为学生对教材的深度挖掘和学以致用提供了广阔天地。在这种有据可依、学有目标、竞相展示的氛围中，学生自然会激情昂扬、积极主动、专心独立地投入到探究学习的活动中。可以说，"三疑三探"教学模式是学生自主探究学习的种子最适宜发芽、生长的苗床，具有学习能力和创新精神的时代骄子将在这一模式的摇篮中茁壮成长。

三、彰显了问题教学

问题是科学研究的出发点，是开启任何一门科学的金钥匙。没有问题就不会有解释问题和解决问题的思想与方法；问题是实现知识积累与增加的力量，是生长新思想、新方法、新知识的种子。学生学习同样必须重视问题的作用。

教学是学生在解决问题的过程中获取知识的活动，没有问题的教学是无效的教学。产生学习的根本动力是问题，没有问题就不能诱发和激起学生的求知欲；没有问题学生也就不会深入思考，学习也就只是表层和形式上的。所以，新课程要求转变学生的学习方式，特别重视问题在学习中的重要性。问题教学可激发学生学习的欲望、主动探究的积极性以及勇于探究创新和追求真理的精神。"三疑三探"教学模式就是以设疑、解疑、质疑和拓展为主线进行的符合认知规律的教学活动，很好地使用"三疑三探"教学模式，不仅可以使教师逐渐提高对教材核心知识的把握能力，引领学生自主学习的能力，还可以使学生在积极主动地独立探究问题的过程中，深度地理解教材，循序渐进地学习新知识，实现知识的迁移提升。坚持使用"三疑三探"教学模式，学生就会具有问题意识，养成发现问题、积极思考问题、独立探究问题的习惯，在问题教学中成长为具有创新精神、适应时代发展的人才。

"三疑三探"教学模式步骤清晰、便于操作，它汲取了新课程理念的精髓，是当前进行新课程教学比较理想的教学模式，深受广大教师的青睐。学习课标解读，感悟模式内涵，掌握操作步骤，相信"三疑三探"教学模式将载学生驶入新课程的快车道，也相信教师的不懈运用和教研工作者的深入研究，这朵新课程教学的教苑奇葩将愈开愈艳。

（作者单位：西峡县基础教育教学研究室）

让课堂"疑"彩纷呈

王长顺

"三疑三探"教学模式以"疑"为切入点,"探"为关键点,"能力提高"为落脚点,源源不断地为我们的课堂教学注入新的活力。如今,当我们的课堂涌动出一股渴望、热情、兴奋的潜流时,我们强烈地感受到"三疑三探"教学模式拨动了学生的思维,点燃了学生的探究热情,提升了学生的综合能力。"教育的真正目的就是让人不断提出问题、思索问题"(哈佛名言)。笔者认为推广使用好"三疑三探"教学模式的前提,是教师必须培养学生的问题意识。

一、"疑"是教学的开端

"疑"存在的本身就可以激发学生的求知欲和探究欲,这对于探究活动的开展和创造性思维的启动是非常有利的。因此,教师在课堂教学伊始,应首先创设问题情景,促使学生头脑中产生有指向性的疑问。情景的创设要紧扣教学目标,围绕当节教学内容,体现学科特点,让学生有身临其境的感觉,从而引发兴趣,启迪思维。情景创设可以是一些生活实例、社会热点、多媒体图片展示、实验操作等,也可以是一些实物或一些商品的标签等,其目的在于迅速激发学生学习的兴趣,让学生将好奇心、求知欲带入到新课的学习中去,即变"无疑"为"有疑"。

二、"疑"是教学的主线

"疑"不仅是激发学生的求知欲和冲动的前提,而且是学生吸收知识、锻炼思维能力的前提。"疑"存在于整个教学过程中,教师应努力使教学活动自始至终围绕着"疑"的探究和解决展开。如在课堂上创设情景让学生"生疑"后可鼓励学生"吐疑"。当然,学生的"疑"可能太碎太杂,甚至偏离本节课的学习内容,教师应进行巧妙梳理,聚焦到本节课探究问题的核心上来。我们既不能让学生带着盲目的、粗糙的、不成熟的疑问去探究,更不能把学生的疑问扼杀在萌芽状态。学生在解疑的过程中,可能会引发新的疑问,这是正常的,也是必然的。教师要给予鼓励、恰当引导,保护好学生的热情,让"质疑——解疑——再质疑——再解疑"始终贯穿于课堂学习活动之中。只有这样,才能让学生持久保持激情四射,保持新鲜感,保持探究热情,而不是"昙花一现"的冲动。

三、"疑"是教学的归宿

教学的最终结果不是用所学的知识消灭学生所有的"疑",而应是在初步解决"疑"的基础上引发新的"疑"。这些"疑"出现的意义,不仅在于它能使教学延伸到课外,而且还在于它最终能把学生引上创造之路。如在新教材的编排上有许许多多的家庭小实验、调查与研究等栏目,教师应鼓动学生在课余时间相互合作进行探究。这样既培养了学生的合作意识、学习兴趣、探究热情,也启迪了学生的思维,将所学知识内化成能力,将能力应用于生活,使学生感到学有所得、学有所用,从而变"学会"为"想学"。

"三疑三探"教学模式能让学生主动地发现问题,而不是被动地思考问题;能让学生提出问题,而不是被动地解决问题,在和谐、轻松、快乐的课堂教学氛围中,让师生对下节课充满期待。"三疑三探"教学模式的特点决定了我们的学习推广活动不能一蹴而就,不能邯郸学步。我们只有在学习和实践中不断探讨、不断反思,才能在探讨中进步、在反思中提升,才能真正让学生"动"起来、让课堂"活"起来。

(作者单位:西峡县双龙镇二中)

"三疑三探"教学模式环节的五字妙诀

李彦娓

初识"三疑三探",我被它创新的教学理念、先进的教学方法、清晰的教学结构深深地吸引住了。课堂上所彰显出来的生机和活力,彻底改变了原来的枯燥和单调;在发挥教师的主导作用之下,启发、诱导、塑造出的学生真正成为了课堂的"主角",他们所表现出来的学习热情和效果是"三疑三探"模式成果的有力见证!几年来,我不断学习,大胆实验,收获颇丰,现将自己在课堂上的实践和对模式的探讨总结如下:

一、设疑——让课堂"活"起来

兴趣是最好的教师,在每节课的教学之前,我总善于借助已学知识或即将学习的新内容,结合生活常识和实践认识,精心创设问题情景,使学生在这种情景启发下,激发起求解的欲望和信心,很快进入问题中。

在导课之后,我常常会板书课题,让学生由题生疑,如指着课题"分解质因数"问学生想学会什么时,一下子就打开了他们问题的闸门,他们就会想到"什么叫质因数?"、"怎样分解质因数?"、"分解质因数应注意什么?"、"分解质因数与分解因数有什么不同之处?"等问题,而他们要想解决的问题也正是课堂的目标所在。有了这样共同的学习目标,学生探究的热情就会高涨,也为下一步"设疑自探"奠定了基础。

又如,在教"平行四边形面积的计算"时,我先利用电脑课件出示两块草坪,让学生比较长方形草坪和平行四边形草坪哪一个面积大,诱发他们的问题意识。要比较它们的大小,必须要知道两块草坪的面积各是多少才行,此时的学生会努力利用所学知识求得长方形的面积,并能寻找到新旧知识的联系,在实践操作中,利用割补法把平行四边形转化成一个长方形,从而很容易地发现平行四边形与长方形之间的联系。这样的环节设计,不仅为学生创设了解疑的情景,而且培养了学生独立思考、大胆求疑的能力。

二、解疑——让学生"动"起来

初试"三疑三探"教学模式,我发现由于受传统教育观念的影响,教师偏重学生接受知识,不留给学生表达自我见解的机会,而有的学生也会怕问题回答得不正确或不全面而遭受嘲笑,因此,课堂气氛沉闷,毫无生机。

如何使学生在课堂上与教师共同合作,积极表现自己,充分"动"起来呢?美国心理学家罗杰斯说:成功的教育依赖于一种真诚的理解和信任的师生关系,依赖于一种和谐安全的课堂气氛。也只有在这样的环境中,学生才敢于思考、勇于表达。我经常启发学生积极探索和发表见解,尤其在学困生回答,中等生补充,中、优等生评价时,我总是鼓励学生,并赞赏学生提出的见解,当学生有不同于教师或教材的看法时,也不强求意见统一,允许学生保留自己的意见。

在课堂上,我常常让学生们互动练习,使他们动脑想、动手做。我用设计的评比表,在小组里开展评优创优活动,通过开展"最佳辩手"、"完美表现星"、"智慧小博士"等活动,在学生中形成比、学、赶、帮、超的良好风气,学生在宽松融洽的气氛中快乐生活、快乐学习。

三、质疑——把问题"露"出来

"提出一个问题比解决一个问题更重要。"在课堂上多鼓励学生质疑问难,是培养学生良好的创造性学习习惯,促进学生思维发展的有效途径之一。

在"三疑三探"教学模式的"质疑再探"环节中,我充分为学生提供了展示问题的平台,当一节课即将结束时,我经常引导学生进行自我质疑:"今天我们学习了什么?你们的问题都得到解答了吗?还有什么地方没有弄明白的?""请大家想一想谁提出的问题最妙、最精、最有价值?""你学会了什么方法?""它可以用在什么地方?以后可以怎样用它们?"这样使师生在共同质疑解疑的过程中,掌握知识的重点和难点,也有利于学生运用所学知识解决实际问题。

在质疑中,要使学生做到非"疑"不质、是"难"才问,我觉得应该做到以下几个方面:(1)要把握质疑的时机,一般在新课结束时质疑;(2)质疑要留给学生思考和解答的空间,不可流于形式;(3)质疑要面向全体学生,"好、中、差"兼顾;(4)质疑要控制范围,保证质量,既要拓展内容,又要进行范围控制,不能漫无边际,要做些引导,让学生在要学的知识点上集中思考。

四、探究——把潜能"挖"出来

传统的教学观是教师讲、学生听,教师问、学生答,教师唱主角,学生是听众。"三疑三探"教学模式,改变了学生被动学习的方式,倡导学生主动参与学习活动,在教师设疑之后,每一个问题都可能成为开启学生思维的钥匙,这样既尊重了学生的思维方式和发展方向,又为他们的平等交流创造了机会。

在"设疑自探"这一环节中,我往往限时进行,这样使不同程度的学生都有了解决问题的紧迫感,又能使他们在独立地参与竞争中提高要求。明确了自探问题及要求的学生,会更认真审题,把握问题的难易程度,对照所学习的有关概念、法则、定律,通过对问题进行观察、分析、比较、猜测,尝试逐个解决。

在合探上,我也常常根据需要采用同桌互动、小组合作等形式,对一些有争议的疑难问题进行深入讨论,极力倡导学生在学习中积极合作,群体参与。这样既可以培养学生的探究精神及参与、合作意识,又有利于学生养成会学、善学的良好习惯,同时,又能使优等生得以施展,中等生得到锻炼,学困生得到帮助,有利于他们共同提高。

五、运用——把知识"串"起来

关于课堂中练习题目的设计,我遵循循序渐进的原则,按照学生的认知规律、心理特征及现有的能力水平,首先进行巩固练习,然后再变式延伸,在教师指导下,鼓励学生自拟变式题,使练习题目设计由易到难,由基本到综合再到拓展延伸,使题型多样化,并且能够将题目当堂处理完。

我在"三疑三探"教学模式的实践中,最初对教学模式认识产生一些误区,仅仅停留在技术层面的模仿,未能从思想上深层次领会"三疑三探"教学模式的精髓,缺乏结合自己教学实践的深刻反思,不能将学习成果内化到自己的教学实践之中。随着自己不断地发现与总结,我深刻地认识到教学模式不是固定不变的,更不能拘泥于一种形式,应做到多种模式的互补融合。在长期的实践中,由"形似"到"神似",由最初走进"模式"到最后走出"模式"。我深信,只有在教学实践中敢于质疑、敢于改革、敢于创新,教学才会结出丰硕的果实。

(作者单位:西峡县军马河乡第一中心小学)

"设疑自探"环节操作之"五要"

武鹏举

"设疑自探"是"三疑三探"教学模式的首要环节,是后面三个环节的基础。它关系着一节课中学习的目标、重点、难点的确立,关系着"解疑合探"中探究的深入和开展,同时也是一节课中"知识与能力、过程与方法、情感态度与价值观"的总体规划图。从某种意义上说,它关系着一节课的成败。因此,"设疑自探"是科学运用"三疑三探"教学模式的关键。本人认为,在运用"设疑自探"环节应做到"五要":

一、创设情景要一语中的

"三疑三探"教学模式倡导"疑自学生中来,回到学生中去",所以在创设情景时就要在引导学生的质疑上做文章,要做到语言精练,涵盖面广,并要因课而异,因人而异,因学情而异。其目的是引导学生勇于质疑,有目标地质疑,有重点地质疑,培养学生的问题意识,变教师的"独角戏"为全班的"大合唱",这样才能使"都参与"、"会质疑"的目标得以落实。

比如我在讲授《永不凋谢的玫瑰》一文时,在创设情景中抓住教材主旨:一个小女孩看到校园里的玫瑰花开放了,她挑选了最大的一朵摘下来,被校长和同学们发现了,同学们批评了她,而校长在了解情况后不但没有批评她,反而又奖励了她一朵玫瑰花。对于这个故事同学们有什么疑问?

这样的设计既为学生创设了情景,又让学生有了充分想象与思考的空间;有了文章的重点导入,学生的质疑就必然会围绕文章重点进行,思维有了方向,提出问题就会更有价值。

二、自探目标要简便适度

创设情景之后,为了使学生的思维集中,目标明确,避免学生漫无边际地质疑,就要出示疑探目标(学习目标)。学习目标的出示,既是对学生学习范围的明确,也是对教材重难点的解读,让学生明白了本节课的目的和要义。

那么自探目标所出示的程度应达到哪一步呢?我认为点出课时重点即可,不可"细致入微"。比如,在《丑菊》一文中,有一位教师出示这样的一个教学目标:学习本文中借物喻理的写作方法。

这个教学目标就显得过于细了,学生直接从这一目标中知道了"借物喻理"这个名词,而对这种写作方法特点的理解是一个空白,缺乏探究理解的过程,这与新课改理念中"注重过程与方法"的目标是相悖的。若改动为:本文的写作方法和我们学习的其他写物的课文有何不同?这样的限制,使学生质疑的思维有了明确的方向性与导向性,便于集中力量来解决课时重点,随后探究也就有了目的性,避免了盲目随意。

三、自探问题要去枝留干

面对学生提出的诸多繁杂的问题,教师的取舍分寸是难以把握的。学生的素质不一样,思维的广度与深度也不一样,提出的问题也有难有易。关于这些,有些教师说把预设的问题一出示就行了,但这种方法简单粗暴,它限制了学生的思维。预设是十分必要的,但必须是在教师耐心地梳理与取舍之后。试想,每一位学生是抱着多大的勇气提出这一个问题呀!虽然问题很幼稚、很琐碎,但毕竟是学生思维劳动的结晶。比如,在教《太阳》这篇课文时,为了让学生更快地走入课文,我设计这样的情景:

太阳和我们每天都见面,可是对于我们来说,又是那么的陌生,大家想了解太阳吗?

有些学生提出了下面几个问题:

1. 太阳为什么那么热?
2. 太阳里面是什么颜色?
3. 太阳上生活着什么东西?
4. 太阳有什么特点?
5. 我们可以让太阳在冬天的时候近一些,夏天的时候远一些吗?
6. 为什么要以"太阳"为题?

………

学生有的质疑出乎教师的意料,不在本节课的处理范围,怎么办?细细思量,又在情理之中。我从以下方面进行了梳理与整合:

"同学们提的问题真有意思,问题2、3、5学过课文就会知道,问题1、6我们等课后给大家补充一下课外知识。本节课,我们主要来探究问题4,可以吗?"

通过这样的去枝留干,使每个质疑的学生都感受到了自己受到了教师的重视,也吊足了那些勇于质疑的学生的胃口,迫不及待地想知道答案。这样,学生的学习兴趣被激发,又使学生的学习目标更集中,积极地投入到本节课的学习中去,达到了教师预设的目的。

四、自探内容要灵活具体

教材中所选编的课文,涉及相关文学知识、自然知识、写作方法,由此每节课所要解决的侧重点是不一样的,且每课时的侧重点又不同,不可能在有限的40分钟的时间内面面俱到,倘若那样,岂不成了填鸭式的课堂?每节课要处理哪些问题,教师在布置自探时要做到内容明确、方法具体,不能一句"读课文"即万事大吉。比如,在新授《太阳》一文时,明确给出以下自探提示:轻声读课文1—3自然段,用"——"画出描写太阳特点的句子,用简洁的文字把太阳的特点总结出来,批注在相应的句子旁边。

学生在教师的提示下，学习的目标集中、方法具体、内容明确，即使是学困生解答起来也不困难，同时画出相应的句子，为后面解疑合探中解决难点作了铺垫。

五、自探时间要了解学情

问题明确了，方法给出来了，那么教师是否就可以静等呢？不，在学生自探过程中，教师要深入学生中关注学生的自探过程，了解学生的学习情况，尤其是学困生。教师在深入学生中的时候，应先观察学生学习的深入程度，对于学生在自探提示的领悟中出现偏差时，要做到心中有数，以利于在以后环节进行相应的点拨。

总之，"设疑自探"是"三疑三探"教学模式的四个环节中最关键的一环，它的良好开始标志着整节课已经成功了一半，若能在一节课中将设疑自探的操作流程明细化，那么随后的"解疑合探"将是功到自然成。

（作者单位：西峡县军马河乡大河岗小学）

"三疑三探"教学模式中教师角色的定位

杜一丽

"三疑三探"教学模式需要教师改变自己以往的教学行为。教师对于自己角色的重新定位,几乎等于要改变他们已经习惯了的工作方式,这也给每位教师带来了新的机遇和挑战。我在"三疑三探"实验过程中,不断摆脱自身角色定位的误区,逐渐在"三疑三探"模式的体悟中走向成功。

误区一:"三疑三探"空间自由度小,教师才华无法施展

一些教师误认为"三疑三探"空间自由度小,怕学生自探不能解决问题,合探讨论废话太多,质疑更是漫无边际。

误区二:"三疑三探"比较固定,教师难以灵活运用

一些教师总觉得难以灵活运用这四个步骤,在课堂教学中表现出过多的焦虑感。原因是教师在教学过程中,还不习惯参与学生的学习过程,探究和改变学生的学习方式,学生的需要没有被教师关注和真正解决。

误区三:"三疑三探"强调主体参与,教师"全身而退"

"三疑三探"教学模式强调学生的主体参与,一些教师以为要把教学舞台全部交给学生,自己不自觉地由教学的"首席"走向教学的"边缘",甚至退出教学的"轴心"。

误区四:"三疑三探"倡导合作的学习方式,更多采取"拿来主义"

"三疑三探"教学模式倡导学生合作学习,在与他人合作中,教师往往不顾学生自身特点,一味采取"拿来主义",没有自身的教学风格与特色。

在"三疑三探"教学模式的教学过程中,我慢慢探索出走出教学误区的方法如下:

一、做一名平等的参与者

首先,给予学生充分的学习空间。教师相信学生完全有自主学习的能力。其次,摆正位置,把机会交给学生。教师要"俯下身子"看学生的学习过程,平等地参与到学生的研究中。

二、做一名合格的组织者

教学中,教师要真正把焦点放在学生身上,想想学生在做什么,需要什么,依据他们的学习情况,灵活地安排每一个教学环节,而不是机械地执行课前的课程设计。同时,还应特别关注全体学生,注意学生之间的学习差异,不断地调整教学进程。

三、做一名成功的引导者

首先,激发学生学习的兴趣和强烈的求知欲。通过创设情景,努力挖掘和发挥教材所蕴含的兴趣教学因素,来唤起学生对新知的兴趣,让学生产生学习的意愿和动力。其次,教给学生探索、发现的方法,让学生会探索,会发现,会质疑。教师除了必须把学生自探、合探作为课堂教学的重要步骤外,还需认真对待每一次质疑、运用和拓展的内容,同时加强学习方法的指导。

四、定向发展自身的教育个性

首先,提高综合素质。不将自己禁锢在学科壁垒之中,语文教师可以了解数、体、艺等学科,数学教师也可以涉猎文史、科学等知识,努力使自己拥有多元化的知识结构,成为一名综合型教师。其次,明确自身优势。教师要学会反思自己的教学实践过程,对自己的教学行为、决策及由此产生的后果进行自我反思和与他人合作反思,从中寻找自己的优势。此外,还要在教学实践中加大自身优势,善于煽情的教师可以想想怎样让自己的课堂涌动激情,善于引导的教师则可以努力使自己的教学"润物细无声",教师要朝着充分发挥自身个性潜能的方向发展。再次,逐步形成特色。教师应把自己的个性渗透于自身的教学过程中,通过不断地研究来完善自己,以逐步形成自身的教学风格。

(作者单位:西峡县城区一中)

创新是"三疑三探"教学模式的价值所在

刘显召

新课标明确提出了各学科的教学目标,强调了对学生进行知识与技能、过程与方法及情感态度与价值观的培养,明确了要引导学生从生活走向课堂,从课堂走向社会的教育理念,提出了要注重培养自主创新型人才的教学思想。"三疑三探"教学模式,是新课改下的一种全新的教学模式,创新是它的价值和灵魂。

从语文教学来说,笔者认为恰当地运用"三疑三探"教学模式,可以从时间上和思维空间上,为学生创设自主创新学习的情景,提升学生的情感态度,促进学生价值观的形成,培养学生社会实践和生活联系的能力,提高学生口头语言和书面语言的运用能力以及创新思维的能力。同时,它引导学生由被动学习变为自主创新的学习,张扬了学生的个性,坚定了学生学习的信念,养成了良好的学习素养。因此,"三疑三探"教学模式无论在理念上还是在形式上,创新都是其价值的根本。具体表现在以下几个方面:

一、异中创新

求异思维是创造性思维的核心,"三疑三探"教学模式要求学生凭借自己的智慧和能力,积极独立地思考问题,主动探索知识,创造性地解决问题。为此,我们在教学中可以借助这一模式的自主创新思想,引导学生在求异中创新。例如,在比较阅读教学中,结合课文让学生说说所选的比较文章以及课文的相同点与不同点,让学生学会自主创新设计问题,能够独立地解决问题,做到设疑与众不同,构思标新立异。

二、想中创新

"想"即想象,是人脑对已有表象进行加工改造,从而创造新形象的心理过程。丰富的想象是创新的翅膀,无论是再造想象还是创造想象,对培养学生的自主创新能力的提高都是十分有益的。(1)扩想:扩想是对教材文句的内涵开拓或将课文故事加以扩充,"三疑三探"教学模式注重学生对文本的理解和深层次的感悟,从而让学生想中求新,提升自己创造性的见解。(2)续想:有的阅读材料结尾言犹未尽,十分含蓄,可让学生想象续写,"三疑三探"教学模式中的"设疑自探"就是对材料言犹未尽的想象,"质疑再探、运用拓展"就是结合实际巧妙地运用。(3)联想:联想是由此物想到彼物的心理过程,它把分散的彼此和不连贯的思想片断,连接在一个思维链上。联想往往是创造发明的开端:一是利用"三疑三探"教学模式中的"设疑自探"的方法,结合教材内容联想,要求学生深入挖掘,结合现实,拓展评说;二是开放课堂搞创新,"三疑三探"教学模式注重了开放型的创新,针对一个问题让学生发表各自的不同意见,学生能透过现象看本质,看到现象想结果。

三、疑中创新

学起于思,思缘于疑。"三疑三探"教学模式要求教师鼓励学生质疑,大胆提出不同的意见,引导学生在课前进行预习后的质疑,课中进行深入性的质疑,课后进行延伸性的质疑。这样让学生从"敢问"到"善问",并运用多种方法进行解疑,同时使学生在质疑、解疑中培养创新能力。

四、破中创新

破中创新即突破定势,打破常规,标新立异。"三疑三探"教学模式就体现了这些精神:看待事物不能只看外表,而应抓住实质,否则只会"不识庐山真面目"。为了帮助学生突破定势,产生新的认识,教师可进一步启发学生生疑,让学生找到问题的答案,这样就会出现"柳暗花明又一村"的局面。

五、做中创新

"做"是指导学生学习的必要环节,是知识理解的延伸和升华,是能力形成的前提和基础。"三疑三探"教学模式明确地告诉教师在"做"(合探、再探)字上下工夫,设计一些既能进行语言文字训练,又能包含创新成分的作业题,使学生在做题时一举两得。在此基础上,设计出具有很强的自主创新成分的检测题,进行创造性的模仿,使学生加深对文本内容的理解,从学习模仿中培养学生的自主创新能力。

六、用中求新

"三疑三探"教学模式提倡"用中求新"。一是科学求新,它的实施过程是一个由浅入深、由易到难的过程,既符合学生认知规律,又符合教育规律的科学求新方法;二是实践求新,让学生学会动口,学会动脑,学会动手,学会发表新认识、新见解,学会实际运用;三是参与课堂活动求新,以学生为主体,学生参与形式多样的活动,提出新问题,发表新见解,找出新答案;四是教与学中注意层次求新,在学生学习过程中,分类推进,学困生听得懂,中等生学得会,优等生用得精,不同层次不同对待。

推广"三疑三探"教学模式有着特殊的指导意义:教师实现了"教学生学"到"教学生会学"的思想转变;学习方式由学生单一接受到自主创新的根本转变;为学生提供自主发展的自由空间,使学生自信地释放潜能。此外,这一教学模式促进教师由文化的传承者走向创新人才的催生者,由教育理论的消费者走向先进教改思想的构建者,从而进一步为培养未来社会所需要的创新型人才服务。

(作者单位:西峡县丁河镇一中)

"三疑三探"——用评价点燃师生思维的火炬

杨永旗

新课改倡导"发展性课堂教学评价",发展性课堂教学评价是根据教学目标和价值取向,运用科学的评价手段和方式,对课堂教学活动的诸多因素及其发展变化所进行的评价。它是一项不断地发现、判断和提升课堂教学价值的活动,是教学过程不可分割的组成部分。相对于传统理念,我们应注重转变评价功能、改变评价手段,使课堂评价多元化。可以说,有效的教学评价不但对教师的教学起导向、激励、反思、改进的作用,而且对学生的健康成长和发展起促进作用。在践行"三疑三探"教学模式中,倡导创设多元化的课堂评价机制和平台,作为教师,如果能在实践中摸索出符合教育规律和学生发展需要的发展性课堂评价,我想这既是我们的责任,也是课堂更具生机和活力的源泉。

一、教师要转变课堂评价观念

在传统的课堂教学模式中,评价只是教师的"专利",这样的评价极具片面性,学生常常处于被动接受的地位,根本不利于他们更好地发展。而在"三疑三探"教学模式中,一个学生学习行为的好与不好,不能只由教师来评判,教师也不再是权威,学生有权利对教师的教学行为进行评价。实践表明,有时学生对学生的认可,在一定程度上更能起到激励作用,更能激发学生的学习兴趣。而学生对教师教学行为的评价就像一面镜子,可以很好地折射出教师在课堂教学中存在的优缺点。这就要求教师要在实践"三疑三探"教学模式时,改变传统课堂评价,倡导和实施"师生"、"生师"、"生生"的多元化的发展性评价。

二、"师生"评价的诠释与理解

结合"三疑三探"教学模式的实践,汲取其他同仁的经验,我认为课堂教学过程中"师生"的评价,包括以下几个方面:(1)课堂教学过程中教师根据学生课堂上的表现及时作出的评价,也就是教师对学生的评价,简称"师生"评价;(2)学生针对其他学生的学习行为作出的评价,也就是学生对学生的评价,简称"生生"评价;(3)在课堂教学中也可以鼓励学生对教师的教学进行适当的评价,也就是学生对教师的评价,简称"生师"评价。教学中,教师应引导学生进行自评和互评,让学生参与评价,使评价成为一种双向甚至多向活动。

三、"师生"评价的策略和方法

(一)"师生"评价

课堂上,教师对学生的评价应以正面激励的语言为主要形式,并且激励性评价应具体化。不能都是用"太好了!""你真棒!"等概括、单一的定性语言来表达,而是针对学生的回答,更加具体、准确的定量评价。如"再想想,你会回答得更精彩!""你的想法很有创意""你的方法很独特,我都没想到"等。同时不失时机地穿插一些表情和动作,例如,给他一个赞许的微笑或伸出大拇指表扬等。这样学生可以充分体会到教师对他的鼓励和关爱,也对学生的后续学习的进步和健康成长起着非常重要的作用。

例如,在进行"二次函数与最大利润"复习时,我设置了这样一个问题:某商场将进价为30元的书包以40元售出时,平均每月能售出400个,调查表明,这种书包每上涨1元,其销售量就减少20个。如果你是商场经理,结合这一情景,你最想知道什么?你能用什么样的数学模型解决这一问题?这样做是为了培养学生的发散思维能力,活跃课堂学习气氛,激发学生的学习兴趣,为本节课的学习作了铺垫。学生的回答很精彩,大部分学生立即把这一问题与二次函数的最大利润联系起来,然后提出问题:最想知道当售价为多少时,能获得最大利润,最大利润为多少?对于学生的设问,我的评价是:"你能很快把实际问题与二次函数联系起来,观察得非常仔细,今天你能大胆阐述你的观点,非常勇敢!"此时,另一细心的学生提出:除了最想知道最大利润以外,我还想知道当售价在什么范围变化时,商场就能盈利?对于这位学生的回答,我的评价是:"太棒了!你能够从不同角度思考问题,极具独创性!你很细心,你提出的问题很值得研究!"这样不但激发了学生的学习兴趣,而且顺利地引入了二次函数与最大利润的关系,同时又把二次函数与一元二次方程结合在一起,为后续学习奠定了良好的基础。

(二)"生生"评价

"生生"评价适合学生在合作学习中进行。如果学生对问题的认识意见不一致或需要解决的问题难度较大时,可组织学生进行交流辩论(其实学生与学生之间的辩论就是学生对学生进行评价的很好的体现),通过学生对学生的评价,使问题变得更加明朗,学生就能从更深的层次进行理解。但学生在进行自评和互评时,教师不应做一个旁观者,应该及时给予"画龙点睛"式的再评价。这样不但能使学生会评价,还能使学生逐步养成认真倾听别人发言的习惯。例如,当一个学生回答问题后,教师首先让他自我评价:"你认为自己做得怎么样?"教师在对其进行适当的评价后,然后再让其他同学对其进行评价:"你从他身上学到什么?""其他同学有没有别的想法?""你更欣赏哪一种?"等。这样,学生就会逐步学会评价自己和他人。当学生回答有错误时,教师通过调动学生的积极性,不但纠正了学生思维的偏差,而且为学生提供了一次思考、改正的机会,使学生学习起来更加自信,同时也使他们感受到成功的喜悦。

我曾经讲过这样一个问题:某商场为了吸引顾客,设立了一个可以自由转动的转盘,转盘被平均分成面积相等的20个扇形,其中一份涂上红色,两份涂上黄色,四份涂上绿色,其余为白色。规定:顾客每购买100元的商品,就获得一次转转盘的机会,如果转盘停止后,指针正好对准红色、黄色、绿色区域,那么顾客就可以分别获得100元、50元、20元的购物券,凭购物券可以在商场继续购物;但白色区域则没有购物券,如果不转转盘可以直接获得购物券10元。问:转转盘和直接获得购物券哪种方式对顾客更合算?此问题一出示,学生立即讨论起来:有的学生认为转转盘有时获得购物券,但有时不能获得购物券,而且获得购物券的概率很小,所以他们认为直接拿10元的购物券比较放心。针对学生的这一想法,我随即加以引导:"他说的有道理吗?你们是怎样想的呢?"在我的引导下有的同学则认为前面同学的观点有一定的道理,同时他们也提出自己的观点,他们认为只要转转盘就有机会获得购物券,并且一旦获得购物券就比10元多,甚至有机会获得100元的购物券。所以,这部分同学极力主张转转盘。那么到底哪种说法更正确呢?在此情况下,我就安排了一场辩论会,让意见不同的双方各自阐述自己的观点,正当双方争论很激烈的时候,有个一直不善言语的学生说了一句话:"我觉得刚才他们说的都不是很正确,因为他们只考虑了单个顾客的利益,我认为要比较哪种方式对顾客更合算应该考虑所有顾客的平均利益,而不是某个人的利益。"此言一出,满座皆惊,甚至有的同学带头鼓掌。有了这个学生的这番评价,我就顺理成章地组织学生以小组为单位进行实验验证,最后本节课取得了意想不到的效果,我也因此精心挑选了一本好书奖励这位同学。

(三)"生师"评价

"人无完人",每一位教师在教学过程中难免会出现问题,所以作为一名教师,在教学过程中应该经常组织学生针对自己近期的教学行为进行评价。对于学生给出的负面评价,教师更应该敢于直面,及时向学生反馈自己的改进措施,并邀请学生进行监督。只有这样教师才能更好地发挥优势,改正不足,才能使学生对教师敞开心扉,从而构建和谐的师生关系。

下面是学生对我的一些评价。

优点:

1. 教师能够结合以前的知识拓展新的知识,讲课有趣,我们能在愉快中学到知识。
2. 能够从一题中引出多种不同的题,开阔了我们的思维。
3. 能用我们容易理解的方法解决问题,精彩生动。
4. 能够尊重我们的意见,让我们每个人得到全面的锻炼。

要求:

1. 请多照顾优等生,探究过的题目就不要再重复了。
2. 不要把数学课改成班会。
3. 对于动点数学问题,我们还没找到解决它的技巧,你能否设计一课时呢?

对于学生的评价我都会及时给予反馈,在那节课上我对学生的评价是这样回应的:首先感谢大家对我的信任和鼓励,我保证在今后的教学中继续努力。对于学生提出的要求,我逐一进行了答复。第一个要求我是这样答复的:由于班内大部分同学数学基础不是很好,即使探究过的问题有的同学也未必掌握,以前是为了照顾他们,不过在以后的教学中我会尽量让各层次的学生都能得到发展;对于第二个要求,我则诚恳地向他们表示了歉意,并保证在以后的教学中不再出现类似的情况;就第三个要求,我专门上网查阅了大量有关动点问题的资料,并用几何画板精心制作成课件,运用"三疑三探"教学模式精心设计,并上了一节课,教给学生"如何从动中找到静"的解决问题的方法,收到了很好的效果。这样不但学生的问题解决了,师生关系拉近了,而且学生学习数学的积极性也有了明显的提高。其实,无论是课堂评价的哪一种方式,在"三疑三探"教学模式的每一环节中都可以体现,只要我们留意,评价就会如影随形;只要我们用得恰当,就能更好地发展思维,点燃师生思维的火花,让学生的学习更加自信和有效。

(作者单位:西峡县米坪镇初中)

[学科透视]

这，是一场了不起的变革！
——论小学语文课堂中的"三疑三探"教学模式

方华瑞

实施素质教育给我们一个启发："要有破有立，没有新的东西建立起来，只是破，只是批，解决不了问题。"面对《语文课程标准》反思我们的语文课堂教学，我们无奈耗时低效，我们痛感死教苦学，我们困惑教改无路。

"山重水复疑无路，柳暗花明又一村。"在科研实践中，"三疑三探"教学模式走进了小学语文课堂。随之，我们的课堂焕然一新，我们的教学生机盎然，我们的课改洒满阳光！这，是一场了不起的变革！

一、变革了课堂的主角

忆往日的传统教学：一位教师走进课堂，"今天我给大家讲的是《长征》。全诗共有8句话，下面我给大家讲讲诗句的意思。第一句诗讲的是……同学们把这句诗的意思抄在本子上。第二句诗讲的是……同学们把这句诗的意思抄在本子上……下面把抄的诗意大声地背一背……今天的作业是整首诗抄写两遍，诗意抄写一遍。下课。"整堂课，教师一人从课始讲到课尾，从第一句分析到最后一句，学生不停地机械"翻版"诗句意思！课堂上，听到的基本上是教师一人的声音，看到的基本上是讲台上教师一人的身影！

看今朝的模式新课堂：一位教师走进课堂，"同学们，今天我们一起来学习毛泽东写的《长征》一诗。你认为要学好这首诗，应该解决哪些问题？（学生纷纷提出自己的问题）请同学们带着这些问题，默读课文，把自己读懂的、体会到的内容及时批注在旁边（学生读书思考批注）。你认为他理解得怎么样？请大家评一评（学生积极地发表自己的看法）。你还有哪些不明白的地方？大胆地提出来（学生自主质疑，又自主解疑）。诗学到这里，你认为自己学得怎么样？给自己出一两道题测一测吧，比比看谁设计的自测题有在班级共享的价值（学生动笔出题）"。整堂课，全班学生从课始到课尾，一直在发现问题、提出问题、思考问题、解决问题，非常主动！从整首诗到每句诗，从诗意到情感再到写法，一直是学生在思考、在批注、在交流、在评价、在争论，非常投入！课堂上，听到的大都是学生的声音，看到的基本上是学生互动的身影，甚是活跃！

如今，"三疑三探"教学模式走进课堂，课堂的主角便由教师转为学生，"舞台"上原来的"主角"站到了幕后。"三疑三探"教学模式，使学生获得了真正的"解放"：解放了大脑,真正有了思考的时间和权利;解放了嘴巴,有了发表自己看法、展示个性解读的机会;解放了思想,认识到自己是课堂的主人,可以自主设疑、自读批注、自编习题;解放了空间,使学生感到课堂是乐园,能够奇思妙想、彰显个性、增强自信、超越自我。

由此可见,"三疑三探"教学模式革除了那种以"应试"为唯一目的,不利于学生的身心健康,剥夺学生的自主意识和创新精神,压抑和排斥学生个性与主体地位的畸形教学。"三疑三探"教学模式变革了课堂的主角,真正体现了教育的根本任务是教育人、培养人、发展人;教育的核心是发现人的价值,发挥人的潜能,发展人的个性;素质教育的实质在于创造个性发展的条件,保证个性发展的方向,实现个性发展的目标。同时有力地阐释了"教育的对象是人,是活生生的人,是完整的有思想、有意识的人,是具有主动性、创造性和发展性的主体精神的人,他们不能被动地受支配而机械发展,不能被'一刀切'片面发展,也不能使主体受压抑而畸形发展"这一思想的内涵。

二、变革了学习的方式

《语文课程标准》提出:学生是学习和发展的主体……倡导自主、合作、探究的学习方式。教学内容的确定、教学方法的选择、评价方式的设计都应有助于这种学习方式的形成。"三疑三探"教学模式革除了以往课堂教学的"四个一"(即一讲到底,满堂灌;一练到底,满堂练;一问到底,满堂问;一读到底,满堂背);革除了以往课堂上学生单纯以乏味听、机械背、重复抄为主的苦学方式;很好地体现了《语文课程标准》的理念,给学生搭建了自主批读、合作解疑及多元探究的平台。

(一)强化自主式学习

长期单一的讲授式学习,学生自然而然地被异化为知识器皿,教师讲了我会,教师不讲我就不会;教师讲多少我会多少,被动地装死知识。课堂跟着教师转,顺着教师念,学生失去了灵性,失去了思想,失去了自我。"三疑三探"教学模式则强化了自主式学习。对学习课文,学生自己先设定阅读问题,不再一味地让教师"牵着鼻子走";对问题的理解,学生自己先读书思考体会批注,不再一味地听教师分析灌输;对疑难的重点语句,学生自己发挥学习伙伴的作用,生生合作,资源共享,不再机械地"翻版"教师的标准答案;对识字阅读习作的方法,学生自己在语文实践中去发现、总结,不再一味地直接从教师那儿"拿来";对每个新知识的学习,不是从零教起,而是充分利用学生已有的知识积累和生活经验,先学后教;对课堂练习改变教师出题学生做的单一方式,提倡学生自己出题测自己,人人出题相互测,化被动为主动,融巩固、深化和创新为一体。

(二)注重合作式学习

合作意识、团队精神和互助品行是现代社会要求公民所具备的良好的人文素养。"三疑三探"教学模式,变革了"师——→生"这一单向的学习方式,建构了以学生为"主体",由学生自己、学习伙伴、教师、文本、作者、家长及其他媒体共同搭建的多维的学习网络体。这一网络体拓宽了学生合作的领域,扩大了合作的对象。学生可以根据学习活动的需要选择合适的合作对象。在这一多向的、互动的、合作式的学习中,学生一方面获得了多元的、鲜活的、丰富多彩的信息;另一方面,学生在合作中能够激发灵感,活跃思维,深化对问题的认识;再者,在合作中学生还可以学习到表达交流的技巧、察言观色的门道等,丰富了人生阅历。这一学习方式可谓"一箭多雕"。

（三）倡导探究式学习

牛顿发现苹果落地,探究出万有引力定律;瓦特发现壶盖跳动,研究发明了蒸汽机等。实际上在人的心灵深处,都有一颗发现的种子,都有一股探究的欲望,尤其是小学生的猎奇心、探究欲更为强烈。只是在以往的教学中,教师不相信学生,怕学生说错、说不好而耽搁有限的教学时间,于是就扼杀了学生创新的思想,泯灭了学生探究的热情。实践证明:强迫性的教学,学生是不会将教师讲的知识保存在心灵里的。"三疑三探"教学模式革除了灌输式教学,倡导了探究式学习。课堂上,为学生提供探究的机会,营造探究的氛围,搭建探究的平台,以"探"为策略,学生不"探",教师不讲。如写字教学渗透"发现"的思想:让学生观察课后田字格中的"水"字,说说自己发现了什么。有的学生说"水"字共有四画;有的说"水"的竖钩写在田字格的竖中线上;有的说"水"先写中间,后写两边等。在"发现"中,学生悟到了构字规律及写字的要领。在阅读教学时,对文本的解读,对词语的理解,对重点句的感悟,对写作方法的领会,都是学生在探究提示下进行独立思考和潜心批注的。实践证明:课堂上,只有让学生经历一次次的"发现"、"探究","自主识字"、"自能读书"、"自能作文"才能成为现实;课堂上,只有让学生经历"发现"、"体验"、"探究",获得的知识与方法才是牢固的、深入人心的,收到的启迪与影响才深刻,学习活动才有趣;课堂上,也只有让学生经历一次次的"发现"、"探究",创新的意识、发明的梦想才会根植学生的心田,才会一步步迈向成功。

简言之,"三疑三探"教学模式,变革了以往陈旧的教学方式,充分发挥了课堂教学的多种功能,不仅传授了知识,而且培养了学生的品德与良好个性;不仅使学生知其然,而且使学生知其所以然;不仅开发了学生的智力因素,而且培养了学生的非智力因素;不仅使学生参与学习,而且使学生学会学习;不仅培养了学生的一般能力,而且培养了学生的实践能力和创新精神。

三、变革了评价的方法

《语文课程标准》提出:语文课程应致力于学生语文素养的形成与发展。敢于评价、学会评价是学生语文素养中不可忽视的一个方面。以往的语文课堂教学,教师也注意了"评"。但这个"评"有点"独断",它是教师一人说了算,学生自始至终处于被评地位,没有发言权与评判权。如指名读书后,教师独自下评语:"你读得真棒!"或"你读得不好!"再如对学生的习作,总爱说些一面之词:"你的作文题材不新"或"你的作文重点不突出"等,教师简短的评语熄灭了学生创新思维的火花,断绝了学生发表独到见解的去路。"三疑三探"教学模式,要求教师变革评价方式,下放评价的权利,拓宽评价的范围,注重评价的过程。指导学生读书,以评促读,评中学读,读评结合。首先,让学生发表各自的见解,允许学生钻牛角尖,允许学生吹毛求疵;其次,教师发表自己的看法,引导学生客观地评价,科学地评价。评价学生的习作,发挥集体的力量,组织学生自评——互评——小组评——集体评;用发展的眼光来评价,因人制宜,抓其闪光点,保护自尊心,呵护其习作的兴趣。交流读书收获，把交流与评价结合起来，在评价中深化理解、完善认识、激活思维、诱发灵感。教师转变了评议方式，把"评"的权利下放给了学生，把"评"的机会留给了更多的学生。在此过程中，学生逐步学会了自评与互评，并且敢于正视自己、评价教师和评判教材。只有在一次次的评议中张扬个性、展示自我，才能培养出一个个鲜活的、有思想的人。

四、变革了备课的模式

以往的课堂教学以教师讲授为主，基本上不考虑学生的因素，所以教师的备课就相对省事且简单。大多数教师是把《教师教学用书》上的内容或教学案例"翻版"下来，然后在课堂上照本宣科，认为是"考点"的部分，就再次让学生"翻版"所谓的"标准答案"。似乎教学只需要"翻版"，不谈技巧，不讲艺术。这样的备课，只能使教师越教越笨，越教越不会教！采用"三疑三探"教学模式，单靠老办法"翻版"是驾驭不了课堂的。它要求教师必须变革备课模式，要求教师备课做到"新四备"：(1)备文本。对文本的解读仅仅局限于重点、难点、教学目标和练习设计是不行的。"三疑三探"教学模式还要求教师熟读文本，备文本的整体把握，备文本主题的价值取向，备文本的最佳设疑点，备解决重点问题的突破口，备重点语句解读的多元性，备文本的个性化朗读等。而这些关键的内容又恰恰是教参上没有的，也是"翻版"不来的，需要教师自己动脑子思考。这就逼迫教师自己去深入地钻研教材。(2)备学生。备学生不仅仅要备学生的年龄特点、认知水平，更要关注学生的思维特点、质疑能力、自学习惯、合作意识、探究水平、学习方法及现有的语文素养。学生的思维会在哪里碰撞？会在哪里阻塞？学生的设疑状态如何？设疑质量如何？可能设哪些疑？学生自探需要多长时间？合探预设的侧重点在哪里？本节课学生自编题的核心是什么？怎样引导学生自编题来体现本节课的重点？……这些都需要教师悉心研究，一一剖析。(3)备学路。采用"三疑三探"教学模式，并非要千课一道腔或陷入模式化。不同的文本有不同的学路。这就需要教师结合《语文课程标准》，对该年段提出的学习目标，针对文本特点，预设出恰当的学路。如引导学生在哪儿设疑，自探合探的过程中应侧重让学生习得哪些方法与能力，情感、态度和价值观该如何有机渗透……学路不清，功半事倍。(4)备自己。即教师要审视自我、分析自我。备自己对文本的解读是否正确、全面和深刻；备自己对课堂生成的处理是否有把握、有方法；备自己是否能够灵活应对学生设疑、质疑和解疑这些不确定的情况；备自己的知识储备、文化积淀是否是一桶解渴的"纯净水"；备自己处理本节课的精神状态与情感基调是否能够做到与学生零距离、与文本相吻合等。知己知彼，方能游刃有余。

备课模式的变革，"逼迫"教师钻进教材，走进学生；"逼迫"教师立足学生，超越自我；"逼迫"教师自主"充电"，厚积薄发；"逼迫"教师更新育人观，树立大教学观。在"逼迫"下，教师会上课了，爱思考了，勤读书了，也变得智慧了，有素养了。

苏霍姆林斯基认为：完善的智育，一个非常重要的条件，就是教学方法、课的结构以及课的所有组织因素和教育因素，都应当与教材的目的和教育相适应，与学生的全面发展相适应。"三疑三探"教学模式，就是一个相当完善的智育活动过程，因为它要求课堂教学必须重视学生的整体素养的提高,而不是仅仅获得一些知识和应试能力;它要求课堂教学必须面向全体学生,尤其重视学困生的教育,而不是只管那些学习成绩好的学生;它要求课堂教学必须充分体现学生的主体地位,充分调动学生参与的积极性,而不是简单地只把学生看成被动接受教育的客体。

"谁掌握了科研,谁就掌握了明天。"

站在课改的门槛上,认真审视"三疑三探"教学模式,我们有理由相信——明天会更好!

(作者单位:西峡县基础教育教学研究室)

"三疑三探"与学生创造性思维能力的培养

王 俊

所谓创造性思维能力,指的是一种具有开创意义的思维活动,即开拓人类认识新领域、开创人类认识新成果的思维活动。21世纪呼唤创造性人才,国与国之间的竞争归根到底是人才的竞争。如何培养有创新精神和创造能力的新型人才,越来越成为社会关注的一个焦点。"三疑三探"教学模式的提出,为培养学生的创造性思维能力搭建了平台,为学生成长提供了成功的跑道。

一、质疑——创造的起点

善于发现问题,善于提出问题,这是人类创造性活动的第一步。爱因斯坦曾说过:"提出一个问题往往比解决一个问题更重要,因为解决问题也许仅是一个数字上或试验上的技能而已。而提出新的问题、新的可能性,从新的角度去看旧的问题,都需要创造性的想象力,而且标志着科学的真正进步。"但在长期应试教育的背景下,形成了教师讲、学生听,教师问、学生答的现象。学生作为学习的主体,质疑的权利在无形之中被剥夺了。"三疑三探"教学模式的提出,就是要解放学生的大脑,使他们敢想;解放学生的口,使他们敢问、敢说;解放学生的手,使他们敢做。

"三疑三探"教学模式彻底改变了传统教学中教师讲、学生听,教师问、学生答的现象,它提倡在学生初读课文、整体感知的基础上,梳理出可供学生研读探究的一两个能够统领全文而又富有挑战性的问题,放手让学生去自读自探,合作交流。所谓"富有挑战性",不仅指的是问题的覆盖面大、穿透力强,而且要足以激起学生的"头脑风暴"。如有的能够刺激学生对课文信息重组的兴趣,有的能够引发丰富的联想,有的能够引导学生作多向的推理,有的能够挑起不同意见的争辩,有的能够鼓励学生进行有创意的发现。总之,充满了如《语文课程标准》提出的"阅读期待"、"阅读反思"、"阅读批判"和"阅读创新"的种种机制。

二、探究——创造的过程

在"三疑三探"理念下的课堂教学中,教师真正把课堂教学的时间和空间还给了学生,为学生搭建了自主探究和发现的操作平台,把探究、发现的主动权,时间支配权和空间占有权真正还给学生。在传统的课堂教学中,学生听教师的,教师看教参的,"标准答案"

像"紧箍咒"一样禁锢着学生的头脑。事实上,让学生大胆说出自己的见解,无论正确与否,都是对他们求异能力的培养,何况教师、教参、前人的观点并不是完全正确、一贯正确的。因此,我们应该鼓励学生大胆提出自己不同于教师、不同于前人的见解,积极培养他们的求异思维能力。有时候学生的求异未必有多少道理,但是大胆求异的过程,却加深了学生对教学内容的理解,培养了学生用批判的眼光看问题的能力,更重要的是他们养成了爱思考、不盲从的好习惯,而这正是创造性人才必须具备的重要品质。

曾经听过《苏珊的帽子》这节试验课,其中一个教学片断令人印象深刻。那天的课堂上,在教师的启发下,绝大部分都学生形成了"教师的办法真好,巧妙地解决了苏珊的难题"的共识。可唯有一位学生站起来提出了异议——教师的办法不一定合理!这样的回答显然出乎教师的意料。可喜的是,教师并未训斥学生,而是耐心地问:"为什么这样说?"孩子认真地回答:"老师让所有的同学戴上帽子,如果戴上几天时间还可以,但如果是一年四季戴帽子,谁能受得了呢?其实,老师可以把苏珊的病情告诉大家,相信同学们不会因为苏珊光着头而去嘲笑她的!"孩子的回答虽然充满童稚,却不是没有一点道理。不可否认,课文中的教师是一个很有爱心的人,她为了维护苏珊的尊严编造了一个"善意的谎言"。但是,当我们站在几十位学生的角度来看待教师的这种做法时,就理所当然地对这种做法的合理性提出了质疑,因为一年四季戴帽子对大多数人来说是不现实的。童言无忌,孩子的发言并不一定完全正确,但是它充分体现了大胆质疑的精神,闪烁着智慧的火花。如果教师为了完成自己事先写好的教案,为了自己的上课思路不被打断,就会把学生极富创造性的见解扼杀在摇篮之中,同时扼杀的可能还有学生对学习的兴趣和积极性。

三、拓展——创造的结晶

在"三疑三探"教学模式的运用拓展环节中,改变了以往教师出题的形式,提倡由学生自主出题,测试自己或同学,这种做法使学生化被动为主动,创造的火花被点燃。如在执教《南海上的明珠》这篇课文时,教师改变了传统的布置作业的做法,而是让学生为自己设计一份作业,把收获和体会用最擅长的方式表达出来。第二天,学生交上来的作业可谓"五花八门",极富个性。有的作业图文并茂,依次画着三幅图画:第一幅图是一望无际的海滩,闪闪发光的贝壳,远处浪花朵朵,渔帆点点;第二幅图是椰林风光,一棵棵高大挺拔的椰子树,绿荫如伞,硕果累累;第三幅图是游人坐在海边的礁石上,面对着大海,欣赏夕阳西沉的美景。有的同学用收集到的资料办了一张"海南风光"的手抄小报,生动地介绍了海南的著名景点和地方特产,连旅游线路也介绍得很清楚;有的同学模仿《走遍中国》栏目将课文改编成了一篇精彩的解说词;有的同学自编自创了新的歌词:"请到宝岛海南来,这里四季春常在……"翻看着同学们的作业,使人惊喜和振奋,原来他们如此地富有创造性。他们根据个体差异,灵活地选择了适合自己的表达方式,真正成为了学习的主人,释放出了巨大的创造潜能。试想,如果还是由教师按部就班地布置作业,学生还能很高兴地去完成作业吗?即使认真去完成了,又有多少份精彩的作业呢?由此可见,在课堂中,我们何不多为学生提供一些创造性思维发挥的空间,让整个课堂也活起来呢?

总之,"三疑三探"教学模式立足于培养创新型人才、促进学生终身发展的根本目标出发,无论是设疑自探、解疑合探、质疑再探,还是运用拓展,每一个环节都渗透着浓厚的改革意识和时代精神。随着"三疑三探"在课堂教学中的逐步深入和不断推广,必将点燃学生创造性思维的火花,促进学生的全面发展和终身发展,使学生成为具有创新精神和实践能力的新型人才。

(作者单位:西峡县基础教育教学研究室)

一种促使师生共同发展的教学模式
——谈小学数学中的"三疑三探"教学模式

王星楼

"三疑三探"教学模式（以下简称"三疑三探"），在小学数学课堂中的一般操作流程是：设疑自探——解疑合探——质疑再探——运用拓展。通过实验研究，笔者认为"三疑三探"是一种渗透着全新教学理念、能促使师生共同发展、高效便捷的教学模式，这种课堂更能体现出小学数学蕴涵着的价值和魅力。

一、"三疑三探"是数学课程标准基本理念的着陆点

《数学课程标准》指出：有效的数学学习活动不能单纯地依赖模仿与记忆，动手实践、自主探索与合作交流是学生学习的重要方式"。"三疑三探"正承载着这一基本理念。因为在"三疑三探"的课堂中，学生对知识的获取主要是通过设疑自探和解疑合探这两个环节实现的。设疑自探要求学生根据自探提示，或通过阅读教材，或通过动手实验操作，或通过观察、猜测、验证、推理等，独立对所学的知识进行探究。解疑合探环节是在学生通过自探对知识有了一定的认识、理解的基础上进行的。本环节主要通过检查学生自探情况，发现疑难问题，组织学生合作交流共同探讨完成对新知的认识、理解和掌握。基于模式这样的基本操作要求，同时教师也能按此模式进行教学，这就使课标的理念真正实现了在课堂教学中的软着陆。

《数学课程标准》还指出：数学教学活动必须建立在学生的认知发展水平和已有的知识经验基础之上。教师应激发学生的学习积极性，向学生提供充分的从事数学活动的机会，帮助他们在自主探索和交流合作的过程中真正理解和掌握基本的数学知识与技能、数学思想与方法，获得广泛的数学活动经验。学生是数学学习的主人，教师是数学学习的组织者、引导者与合作者。运用"三疑三探"进行数学教学，能把这一理念体现得淋漓尽致。综观"三疑三探"数学课堂的教学程序，无处不是在体现着这一理念。第一环节设疑自探中对旧知的复习，是教师设计一组与新知有密切联系的旧知习题，让学生进行练习，唤起学生对已有知识的回忆，为新知的学习搭桥铺路。这与"数学教学活动必须建立在学生的认知发展水平和已有的知识经验基础之上"的理念不谋而合。在复习旧知的基础上，教师创设恰当的情景，设疑激趣，引入新课，使学生处于"悱"、"愤"状态，然后出示学生依据课题提出的问题归纳整理而成的自探提示，组织学生进行独立、自主的探究。接下来的解疑合探、质疑再探、运用拓展等环节，也全是教师组织学生自主对知识进行探讨交流、完善补充、归纳总结和练习运用。这又与"教师应激发学生的学习积极性，向学生提供充分

的从事数学活动的机会,帮助他们在自主探索和交流合作的过程中真正理解和掌握基本的数学知识与技能、数学思想与方法,获得广泛的数学活动经验"的理念不谋而合。"三疑三探"彰显出学生是数学学习的真正主人,教师只是数学学习的组织者、引导者与合作者。

二、"三疑三探"是促使教师专业成长,提高教学能力的驱动器

运用"三疑三探"进行教学,教与学都是围绕"自探提示"这一中心进行的。自探提示中问题设计的成功与否关系到一节课教学的成败。自探提示中的问题虽然是先由学生根据课题提出,教师再进行归纳整理、补充完善而得,但课前教师必须要对自探问题进行全面预设,保证出示的自探提示恰当准确。自探问题的设计有以下基本要求:一是问题必须围绕教学的重难点结合学生的知识经验和自学能力进行设计;二是问题的表述要简明扼要,让学生一看就明白问题是什么;三是问题的排列要符合知识形成过程的逻辑顺序;四是问题的表述中还要适当加上如"看一看"、"摸一摸"、"量一量"、"算一算"、"折一折"、"拼一拼"等指导学生如何自探的词语,帮助学生选择恰当的探究方法,提高自探效率。教师要想设计出理想的自探提示,就必须加强业务理论学习,提高能力。首先要认真钻研教材和课程标准,了解掌握教材的编排体系,理清每个学段、每册教材、每个单元和每个课时的知识体系,准确领会教材的编排意图,准确把握每节课的教学要求和教学重难点,这是设计好自探提示的基础。同时,教师还应加强其他教育教学理论的学习,提高自己的综合素质,使自己具有围绕一节课的重难点,根据知识的形成过程提炼设计出表达准确和结构严密的问题的能力,为设计好自探提示练好"内功"。

另外,在质疑再探环节中,让学生根据所学知识发散质疑时,由于现在的学生通过网络、电视等媒体接触的知识比较广泛,提出的问题很可能千奇百怪,涉及各个方面,教师要想应对自如,给学生以准确的解释,满足学生的求知欲望,每节课前教师都必须做好知识储备,包括与本节相联系的后续知识,与本节相联系的其他学科的知识以及其他各方面的知识。这要求教师必须博览群书,将各科知识融合,以满足教学的需要和学生的需求。

三、"三疑三探"是学生持续发展的人生课堂

"三疑三探"各个环节设置的特性,确立了学生是学习主人的地位,有利于提高学生的整体素质。它反复"疑"、"探"的过程,让学生终生受益。

在设疑自探环节中,首先,教师应创设恰当的情景,设置疑惑,引发学生的认知冲突,激发学生的求知欲望,培养、提高学生的学习兴趣,只有这样才能使学生喜爱数学,使学生乐学。其次,教师应让学生根据课题或学习内容提出问题,培养学生敢于质疑问难的意识及发现和提出问题的能力。学生问题意识的增强,就会潜在地激发学生的探究欲望和创造性思维。试想:如果牛顿没有强烈的问题意识,就不可能有万有引力定律;爱因斯坦没有问题意识,也不可能有发现一个问题比解决一个问题更重要的睿智论断。再次,学生要独立解决自探提示中的问题,就必须调动自己的所有潜能,采取不同的方法来探究问题的

答案,长期这样就能提高学生的阅读分析能力、动手操作能力、观察分析能力、猜测验证能力、概括归纳能力、逻辑思维能力等。这是创新型社会人才的根本特质。

在解疑合探环节中,首先,学生要发表自己对问题的认识和理解,而要想有条理、清晰地表达出自己的观点,就必须理清思路、锤炼语言。这一过程可培养学生的语言表达能力和逻辑思维能力。学生有了好口才,对他们以后的生活和工作是会有很大帮助的。其次,学生要会倾听、会评价。要注意倾听别人的观点,辨析其中的正误,从中汲取自己认为正确的观点,来补充、修正和完善自己对问题的认识理解。这一过程可以潜移默化地培养学生正确评价他人,取人之长,补己之短,完善自我的意识和能力。再次,学生要会与人合作交流、讨论辨析。遇到疑难问题,个体解决不了的要进行同桌、小组或全班的合作交流、讨论辨析。这一过程中,不但能培养学生的语言表达能力、辩论能力、与人合作的能力和交际能力,而且还能激发学生思维的敏捷性。因为学生都具有争胜好强的心理,在交流讨论的过程中都想先说出问题的正确答案,这就能激发学生思维高速运转,从别人的只言片语中捕捉信息,然后快速在自己的大脑中进行处理加工,思考解决问题的办法,尽可能在第一时间说出答案。

在质疑再探环节中,教师应先让学生对学习内容提出还存在的疑问,再进行探究。这一过程不但能促使学生完全理解并掌握所学知识、不留疑问,而且还能培养学生及时进行反思、查找不足和补充完善的习惯。这时学生提出的问题可能是因新旧知识的联系而产生的,也可能是因新知识面的扩展而产生的,还可能是由新知识的启发而想到以后要学习的知识,更可能是联想到现实生活或其他学科而产生的奇思异想。这一层面的质疑再探不但能培养学生的质疑能力和构建知识网络的能力,而且还能培养学生发散思维和创新思维的能力。

事实证明,使用"三疑三探"教学模式进行教学,学生的综合素质会得到较大提高,实验班的学生不但学习成绩名列同级前茅,而且在学校组织的各类比赛中也力拔头筹。运用"三疑三探"教学模式所培养出的各种能力,是人生发展过程中必须具备的,这为学生的可持续发展奠定了良好基础。

(作者单位:西峡县基础教育教学研究室)

"三疑三探"教学模式
与学生问题意识的培养

魏华光

纵观一切发明创新、科学发现都是从"问题"开始的,"问题"不仅是整个科学探究过程的起点,而且也是探究活动各个阶段的动力。因此,要引导学生进行科学探究,培养其创新精神,首先就一定要培养学生的问题意识。实践证明:正确使用"三疑三探"教学模式,能很好地积极培养学生的问题意识,使学生敢问、想问、会问。

一、"三疑三探"课堂教学模式使学生"敢问"

学生思想活跃,求知欲旺盛,对事物有着强烈的好奇心,这是问题意识的"种子"。然而,这颗"种子"能否萌芽,取决于是否有一个合适的环境和氛围。因此,教师要转变教育观念,在教学中营造宽松、自由的教学氛围,建立平等、民主、和谐的师生关系。在课堂教学中"少一些不准,多一些允许",学生答错了允许重答,答不完整的允许补充,没想好的允许想好了再答,允许学生提出一些奇思妙想的问题。当学生提出一些不着边际的问题时,教师应以和蔼的态度、赞许的目光,在宽松、民主的氛围里给予积极的肯定和鼓励。

在使用"三疑三探"课堂教学模式的教学过程中,教师要经常组织"提问竞赛"活动或进行"会晤式"(同桌间)、"商讨式"(小组内)、"谈判式"(全班中)等形式的提问,以生带生,引导学生从不敢问到敢于提问,对于提问题的学生,要以信任的目光、关爱的举止及时给予鼓励,尤其是对学困生,要多给提问的机会,经常问问他们有什么问题不懂。只要学生提出问题,教师都要加以表扬,以保护他们大胆提问的热情。日久天长,学生就会逐渐养成敢于提问的良好习惯。

二、"三疑三探"课堂教学模式使学生"想问"

在课堂教学中,常有一些学生在学习中发现不了问题,提不出疑问。在学生具备了敢于提问的心理后,教师应根据不同的教学内容,充分利用语言、实物、电教等各种教学手段,想方设法利用各个教学环节,创设出一种让学生想要提问的情景。

(一)利用直观手段或实物展示

教材已经提供了一些比较详细的文字介绍与插图,教师可以组织学生通过看实物、书本,引导学生提出问题。如在教科学三年级上册《寻访蚂蚁》一课时,把课前准备的蚂蚁放在生物盒中,让学生用放大镜进行观察。学生马上提出了许多问题:蚂蚁最爱吃什么?蚂蚁有哪些种类?它们各有什么分工?它们是吃什么食物的?蚂蚁有牙齿吗?蚂蚁那么多的腿,到底有几条?等等。

(二)创设悬念式情景

针对学生好奇心强的特点,教师要将学习的知识创设于新奇的悬念式的情景中,从而引发学生的问题意识,使他们想问。如在教科学三年级下册《猜猜看》一课时,教师把空纸杯和盛水纸杯分别放在点燃的酒精灯上。让学生猜猜看空纸杯能燃烧吗?盛水纸杯的水能烧开吗?给学生留下悬念,使他们产生好奇。这就可以引导学生以极大的兴趣投入到探究活动中去,从而揭开其中的奥秘。

(三)设置体验活动

在科学课教学中,学生的亲身经历活动已成为不可缺少的或者说是主要且基本的教学环节,我们应鼓励学生对亲身经历的熟悉的事进行提问。如在教科学四年级下册《我们在呼吸》一课时,让学生举行憋气活动比赛,在保证安全的情况下,看谁憋气时间长。比赛后让学生说说自己的感受,学生们会提出很多问题:人呼吸有什么作用?人不呼吸为什么那么难受?每个人憋气时间为什么不一样长?最长憋气时间有多长?为什么有些动物生活在水里不会被憋死?等等。

当然,使学生产生问题意识的方法还有很多。如听故事提问、看课件提问、做游戏提问、做实验提问、在观察中提问、在实践活动中提问等。教师要善于运用"三疑三探"教学模式和各种教学手段使学生产生问题、提出问题,特别是在具体情景中要让学生感到困惑,产生认知矛盾,提出问题。

三、"三疑三探"课堂教学模式使学生"会问"

当学生具备了主动提问的问题意识后,往往会出现提问的质量不高,不能切中新知识要害的现象,有时还会提出一些与学习内容毫不相干的问题,浪费了课堂时间。因此,除了让学生敢问、想问,教师还要让学生会问,引导学生问一些能促进学生思维和创新意识发展的"好问题",问一些有价值的、有批判性的问题。

(一)做好"问"的示范,教会学生问的方法

教师要想提高学生提问的质量,不仅要做好提问的示范,站在学生的角度去提问,还要告诉学生提问的方法,并指导学生从四个方面入手来提问,即是什么?为什么?怎么样?如果条件变了,又将怎么样?具体有以下两种方法:

方法一:抓住矛盾提问。如眼球晶状体相当于凸透镜,而凸透镜成像规律告诉我们凸透镜成的实像都是倒立的,为什么我们眼睛看到的景物却是正立的呢?

方法二:假设条件提问。如假如地球的自转方向变成自东向西,会带来什么变化?

有了方法,学生就可以自己去发现、回答自己的疑问,从而进一步激发学生的问题意识。

(二)引导学生敢于质疑,提出更有价值的问题

要提出有价值的问题,首先是"追寻原因"的问题,一般称为思考性问题,因为它能吸引人思考,或者是经过思考才可以回答。它能促进学生思维和创新意识的培养,是教学中的"好问题"。如在教科学三年级上册《探访蚯蚓的家》一课时,引导学生提出像估计在什么地方能捉到蚯蚓?蚯蚓喜欢吃什么等问题促进学生思考,使学生在强烈的质疑之后提出进一步的问题来。如蚯蚓一分钟能爬多远?蚯蚓的邻居有哪些?等等。

教师要善待提问的学生们,让他们在教师积极肯定的评价中强化问题意识。教师可以对问题进行分类、甄选和鉴别,找出课堂上可以着手研究的问题,作为本节课的自学提示,并出示本节课的教学目标进行研究。同时对学生提出的问题表达出自己的积极反应,如"你的想法真的很奇妙"、"它对大家很有启发"、"从你提出的问题,可以看出你的知识面很广"、"这个问题对我们很重要"等;也可以采用其他鼓励方式,如鼓掌、伸出大拇指、做一个OK的手势、荣誉命名等。

总之,在教学中,我们要坚持运用"三疑三探"课堂教学模式,注重把学生的问题意识培养当做一项重要任务去完成。只有这样,学生才会在课堂上敢提问、想提问、会提问;培养学生的创新思维、创新精神,才不会成为一句空话。只有这样,"三疑三探"教学模式才真正达到了预期效果。

(作者单位:西峡县基础教育教学研究室)

"疑""探"结合
为品德与社会课教学注入活力

宋玉强

"三疑三探"教学模式是品德与社会课深化课程改革、优化课堂结构的很好载体。它从改善师生教与学的方式入手,倡导学生主动参与、乐于探究、勤于动手,培养学生搜集和处理信息的能力、获得新知识的能力、分析和解决问题的能力以及交流与合作的能力。通过疑探结合,学生不仅能够主动提出问题,而且学会了独立思考问题。让学生亲身经历以探究为主的学习活动,可以培养学生敢于质疑、敢于探索、敢于表达的勇气,引导学生去分析、探究并解决问题。它解决了长期以来,品德与社会课教学的最大"硬伤",即空洞说教和纸上谈兵。它的先进性具体表现在以下几个方面:

一、"三疑三探"教学模式激发学生的学习兴趣

"三疑三探"教学模式是从问题入手,通过创设问题情景,引导学生主动产生疑问。这样做的好处就是能够营造一种课堂氛围,触动学生的神经,使他们产生需求,激发愿望,积蓄能量,进而促使积极心理效应的产生,让学生的好奇心在教师的引导下,转化成强烈的求知欲望和探究行为,从而有效地调动学生学习的主动性、积极性,引导学生在生活的认识和体验中既学会做事,更学会做人,在做事中学做人,在做人的指导下学做事。将过去那种被动、封闭、接受性的学习方式,转变为以学生自主学习为主的学习方式。

二、"三疑三探"教学模式关注学生的学习过程

"疑"是问题,"探"是解决问题的学习方法。"三疑三探"教学模式强调学生在自主学习的过程中,学生可以自主选择自己喜欢的学习方式、学习进程和学习问题。带着"疑"去自我发现、自我解决,感受成功的快乐。通过自己的体验,来感受世界和认识世界。更重要的是它有利于培养学生的探究学习能力、社会交往能力、创新思维能力及道德实践能力,有利于培养学生的自主精神。在学生自主探究学习的过程中教师是为学生解除困惑的帮助者,是激发学生探究欲望的激励者,是保证活动顺畅进行的协调者,更是在探究路上与学生结伴而行的同行者。它改变了"以往说教式的教学,直接把现成的结论告诉学生,没有给学生自主发现问题、自主探究问题、自己获得结论的机会"的被动局面。

三、"三疑三探"教学模式培养学生合作与共享的品质

合作探究学习的目的是：在集体中探究个体无法解决的疑难问题，在优势互补中使得个体对问题的理解更加丰富全面，思维向深度和广度发展，感受合作共事和分享成果的快乐。学生在课堂实践中的探究过程，是获取知识、方法和情感体验的过程。合作探究解决了在自我探究学习中解决不了的问题，使学生看到那些与自己不同的理解，感觉到与自己不同的体验，更加全面和深刻地理解人、事、物；合作探究培养了学生在合作中与人协调和施展自我的合作精神及合作能力，为促进学生的可持续发展提供了原动力；合作探究使学生养成了会展示、会倾听、会评价、会质疑、会讨论和会总结的习惯，从而打破了课堂教学的时空模式，把学生带到各种时空和情景中，让其在活动中学习，在交流讨论中学习，在交往中学习，使学生由"自然人"逐步演变成"社会人"。

四、"三疑三探"教学模式建立起良好的师生平等关系

"三疑三探"教学模式在教学过程中关注的是全体，尊重的是个体的差异。学生在自主探究的过程中会不断发现新问题，他们会根据自己的认知水平提出独特的见解。教师在施教中不能草率地否定学生发表看法、提出见解及参与探究活动的权利。建立平等的师生关系，是进行有效师生对话的前提。课堂教学是一项创造性的劳动，几乎每个教师都会面临即时的挑战和抉择。如何应对教学预设之外的问题，考验着教师的教学技能和课堂水平。"三疑三探"教学模式强调教师要及时捕捉有价值的课程资源。实践证明，许多课程资源都是在互动教学、对话教学的过程中不断涌现和生成的。在课堂教学过程中，教师自身所蕴含的课程资源和学生自身所蕴含的课程资源，只有在师生和谐互动的过程中才能充分发挥作用。预设之外的生成才是精彩的，这样的探究才是成功的。平等的师生关系，为和谐的探究氛围创造了有利条件，改变了传统的教师"居高临下"、"先知先觉"的"权威者"的角色，转而以学生平等融洽交流者的角色参与课堂讨论。

总之，"三疑三探"教学模式的推广应用，是课堂教学的一次革命。它为学生提供了充分展示、体验和探究的时间和空间，这些是学生学习过程中的需求，是学生终身发展的需要，是教育回归生活的必然要求，也是尊重学生、尊重个体差异以人为本的具体体现。只有躬身实践"三疑三探"教学模式，给品德与社会课课堂注入一股清泉，我们培养的创新型人才才能魅力无限。

（作者单位：西峡县基础教育教学研究室）

实施音乐新课标的有效载体
——谈音乐课堂的"三疑三探"教学模式

杜 钢

"三疑三探"音乐课堂教学模式以培养学生的创新精神和学生的音乐情趣为宗旨,以发展学生的音乐感受能力与鉴赏能力、表现能力和创造能力为核心,以提高学生音乐文化素养、丰富情感体验、陶冶高尚情操为目标。疑探结合的教学环节,是实施音乐新课标的有效载体,这一环节促使学生产生学习音乐的兴趣,学会主动提出问题,学会独立思考,学会合作探究,让每一位学生真正感悟到学习音乐的快乐。

一、"三疑三探"面向全体学生

围绕音乐新课标中"面向全体学生"这一理念,"三疑三探"音乐教学模式从一开始就做足了文章。"设疑自探"环节在创设音乐问题情景,引起学生的求知欲望后,不是像传统的被动接受式音乐教学那样围绕教学目标,教师设置各种问题或练习,一问一答、亦步亦趋地完成对作品情绪、结构、节奏等方面的分析和练习,而是让学生反复、完整地聆听作品(歌曲或乐曲),提出各种各样的问题,然后师生归纳、梳理出自探问题。因疑生趣,学生自探热情就会空前高涨。反复、完整的聆听使学生在充满音乐的氛围中,完成对作品情绪、结构、乐理符号、节奏型、旋律等教学内容的自探,而这些内容正是以被动接受为主要学习方式的传统音乐教学中学生最不想学、最不乐学的内容。在"自探"中,教师与学生恰当的交流,使每一位学生都能感受到教师对自己的关注和期望(通过巡视的方式关注学困生,通过赞许的目光关注提前完成任务的优等生),使音乐新课标中"面向全体"的理念初步体现。学生在"设疑自探"环节中刚刚品尝了发现问题、自主探究解决问题的愉悦,带着这种愉悦的心情,在"解疑合探"环节中把自己在自探过程中的发现、收获和疑问与同学交流,与教师交流。学生在作品情绪、乐句、节奏型等相对容易问题的生生交流中培养自信;在认识新乐理符号、作品旋律特点等较难问题的师生交流中解开心中的疑问,完成由被动接受向自主学习及探究学习、合作学习的学习方式转变。而让学困生先回答,然后中等生补充,最后中、优等生评价的交流方式,则真正做到了生生互动、师生互动、全员参与,使音乐新课标中"面向全体"的理念得到充分体现。

二、"三疑三探"注重个性发展

《音乐课程标准》指出:要把全体学生的普遍参与与发展不同个性的因材施教有机结

合起来，创造生动活泼、灵活多样的教学形式，为学生提供发展个性的可能和空间。

在"设疑自探"环节中通过激趣质疑，学生能主动提出问题，说明学生有问题意识，这是"音乐创新"的开始，更是学生"音乐个性"的萌芽。通过"解疑合探"环节的中、优等生评价，学生在学会表达、学会倾听、学会思辨、学会评价的同时，自信心得以加强，"音乐个性"萌芽进一步生成。"质疑再探"之所以要作为音乐课堂的一个固定环节，根本目的就是再次让学生对音乐作品进行深度的发现和挖掘。通过听录音对比、小组讨论等形式，学生将更深刻地理解、掌握正确的歌唱方法的重要性，并会自觉地运用到自己的歌唱中去；通过生生探究、师生探究等形式，学生对力度、速度之于作品情感的重要性会有一个更新的认识。在"质疑再探"环节中，教师过去那种干巴巴地对作品情绪的理解与处理的说教和灌输没有了，取而代之的是学生自己对音乐、对作品的思考、探索、理解和发现。学生在体验到发现的成就与被尊重的愉悦的同时，问题意识和求异创新精神得到培养，音乐素养和审美情趣得到增强，音乐个性也得到进一步张扬。"拓展延伸"环节则有意识引导学生进行"唱歌表现"、"演奏表现"、"识读乐谱表现"及"欣赏见解表现"，这些表现既可以是建立在音乐本体之上的表现，也可以是建立在音乐与美术、音乐与语文、音乐与舞蹈……之上的表现。通过多种形式的音乐艺术实践与探究，在巩固新知的基础上，增强学生音乐表现的自信心，增强学生的音乐创作力与表现力，增强学生继续音乐学习、终身音乐学习的兴趣，使学生的音乐个性完美张扬。

几年来的实验证明，学生在"三疑三探"音乐教学模式中，思维活跃，质疑大胆，兴趣空前。我们有理由相信，"音乐——人类的第二语言"必将在"三疑三探"音乐课堂教学模式这一有效载体的滋润下，伴随学生未来的人生旅途如歌般飞扬。

对语文教学中"三疑三探"的理性分析

申致远

"三疑三探"教学模式之所以在中学语文教学中运用自如且扎实高效,是因为这一教学模式本身的科学性、先进性与语文学科的性质、特征密不可分,语文学科教育教学的规律与"三疑三探"教学模式的精神内涵一脉相通。

一、语文学科的特征

语文课程的性质不是单一的,而是多重的。语文学科性质的核心应该是工具性和人文性统一的两面体。工具性与人文性是结合在一起的,要实现两方面目标的高度结合,必须在目标与内容设计、教学实施和过程方法上下工夫。《语文课程标准》提出语文新课改的四条基本理念:第一条就是"全面提高学生的语文素养",即要求我们面向全体学生。《基础教育课程改革纲要》中指出:"义务教育课程应适应普及义务教育要求,让绝大多数学生经过努力达到,体现国家对公民素质的基本要求,着眼于培养学生终身学习的愿望和能力。"因此,课程标准所设计的课程目标,必须面向全体学生,力争使每一个学生都能达到这一目标,获得现代公民应必备的基本语文素养;课程标准还包含有使学生热爱学习,学会学习,打下终身学习和可持续学习的发展基础的目标。"三疑三探"教学模式就充分体现了"学会学习,终身学习,可持续学习的发展基础"的根本理念。这里面体现了工具性与人文性统一的思想,也包含了对学生扎实基本功的培养与潜在能力和创新能力的开发,充分体现了面向全体学生,全面提升学生语文素养的课程目标和纲要精神。

语文能力既包括听说读写能力,也包括语感形成、思维品质培养、语文学习方法和习惯的构建。广而言之,文化品味、审美情趣、知识视野、情感态度和思想观念,均为语文学科的特质。语文学科教育的实践性特征,就是讲究过程,"三疑三探"教学模式比较完备地为学生提供了一个学习语文的实践过程。语文学科教育的开放性特征,要求语文学习要做到开放。"三疑三探"教学模式就做到了语文学习的三个开放:一是开放学习思维,让学生多元解读,多元讨论,多元思考;二是开放学习资源,从课内到课外,从文本到实践,从平面媒介到立体媒介;三是开放学习空间,即听说读写、信息交换、声情并茂及表演。因此,我们认为,在中学语文学科中落实"三疑三探"教学模式,可谓事半功倍。

二、中学语文学科程序教学的必要性

20世纪60年代,西方教育出现了程序教学,风靡一时。中国也曾在部分城市中的学校进行实验,但后因各方面的原因,程序教学实验在中国不了了之。进入21世纪,世界教育渐趋融合,特别是后现代教育理论的兴起,是基于对现代教育理论所存在的问题与弊端的反驳,这就决定了它具有明确的指向性。作为基础教育的核心课程之一的语文学科,备受人们关注,它的走向直接反映我国基础教育的改革方向。课程一词的拉丁语词根意指"跑道"。因此,关于课程的概念,较为普通的释义为"学习的进程",是动态的、过程的、程式化的。后现代教育理论认为,教学是一种过程,但不是教师向学生传递其知的过程,而是师生一起探索其所不知的过程,正如小威廉姆E.多尔在《后现代课程观》中论述道:"师生共同探究实现认知领域的拓展与延伸,是师生实现思维的转变与发展"。中学语文教学最基本的文本教学是横向层进式,传统教学中很容易出现的是无边际、无次序教学,即教师讲得头头是道,学生听得莫名其妙。"三疑三探"教学模式最显著的标志之一是程序化,这就把中学语文教学引向了规范化、目标化和程序化。

因而,我们强调中学语文教学运用"三疑三探"教学模式的必要性之一,是化繁为简。任何文本的阅读都有一个内在的阅读规律,那就是从整体感知到局部研读,由表及里,由现象到本质。"三疑三探"就是让学生从初读课文、感知内容、提出问题、探究自学,到再读课文、理解文意、再提出质疑、再循序学习这样一个由简单到深入的过程,从中获得语文知识,提高语文能力。

中学语文教学运用"三疑三探"教学模式的必要性之二,是语文学科技能训练必须进行由易到难的程序化训练。众所周知,听说读写是语文的基本技能,这些训练是一个由简单到复杂、由单一到综合的过程。而"三疑三探"教学模式为学生多元地参与听说读写提供了机会与平台。学生在听中学会听、说中学会说、读中学会读、写中学会写,由词成句、由句成段、由段成篇。在日积月累的实践中,学生的语文能力才能得以提高。"三疑三探"教学模式中的程序化,有效地保障了学生参与技能训练的时间、方式,并能及时进行反馈与矫正。

三、学习行为养成的意义

新课程标准中运用了大量的行为动词,如阅读、理解、领会、体味、品味、感悟、掌握、运用、查找、收集、探究、对话、揣摩、讨论、交流、推敲、概括、分析、注释、判断、评价等学习行为动词。怎样在新课程教学中落实这些学习行为?如何在课堂凸现这些学习行为?这些学习行为又该怎样强化训练?"以问题为中心"作为标志的"三疑三探"教学模式非常准确地回答了以上三个问题。

新课程标准倡导学习要参与、探究及合作。根据学习的性质,可分为接受式学习与发现式学习。"三疑三探"就是把发现式学习集约化,由教师创设情景,学生主动地、独立地展开探究活动,参加解决问题的进程,并找出答案或得出结论。

"三疑三探"教学模式在中学语文教学中,将新课程标准中要求的学习行为全部落实在每个学生身上。从设疑自探到解疑合探,再到质疑再探,最后到运用拓展,学生完全置于一个主动学习的过程中。人们常说,好的行为会养成好的习惯,好的习惯会养成好的性格,好的性格会决定幸福的人生。从这点意义上讲,学习行为的养成意义之重大,意义之深远,也是我们构建"三疑三探"教学模式的初衷所在。

其实,"三疑三探"教学模式在中学语文教学中的意义远不止这些,对教师的专业成长、技能提高、经验积累等方面的影响也是很大的。教师深深地感觉到,"三疑三探"教学模式已经影响了自己角色的转变及教学行为的转变、组织形式的转变、教学效率的转变、教学成绩的转变、教学气氛的转变及师生关系的转变。

大教育家张伯苓说:"要教出'活孩子'而不是'死孩子'。"教师的职责就是要给知识注入生命,把孩子领到美好的学科殿堂去遨游,点燃学生的求知欲望。"三疑三探"教学模式还做到了"四还",即把课堂还给学生,把讲台还给学生,把粉笔还给学生,把书本还给学生。

古人云,源清流净。"三疑三探"教学模式像个刚落地的娃娃,充满了生命力;像一个健壮的青年,正走在课改的进程中。

(作者单位:西峡县基础教育教学研究室)

谈"三疑三探"数学课堂教学模式的先进性

张景召

一、"三疑三探"数学课堂教学模式诞生的理论依据

《基础教育课程改革纲要》明确指出：新课程的培养目标应体现时代要求,培养学生具有初步的创新精神、实践能力、科学和人文素养以及环境意识,具有适应终身学习的基础知识、基本技能和方法。在具体的课程目标和教学要求中进一步强调：改变课程实施过于强调接受学习、死记硬背、机械训练的现状,倡导学生主动参与、乐于探究、勤于动手,注重培养学生的独立性和自主性,引导学生质疑、调查、探究,在实践中学习,促进学生在教师指导下主动地、富有个性地学习;创设能引导学生主动参与的教育环境,激发学生的学习积极性,使每个学生都能得到充分的发展。

"三疑三探"数学课堂教学模式的理论依据之一正是依据《基础教育课程改革纲要》的这些主要精神,瞄准未来社会对人才的需求,突出了要培养学生的自主探究能力和创新意识。

"三疑三探"数学课堂教学模式的理论依据之二是建构主义认知学习理论。该理论认为：知识不是通过教师传授得到,而是学习者在一定的情景下,借助其他人(包括教师和学习伙伴)的帮助(即通过人际间的协作活动),利用必要的学习资料,通过意义建构的方式而获得的。因此,建构主义学习理论认为"情景"、"协作"、"会话"和"意义建构"是学习环境中的四大要素或四大属性。

基于此,"三疑三探"数学课堂教学模式强调数学问题要在一定情景下提出;强调教学要增进学生之间的合作,使学生看到那些与他不同的观点,通过合作使理解更加丰富和全面;强调教学应当把学习者原有的知识经验作为新知识的生长点;强调教师应该重视学生自己对各种现象的理解,倾听他们对问题的看法,思考他们这些想法的由来,并以此为据,引导学生丰富或调整自己的见解。由此可见,"三疑三探"数学课堂教学模式是以《基础教育课程改革纲要》为目标,以建构主义的认知学习理论为依据,体现以人为本的和谐课堂教学模式。

二、"三疑三探"数学课堂教学模式体现了国家《数学课程标准》的基本理念

首先,"三疑三探"数学课堂教学模式的教学理念,要充分调动学生学习数学的主动性,实现学生由被动接受到自主探究获取知识的根本转变;使学生在获取数学知识的同

时,获得有关的数学思想和方法,更重要的是让学生通过探索,体验数学知识和思想方法的形成过程,获得丰富的数学活动经验。

其次,"三疑三探"数学课堂教学模式有利于实现"知识与技能、过程与方法、情感态度与价值观"三位一体的数学教学目标。

"三疑三探"教学模式的基本教学流程是:"设疑自探——解疑合探——质疑再探——运用拓展"。教学环节的流程符合学生的学习认知规律和课程标准的基本理念。"设疑自探":创设情景,提出问题。学生根据情景,自主探究提出的问题。这一环节突出了让学生独立思考问题。"解疑合探":交流自探体会,展示自探成果,合作解决疑难问题。对于自探问题,原则上是让学困生回答,中等生补充,中、优等生评价。针对自学中的疑难问题要引导学生讨论解决。在学生交流合作的基础上,引导学生归纳总结上升为理论,构建数学知识体系,特别难以理解的问题教师要精讲。这一环节中突出了交流合作,从而实现"意义建构"。在这里,既可以是单独面向全体学生的展示,也可以是小组讨论;既有生生交流,也有师生交流;既是个体探究成果的分享,也是不同观点的激辩。"质疑再探":让学生回顾、反思获取知识和思想方法的过程,鼓励学生大胆质疑。让学生提出自己的疑惑或问题,引导学生再次探究解决。这一环节突出了培养学生的回顾反思习惯和问题意识,是该教学模式的一个亮点。它不但有利于学生对知识的深化理解,而且培养了学生的自主意识。"运用拓展":巩固所学知识,训练有关技能,在此基础上将所学数学知识和思想方法迁移拓展,提高能力。这一环节突出了对所学数学知识和思想方法的理解运用。通过这四个主要教学环节,让学生完整地经历了数学知识的产生、发展、形成和应用过程,使学生对所学数学知识有一个系统性的、清晰的认识,克服了以往数学教学中的"烧中段"现象。更重要的是在以上四个主要教学环节中,学生经历了数学活动的过程,获得了数学知识和技能,掌握了有关数学活动的方法,在情感、态度、价值观等方面得到了全面的发展。

三、"三疑三探"数学课堂教学模式有以下几个亮点

(一)在预设中生成,在生成中预设,培养了学生的自主意识

教学目标不完全由教师预设,学生也要参与其中。学习新课前,教师鼓励学生说出看到课题后有什么感想、想告诉大家什么或想要解决的问题。教师将学生提出的问题经过梳理归纳,补充为自探提纲。这样做既提高了学生学习的自主性,又使教师了解了学生的想法,以便完善预设的教学目标。"质疑再探"这一环节让学生提出探究的问题,不是教师事先设定问题让学生探究,实际上是把学习目标的预设权交给了学生。"运用拓展"中让学生编题,实际上是把练习题的设计权利交给了学生。整个教学过程既有教师事先对教学目标的设置、情景问题的创设,又鼓励学生参与到教学目标的设置、情景问题的创设中来,可谓是在预设中生成,在生成中预设,着眼于培养学生的自主意识。

(二)落实素质教育精神,把培养学生的实践能力和创新意识落实到具体的教学行动中来

"三疑三探"教学模式通过具体的教学环节,培养学生的反思意识、批判意识、问题意识,从而落实培养学生的实践能力和创新意识的素质教育思想。过去在教学中也提出要

培养学生的实践能力与创新意识,但由于没有固定的环节和强制的要求,因此课堂大多并没有真正的落实。"三疑三探"教学模式,则通过具体的环节来落实这些要求。学生参与教学目标的制订、学生自主探究获取知识和思想方法、学生提出质疑(或问题)、学生解答质疑(或问题)、学生评价、学生编题、学生解答,到处充满着自主精神、反思意识、问题意识和批判精神。自主精神、反思意识、问题意识和批判精神,都是构成创新意识的重要因素。因此,"三疑三探"教学模式实实在在地落实了素质教育思想。

(三)构筑立体的课堂教学模式,全方位关注学生的发展

"三疑三探"数学课堂教学模式构筑立体的课堂,能够很好地实现知识与技能、过程与方法、情感态度与价值观三位一体的数学教学目标。独立探究、合作交流贯穿于整个教学过程中,不但使学生掌握了有关的数学知识与技能,体验了有关的数学思想与方法,而且使学生学会了自学,学会了展示,学会了倾听,学会了评价,学会了质疑,学会了讨论,学会了总结,学会了参与。实现了课堂无"闲人",人人都参与,人人都成功,使全体学生得到全面的发展。

(四)博采众长,凝练教法,实现教学过程的最优化

一般来说,不同的教学模式都有其亮点和不足,都有与具体的教学实践相结合的问题。基于此,"三疑三探"数学课堂教学模式注意吸收了目标教学、"青浦经验"、洋思中学的"先学后教,当堂训练"课堂教学模式、杜朗口中学的"三三六"课堂教学模式、东庐中学的以"讲学稿"为载体的"教学合一"的课堂教学模式、清怡中学实施的"导学案"课堂教学改革等其他教学模式或教学方法的先进经验,扬长补短,并在实践的检验中不断改进与完善,形成了现在的模式。该教学模式是博采众长并在实验的过程中不断地凝练教法而形成的。一方面,更加突出学生的自主性。学生在教师设计的情景问题的引导下,通过自身探索,相对独立地完成科学发现或创造;经历探索规律、定理、概念等知识形成的过程;体验其中的数学思想和方法;让学生感悟到数学家解决问题的一般思路和处理问题的策略,以提高他们分析问题和解决问题的能力。另一方面,教师的主导作用丝毫没有减弱。我们有"三讲三不讲"原则,不是一味"放羊式"地让学生探究,而是正确处理学生探究和教师讲授之间的关系。事实上,教师精彩的讲解和传授也是一堂课的亮点之处。我们反对没有学生独立思考过的讲解,但我们仍然接受传统的、有意义的讲授教学。该教学模式的四个主要教学环节环环相扣,浑然一体,即自探与合探相结合,学生探究与教师引导、点拨、讲解相结合,学生解决问题与发现问题、提出问题相结合。因此,该教学模式通过优化课堂教学环节,实现了教学过程的最优化。

由以上的分析可以看出,"三疑三探"数学课堂教学模式,是以先进的认知学习理论为指导,以落实《基础教育课程改革纲要》精神为目标,按照课程标准的要求,在吸收了众多教学模式先进经验的基础上,形成的符合培养创新人才要求的课堂教学模式。因此,实施该课堂教学模式的课堂,必然是以人为本的、立体的、和谐的绿色课堂和真正的高效课堂。

(作者单位:西峡县基础教育教学研究室)

"三疑三探",为英语课改扬帆

潘茂荣

依据新课改的理念及英语学科的教学规律,经过近几年的实践探索,我们构建了"三疑三探"英语课堂教学模式。这一教学模式较好地处理了目前英语教学中比较难以平衡的"学得"与"习得"、交际与语法、练习与运用等几对关系,使教学过程成为师生交往、积极互动和共同发展的一个动态过程,体现了课程标准所倡导的自主性、合作性和探究性的基本特征,从而让每个学生都有求知的欲望,都能得到发展的需求和享受到成功的快乐。该教学模式的构建,将有利于教师进一步把握课程标准的精髓,有利于教师从整体上综合地认识教学过程中各种要素的联系,把握教学过程的本质和规律,把培养学生的综合语言运用能力真正落实到教学的全过程。这一模式的突出特点体现在以下三个方面:

一、优化了英语课堂教学步骤,为新课改的实施提供了实践的示范

根据哲学、语言学、教育学和心理学的理论分析,外语知识、技能和能力转化过程可分成三个阶段:感知和领会、巩固和记忆(练习)、运用和交际,该模式的四个环节的操作要点分别对应这三个阶段,教学步骤层次清晰,贴近教学实际,可操作性强。教师们只需依据知识的类别——陈述性知识(declarative knowledge)和程序性知识(procedural knowledge)的特点,对教材内容进行整合,然后根据该模式的操作要点合理地安排教学步骤,就能够设计出符合《英语课程标准》理念及英语语言学习规律的教学程序,从而提高课堂教学效率。该模式不但把课堂教学的具体操作从课程标准的理论层面变成了具体实践,而且解决了教师们在实施课程改革中对教学步骤、组织形式如何操作的困惑,从而为实施新课改提供了实践的示范。

二、实现了学习方式的根本改变,为学生的创新精神和实践能力的培养提供了有力的保障

学习方式的改变是本次课程改革最显著的特征,而强调发现学习、探究学习、研究性学习又是其重要特征。通过学习方式的变革,培养学生独立学习的能力、与人合作的能力以及使用语言的能力成为其主要目标。在该模式的四个环节中,Step 1 环节运用了自主学习方式,Step 2 环节运用了合作学习方式,Step 3 环节运用了探究学习方式。这些学习方式正是《英语课程标准》建议教师帮助学生掌握的几种主要方式。

在 Step 2 环节中突出了一个"练"字,它强调采用 pair work/group work 的学习方式,主要训练学生的语言技能。从控制性练习、半控制性练习到有意义的练习,针对不同的层次,采用形式各异的活动方式和循序渐进的练习内容分层推进,帮助学生将所学的语言知识转化为语言能力(即把陈述性知识转化为程序性知识),从而完成由知识到技能的转化。

在 Step 3 环节中突出了一个"探"字,它改革了传统的语法分析教学,把讲语法转变为让学生自己去发现语言规律,从而培养学生自主获取新知识的能力和准确运用语言的能力。在该环节,教师主要就新出现的语言现象,首先引导学生参阅 Text 后面 Appendix 中的 Notes 及 Grammar 的相关内容,然后让学生提出自己的疑问,并结合训练要点做自编的和教师设计的相关巩固练习。这样做不仅培养了学生发现问题的意识及解决问题的能力,而且让学生树立了这样一种观念:教师不会把所有的知识都告诉学生,学生必须自己探索所需掌握的知识。这也正是该模式倡导的"三讲三不讲"的具体体现。这种做法有效地限制了部分教师不论在哪个环节一遇到知识点、语言点就讲解的随意性,既确保了学生有足够的练习、运用语言的时间,又使学生养成了将语法规律内化成为语言运用的主动学习的习惯。

在 Step 4 环节中突出了一个"用"字,它强调语言运用。所谓"语言运用"是指学生能够运用课本上所学的语言结构,在一定的语言情景中较为贴切、妥当地表达某一话题的语言功能项目的能力。在以往的英语教学中,多数教师认为,一旦学生能够说出或写出合乎语法的句子或某一句型结构,就认为教会学生了,而教学就到此结束了。实际上,这与现代英语教学强调使学生达到运用语言的程度、与课标总目标中提出的培养学生"综合语言运用能力"的目标还相差甚远。现代外语课堂教学的特点之一是实践性,重视学生的参与,强调让学生通过大量的练习和活动,在学中用、用中学,为用而学。学习语言的方法很多,应该说这种把学习跟使用结合起来的方法最有效。学生只有在说英语的过程中才能学会说英语。这既是外语界多数学者对当前语言教学的共识,同时也是许多成功教师的教学经验总结。因此,该环节强调围绕学习目标,教师创设多种模拟的或相对真实的语言运用情景,让学生运用语言而不是单纯地学习语言,从而加强学习内容和现实生活与学生经验的联系,体现语言的实践性。

我们从中不难发现,通过自主学习,学生自己发现的东西会记忆得更牢靠;通过实践,更有利于学生语言能力的培养,学生的语言运用能力才会有更大的提高;通过探究,学生将学习过的表达方法与新的表达方法结合使用,重新组织语言表达,这就是创造性的语言运用活动。这些也为学生的创新精神和实践能力的培养提供了有力的保障。

三、培养了综合语言运用能力,为全体学生的可持续发展奠定了坚实的基础

《英语课程标准》把英语课程目标规定为"培养学生的综合语言运用能力",而这种能力的形成是"建立在学生语言技能、语言知识、情感态度、学习策略和文化意识等素养整体发展的基础上"。该模式各环节的任务、意义、操作要点及注意点均体现出了这一理念

及要求,实验实践也充分显示:该学习模式关注个体差异,适应个性需求,使不同层次的学生在原有基础上都学有所得,较好地调动了全体学生参与学习的积极性和主动性;以能力为核心,侧重环节,技能训练充分,学生的听说读写能力均较大程度地得到了提高,尤其是运用英语的能力明显增强。同时,该模式注重给学生提供学习方法的指导,培养了学生终身学习的能力,为学生的可持续发展奠定了坚实的基础。

总之,"三疑三探"英语课堂教学模式,一方面为西峡的教师们提供了符合课改理念的教学路子,从而规范了教师的教学行为,使英语课堂教学在课改阶段的操作层面上有章可循。另一方面,课堂教学的改进又是一个精益求精的过程,教师既要关注教学中大的教学设计,也要关注细节的设计。只有这两方面都做好了,课堂教学的实效才能有保证,学生的综合语言运用能力也才能够得到真正的提高,课标的理念也才能真正得到落实。我们坚信在该模式的引导下,经过教师们的努力,这一目标很快就会实现。

我们的课改航船正扬帆远航。

(作者单位:西峡县基础教育教学研究室)

发挥学生主体作用　焕发课堂教学活力
——谈"三疑三探"历史课堂的有效性

王彤辉

新课程改革积极倡导自主学习的学习方式,其目的是在教学活动中充分发挥学生的主体作用,培养学生的主体精神,以利于学生未来的生存和发展。而对于历史课堂来说,要发挥学生的主体作用,就要给学生想的空间、问的权利、说的机会、创的激情和爱的关怀,也就是帮助学生开启思维之门,搭建思维台阶,开拓思维时空,提升思维品质,形成思维习惯,培养思考问题、解决问题以及语言表达等方面的能力。正是基于此,西峡县近年来在教学改革探索中,进行了"三疑三探"教学模式的实验和推广,并取得了较好的效果。下面就"三疑三探"历史课堂教学的有效性谈几点体会。

一、构建自主和谐的教学氛围,是提高课堂有效性的重要前提

在传统的教学活动中,教师把学生当成被动接受的对象,不注重让学生主动思考、主动提出问题和解决问题。这样既违背了学生的认知规律,又不能发挥学生在教学中的自主性和主体地位,使学生总是站在历史发展的旁观者角度,即使再感人的历史事实,也无法激起他们内心的波澜。而"三疑三探"教学模式正是让学生摆脱了这种被动学习的局面,构建了一个师生互动、共同参与的教学氛围。它通过设疑——解疑——质疑,以学生为主体,为学生营造氛围、留足时间最大限度地去走入历史人物的内心,以至"观史如身在其中",从而引导学生主动参与教学,走进历史情景,体验人物心灵,思考历史的复杂性和多样性,进而培养"言之有据,论者符实"的科学态度以及"理解偏见,容纳悖论"的人文精神。

如一位教师在讲《汉通西域和丝绸之路》一课时,上课伊始,教师就将全班学生分成两组,分别代表考古学者和古代商人,假想从西安出发沿丝绸之路向西寻访考察,通过研读书本,组内讨论确定与本组角度身份相符的问题(即为设疑),然后一组提问,另一组回答(即为解疑),最后两组会合进行质疑。教师及时点拨指导,适时鼓励,整个课堂活动所有学生都积极主动地参与,提出的问题也涵盖了本节课所有的知识点及重难点。这样,学生通过亲自参与、亲身体验,缩短了与史实的距离感,加深了对课文知识的理解,对比较枯燥的历史学习产生了浓厚的兴趣,更重要的是培养了他们自主学习的多种能力。

二、优化课堂结构,是提高课堂有效性的根本保障

优化课堂结构是指课堂各个环节的优化,即在课堂教学中把提出问题和解决问题的方法运用到最佳状态,让学生的知识和能力目标在课堂学习的过程中得以较好的实现。

"三疑三探"教学模式,正是以问题为主线引导学生的思维,通过思维过程的发展来解决问题,完成教学任务。它体现了学生积极参与和教师共同"质疑"的特征。通过四个环节或根据实际情况多次设疑(即设疑自探 A、解疑合探 A,设疑自探 B、解疑合探 B 等),运用灵活多变的方式,让学生在发现问题、提出问题和解决问题的过程中保持学习兴趣,激发学习动力,以完成教师对学生的学习期望。

如一位教师讲解《美国南北战争》时采用了以下教学步骤:

(1)设疑自探:以小说《汤姆叔叔的小屋》引入新课,上来就紧紧抓住学生的心弦。随后给学生 3—5 分钟时间自读课文,将自己认为本节课应把握的知识点以问题的形式提出来,教师再加以整理出示(教师可促其把握方向,以便其掌握重难点,落实基础知识)。(2)解疑合探:学生展示自探成果解决上述问题,基本上是学困生回答,中等生补充,中、优等生评价。若有疑难,则由学生分组讨论,教师引导,最后达成共识。(3)学生质疑:交流互动,进一步地讨论和探究新的问题。(4)运用拓展:先由学生小结并动手画出本节知识框架图;再由学生编拟习题,互相展示完成。

以上教学步骤环环相扣,自学与讨论相结合,读书与思考相结合,充分体现了"三疑三探"教学模式在调整课堂结构、开发学生思维方面的优越性,切实保障了课堂教学有效性的提高。

三、鼓励学生质疑问难,是提高课堂有效性的必然手段

历史思维的特点是辩证思维。历史事件、历史现象的产生与发展是相互联系的,是有系统、有规律的,即辩证的。历史教师应该在历史唯物主义和辩证唯物主义的指导下,培养学生发展求同思维和求异思维的兴趣与能力。当代中学生的特点是信息灵通广泛、视野广阔,且求异心理和探究心理强,喜欢标新立异表现自我。只要教师引导得当(如由近及远、由易到难的启发思路),学生是可以在钻研教材的基础上提出有价值、有分量的问题。为此,教师一定要鼓励学生创造性地阅读和思索,且质疑问难、发表创见。所以在"三疑三探"教学模式的历史课堂上,总能在"质疑再探"环节中有惊喜的发现,让人感叹学生思维的活跃。如学习《三国鼎立》一课时,学生就提出"曹军为何在两次战役中以不同结果收场?"对于七年级学生来说,提出这个问题确实意味着在课堂上有了新的疑问。再如讲一战时,学生提出"假如没有萨拉热窝刺杀事件,一战是否可以避免呢?"可以说,学生能提出这样有价值的问题在我们"三疑三探"历史课堂中已屡见不鲜了。也可以说,质疑环节充分发挥了学生的潜能,开拓了学生的思维空间,是提高课堂有效性的必然手段。

掌握知识的根本目的在于更新知识,掌握规则的最终目标是为了突破规则。充分尊重学生主体,鼓励学生敢向既定规律挑战、向权威挑战,批判地对待人类的认识成果,形成正确的情感态度与价值观,这正是历史课堂教学追求的目标,也是历史课堂教学有效性最本质的体现。

"三疑三探"教学模式为学生创造了一个发挥主体作用、发展良好个性的空间,使学生在标准中有变化、在规范中有自由、在一致中有特色、在统一中有个性,这也是提高课堂有效性不可缺少的养料与气候。

(作者单位:西峡县基础教育教学研究室)

运用"三疑三探"教学模式构建和谐地理课堂

刘宏超

随着新课程改革的不断推进,当初的激情已归于平静,更多的是理性的反思和深入的思考。例如,什么样的地理课堂教学有利于学生的成长?什么样的地理课堂教学是符合新课程理念的课堂教学?经过长期的实践探索,我们总结出了"三疑三探"教学模式。它以培养未来社会所需要的创新型人才为宗旨,从怎么去培养创新型人才这个关键性问题出发,主要通过疑探结合等相对固定的教学环节,让学生主动发现问题,而不是被动思考问题;让学生主动提出问题,而不是被动解决问题;让学生"会学",而不是单纯的"学会"。从而构建了和谐的课堂模式,实现了教与学方式的转变,步入了师生和谐发展的状态,突出和落实了"一切为了每一位学生的发展"这一新课程的核心理念。

一、"三疑三探"教学模式构建了教与学的和谐

首先,构建了教学目标、教学内容等与学生认知发展的和谐。心理学家皮亚杰认为:学习从属于发展,从属于主体的一般认知水平,因为任何知识的获得都必须通过学生主动的同化才有可能实现。所以,各门学科的教学,都应研究如何对不同发展阶段的学生提出既不超出当时的认知水平,又能促使他们向更高阶段发展的、富有启迪作用的适当内容。在"三疑三探"教学模式的"设疑自探"环节中,倡导先由学生发散性提出问题,学生根据自己的认知水平提出或易或难的问题,然后师生归纳整理,确定自学探究题。这样设计的问题有层次、有坡度,既有学生通过自学能够独立解决的问题,又有通过师生合作解决的问题,使不同认知水平的学生都有问题去探究。再如,在"质疑再探"环节,学生质疑再提出问题。这时,优等生提出超出教学内容的更深层次的问题,学困生提出的问题还是本节学习目标的范畴,这些问题是与学生认知水平相符的,实现了教学内容与学生认知发展的和谐。

其次,主动探究成为学生的学习方式,构建了学习方式与学生是"学"的主体的和谐。问题是学生学习的开始、思维的关键。没有问题就没有探究,教师认为学生应该研究的那些问题,往往很少引起学生的重视,那种教师主观上希望学生出现的强烈探索动机,并不一定伴随着问题的产生而出现。因此,"三疑三探"教学模式中的"设疑自探"和"质疑再探"就强调让学生设疑质疑,也就是让学生自己发现问题、提出问题,而这些问题更能激发起学生的探究兴趣,学生学习的积极主动性被充分调动起来了,顺理成章地开始独立的自主探究,这样的学习效果是快速高效的。正如著名教育家波利亚所说:"学习任何知识

的最佳途径是自己去发现。因为这种发现理解最深，也最容易掌握其中的内在规律、性质和联系。"任何学习内容，都有待于学习主体的内化，没有学习者行为上的参与、心理上的认同、认知上的思考和情感上的投入，也就不会有较高的学习效率。例如，在《中国的河流——滔滔黄河》一课的教学中，学习"地上河"的成因及危害时，教师创设了这样的情景：播放两段视频，一段是尼罗河泛滥及埃及人民举行庆典的场面，另一段是历史上黄河泛滥给人们带来的恐惧与灾难的场景。强烈的对比冲击着学生的视觉，学生们同时提出了一个问题：为什么泛滥给这两条河流带来的后果是完全不一样的？探究的欲望被激发，有的看书，有的查图，写下了自己的认识，接下来在"解疑合探"环节又纷纷展示自己的分析结果，因为问题难度较大，教师组织学生进行了小组讨论，最终在教师的引导下，理解了"地上河"的成因和危害。"三疑三探"教学模式使学生在课堂上有了充足的思考过程中，有了爬越问题"阶梯"和遭遇解疑析难的充分体验，主动地亲历和体验了思维与探究的过程，其思维和探究具有独立性和独特性，慢慢就形成了主动探究的学习习惯与能力。

再次，"三讲三不讲"构建了教学内容与教师是"教"的主体的和谐。"三疑三探"教学模式要求教师在知识传授中做到"三讲三不讲"。"三讲"即讲学生自学和讨论后仍不理解的问题，讲知识缺陷和易混易错的问题，讲学生质疑后其他学生仍解决不了的问题；"三不讲"即学生不探究不讲，学生会的不讲，学生讲之前不讲。"三讲三不讲"使课堂不再是教师的"一言堂"，不再是教师的"满堂灌"，教师由教学中的主角转向"平等中的首席"，由传统的知识传授者转向学生学习的促进者。整个教学过程，师生相互交流、相互沟通、相互启发及相互补充，分享彼此的思考、经验和知识，交流彼此的情感、体验与观念，从而丰富了教学内容，求得了新的发现，达到了共识、共享和共进，实现了教学相长与共同发展。

二、"三疑三探"教学模式构建了师生关系的和谐

首先，"三疑三探"教学模式更新了地理教师的观念，使教师明白教学的实质，明白教师在教学中的角色内涵是学生学习的促进者、指导者和合作者，教师不能代替和强制学生学习。同样，学生也不能把学习主动权、选择权让位于教师。如在"设疑自探"环节强调先由学生设疑和完全独立意义上的自探；"解疑合探"环节强调学生的解疑和合作探究，要求教师对教学内容做到"三讲三不讲"；"质疑再探"强调学生质疑；"运用拓展"要求学生自编练习题等。这样慢慢地就唤起了学生的主体意识，使他们主动担负起学习的责任，积极、主动地进行学习。

其次，"三疑三探"教学模式让师生之间的对话是平等和谐的。课堂教学的实质是互动，是通过师生之间、生生之间的对话活动而进行的思想、情感和信息的交流，从而使学生了解、掌握教学内容，并培养其运用知识的能力。学生在课堂上可以自由的提出、探究、分析、讨论问题，勇敢地发表自己的意见，勇敢地去尝试操作，不怕失误；教师在课堂提问上遵循学因生回答，中等生补充，中、优等生评价的原则，对学生一视同仁，不偏爱尖子生，不歧视后进生，把信任的目光投向每位学生，把尊重的话语送给每位学生，把温馨的微笑洒向每位学生。如学生自探"地形"、"气候"等有难度的教学内容时，教师用一弯理解的微

笑、一种耐心的态度来化解学生的焦虑,当学生破解难题后,教师用一缕嘉奖的眼神、一种热心的祝贺,来焕发学生上进的动力。课堂上师生之间始终处于一种平等、信任和理解的状态,每个学生都能够体验到学习的快乐、享受到成功的喜悦和感受到课堂的趣味。

再次,"三疑三探"教学模式促使地理教师成为博学的"杂家",成为学生喜欢的教师。正如教育家柯瓦列夫所说的那样:"教师应当知道的东西,要大大超过要教给学生的范围,要具备更宽广的科学视野,否则,他就不能唤起学生对本门学科的兴趣,就不能满足学生的需要。"地理课涉及的知识面极广,上至天文,下至市井风俗。在"质疑再探"环节中,学生提出了许多非预设性的超出教学范围内的问题,教师为了应对学生提出的这些意外问题,需要不断地学习,大量地阅读课外资料,使自己的知识像奔流不息的河水,不断更新,不断充实。同时,教师渊博的学识,也会有利于与学生形成更亲密的师生关系。

三、"三疑三探"教学模式构建了全体学生都参与、都成功的生生和谐

在以前的课堂,我们总能发现部分优等生是教师的"宠儿",他们在课堂上思维活跃、反应灵敏,是教师"导演"下的学习的"主角",而大部分学生则是学习的"配角",被动地听、记。但在"三疑三探"的课堂上则无"闲人",人人都参与,人人都成功。首先,"设疑自探"是全体学生都参与的独立自主的自学探究,教师特别关注学习能动性差的学生,督促他们认真的学习。其次,在"解疑合探"中,提问与评价的操作办法是学困生回答,中等生补充,中、优等生评价,这样三个层次的学生都参与到了解疑的过程中,并学会了展示、表达、倾听、思辨和评价。同时遇到疑难问题则通过小组合作解决,这又为每个学生提供了表达个性思想的机会,还能汇集多角度的思想,使学生在倾听中发现别人的长处,从而突破个人思维的局限,拓展自己的思维和视野。再次,在"运用拓展"中,不同层次的学生根据所学知识完成基础题、拓展延伸题和自编习题,尤其是学生自编习题,这是对所学知识的灵活运用,是创新思维的提炼和升华,是学习成功的愉快体验。

(作者单位:西峡县基础教育教学研究室)

数学课堂贵在开发学生创造性思维

柴 娟

随着"三疑三探"教学模式在数学课堂中的广泛应用,其提高学生思维能力、促进学生思维发展的作用逐步彰显,而培养学生创造性思维的作用则显得更加突出。所谓创造性思维,就是与众不同的有价值的思考活动。数学教学中所研究的创造性思维对于学生来说,是一种新颖独到的思维活动。它具有独特性、求异性、发散性等思维特征,思考问题的突破常规性和新颖独特性是创造性思维的具体表现。学生的创造性思维需要培养,创新能力需要开发,那么如何在"三疑三探"教学模式中,培养学生的创造性思维能力呢?在数学教学实践中,我从以下几方面进行了有益的探索。

一、以自探观察为基础,创建思维模式

"设疑自探"是课堂的开始阶段,有价值的设疑是成功课堂的重要基石,"疑"由何而来,这就需要敏锐的观察力。敏锐的观察力是创造性思维的基础,没有观察就没有发现,更不可能有创造。儿童的观察能力是在学习过程中实现的,在观察之前教师要给学生提出明确而又具体的目的、任务和要求。在观察中及时指导,如要指导学生根据观察的对象有顺序地进行观察,要指导学生选择适当的观察方法,要指导学生及时对观察的结果进行分析总结等。科学地运用直观教具及现代教学手段,以支持学生对研究的问题做仔细、深入的观察。

例如,在教学"圆柱的体积"这一节课的设疑自探环节,我组织学生观看多媒体图像:将圆柱体拼割成一个近似长方体,要求学生认真观察割拼过程。割拼完成后我及时引导学生观察这个长方体,然后与圆柱体进行比较,并让学生提出各种猜测和疑问,最后归纳成自探提示:

这个长方体体积与圆柱体体积有什么关系?

这个长方体的表面积同原来圆柱体的表面积相比较是增加了还是减少了?增加或者减少了哪几个面?

在学生掌握了圆柱体的体积计算公式后,我出示了这样一道题:一个圆柱体的高是5厘米,将这个圆柱体拼割成一个长方体后,表面积比原来增加了20平方厘米,求这个圆柱体的体积。

学生因为刚才经过观察,很快能求出这个圆柱体的底面半径为:$20 \div 2 \div 5 = 2$(厘米),这个圆柱体的体积则为:$3.14 \times 2^2 \times 5 = 62.8$(立方厘米)。

这样引导观察自探,使学生不但掌握了知识,而且还提高了学生的观察能力、学习能

力和解决相关实际问题的能力。

二、以合探想象为导向,促使思维发展

在教学中,引导学生进行合理想象,往往能缩短解决问题的时间,获得数学发现的机会,锻炼数学思维能力。这一阶段教学主要体现在"解疑合探"环节,但是合理想象不同于胡思乱想,数学想象要有扎实的基础知识和丰富的经验支持,要有能迅速摆脱表象干扰的敏锐的洞察力和丰富的想象力,要有执著追求的情感。因此,在教学实践中我们培养学生的想象力,首先要使学生学好有关的基础知识。然而,在新知识的产生过程中除去推理外,常常包含前人的想象因素,在教学中应根据教材潜在的因素,创设想象情景,提供想象材料,诱发学生的创造性想象。

例如,在学习"能被3整除的数的特征"时,我先出示一组数:
12154、718、63、398、570、1495、1506、321。

提问:请同学们判断一下,这些数中哪些能被2整除?哪些能被5整除?当学生完成这一复习过程后,我再问:那么这里的数哪些能被3整除?学生通过口算很快就说出了正确答案。此时,我诱发学生猜想:"其实能被3整除的数也有自己的特征,请大家猜一猜,它们有什么特征?"于是,学生思维的闸门打开了,情绪被完全调动起来了。他们尽情地表述自己的意见,有的说:"我猜个位上的数字是3、6、9的能被3整除。"有的说:"我猜一个数各位上的数字之和是6、9、12的能被3整除。"也有个别学生猜想:"一个数的各位数字之和能被3整除,这个数就能被3整除。"不管学生的猜想是对还是错,都是难能可贵的,因为这是学生自己在探索知识过程中迈出的可喜的第一步。

三、以质疑求异为契机,提高思维质量

求异思维是指从不同角度、不同方向,去想别人没想到的方法,去找别人没有找到的捷径。因此,求异思维具有流畅性、变通性和创造性的特征,是创造性思维的重要组成部分。要求异必须富有联想,善于假设、怀疑、推理、求证,追求与众不同的思路。在课堂教学中,教师要鼓励学生去大胆尝试,勇于求异,激发学生创新欲望,使学生的思维始终处于兴奋状态。"质疑再探"环节要充分给予学生求异空间,培养学生发现问题、解决问题的能力。在教学中对典型的问题进行有目的、多角度和多层次的演变,使学生逐步理解和掌握此类数学问题的一般规律和本质属性,也使学生对学习始终感到"新"与"奇",由此培养学生思维的灵活性。

例如,在复习三角形、平行四边形和梯形面积时,有学生提出质疑:假设三个图形的边发生变化,那么它们的面积公式之间是否存在相互联系或矛盾?这是个我事先没有考虑的问题,于是我引导学生分组予以讨论:要求学生想象如何把梯形的上底变得与下底同样长,这时变成什么图形?与梯形面积有什么关系?如果把梯形上底缩短为0,这时又变成了什么图形?与梯形面积有什么关系?这时同学们的情绪一下子高涨起来,最后得出结论:三角形可以看作上底是0的梯形,平行四边形可以看作是上底和下底相等的梯形。这

样,看似多余的引导反而拓宽了学生思维的空间,培养了学生想象思维的能力。三个公式紧密相连,没有矛盾。因此,一个简单的质疑深化了本节的目标。

四、以自主编题为载体,开阔思维空间

"设疑自探"、"解疑合探"和"质疑再探"三个环节之后的"运用拓展",旨在引导学生开阔思路、活用新知来解决问题,使其所学知识能够迅速内化与深化,所以它在整个课堂中具有举足轻重的作用。它促使我们引导学生发散思维,鼓励求异与创新。这一环节主要是引导学生结合所学知识自主编题和运用训练,然而课堂教学中引导学生自主编题是一个循序渐进的过程,不可能一蹴而就。在引导学生自主编题过程中,我们要做到以下几点:(1)允许学生出错,为学生大胆编题消除内因障碍,使其创新思维一直处于最佳状态;(2)鼓励学生在编题中超出机械模仿,使其明确在运用拓展中的模仿应是"神似"而非"貌似",即知识的应用才是关键,为学生应用知识和内化方法指明方向,从而促使学生求异思维的发展;(3)积极地创造思维空间引导学生合理想象,为他们独立消化、灵活运用和巧妙结合所学的新知识奠定基础并进行创新;(4)不吝表扬,无论学生编题质量如何,只要应用了新知识就要先肯定学生的成功之处,然后再予以指导,使每位学生都有得到教师肯定和指导的机会,使学生体验到创新成功的愉悦与价值,形成良性循环以提高创新能力。成功的自主编题可以引导学生将所学的知识构成一个整体,举一反三、融会贯通,这样有利于各层次的学生积极参与,有助于提高学生的学习效率、开阔学生的思维空间。

例如:学习百分数应用题后,我出示了一个应用题的条件,苹果树20棵,梨树24棵,_____?然后让学生根据条件编应用题,结果学生编了如下习题,甚至超出了我的想象:

1. 苹果树20棵,梨树24棵,苹果树是梨树的几分之几?
2. 苹果树20棵,梨树24棵,梨树是苹果树的几倍?
3. 苹果树20棵,梨树24棵,苹果树是梨树的百分之几?
4. 苹果树20棵,梨树24棵,梨树是苹果树的百分之几?
5. 苹果树20棵,梨树24棵,苹果树比梨树少几分之几?
6. 苹果树20棵,梨树24棵,梨树比苹果树多百分之几?

综上所述,我认为要在"三疑三探"教学模式课堂中培养学生的创新思维能力,我们教师一定要营造民主、富于创新精神的教学氛围,在设疑自探、解疑合探、质疑再探和运用拓展各个环节充分尊重学生的个性,调动学生的学习兴趣、好奇心和求知欲。同时,这一教学模式注意开发学生的个性潜能,抓住一切时机激发学生创新的欲望,培养学生自主学习和创新的能力,为学生多创造思考的时间、活动的余地、自我表现的机会,从而体验成功的愉快。这样使"三疑三探"教学模式真正成为课堂教学的主导,使教师和学生成为"三疑三探"教学模式的最大受益者。

(作者单位:西峡县回车镇第一中心小学)

在英语教学中如何设疑

任首杰

在初中英语教学中运用"三疑三探"教学模式,很关键的一点就是要在"设疑自探"环节中把"设疑"的问题设好。目前,在此环节中,普遍存在"三多三少"的现状,即一问一答多,独立思考少;尖子生回答多,中下游学生回答少;直接给答案多,分析过程少。笔者根据自己的英语教学实践,就问题设计谈几点看法。

一、问题设计要让学生先设,教师后设

设疑环节让学生先设计问题有两个好处:一方面,教师不仅可以考查学生对课文理解的深度,还可以了解学生在单词、句子、语法和读音方面的困难;另一方面,教师掌握了学生的这些基本学习情况,就可以对下一步的教学进行适当的重点练习,也为梳理、归纳问题打下基础。在这一环节中要注意两点:一是学生提问时教师要做好引导,以防所提问题偏离教学目标;二是要坚持让学困生先提问题,再让中等生补充,这样可以锻炼学困生的胆量,也可以提高其学习的信心。

二、问题设计要引发学生兴趣,忌直贵曲

如果我们教师在设计问题时过于浅显或过于简单、容易,学生就可以几乎不动脑筋回答,一哄而上或脱口而出,这只是一种很表面化的"积极"与"热闹"。实际上,学生的思维仍停留在低级、单一的水平,这样不利于学生发散性思维的发展。因此,我们设计问题应该在学生现有逻辑思维的水准下转换角度和说法,以此培养学生的兴趣,发展学生的智力,使他们努力学好英语。如《Christmas Day》一课,我设计了如下一组问题:

1. Is Christmas Eve the night of December 25th?
2. Why do children in England put a stocking at the end of their beds before they go to sleep on Christmas Eve? And if you're a child in England, what will you do that night?
3. What does Father Christmas do on Christmas Eve? And can you imagine his action?
4. Do you think there is really a Father Christmas in the world?
5. Why do the children get up early on the morning of Christmas Day? And what about you on the morning of the New Year? Why?

因为在设计问题时考虑到了学生的兴趣,所以课堂上许多学生跃跃欲试,竞相发言,

动口动脑,收到了较好的课堂效果。当然,也可以对这一课内容设计如下问题:

1. Is Christmas on the 25th of December?
2. What do children in England put at the end of their beds before they go to sleep on Christmas Eve?
3. What does Father Christmas do on Christmas Eve?
4. There isn't really a Father Christmas in the world, is there?
5. Do the children get up early or late on the morning of Christmas Day?

很明显,这几个问题的设计太直太浅,学生答题时几乎可以不加思考就能直接回答。相比而言,这种提问设计不利于学生学习兴趣的培养,也不利于学生思维(尤其是发散性思维)能力的培养。

三、问题设计要有梯次

设计的问题只有层层递进、逐级攀登,才能完成教学任务。对于教学中的一些重难点,我们尽量设计一些铺垫性的问题,依据学生水平想方设法地化难为易、化繁为简,由近及远,一环扣一环,逐步解决大问题,从心理学和教育学角度看这是符合学生认知规律的。如《Thomas Edison》一课的问题,可以设计的一个比一个难或一个接一个地揭示文章的主题,使学生逐步理解文章内容,掌握所学知识,向问题本质靠拢,培养分析理解能力。在提问设计时,我抓住学生"打破沙锅问到底"的心理,逐层展开,步步深入,设计了以下几个问题:

1. Who was Thomas Edison?
2. Why did Thomas Edison sit on some eggs one day when he was five years old?
3. Why did Tom's teacher send him away from school?
4. Do you think Tom was clever? Why?
5. Why was Tom's mother saved?
6. What can we learn from the fact that Tom's mother was saved?

以上问题中涉及的人物、环境和故事情节等,通过由浅入深的逐步分析和理解,使学生掌握知识,让学生的思维在问题的坡度上步步升高,最终达到"能自己跳起来摘到果子"的理想境界,迫使学生在定势范围内连续思考。这种提问设计的程序应该说是合理的。

四、问题设计应有"度"

我们认为这个"度"必须是广义的,它应该包括提问设计的难度、深度(铺垫性设问)、亮度(讲究感情色彩,抓住学生原有知识经验和新接受信息不适应而产生的心理失衡,提出问题,打动学生的心)、跨度(抓住教材重点、难点集中地问,施行浓缩法,加大问题容量)、角度、精度、密度等,尤其是提问设计中的难易度的把握。提问有一定难度,才能激发学生的求知欲,调动学生的注意力,刺激学生思维,让学生体会到智力角逐的乐趣。当然要注意照顾到大多数学生的知识和智力水平。这要求我们教师设计问题时,要看准,要有眼光,要恰到好处。我们不能凭借主观想象、推己及人、胸中无数,而是要通过摸底调查,设身处地地为学生着想。如果提问太容易,学生就会不以为然,失去提问价值,教师也会失去与学生沟通的机会,浪费教学时间;如果提问太难,学生不敢答、不能答,就会影响学生的学习兴趣和信心。当然,提问的难易适度还有两个标准,即问题本身与学生素质。倘若教师在设计问题时能够想到这两点,教学双方必然会呈现如鱼得水般的景象。如《Thomas Edison》一课,我们可根据学生预习情况,从学生阅读理解能力的实际出发,利用有关提示引导开启学生求异思维,就一定能取得好的教学效果。

五、问题设计要"巧"

在英语阅读教学的提问设计中,教师对题型的研究,显得十分重要。因为从纵向看,它必须考虑因课堂教学流程中各个时机和环节的不同而不同;从横向看,则要依据教材内容和学生实际有所区别。如此纵横交织,就必须用多种提问方式来体现不同的教学功能,才能适应提问的运行机制。这就要求教师匠心独运,在"巧"字上下工夫。一般地说,一是要采用多种提问方式,如投石激浪式、选择比较式、填充补续式、追踪探因式、检查整理式等。二是要讲究操作调控方式,如注意提问的时机、提问的对象、提问的方式、答问的评价等。三是要防止提问可能产生的负面影响。提问忌深、忌偏、忌全、忌浅和忌滥。四是要讲究提问的逻辑,如问题要合理、问域要适度、概念要清楚、表达要明确、答案要未知。在英语教学中,提问设计的"巧",越来越显出其重要作用,因为它既能节省教学时间,又能提高教学质量,因此使用此法必须持之以恒。如《The Great Green Wall》一课,我所设计的问题如下:

1. What does the Great Green Wall mean?
2. What does the Great Green Wall do?
3. Why was the Great Green Wall built?
4. What should we do after reading this passage?

以上问题应该说是"巧"的:问题1从课文内容本身提出问题,投石问路,照顾到了大部分学生的情绪;问题2在问题1基础上更进一层,因为有问题1铺垫,学生已尝到甜头,感到学有奔头;问题3承前追踪,探求因果,使提问跌宕有致;问题4向纵深处又作探索,要学生去"跳一跳"摘到果子。如果教师在操作过程中能把握提问时机、掌握火候、启发引导,那么本课的教学重点就得到了落实,学生的阅读能力就得到了又一次训练。

总之,"设疑"中的问题设计,应作全面的理论研究和反复的实践探索。问题设计是否恰当、是否真正发挥其重要作用,关键是要看教师是否做到既备课又备人,设计什么问题、对层次深浅的安排、对"度"的把握、对"巧"的研究等,这些都要从深入教材和了解学生的基础上来考虑。只有深入钻研教材和了解学生,才能对提问的角度、引导的方法、预期的效果等做到心中有数,才能作出合乎科学的设计,而不能随心所欲、任意提问。

(作者单位:西峡县丁河镇第二初级中学)

在语文教学中运用"三疑三探"教学模式应体现"四要"

张红梅

在语文教学中如何运用"三疑三探"教学模式,我认为要做到以下四个方面:

一、要深研文本悟主旨

研读文本是教学成功的基础。每篇文章皆有主题,教学时教师要深入钻研教材,准确把握课文主题。如果自己对课文主题解读不全面、不准确,教学中就会出现"浮而不实"的问题了。如《幸福是什么》一文,文章的中心是:幸福要靠劳动,要靠很好地尽自己的义务,做出对别人有益的事。一次听课,教师在指导学生学习课文后联系实际谈感想。学生有的说以后不做"小公主"了,回家帮助妈妈多干家务,还有好多学生也是讲怎样在家帮助家长做事,认为这是幸福。教师对学生们的发言以微笑表示肯定。但我认为,学生感想说得肤浅了,或者说得不到位。结合文中对幸福含义的理解,我们就会明白幸福表现为三点:(1)要靠自己的劳动创造;(2)要尽自己义务,做好自己应做的工作,履行好自己的职责;(3)做出对别人有益的事。即要乐于奉献社会,把奉献社会有益人类作为人生最大的幸福,这是人格高尚所在,也是崇高的人生价值观。明确了幸福的这三层含义,我们再来听听学生的感想内容,他们所谈的幸福仅限于自己家里,乐意给自己人做事,思想还处于"为自己"这个角度,所以说学生的感悟肤浅了。那么怎样解决问题呢?教师在引导学生理解幸福的含义时,如果紧紧抓住三个牧童行为去分析体会幸福的具体表现,学生思想才会升华到文本所讲的幸福。同时在拓展教学中,如果插入全心全意奉献社会的一些模范人物事迹,像时传祥、雷锋等,用事实说话定会加深学生对幸福的感悟,从而潜移默化地引导学生树立正确崇高的人生幸福观,达到本课的教学目标。只有研读文本、把握文本主题,才能对文本有独到的解读,教师需要不断加强这一基本功训练,方能灵活驾驭课堂教学。

二、疑点选准巧切入

在解疑合探环节里,选准"疑点"是关键。设疑自探时,学生的质疑缤纷多样,教师要梳理提炼出关键问题,引导学生在合探中解决。选准"疑点"需要智慧。如一位教师在讲授《将相和》一文时,首先让学生找出写将相失和的句子:"他蔺相如有什么能耐?就凭一张嘴,反而爬到我上面去了。"教师说:"下面我们就来深入细读课文,找找蔺相如这张嘴在什么情况下说了什么?为什么这样说?你从中体会到了什么?"紧接着教师出示阅读提示，让学生自读课文前面的两个小故事，思考上面提出的问题。这个"疑点"选得好！以"疑"为主线，抓住人物语言感悟蔺相如不同寻常之处。他不畏强暴，有勇有谋，危难时刻始终以国家利益为重，把个人生死置之度外，因而完成完璧归赵的艰巨使命，并在渑池会上勇斗秦王使赵王的尊严得到维护。抓住这条问题链，不枝不蔓，学生深入到字里行间去领悟蔺相如爱国、无我和智谋双全的品质。读懂了蔺相如，也就解答了"蔺相如有什么能耐"的问题。蔺相如是因卓越的才干、不凡的功劳得到了赵王提升职位的奖励，蔺相如的确可敬可赞。学习负荆请罪这个故事时，教师让学生按照上述问题接着学习探究将相失和后，蔺相如这张嘴怎么说？你从中体会到什么？学生读课文了解到蔺相如以国家利益为重，顾大局、识大体、注重团结的高尚品质。纵观整节课，虽然课文较长，但教学过程并不繁琐，课堂气氛轻松愉悦，就是因为教师选准了探究的"疑点"。

三、点拨有法助感悟

难点问题怎么突破？这需要教师的精心点拨。点拨是一种曲径通幽的艺术；点拨有法，学生则思维活跃。如《赠汪伦》这首诗，一位教师在指导学生探究此诗所表达的思想感情这个环节中，给听课教师留下了深刻的印象。只见教师点击键盘，大屏幕出现了补白填空题："桃花潭水深千尺，不及汪伦＿＿＿＿我情"，让学生想一想填什么字合适。同时出示了李白应汪伦邀请到泾县去游玩的详细资料，让学生借助资料思考。班里此时静极了，连听课教师都紧张地思考起来：填什么字合适呢？两分钟后就有学生陆续举手了。学生填的是"不及汪伦'思'我情、'爱'我情、'赠'我情、'邀'我情"等，并依据资料说出填这个字的原因。学生每次回答后，场上听课教师都不约而同地鼓起掌来。这掌声，是对学生独到感悟的夸奖，更是对教师教学艺术的夸奖。选字填空，让学生明白了汪伦和李白朋友情深的原因。巧设空白，对诗句中"情"字的含义解读不单单定格在离别留恋层面上，而是通过深挖文本、拓展资料，在多元解读中探寻出"情"字蕴涵的更多含义，让人拍案叫绝！让我们的教学中多一些这样的创意点拨，使学生创新思维的火花在课堂上激情闪烁。

四、"再探"问题细落实

在质疑再探环节里，学生再次跳出了文本进行质疑。这些"疑"是否随着下课铃声响即抛到脑后去了呢？"再疑"的问题一定要在课外抓落实。如让学生读鲁迅的小说《故乡》，了解30年后闰土与作者见面的情景，教师就要利用课外读书时间，组织学生在班上讲讲30年后闰土与鲁迅见面的故事；学生提出世纪宝鼎是怎么制作出来的，教师可与学生一起通过上网等渠道查阅资料，感知世纪宝鼎工艺之精湛，进而感受我国古代劳动人民的聪明才干；有学生想了解居里夫人发现镭的经过，不妨让学生读读居里夫人的故事，寻找到答案，并在班上交流。再次质疑的问题，是学生求异思维的火花，教师要呵护、尊重、适时引导，让学生去究根问底、探索答案。这样才不会使质疑再探环节给人以"虚晃一枪"之感，既激发了学生善于质疑的积极性，又让学生在课外再探中加深了对课文的理解，丰富了知识，一举多得。

（作者单位：西峡县城区第四小学）

评析篇

269—332

西峡的教改实践,为我们提供的不仅仅是一种先进的课堂教学模式,其最大的贡献是让我们找到了基础教育课程改革理念与实践有效衔接的路径,破解了创新型人才培养的基础性难题,是对洋思和杜郎口经验的发展与升级。

以往我们关注的学校教改明星居多,但鲜有区域教改的典型经验,因为一所学校的教改实验容易,一个区域大面积的教改推进则很难。5年的课改攻坚战,从学洋思到发展洋思,再到创造性地提出"三疑三探"教学模式,西峡走过了一段艰辛的历程。西峡教改的另一大贡献是为县域教改的整体推进提供了可资借鉴的路径。

把课堂空间向学生思维全面开放

——来自河南省西峡县区域推进"三疑三探"课堂教学改革的报道

从河南省西峡县城到该县最远的桑坪镇有 100 多公里,汽车要走两个多小时。在这个有着 43 万人口的山区县,由于特殊的地理环境,这里的许多学校都在大山深处。308 所中小学中的 90% 在深山区,三年级以下的教学点就有 134 个,60% 的教师都是由过去的民办教师转为公办的。就是在这样的条件下,从 2003 年起,他们开始了区域性推进课堂教学改革的努力,24 名教研员隔三差五地就要到边远的乡镇学校去听课、送课,开展教研活动。"常常是早晨天上还有星星就要出发,晚上月亮出来了才能回家"。

经过 6 年的实践与探索,西峡县在县教研室主任杨文普的带领下创造了课堂教学"三疑三探"的西峡模式,实现了教与学方式的彻底改变,也走出了一条山区县区域推进课堂教学的改革之路。如今,西峡教育因中考连续 4 年在南阳市 13 个县市区中领先、高考综合排名连续 4 年增幅第一且位居全市前列而闻名整个豫西南。说到全县力推的课堂教学改革带来的成果,杨文普把目光放得很长远,整体推进的课堂教学改革除了直接体现在中考与高考的成绩中,另外几个方面更为重要:一是学生的创造能力提高了,二是农村学校辍学的学生越来越少了,三是学生的课业负担减轻了,四是教师乐教了。更重要的是,"三疑三探"课堂教学模式为课程改革的深化找到了有效载体。

一、把认领的"干儿子"变成"亲儿子"

谈到课堂教学改革的决心,杨文普说出了直接原因:曾经落后的教育促使他们下定改革的决心。在西峡县教育界都了解这样一件事情,在 2002 年南阳市全市教育工作会议上,西峡县曾 12 次被点名,这 12 次点名并不是表扬,而是按照不同的指标被排在最后的几名。2003 年全县宣传启动新课程改革,如何抓住课程改革的机会,走出本县提高教育质量的路子呢?经过慎重研究,他们决定从课堂教学改革入手,走一条向课堂教学要质量的振兴教育之路。

当时已在全国产生重大影响的江苏省泰州市洋思中学的课堂教学改革经验引起了他们的高度关注。他们觉得,洋思中学的地理环境、师资条件、生源质量等方面与西峡的许多学校有相似之处。洋思中学可以做到的,自己是不是也可以做得到?他们首先想到的是先到洋思中学摸底,看看他们的秘密到底在哪里。

2003 年 12 月 7 日,由西峡县教体局局长孙占梅带队,教研室主任杨文普及中学各科教研员组成的西峡县15人教育考察团一行到达了洋思中学。杨文普回忆说:"白天听课、座谈,晚上回到10元一晚的小旅馆里还要讨论,天太冷了,我记得孙局长都冻感冒了!"整整一个星期,他们带着自己的疑问而去,通过听课、座谈、了解、讨论的方式得出了自己的结论。就在春节前夕,一本凝聚着前去参观考察的所有教研员心血的小册子——《洋思中学课堂教学改革的理论与实践》付印了,他们用自己的头脑全面解读了洋思中学课堂教学的基本步骤、操作流程及课堂运用。

底摸清楚了,接下来,教体局决定先进行试点。2004年春季开学,该县丁河一中、丹水三中、军马河一中被确定为学洋思试点学校。王焕玲是教研室初中生物教研员,她回忆起当时的情景,就是经常由教研室主任带队一起住进试点学校,与实验教师一块备课、听课、讨论与改进。洋思中学提倡的"先学后教、当堂训练",由于学在先,学生在课堂上有了主动性,这给过去只有教师主讲的沉闷课堂带来了生机。

经过一个学期的实验,3所实验学校都取得了明显的教学效果教学,质量和课堂面貌都发生了很大变化。2004年秋季开学,县教体局决定在全县开始推广学洋思课堂教学改革的工作。

实践过程也是他们不断思考与研究的过程。经过一段时间的改革实践,他们发现,与新课程理念的要求相比,洋思中学的课堂教学模式仍有一定的局限性。用杨文普的话说:"洋思中学的课堂偏重于追求教师预设问题的解决而缺失学生问题意识的激发和培养,与新课程倡导的要注重培养学生自主创新精神的理念仍有差距,于是我们鼓励教研员和教师要学习洋思锐意改革、与时俱进、自我超越的精神实质,在实践中大胆创新,不断完善。"边学习边推广,边实践边发展,到2006年,一个源于洋思经验经过本土实践的新课堂模式正式诞生了,他们将这个新模式命名为"三疑三探"课堂教学模式。用教体局局长孙占梅的话说:"经过3年时间,我们把从外地认领的干儿子变成了自己的亲儿子。"

二、"三疑三探"的课堂以问题意识贯穿始终

从2006年9月开始,西峡县的课堂教学改革又进入了一个新的阶段,开始全面推行他们自己探索认定的"三疑三探"课堂教学模式。也就是从那时起,许多教师开始有了共同的体验:学生的问题越来越多,经常被学生的问题问住。如数学课上学生可以问出"无限不循环小数有倒数吗?"物理课上学生问:"火焰是物质吗?""冰可以直接变成水蒸气,那么铁可以直接变成铁蒸气吗?"……课堂发生了巨大的变化。"学生的成绩提高了,上课时眼神活了,睡觉的没有了,而且敢说敢问,主动去查资料的学生多了。总之是作业少了,学生的问题多了。"地处深山的双龙二中李建业教师这样评价"三疑三探"的课堂。

被教师们普遍看好的"三疑三探"课堂到底是什么样子呢?教研室主任杨文普介绍,这样的课堂就是让问题意识贯穿始终,共有四个环节,即设疑自探、解疑合探、质疑再探、运用拓展。那么,看起来一目了然的环节是怎样达到教师乐教、学生乐学而且能学好的效果呢?

带着这样的疑问,记者走进了课堂。

在西峡县城区二小,记者听了一节六年级的数学课《倒数的认识》。上课的赵明军老

师在导入新课以后,就让学生围绕本课的主题提出自己的疑问,即开始的"设疑自探"环节。"怎么才能产生倒数?""倒数就是把两个数交换一下吗?如何求倒数?""学习倒数有什么用?""0有没有倒数?"……学生提出的这些问题经师生共同梳理归纳后,教师再补充一些必要的问题,从而形成本节学习新知的自学提纲,然后学生围绕这些问题开始独立看书并思考探究。"自探"结束后,开始检查自探情况:学困生回答,中等生补充,中优等生评价。学困生能正确解答的问题,就不再浪费时间,立即转入下一个问题;难度小的问题同桌讨论,难度大的问题小组讨论,更难的问题教师讲解,这一过程就是"解疑合探"环节。在这一环节学生基本上明白了倒数的概念及求倒数的方法,搞清楚了"0为什么没有倒数"。

在基本解决了提出的问题以后,教师又问:"同学们还有什么疑问吗?"这时,学生提出的疑问令上课的教师连连点头:"1/1是不是1/1的倒数?"有的学生回答,因为他们的乘积是1,所以是互为倒数,教师进一步点拨:"这说明1的倒数是它的本身。""除了1以外,还有没有倒数是本身的数?比如3/3。"有学生回答:"因为3/3就是1,所以只有1的倒数是本身。""带分数有倒数吗?"一个学生站起来说:"有,应先把带分数化为假分数,然后再调换位置即可。""小数的倒数该怎么求呢?""整数的倒数怎么求?有什么规律?"……直到没有学生再提出疑问,这个过程就是"质疑再探"。然后教师要求学生每人出一道关于倒数的题目,小组内交流,最后评选出小组内认为最好的一道题出给全班同学。第一个小组出了一道判断正误的题"求一个数的倒数就是把这个数的分子与分母交换位置"。其他小组的一位同学认为是错误的,因为没有排除0。第二个小组出了一道与生活密切相关的题目:"一堆煤共5/2吨,用去的数量是这堆煤的倒数,用去了多少吨?"第三个小组也出了一道判断正误的题:"乘积为1的数互为倒数。"其他小组的一位同学认为这是错误的,因为没有说到关键词"两个数"。第四个小组出了一道应用题:"3/4乘以倒数的4/5结果是多少?"这是一道相对有难度的题。第五个小组推出的题目为"2/3的倒数乘以5的结果的倒数是多少?"在同学相互回答与教师的补充中,这样几道不同类型的题目都很快解决了。最后教师又出示了几道典型题目,并带领学生当堂完成了作业。

这就是一节完整的"三疑三探"课堂教学过程,而课标对本节课的要求根本没有这么高。说到自己的课堂转变,上课的赵明军老师说,这样的课堂教学模式促使自己真正转变了角色,以前是课本上如何说自己就如何讲,而且是一讲到底,而现在他觉得自己就是一个课堂的组织者、帮助者和调控者。现在的课堂上,学生可以提出自己的问题和疑问,可以自己主动出题,学生真正地由被动变主动了。

为了引导课堂教学朝着理想的方向转变,县教研室制定了两个课堂评价标准:一个是针对操作模式本身的步骤去评价,一个是从师生的不同表现去评价。前一个评价是引导教师尽快入门的评价,后一个评价则是对熟练运用这一模式的教师与学生的评价。比如后一个评价关注教师能否很好地做到启发引导、能否很好地注重学法指导和能否做到"三讲三不讲",看教师是否关注了全体学生、是否能灵活处理课堂生成的新问题。而对学生的评价主要关注这样的课堂对学生能力产生的期待,即看学生是否会提问、是否会自学、是否会展示、是否会倾听、是否会评价、是否会质疑、是否会讨论、是否会总结、是否人人都参与和是否都有成功的体验。而这正是"三疑三探"教学改革所期待的,除了成绩,还要培养学生的能力。

三、教研走在前面，教师人人过关，校长个个带头

在这样一个山区县整体推进课堂教学改革谈何容易。然而，西峡的教育工作者却找到了可行的推进方法："教研走在前面，教师人人过关，校长个个带头。"方华瑞是西峡县小学语文教研员，说起课堂教学改革她深有感触。

一开始接触"三疑三探"的课，教师围绕问题组织课堂非常容易上成问答课，有些教师不敢讲，怕走到老路上去。于是，作为教研员，方华瑞就先设计一节课、然后自己执教，让实验教师一起，以课例作为培训方式，一个环节一个环节地突破。在推广实验的时候，教研员往往是在乡镇学校一住就是一个星期，手把手地帮助教师备课，认住一节课不断地打磨与提高，还常常组织先行实验的教师到乡下送课。这是西峡县所有教研员的工作状态。教研员们常常因为一些问题与教师们争得面红耳赤。"有时真气得吃不下饭"，说这话时方华瑞是笑着的。在西峡县，不光是县教研室有教研员，每个乡镇也都配有教研员。在开学初，所有教研员要先上新授课，学期中要上练习课，学期末要上复习课，每个教研员都有自己的校本教研基地，教研员成了课堂教学改革的切实研究者与指导者。

杨文普说，在这个过程中，教研室真正实现了职能的转变，找到了定位。教研室就是教学管理的参谋部、新课程理念的研究院，解答教学疑难问题的咨询处，带领全县教师走进新课程的领航站，推进新课程实施的服务队。

在县教研室的指导下，各学校、各乡镇开展多种形式的教研活动，点燃了学校和教师参与教学改革的热情。县里每年都要对全县教师进行新课程和课堂教学改革的业务理论测试，并通过汇报课、示范课、展示课等活动，要求教师人人过关。全县校点最多的丹水镇共有30所中小学校，教师素质参差不齐，镇中心学校通过持续开展"五同两课"活动，即每次教研活动，所有参加教师都要同备一节课、同说一节课、同上一节课、同评一节课、同反思一节课；先指定优秀教师上"引领课"，然后再抽签定人上相同内容的"展示课"，最后大家集中评课，这样有力地促进了教师的专业成长。教研室每年都要举办"三疑三探"课堂技能大赛和优质课竞赛，目的是使全体教师都"入格、升格"，让骨干教师"出格"；举办校长论坛、教师论坛的目的是让教师们智慧碰撞、分享成果；举办校本教研现场会的目的是让现实的样本发挥引领作用。同时，采取乡镇中心小学与村小学教学点捆绑评价、校际帮扶、送课下乡等办法，让课堂教学改革真正走近了每一位教师。

西坪镇二中校长孙延平，除了管理学校还担任着九年级的语文课的授课老师。前几天，他刚在学校上完"三疑三探"汇报课，这种每周汇报课制度已经成为学校的一项教研制度。听完课后，教师们对他的课也提出了不少意见，认为他在学生合作探究的过程中引导不够，同时整堂课缺乏激励性语言。在西峡县，从课堂教学改革初始，就认定校长是课程改革的第一责任人，要求校长"要站好讲台"，要上好主要的课。从学洋思开始，每一次都要求校长走在前面，每个学校教学改革的第一堂课，都要求校长来上过关示范课。平时，校长也要与教师一起同台赛课，用城区二小校长符喜华的话说："不认真对待不成啊！真怕把教师误导了。"为了发挥校长的引领作用，教研室每年还要专门举行全县中小学校

长、副校长、教导主任的赛课活动,让校长真正站在了改革的最前面,成为课堂教学改革的有力领导与带动力量。

6年过去了,整个西峡县的课堂教学发生了翻天覆地的变化,向课堂教学要质量的振兴教育之路越走越有希望。面向明天的教育理想,他们还会一直走在这条路上。

【后　　记】

在西峡县采访的两天时间里,我通过听课、座谈,深切地感受到了这里推进课堂教学改革的区域合力。无论是教育局的领导还是教研员、教师和校长,都有一个共同的目标——建设理想课堂,减轻学生负担,提高教育质量。

然而,座谈中教师们仍有许多困惑,课堂里并不尽善尽美。如何让这一模式本身更好地适用于不同学科与不同学段,如何使其更加完善,则需要有更多发现问题的眼睛与解决问题的智慧。同时,怎样提升教师本身的素质以便更好地体现改革的效果,也是推进课堂教学改革中需要认真面对的问题。好在他们有锐意改革的精神与勇气,也有着清醒的认识和立足本地实际的踏实态度。用教研室杨文普主任自己的话说:"这还只是第一步,接下去还有很多步。"

(来源:《中国教育报》2008年10月10日　作者:赵小雅)

【专家点评】

"三疑三探"教学模式体现了高效方便

河南省西峡县以杨文普为首的团队探索了多年的"三疑三探"教学模式,只有四个教学环节:设疑自探——解疑合探——质疑再探——运用拓展。"三疑三探"的好处就在于紧扣了一个"疑"字和一个"探"字。"疑问疑问,有疑便问",有了疑问才会思考,才会探索,所以课堂的开始首先要提出问题,用问题来激发学生学习的动力和兴趣。当然问题也不是一次提出,在课堂教学中要不断地提出问题、解决问题,一波刚落,一波又起,环环相扣,持续推进课堂教学的进展。

所以"三疑三探"教学模式把"疑"字贯穿课堂始终,从一开始的"设疑"到后边的"质疑"是一个不断设疑解疑的过程。

"设疑——解疑——质疑"不仅是一个不断提出问题、解决问题的过程,还是一个不断深化学习教材、开发课程资源的过程。一开始的"设疑"是一节课的基本目标,是一种预设,当基本目标达成后,学生在学习的过程中会不断地产生新的问题,这些问题有时会超出教师的预设,这正是新课程所提倡的用好教材和超出教材。如果说一开始的"设疑"是"走进教材,用好教材",后边的"质疑"则是"走出教材,超出教材"。这是一个不断深化和拓展的过程,是新课程理念在课堂教学中的灵活运用。

疑问的提出也是多种形式的,从一开始的设疑到后边的质疑,既可以由教师提出,也可以由学生提出。由教师提出问题体现了教师对课程标准和教材的理解,体现了教育工作者对学生的基本要求;由学生提出问题体现了在课堂教学中的民主精神,学生可以根据自己的理解和困惑,随时提出问题。有目的、有意识地培养学生的问题意识是这种教学模式的基本特点。

问题提出来了,由谁来解决?在传统的教学中教师也会不断提出问题,目的是通过设问的形式引起学生听课的兴趣。教师自问自答,学生只要当个好听众就行了。而"三疑三探"妙就妙在一个"探"字。

这里的"探"是探索、探究、试探的意思,既然是"探",就不是把现成的答案说出来,而是经历一个探索的过程,这也正是三维目标中的"过程与方法"的问题。由谁来探?学生自探,同学合探,师生再探。这三个环节都贯穿了一个"探"字,体现了新课程所提倡的"自主、合作、探究"的精神。

首先,"学生自探"。提出问题后教师不忙于给学生破题和讲解,而是引导学生自学教材,自己解决问题,有意识地培养学生的自学能力和自学精神,这是新课程所提倡的。自学也是一种能力,能力的培养需要一个过程。一开始学生自学可能比教师讲授进展慢,但学生一旦形成了自学能力,就会自己学习教材,不用教师讲解,学习的进度会产生加速度效应。

其次,"同学合探"。这体现了新课程所提倡的合作精神。新课程在评价学生的"基本素质"中有六个维度:道德品质、公民素养、学习能力、交流与合作、运动与健康、审美与表现。"合作"在学生素质的形成中具有重要作用,培养学生的合作能力不仅是学习的需要,也是培养学生基本素质的需要。

学生通过自学不明白的问题,教师不要急于回答和辅导,而是让学生通过合作来解决。合作的形式可以分为几个层次:首先是两个人的合作。研究表明,在课堂教学中两个人的合作机会最大、效果最好。

两个人不能解决的问题怎么办?教师不要急于讲解,由小组合作(4—8人)来解决。小组内仍然不能解决的问题再由全班合作(跨组合作)来解决。教师不要急于解答问题,要退到最后一步,直到全班学生都不能解答时教师才能说,要给学生充分展示才能和挖掘潜能的机会。

再次,"师生再探"。在课堂教学中师生的交往互动主要是思维的交往而不是形式上的互动。在探究的过程中,教师要启发、引导、激励学生,要真正实现角色的转化:由过去知识的传授者变为学生学习的组织者、引导者和激发者。这一过程也充分体现了课堂教学的民主。

总之,"三疑三探"是一种很好的教学模式,充分体现了课程改革的基本要求。几年的实验证明,它能够提高课堂教学的效率,减轻学生的负担,能够培养学生的创新精神和自学、合作的能力。当然,作为一种基本的教学模式,在不同的学段和学科中还要根据学生的情况和教材的情况灵活变通。期盼这种教学模式在实践过程中不断完善,让更多学生和教师受益。

(作者:王敏勤　天津教科院基础教育研究所所长)

西峡教改的课堂革命

质疑、探究、解惑,再质疑、再探究、再解惑。一切都在学生自主、合作的学习探究中自然生成。西峡县中小学的课堂被一个个学生的疑问充斥着,被一次次学生为探究解惑的精彩演绎而响起的掌声充斥着……

与洋思、杜郎口那具有创新价值的教改经验相比,西峡的教改实践更具颠覆性。传统的课堂导入常常是教师出示问题,引导学生进入文本,而西峡的课堂导入是由学生提出问题,而后在探究中解决问题;传统的课堂练习多是由教师出示题目,教师评价,而西峡的课堂练习则是由学生自己编题,学生评价;传统的课堂,教师预设的问题多,生成的问题少,而西峡的课堂,课前精心准备的教师常常被学生出其不意的质疑"问住";传统的课堂,教师常常要求学生课前预习,课后布置作业,而西峡的课堂则不倡导学生课前预习,不提倡课后布置作业。

这就是西峡县——豫西南一个山区小县,无论是城区还是乡村都家喻户晓的"三疑三探"教学模式。近年来,县乡两级的教改实验,使学生的问题意识明显增强,自学能力和创新思维得到了有效拓展,面向全体学生尤其是后进生的课堂教学效益大幅度提高。该县中招成绩连续四年在全市领先,高招连续四年增幅全市第一且位居前列。这一教改实践,也正在因为专家、学者的关注和兄弟县市的频繁交流而变得炙手可热。

"三疑三探"的课堂改造

走进西峡县任何一所学校的课堂,你都能感受到这样的情景:全班学生都显得很亢奋,没有人游离于学习之外或者打瞌睡,所有人都在思考,都在质疑,也都在解惑,教师真正成了导演,课堂上不时有学生因提出精彩问题而响起的掌声。

"三疑三探"教学模式的课堂流程是:设疑自探——解疑合探——质疑再探——运用拓展。"三疑三探"课堂教学模式不倡导学生课前预习。课堂上学生接触新课之前,对一切都是陌生的。教师出示课文题目,让学生在没有走进文本之前,展开联想并提出自己思考的问题。比如,在学习《董存瑞舍身炸碉堡》一文时,教师出示课题,学生根据题目提出的问题有:董存瑞是什么人?碉堡是什么?为什么要炸碉堡?董存瑞是怎样炸的?结果碉堡被炸掉没有?不"舍身"能炸掉碉堡吗?是他一个人炸的吗?董存瑞现在还有家人吗?……教师归纳、补充、梳理后,引导学生带着主要问题深入文本进行"自探",进而寻求问题的答案。

这是"三疑三探"的第一个环节——设疑自探,其实也是课堂导入的过程。这里的"设疑",就是使疑问生成。这里的"自探",就是自主探究。在"自探"的过程中,教师的作用是把握进程、关注而不干扰。

"解疑合探"环节之"疑",一方面是指"自探"过程中的未解之"疑",另一方面是指"自探"中派生出的新的疑问。这一环节常常是生生互动、师生互动的合作性学习。坚持的原则是学困生回答,中等生补充,中、优等生评价。对学困生回答正确的问题就不需要再浪费时间,立即转入下一个问题,难度小的问题同桌讨论,难度大的问题小组讨论,学生实在解决不了的问题,教师再加以点拨和讲解……这就是"合探"(即合作探究)的过程。

第三个环节是"质疑再探"。这一环节是在基本完成本节主要学习任务的基础上,鼓励学生质疑问难、标新立异,甚至异想天开,勇于向课本、教师以及其他权威挑战,针对本节知识提出更高层次的疑难问题,再次进行深入探究解答,从而达到查漏补缺、深化知识、发散思维、求异创新的目的。如语文课上学生问"卖火柴的小女孩如果生活在中国,她的命运又会怎样?""'潭中鱼可百许头'为什么要用'头'?"地理课上学生问"清真饭店张挂的壶状标志是什么意思?"英语课上学生问"为什么用 wide 来形容'嘴巴'而不用 big?"数学课上学生问"大于180°小于360°之间的角叫什么角?"……

如果说一开始的"设疑"是"走进教材,用好教材",后边的"质疑"就是"走出教材,超出教材"。这是一个不断深化和拓展的过程。这一环节在教学中尤为重要,因为它是引导学生从感性认识向理性认识过渡的关键环节,也是从课本知识向实际应用升华的必由之路,还是培养学生创新精神和实践能力的最佳时机,教师的教育智慧和机敏也在这里得到淋漓尽致的发挥。

第四个环节是"运用拓展"。这一环节是指学生针对本节所学的"新知",围绕学习目标,尝试编拟一些基础性习题和拓展性习题,展示出来供全体学生训练运用。如果学生编拟习题仍达不到教学目标要求,教师要进行补充,然后在检查运用情况的基础上予以订正、反思并归纳。

"三疑三探"的主创者、西峡县教研室主任杨文普说,教师在运用该模式时必须遵循"三讲三不讲"原则,即学生自学和讨论后还不理解的问题要讲,知识缺陷和易混易错的问题要讲,学生质疑后其他学生仍解决不了的要讲;学生不探究不讲,学生会的不讲,学生讲之前不讲。

南阳市教科所所长景国成对"三疑三探"教学模式进行了系统的调研后认为,"三疑三探"似是模式,实为理念:教师可以根据不同的学科或同学科的不同课型、同课型的不同内容、同内容的不同情景、同情景的不同学生,灵活组织教学活动。

质疑从课堂走向生活

"今天,你质疑了吗?"这是时下西峡县城乡校园里的流行语。这样的理念不仅贯穿于课堂教学的全过程,而且从课堂逐步延伸到课外,甚至成了一些学校校园文化的重要标志。

随着教学实践的深入,"三疑三探"的核心精神势必向课堂之外的校园生活、家庭和社会延伸。处处求疑、时时存疑,善于质疑,遇事总爱问个为什么,已成为西峡县中小学生的重要精神特征。

西峡县城区二小是"三疑三探"教学模式的首批实验学校。该校校长符喜华告诉记者,实验以来,学生成绩大面积提高,但他认为,成绩的提高只是狭义的变化,更重要的是学生独立思考、敢于质疑的精神得到了培养,综合素质得到了提升。比如,学生的自学能力、语言表达能力、对事物的判断能力和团队合作精神等都明显得到提高。

记者在城区二小采访时发现,质疑精神已成为该校学校文化的核心特征。以课堂教学为依托,该校开展了一系列相关的社会活动。"小问号"社会实践调查活动,让学生收集学校生活、家庭视角、社会现象、热点聚焦和自然科学中的问题并进行研究,进一步加强了学生"用问题的眼光看世界""用问题的眼光认识周围事物"的创新意识。

让很多教师、家长感到欣慰的是,不少学生开始关注家庭、关注学校、关注社会,学生的社会责任感明显增强。一些学生常常根据自己平时观察到的现象给教师、学校甚至县委书记提出了许多宝贵的建议。比如,要让教室的墙壁得到更好的利用、让课桌的使用寿命更长、让厕所没有臭味儿、让校园内的风景树会"说话",等等。比如,怎么能够消除街道"牛皮癣"? 怎么让居住环境更整洁? 秸秆如何利用更科学? 如何更好地利用西峡的自然资源? 等等。

学生的这种责任意识也得到了各界的积极回应。县委书记杨炳旭亲自给提建议的学生回信;学生质疑教材出现的错误,得到了有关部门的关注;很多家长为孩子的变化,纷纷给学校写感谢信。记者摘录一位叫封彦波的家长给学校的来信:

不知从哪一天起,我开始带着审视的目光重新去打量我的儿子:每天回家来他总是有问不完的"为什么";电脑屏幕上游戏的画面不知什么时候起变成了"百度"上的搜索网页——"老舍姓老吗""有关山水的诗句有哪些?"……还时常对我来一句:father, let's go。

他现在对各门学科都产生了浓厚的兴趣,善问为什么,乐于独立思考,创新实践方式,向教师提议并在我们帮助下带领30多名少先队员到居民区扫地、植树……他良好的生活和学习习惯已经慢慢养成,帮贫济困、扶老携幼和文明礼貌高尚品德正在他幼小的心灵中生根发芽。他的积极乐观向上,感染了我们家庭中的每一个人。

教育因创新成就幸福

课堂的变化引发了教育教学的多米诺骨牌效应,可以说是牵一发而动全身。课堂教学的理念变了,教学方法、方式,课堂结构与组织形式,课堂评价等一切也全变了。随之发生变化的还有学生的行为习惯、教师的专业成长路径、教研员的指导方式等。而能为本土教改持续提供动力源的是教师、校长和教研员工作状态与职业幸福指数的变化。

城区二小副校长田青梅一直在教学一线,每天看到孩子们提出新奇的问题很是激动。她说,"三疑三探"为教师专业发展注入了动力,教师们焕发出了职业生命的张力。

城区二中语文教师申曼说:"'三疑三探'不仅改变了学生,更改变了我的教育信念。对于学生们提出的疑难问题,我并没有因为被学生问住而敷衍、搪塞,而是坦诚面对学生,课后请教其他教师或查阅资料。几年来,我收获了很多,自己专业成长的目标更加明确了。"

位于深山区老界岭脚下的太平镇中学物理老师马小宝告诉记者,以前只能从学生作业中发现学生学习存在的问题,现在在课堂上问题已经全部呈现了。在实验之初,常常会出现学生提出的问题没有价值、肤浅,甚至可能偏离教学主题,但现在学生提出的问题却很深刻。设疑激发兴趣,解疑透析文本,再疑升华认识,"三疑三探"让他在教学中找回了自信。

数学教研员王星楼说,这几年很多节假日他们都在加班加点,尽管工作很辛苦,但大家都觉得很充实,找到了职业的幸福感。"名师距离我们并不遥远。这几年成长起来的优秀教师很多,个个都能上优质课。"

一个时期以来,大家心里想的是"三疑三探",课堂上实践的是"三疑三探",甚至茶余饭后嘴里说的也是"三疑三探"。

化学教研员张瑜琴为做好学科教学的专业引领,把"三疑三探"的研究作为每天工作与生活的重要部分,常常工作到深夜。受她的影响,在政府部门工作的爱人也成了"三疑三探"义务宣传员。

双龙二中校长别文清说,近年来,从小学到初中,学生的辍学率、逃学现象和课堂上的睡觉现象没有了。学生观察、发现、质疑、探究等习惯的逐渐养成,促使广大教师放下手中的教参资料,把更多的时间用于阅读更多、更有价值的书籍,也迫使更多的家长放下麻将和酒杯,去读书、看报和查阅《百科知识》。可以说,"三疑三探"教学模式扎扎实实地把培养创新精神和实践能力落实到了学生的学习、生活和实践之中。

2005年至今,在全市每年的教学技能竞赛中,从小学到初中再到高中,该县参赛教师均获得一等奖,多名教师代表河南省到陕西、四川、湖北等地参加全国赛课均获一等奖。2007年,西坪镇教研员赵惠获全省"十佳教学能手"第一名,并于2008年8月在宜昌举行的全国语文新课程教学研讨会上执观摩课。

【记者手记】

怎样认识西峡教改实践的贡献

西峡的教改实践,为我们提供的不仅仅是一种先进的课堂教学模式,它从思想上激发了学生的学习兴趣,让我们找到了基础教育课程改革理念与实践有效衔接的路径,破解了创新型人才培养的基础性难题,是对洋思和杜郎口教学模式的发展与升级。

西峡教改的中心引擎是以"三疑三探"为特征的课堂教学模式。这一教学模式实现了"教学"到"教学生学","教师问"到"学生问"的思想转轨,实现了学习方式由单一接受到发现创造的根本转变。学生实现了由教育客体向主体的角色转变,教师实现了由知识传授者向学生辅导者的角色转变,从根本上减轻了学生的负担,使学习效果由自然状态进入了必然状态,使教育过程实现了由高耗低效向低耗高效的转变。

"三疑三探"教学模式变革了"师——生"这一单向的学习方式,建构了以学生为"主体"的,由学生自己、学习伙伴、教师、文本、作者、家长及其他媒体搭建的多维的学习网络体。这一网络体拓宽了学生合作的领域,扩大了合作的对象。

"三疑三探"教学模式的核心是"疑"和"探",这种把"质疑"和"探究"的能力培养作为重点和核心的教学模式,既蕴涵了新课改的精神,又符合了创新型时代的发展趋势。

　　我们说"三疑三探"教学模式为当下的基础教育课程改革作出了重大的贡献。其贡献之一就在于,破解了以课堂教学为"抓手"进行综合素质培养的难题。我们所了解的很多课堂教学改革解决的仅仅是知识的传授问题,而"三疑三探"则对传统课堂进行了系统改造。通过这样的课堂教学模式的实施,学生的自学能力、创新精神、合作意识、互助品行等现代社会要求公民所具备的良好的素养都得到了培养。对传统的课堂而言,这是根本性的变革。

　　"三疑三探"教学模式的诞生与"洋思经验"有着密切的联系。西峡教育者从不避讳对洋思经验深刻地解读与借鉴。在他们看来,这一模式是在系统学习洋思经验基础上改造而成的,是改出来的经验。但我认为,西峡的教改经验同样是具有原生态色彩和创新价值的。

　　曾有专家指出,洋思和杜郎口教学经验解决了基础教育课堂教学的三大难题,即教师单向灌输过多,学生自学能力不足;课外负担过重;如何大面积转化后进生。而西峡经验在此基础上又有了新的拓展。比如,西峡经验不提倡课前预习,一切学习都在40分钟的课堂上完成。但是,为了在课堂上能提出有价值的问题,学生可以自发性地查阅资料,这要比教师布置预习任务效果好得多。

　　西峡教改的理论探讨与模式建构同步,模式又分解为整体框架、学习模式与评价模式,其中"三疑三探"教学模式的课堂流程并不是固化的,它因不同学科、不同学段会形成不同的变式。

　　有专家认为,建立一种高效的教学模式是决定教改成功的关键所在。西峡教改实践无疑切中了这一核心。5年的课改攻坚战,从学洋思到发展洋思,再到创造性地提出"三疑三探"教学模式,西峡走过了一段艰辛的历程。如今,西峡已经形成了一个区域性教学改革的新格局。

　　西峡教改的另一大贡献是,以往我们关注的学校教改明星居多,但鲜有区域教改的典型经验。而西峡为县域教改的整体推进提供了可资借鉴的路径。一所学校的教改实验容易,一个区域大面积的教改推进则很难。很多教学模式仅适合于学校教育的某一个阶段,而西峡的教学模式从小学到初中再到高中同步推开,并取得了可喜成绩。我认为,西峡应该是继湖南汨罗素质教育经验之后的又一区域教改的典型样本。

(来源:《教育时报》2008年10月10日　作者:褚清源)

西峡教改的教育学思考

　　西峡教改确立了学生长于思考、善于探究、勤于动手、乐于参与的研究型教学模式,构建了学生学习的三大系统,即知识系统、能力系统、动力系统,学生的创新潜能得到了应有的开发。但西峡教改又不仅仅是一种单纯的教学模式,以"三疑三探"教学模式为核心,西峡教改涵盖了教育质量评价、校长和教师的专业成长、校本研修等方方面面。正是这样一个系统工程才催生了西峡县域教育的整体提升,也才受到了业界的广泛关注。两年来,先后有省内外多个代表团到西峡观摩学习,以全国和谐教学法研究会理事长、天津教科院基础教育研究所所长王敏勤为代表的专家学者也纷纷对西峡教育现象进行跟踪研究。

　　一个教育质量曾一度在全市倒数的山区小县,何以顺利实现了县域教育的突围与转型?"三疑三探"教学模式是如何诞生的?对于当下的教育现实,他们基于什么样的思考?让我们一起来解密西峡教育……

发现问题比解决问题更重要

　　与很多地方一样,西峡也一度遭遇县域教育改革的困惑,也曾为面临的教育转型而束手无策。

　　作为一个山区县,近年来以工业、旅游业为龙头的产业链极大地拉动了西峡县域经济的发展,而教育则一直徘徊不前。教体局局长孙占梅内心深处一直有一种强烈的意识:药业和旅游业能成为西峡走向全省、全国的名片,我们的教育为什么不能?教育质量提升了,更能为县域经济的可持续发展积蓄力量。为此,上任伊始,孙占梅便确定了县域教育整体提升的远景规划。

　　然而,县域教育改革这一系统工程如何切入、怎样有效推进、这一艰巨的任务由谁来具体实施,孙占梅最终锁定了教研室这一全县教育系统最专业的研究机构。

　　上任不久,孙占梅曾与县教研室主任杨文普有过一次长谈。这次长谈达成了一项重要共识,即要改革首先要解放思想。如何解放思想?他们选择的路径是走出去呼吸新鲜空气。2003年12月,孙占梅带领县教研室主任杨文普及中学各科教研员赴江苏学习洋思经验,正是这次学习之旅开启了西峡教改的序幕。

　　在实践洋思经验中他们发现,洋思的经验与洋思人勇于开拓的精神相比,同样有很大的发展空间,洋思课堂把学生由传统的接受型变成思考型,这是教育理念的重大变革,但洋思的课堂依然是教师预设问题多,学生被动思考多。如学生必须按照教师出示的自学提纲去阅读教材,学生必须按照教师出示的习题去巩固练习,整个课堂仍然是学生解答问题多,提出问题少。"我们为什么不能激发学生质疑的兴趣呢?让学生来发现并提出问题,这远比解决问题重要得多。"杨文普说。

杨文普曾撰文分析当下的教育现象:学生入学时像问号,毕业时却像句号,走向社会则成了感叹号。值得深思的是,接受了十几年的学校教育,为什么学生的思想里没有了问题意识?为什么不善提问、不敢反问、不敢挑战权威成了我们学生的共同特征?这是格式化教育带来的危害,是教育的悲哀。"著名学者肖川教授曾痛斥学校教育失败的最大原因,是我们不鼓励人们的自由思考、独立探索,忽视了理性精神,特别是批判精神和怀疑精神的培养。教育原本应关注学生内在禀赋的开发,而不是摧残任何不符合应试教育体制的内在禀赋。"杨文普说。

一个值得关注的现象是,该县教研室通过调查研究发现,中小学课堂最大的问题就是过于注重让学生学"答",而忽略了让学生学"问"。这与我们的教育只重"学答"不重"学问"有关,与我们教育者缺乏问题意识、缺乏民主意识、缺乏对话意识有关。我们没有给学生发问的机会,课堂中的提问成了教师的专利,我们的教育整体上还没有走出以知识传授和单向灌输为中心的传统教育思想的束缚。

杨文普认为,提出问题比回答问题更重要。学生学"答",最多只能做到"青出于蓝而止于蓝",只有学会了发"问"才能做到"青出于蓝而胜于蓝"。

基于这样的认识,该县教研室确立的理念是:实现教师由文化的传承者走向人才的催生者,由教育理论的消费者走向先进教改思想的建构者的角色换位,课堂教学逐步向培养学生创新精神和创新能力的教育功能模式转变。这也成了主宰西峡教改的核心思想。

重新定义基础教育的"双基"

在即将出版的《课堂教学的革命》一书中,杨文普在开篇文章中这样写道:"教育要培养什么样的人,实际培养了怎样的人,应该怎样培养人?作为一名教育工作者,必须对此进行深入的思考、准确的定位和科学的决策。否则,我们的教育将是盲目和低效的,有时甚至是负面的。"

这样的思考一直在西峡教改的决策层持续着。孙占梅不止一次在会议上说,做教育来不得半点虚假,需要我们用心去做真教育,什么样的教育是真教育,能为孩子的持续发展奠定基础的教育就是真教育。

实际上,在教研室内部早就开始了一系列思想论证大讨论。关于基础教育的"基础",有人认为需要重新定义。传统观念,人们往往将其定义为"基础知识和基本技能",即所谓的"双基"。讨论者认为,这是不全面的,真正意义上的"基础教育"应该是为孩子们创造和谐、生态的学习环境,帮助他们养成良好的习惯(观察的习惯、思考的习惯、质疑的习惯、探究的习惯等)、学会正确的方法(观察方法、思维方法、探究方法、分析问题和解决问题的方法等)、形成正确的观念(人生观、价值观、世界观等)和健全的人格(积极、向上、乐观、自信、奉献等)、增强积极的意识(问题意识、参与意识、创新意识等)、培养全面的素养和能力(科学素养、人文素养、表达能力、理解能力、想象能力、感悟能力、创新能力、实践能力等)以及培养兴趣、好奇心等。至于基础知识和基本技能,是在完成以上诸多任务的同时就可获得的。

那么,如何奠定基础教育中的"基础"?西峡教改的推动者紧紧抓住了课堂这一主阵地。在他们看来,基础教育阶段,学生最多的时间在学校,而在学校时间最多的地点在课堂,课堂教学大约占学生在校活动总时间的 3/4 以上,是学生人生观、世界观以及思维方式、创新能力形成的主阵地。因此,教改的核心在课堂,任何没有触及课堂教学的改革或者缺失了理想课堂的构建都是形而上的。

"课堂教学应该担当起开发培育创新精神的时代责任,只有这样,我们才能培养学生的全面素质,才能让学生具有可持续发展的潜能,才能做到以人为本,也才能为培养创新型人才奠定基础。"杨文普说,"但是,一些学校还存在课堂打基础,课外抓特长;课堂教学搞应试教育,课外活动搞素质教育的形而上学的错误认识,对课堂教学改革缺乏信心和正确的认识,这些现象值得警惕。"

对于学生而言,课堂教学是一个在教师引导下进行自主发现、探究和不断创新的过程。因此,课堂教学应积极引导学生实现学习方式的转变,从被动接受走向自主发现和探究,鼓励学生发表不同的观点和见解,允许进行不同的"解读",倡导"创读"。在此基础上,实现培养学生的创新精神和创新能力的目标。

正如洋思中学所提出的"没有教不好的学生"一样,西峡提出的是"为培养创新型人才奠基"。在此基础上,他们逐步确立了"设疑自探——解疑合探——质疑再探——运用拓展"的课堂流程。

"我们的教改要从一节好课开始,要让我们的课堂成为张扬孩子天性的乐园。"杨文普说。

本土专家的群体性引领

西峡教改经验是在教研室这支专业团队的直接推动下形成的。作为县级教研机构,西峡县教研室真正发挥了区域性教研的引领作用。

5 年前,面对正在深入推进的课程改革,处于教育行政部门和学校之间的教研室如何实现职能转变?如何加强"教研文化"及自身队伍的建设和个人素质水平的提高?如何更好地发挥教研员在课改中的作用?这些问题同样是摆在西峡教研室面前的难题。但是,5 年后教研室却成了西峡教改的先锋力量和智囊团,成了教学管理的参谋部、新课程理念的研究院、教师解疑问难的咨询处及打造教育强县的前沿站。

西峡教改实践告诉我们:依托本土人力资源,着力打造一支能够有效进行专业引领的专家队伍,对县域教育的整体推进起着关键性的作用。

采访中,记者发现该县除了县教研室的教研员外,每个乡镇中心校都配有教研员,教研员们真正做到了群体性的专业引领。每一位教研员都能上公开课,都有自己学科研究课题,都有自己定点负责的实验学校,他们定期深入学校进行听课、调研,针对一线教师在课堂实践中遇到的困惑,一一进行解决。他们通过登台上课、基地视导、菜单式培训,推动了教研机制的创新,构建了适应课程改革的教研文化。潘茂荣是该县教研室中学英语教研员,为了保证县域内本学科校际间的均衡发展,他身上时刻装着一份特殊的教师授课情况登记簿,以便能够及时准确地对全县 176 名中学英语教师进行有针对性的跟踪指导。胡明珍是丹水镇中心校文科教研员,他经常组织教师进行现场引领、个案会诊和反思提升,仅 2008 年元月以来就带头在国家级报刊发表实验感悟类文章共 15 篇。

有人评价西峡县的教研员是"锻"出来的优秀群体。这从教研室对教研员的评价标准可窥豹一斑。他们每半年考核一次,一看工作态度:深入学校调研是不是真心实意为基层学校服务。二看工作能力:能否切实为学校和教师解决教学中的实际问题。教研员在基层学校调研不能仅仅停留在听课和评课层面,还要能亲自上示范课。三看工作业绩:教研员实行学科负责制。中、高招成绩如何?在省级以上刊物发表学术论文多少篇?辅导教师参加优质课竞赛的水准如何?四看团队精神:构建和谐团队,在竞争中合作,在合作中竞争。

如今,在西峡很多学校都争相邀请教研员到学校听课。无论是城市学校或乡村学校,一线教师们没有不认识所教学科教研员的。这一点可能有人认为不足为奇,但是对于一个面积有 3454 平方公里的山区县来说,要走完每一所学校,这本身就让人心生敬意。

教研员作为距离一线教学最近的新课程开发、创造、整合的研究者,他们始终奋战在一线。正是教研员深入课堂与一线教师反复地推敲和改进,才会有今天具有西峡特色的、原生态的"三疑三探"教学模式。

与教研员的专业引领同步发展的还有一线教师的创新实践与探索,以及校长的带头示范。在"三疑三探"推进过程中,县教研室要求教师人人上汇报课、示范课和展示课,学校的领导层也都要参加赛课活动。

可以说,西峡教改成功背后的"本土化"思维与智慧是教研引领、教师实践和校长带动。有了这样一批本土专家的引领、一线教师的创新实践和校长的专业带动,西峡教改便具备了成功教改实践所需要的人才和条件。

"'三疑三探'教学模式不是预设的,是在广大教师、校长和教研员不断的学习、借鉴和实践中生成的,它依然需要不断探索和完善。"孙占梅说,"我们力图将人文思想关怀注入到课堂教学中,并致力于现代教育理念与中国教育实践的结合。"在这样一个全新的平台上,西峡教育者正在进行新的探索。

【记者手记】

期待乡村教育家的成长

西峡教改的成功经验给我们带来了诸多启示。有一点尤其值得关注的是,它又一次让我们把关注的目光聚焦到了县级教研室这一专业机构上。在课改深入推进过程中,县级教研机构担负着重要使命。如何充分发挥县教研室的职能,是打破农村课改瓶颈的关键所在。

深刻解读西峡教改的核心经验,不外乎它有一支敢于创新、善于协作的教研团队——一支距离教师最近的"土"专家。正是这支队伍的存在拉长了西峡教改推进的短板。作为县域教育改革的智囊团,西峡县教研室打造了一批具有亲和力的"土"专家。他们走在了教改的最前沿,身先士卒,树立了榜样。他们的努力不只在于用实践验证了教育的真谛,更重要的是为县域教育改革闯出了一条现实的道路。

我们的教育不缺少理念,缺的是对一线教育生活的真正参与。"土"专家的成长是从实践到理论的转化与提升。我们一直呼吁教育家的出现,我们更期待乡村教育家的成长。只有乡村教育家的群体性成长,才能带来基础教育的真正变革。

我们所期待的乡村教育家,一定是从一线成长起来的真正懂得在乡村教育实践中不断进行校本实验、不断反思、不断拓宽自己的教育视野、不断总结提升自己的实践性的教育家。教育家的产生有两条途径:一是教育理论工作者走向教育实践,二是一线的教育工作者走向理论。而成长在一线的教研员既有教育理论的积淀,又有教学实践,最有可能成为教育家。

我们所期待的乡村教育家,一定有浓郁的乡村教育情结,有自己的教育理想和追求。他们可以在实践中找到解决教育难题、脱离教育困境的方法和道路,使乡村教育生活得以丰富充实,乡村教育生命得以延伸与提升,乡村教育精神得以生根开花结果……工作在一线的校长和教师,只要在自己的教育生活中学习理论、运用理论和创造理论,都可能成为教育家。

我们期待着从一线的教研员队伍中能成长起更多的乡村教育家。让这样一批乡村教育家通过理论和实践的同步研究,开辟一条具有前瞻性、科学性和可操作性的一线教育者专业成长的新路径。

职业理想、专业引领、行动求证、团队精神这四种元素可以说是西峡教研团队的核心特征。有人说,变革不是一张蓝图,而是一次旅程。西峡的教改实践就是一次旅程,在向前挺进的途中,会有很多未知的惊喜和美丽的风景。

(来源:《教育时报》2008 年 10 月 14 日　作者:褚清源)

课改背景下一个县教研室的职能转变

课改背景下,作为专业性和业务性比较强的部门——教研室,如何转变职能,教研员如何实现角色转变,已成为课改推进过程中必须直面的现实问题。在西峡,一个地处河南边缘的山区小县,教研室的职能和教研员的角色正在悄悄地发生变化,并在教学改革中逐步凸现出明显的优势。

我们看到,教研室从过去注重教学评估向服务教学、指导教学转型,每一位教研员都有自己的研究方向,每一位教研员都要深入课堂和教师一起构建"理想课堂"。教研室的职能转变正在影响并带动着县域教育的整体发展。

如果不是进行纵横多向比较,很难想象一个山区小县的教育在短短几年时间竟能领跑整个豫西南。与很多山区贫困县一样,教育落后曾经是西峡的典型面孔。当课改的春风吹来,西峡的教育者开始觉醒并迅速付诸行动,他们把视野投向了全国课改的最前沿,作为业务指导部门,县教研室以先行者的姿态走在了前列。如今,他们把洋思经验的河南版本演绎的异彩纷呈,如学习洋思、高考神话、教研室职能转变、学科名师培养等,这些关键词使西峡教育变得"炙手可热"。

"学洋思"的三年之变

西峡的教师变了,西峡的校长变了,西峡的课堂变了,西峡的教育变了。了解西峡教育的人今天再来看这里的教育都有这样的感受。

5月30日,为期两个月的西峡县中小学领导班子第二轮课堂教学技能大赛圆满结束,几百名校长先后登台讲课,评委现场打分,即时评课,经过激烈角逐,最终有十几名校长脱颖而出,成为先进标兵。一个值得关注的现象是,参赛者中年龄最大的58岁,最少的24岁,办学规模最大的有3000多名学生的校长,最少的仅有7名学生的校长。

这个由县教研室组织实施的竞赛活动已进行了两年。县教研室主任杨文普告诉记者,校长作为学校课改的第一责任人,必须提高其业务素质,提高以教学领导教学的能力。

与以往相比,西峡县中小学课堂上的学习方式变化最大。教师不再滔滔不绝地"满堂灌",很多时候学生都是在自学、质疑、讨论或做练习,自主学习、合作学习和探究性学习在45分钟的课堂上得到了全面渗透。

也就是在这样的教学实践中学生解放了、教师解放了,洋思的很多经验在这里很快就被恰当地发挥到了极致。有人说,这一切变化源于课改,源于创造性地"学洋思",源于教研室职能转变后的专业引领。

西峡虽然不是最早进入课改实验区的,但西峡的课改实践却进行得很早。杨文普告诉记者,早在全国课改推行之初,西峡县便提出了对教研室和教研员重新定位的思考。他们认为,教研室必须转变角色,突出研究、强化服务,体现引领。教研员不再承担裁判员、评论员的角色,而是服务员,他们要搭建研究平台、促进校本教研,为教师专业发展做好服务工作;是运动员,要不断学习、亲身实践,使自己的专业水平日有所长;是领航员和教练员,要随时随地站在课改的最前沿,点拨得法,有效指导。

面对部分教师课堂上"满堂灌"和学生课业负担沉重的问题,他们把视野投向了全国课改的先进地区,开始了洋思的学习之旅。

2003年12月7日,这一天在县教研室中学教研员的记忆里印象深刻。县教体局局长孙占梅带领教研员一行15人到江苏洋思中学考察学习。为期一周的考察学习,教研员们丝毫不敢懈怠,白天听课、座谈,晚上回到10元一宿的旅馆里讨论。回来后,教研员在春节期间加班加点编写了《洋思中学课堂教学理论与实践》读本,对洋思课堂的基本步骤、操作流程以及在课堂中的运用等进行了全面解读和分析。2004年春季,在对全县所有年级的教师进行三轮培训之后,洋思经验开始在一些试点学校进行试验。

"我们为什么要学洋思"

洋思经验在西峡并非是简单地移植或照搬。在全县推广洋思经验经过了充分地考察和论证,并因地制宜地融合了多种教学模式。

洋思的经验做法给他们带来了诸多启示。他们认为,要提高教育教学质量,就要减轻学生的课业负担,提高课堂效益。

教研室的分析报告认为,洋思中学曾经与西峡的很多学校一样属于农村的薄弱学校,洋思的地域环境、师资队伍、生源质量等和西峡的情况有很多相似之处。与此同时,十几年来已经尝试过"目标教学"、"青浦经验"、"尝试法"等多种教学模式,并取得了一定效果。这些模式与洋思经验有许多相近之处,特别是目标教学课堂模式中的"出示目标"、"形成性测试"、"反馈矫正"等做法都是追求当堂训练,这与洋思教学模式一样都源于布卢姆的掌握理论。在西峡推广洋思经验应该说具有一定的基础。

实际上,促使西峡县学习洋思的直接原因是因为一所中学卓有成效的课堂教学改革。作为学习洋思经验的一个样板和起源,丹水三中是西峡县教育最薄弱的农村中学之一。该校校长杜双剑在看到洋思中学"先学后教,当堂训练"的长篇经验报道后,感觉不少做法很适合农村中学,之后就开始进行尝试,并取得了良好效果。后来,这一情况被教体局局长孙占梅了解到,便带领教研室人员进行了详细调研,一条"先摸底,再试验,后推广"的改革思路渐渐明晰。

孙占梅带领教研室一行15人从洋思中学考察归来,在全县选定了丁河一中、丹水三中和军马河一中共三个试点学校。教研室主任带领教研员一起住进试点学校和实验教师共同备课、听课、讨论,经过一学期的试验,试点学校的效果显著,教学成绩明显提高。2004年秋期,县教体局决定正式在全县范围内大面积推广这一试验。

在实践中,教研室提出了学洋思与当地实际相结合,并鼓励教研员和一线教师在洋思经验的基础上不断创新。"洋思中学的办学实践难免受旧有课程体系的制约,再加上过于追求实用性、模式化,一时还难以达到基础教育面向未来的完备形态,其经验还有待进一步改进、发展和完善。"杨文普说,"在这一点上我们并不盲目媚外,实际上,学洋思仅仅是我们推进课程改革的'抓手'。"

对于学洋思,孙占梅的认识更为深刻。她说:"学洋思就是要把教师苦教、学生苦学,变成教师乐教、学生乐学。我们之所以要借鉴洋思经验,就是要走出一条轻负担、高效益的课改之路。"

教研员的角色转变与成长

每一位教研员都有自己研究的专业方向,每一位教研员都有自己定点联系的学校,每一位教研员都要深入一线和教师一起构建理想课堂。在西峡,教研员角色的转变为洋思经验的推广和课改的推进提供了可靠保证。

记者在采访中了解到,教研员一个月中有 2/3 的时间是在自己定点联系的学校里度过的。他们登台讲课,由教师为其评课;他们深入一线体验教学,与执教教师共同构建新型课堂。在专业成长方面,教研室的制度要求教研员每月举行一次学习笔记和心得交流会,每学期上 1—2 节研讨课,举行 2—3 次说课活动。

西峡县教研室流传这样一个说法,教研员姓"教"名"研","研"为教用,"研"为学用。杨文普认为,教师们不会因为教研员上的课有瑕疵而看不起教研员,相反,他们可以通过评价教研员的课获取自信,通过观察教研员的课获得对课改理念的直观感受,从中感悟抽象理论的具体化,从而将理念内化成自觉的行为。

促使教研员创造性工作的是教研室制定的一系列评价制度。教研员的工作业绩考核很大程度上决定于一线校长和教师的意见。与此同时,一些激励措施也激发了教研员的工作热情。

别文录是教研室办公室的一名行政人员,他研究的方向是小学语文教学。为促进个人专业成长,教研室为他订阅了《教育时报》、《教师报》等报纸,除此之外,他又自费订阅了多种专业刊物。一年多来,他写的研究性文章先后在全国各大教育专业报刊上发表,共计 100 多篇。像别文录这样在专业成长方面卓有成就的教研员有很多。一位教研员告诉记者:"以往我们的工作更多的是高高在上的指导和评价,现在我们感觉充实了,手头上有干不完的活。"

校本教研示范学校联系点制度的建立更是促进了中小学校本教研的发展,教研员参加学校的校本教研活动,与教师建立了平等、和谐、互动的关系。针对校点分散、规模偏小、学校教师少及缺乏一种教研氛围的现状,县教研室推出了联片活动制度,把 17 个乡镇划分为 5 个片区组成联合教研组,每片区每期活动 3—5 次,活动地点不固定,哪个乡镇、学校探索出了什么经验或特色,就在哪里举行活动,充分发挥每个区域内名师和学科带头人的辐射作用。为实现城乡课改的协调发展,教研室还把城区学校的特级教师和省市优质课教师组成讲师团,到边远山区开展送教下乡活动,这样偏僻山区学校的教师就可以在家门口接受课改理念。

如今,西峡县中小学教研活动的效果由过去的少数人修成正果,变为面对全体教师的普度众生;教研重心由过去的以乡县为本,变为以校为本;教研主体由以教研员为主体,变为以教师为主体,形成了适应新课改的教研文化。

教研室主任的课改理想

"我们不能停留在学习外地经验的层面,我们要探索出一条符合新课改理念、具有西峡特色的西峡经验。"杨文普对教研室的业务怀有一种责任和感情。

在洋思经验的基础上,他们围绕"先学后教,当堂训练",又分解了十多个子课题进行细化研究,一些研究性文章先后在国家级报刊上发表。其中,对"先学后教"的理解在一定程度上是对洋思经验的发展。

在实践中,西峡教育者达成的共识是:"先学",不是单纯次序上的先学,而是让学生自始至终进行自主学习;"后教",不是单纯形式上的教师在教,而是包括先学会的学生对暂时不会的学生的教。也就是,互动教师对学生先学过程中暴露出来的带有普遍性问题的教,教师对个别不会的学生进行的具体指导。这样整个课堂教学的全过程是在教师指导下的学生自主学习,由此形成了生生互动、师生互动的乐学、会学的局面。

有人说,学洋思让西峡的课改找到了一个很好的"抓手",而教研室的务实作风让西峡课改实现了跨越式发展。杨文普,这位有着多年基层工作经历的教研室主任,上任以来做出了一系列"意外"的行动。他经常带领教研员不打招呼,见校就进,进校就听课;查教案,查作业,查校领导听课记录;见学生就询问,见教师就座谈,争取教学的每个方面都看到。然后,向学校和教师反馈,提出问题和今后改进的建议。

他追求工作的高效,这周提出的建议,下周就查看落实情况,一些习惯于弄虚作假的校长为此"头痛"不已。这种被人戏称为"八路式"作风的监督方法,使全县的中小学常规教学步入了规范。杨文普最痛恨形式主义,他认为,应付性检查不仅掩盖了教学和管理过程中的矛盾,还劳民伤财,有百害而无一利。即便在教研室内部,同样要求每一位工作人员都要有务实精神。教研室的规定中有一个传统,教研员外出学习归来,必须对全体人员进行二级培训,否则费用不予报销,这样旨在达到一人外出学习全体受益的效果。杨文普希望他身边的每一位教研员都能成为本土的课改专家。

"我们不能说取得了多大成绩,教研室作为教体局的一个职能单位,应该发挥其应有的作用。在教学改革上,我们坚信自己的方向是正确的,是符合西峡实际的。"杨文普踌躇满志地说。

(来源:《教育时报》2006 年 7 月 5 日　作者:褚清源)

西峡"三疑三探"教学模式叫响中原

一种全新的教学模式——"三疑三探"教学模式正在西峡大地全面开花结果。

2007年,全县中招各科平均80分以上的考生有2561人,占考生总数的52.6%;各科平均90分以上的考生有831人,相当于全市其他6个非课改实验区的总和。

2007年,全县高招本科进线人数为1269人,是2003年的3.1倍,增幅连续三年居全市第一,并保持先进位次。

2006年,全市高招文理科前10名中西峡占7人;2007年,全市文理科前5名中西峡占4人。

近年来,在南阳市组织的优质课竞赛中,西峡囊括了小学、初中、高中各学科一等奖。西坪一中校长李清锋、城区二小教师吴焱分别作为全省小学、初中的唯一代表,到西安、成都参加全国赛课,并均获国家一等奖,他们的课也被制成教材配套光盘面向全国发行;教研员赵惠荣获全省"十佳教学能手"第一名……

是什么原因让豫西南这个山区小县在短短几年内发生了如此巨大的变化呢?用西峡县教体局局长孙占梅的话说,是西峡县教育与时俱进的改革精神和具有丰富内涵的"三疑三探"教学模式实施区域推进的结果。

一

"三疑三探"教学模式的主创人是西峡县教研室主任杨文普。

2003年,杨文普从教体局调到教研室当主任。教研室作用发挥的好坏直接关系着全县教学质量的优劣,杨文普深感肩上的担子沉重。他深知,今日之学生即将来之公民,而将来所需要的公民,即今日应当养成良好习惯的学生。因此,培养能适应未来社会挑战和竞争的合格公民,应成为当代教育的重中之重。然而,传统的以教师为主的"灌输式"教育模式始终置学生于被动地位,学生的积极性很难被调动起来,更不用说张扬个性、培育创新意识了。

面对新课程改革,如何把素质教育落到实处?杨文普认为,关键是要改进教学方法,把课堂还给学生,探索能引起学生兴趣的教法。于是,从2004年开始,杨文普带领教研室人员到基层蹲点,同基层教师一同备课、授课,摸索经验。实践中,他们根据新的课改理念和要求大胆改革,变由教师传授为主为由学生提问为主。他们认为,学生学"答"最多是"青出于蓝而止于蓝",而学生学"问",才能做到"青出于蓝而胜于蓝"。在汲取以往好的教学方法的基础上,经过近一年的实践积累,他们逐步探索出了一套通过学生疑探结合解决问题的新的教学模式,即"三疑三探"教学模式。

二

所谓"三疑三探"是指课堂教学过程中学习新知阶段的三个主要环节,即设疑自探是针对教学目标,创设情景,导入新课,提出疑问,引导学生自学自探,尝试解答问题;解疑合探是对教学任务进行合作探究,解决相关疑问,当堂解决本节主要的疑难问题;质疑再探是教师引导学生针对已学知识提出新的问题,深入领会教材内容,探究更全面更深刻的问题答案。

"三疑三探"教学模式最突出的特点在于:以培养学生的设疑探究能力、思维创新能力为目标,巧妙引导学生积极参与活动;学生大胆质疑,积极回答问题,在不知不觉中学到知识,品尝到学习的乐趣;同时,把教师苦教、学生苦学,变成教师乐教、学生乐学,最大限度地解放了教师,解放了学生。这一模式充分体现了学生在学习活动中的主体地位,同时也恰到好处地发挥了教师的主导作用,真正践行了陶行知先生所倡导的"教师的责任不是教书,不是教学生,而是教学生学"这一伟大的教育思想,同时与新课标的要求也是一脉相通的。

三

"三疑三探"教学模式对基础教育改革有着独特的指导意义。首先,实现了"教学"到"教学生学"的思想转变,突出了学习方式由学生单一接受到发现创新的根本转变;其次,构建了多元有效的评价机制,提供了自主发展的自由空间,让学生自信地释放潜能;再次,促进了教师由文化的传承者走向创新人才的催生者,由教育理论的消费者走向具有先进教改思想的构建者,由个体发展走向团队成长;最后,设定了高远的育人目标,即每节课都为学生终身发展奠基,为培养未来社会所需要的合格公民服务。

"三疑三探"教学模式的重要意义还在于,变少数人的"修成正果"为面向所有人的"普度众生"。杨文普说,抓好一个班容易,但抓好一个学校就很难,要想抓好一个区域更难。而西峡的"三疑三探"就是要实现一个区域的突破,变一个班好、一个学校好为整个区域都好。可以说,西峡已经初步实现了这一目标。

"三疑三探"教学模式在现实中的影响是深远的,不仅教师感受到学生的积极性提高了、学习兴趣浓厚了、创新意识增强了,而且一些家长也反映学生回家后提出的问题多了,有时逼得家长也必须不断学习提高自己。杨文普说,这正是西峡在全县推行"三疑三探"教学模式的目的,就是要逼着教师学、引导学生学、教育家长学,进而推动全民学。

四

"三疑三探"教学模式作为教学改革的一个鲜活的发明成果,已经成为西峡教学改革与创新的一张"名片",在业内产生了强烈反响。《中国教育报》、《教师报》、《教育时报》、《河南教育》等纷纷发表文章予以报道。《教育时报》记者褚清源评论说:"'三疑三探'教学模式是西峡教育教学的创新成果,是课改进行时的'西峡经验',它是全新的,在全国都是独创。如果能够持之以恒地坚持下去,必将在全国教学改革方面掀起一场革命。"《中国教育报》的一位专家说:"西峡以先行者的姿态走在全国课改的前列,西峡的'三疑三探'教学模式,培养的是适应未来挑战,创新未来社会的高素质的合格人才,这一点立意之高,眼光之远,是值得我们钦佩的。"因此,新年伊始,杨文普被《教育时报》作为课改专家特邀嘉宾做客郑州,他以崭新的课改理念和课改经验使在场专家震惊不已。

"三疑三探"教学模式已经叫响中原大地。自去年以来,洛阳、新郑、漯河、南阳、陕西商州等省内外30多个市县先后组团前往学习取经。

面对已经取得的成绩,杨文普却表示,"三疑三探"教学模式还不是尽善尽美的,他们将继续实践、发展和完善,使之更加成熟,让西峡这一品牌变成河南经验,最终走出中原,影响全国,在更广阔的天地结出更多更美的奇葩。

(来源:《南阳日报》2008年3月27日　作者:李云平　赵双群)

三疑三探：为我们自己的"诺奖"得主筑基
——河南省西峡县基础教育整体改革侧记

〔摘要〕介绍一个区域性基础教育改革的案例和该区域中小学整体推进的"设疑自探、解疑合探、质疑再探"课堂教学各环节的内涵、意义和操作方法，展示了"质疑"、"探究"在培养学生分析问题、解决问题、创新精神和实践能力中的作用。旨在引起广大教育工作者，特别是教育行政部门领导，对基础教育改革的关注和重视。

〔关键词〕质疑　探究　基础教育　整体改革

西峡县位于河南省西南部，是一个山区小县，面积3454平方公里，人口42.3万，素有"八山、一水、一分田"之称，其"山多人稀"的特点便不言而喻，可以想象，办好这里的教育该有多么困难。然而，就是这样一个山区县，居然把教育办得红红火火，可圈可点：

⊙课堂——充满生机和活力，学生的主体作用和教师的主导作用均得到充分发挥。

⊙学生——质疑和探究能力极强，无论是在课上、课下、校内、校外，还有社会，综合实力均得到充分展示，个性得到充分张扬。

⊙考试——成绩更高。中招、高招成绩连续数年全市领先。

……

上述情况的出现，直接得益于该县推行的教育教学整体改革，其"中心引擎"是"三疑三探"。

三疑三探：使传统课堂"脱胎换骨"

"三疑三探"是中小学课堂教学中的几个主要环节。具体可以概括为：设疑自探、解疑合探、质疑再探。

第一个环节：设疑自探。这里的"设疑"，就是使"疑问"生成，可以是教师依据教学目标和内容，运用一定的教学手段，创设学习情景，启发学生去发现"疑问"；也可以是学生的已有知识或经验与预习内容发生碰撞时自然产生的"疑问"。当然，特殊情况下，还可以是教师直截了当地呈现"疑问"。这里的"自探"，就是自主探究。学生独立自主地对所遇到的"疑问"进行分析、推理，以求找到合适的解决办法。

在"自探"的过程中，教师的作用是：把握进程，关注而不干扰。

第二个环节：解疑合探。这里的"疑"，一是"自探"过程中的未解之"疑"。因为自探中的"疑问"通常有易有难，而学生的基础能力有高有低，所以"自探"中的"疑问"自然也不会全部得到解决。二是"自探"中派生出的新"疑"。初始时的"设疑"往往是浅层的、不全面的，因此在"自探"中产生新"疑"也是常见的。解决这些"疑问"的过程就是"解疑"。

由于这样的"解疑"是在自主探究之后,所以采用师生互动、生生互动的方式会更加有效。在课堂上,有疑问的学生提出问题,有见解的学生给予帮助,解答不完整时别人给予补充。如果对问题有争议,大家可以展开讨论,不得已时教师再加以点拨……这是一个"合探"(即合作探究)的过程。许许多多基础教育阶段应该实现的目标和任务都能在这里得以完成。至于"合探"过程中再度衍生出的新"疑",教师会巧妙地安排学生"自探"或"合探"加以解决。

在"解疑合探"的过程中,教师的作用是:密切关注,适时诱导,点拨激励,引发评价(包括对评价的评价),必要时还可以进行"点睛"式的讲解,但切忌"包办代替"。

第三个环节:质疑再探。教师引导学生在前两个阶段"探究解疑"的基础上,进一步对学习内容进行整体认知和深层把握。通过重温、回味、感悟等方式,结合已有的知识和经验,联系社会生活实际,对学习内容进行深度和广度上的延伸与拓展,从中发现层次更深或范围更宽的"疑问"。教师也可以启发学生对所学知识进行分析、类比、联想、总结和归纳,使之形成知识网络,并从中挖掘新的"疑问"。这些"疑问"可以与刚学的内容有直接或间接的联系,也可以没有什么联系。但"疑问"一旦产生,教师应尽可能地创造条件,引导学生进行再度地"自探"或"合探",力求使其得到解决。对于一时无法解决的疑问,鼓励学生课下进行探讨。

这一环节在教学中尤为重要,因为它是引导学生从感性认识向理性认识过渡的关键环节,也是从课本知识向实际应用升华的必由之路,还是培育创新精神和实践能力的最佳时机。同时,教师的教育智慧和机敏也在这里得到淋漓尽致的发挥。所以,在这一环节中教师千万不要以"预设"或"包办"的方式代之!

在"质疑再探"的过程中,教师的作用是:启发诱导,激励提升,推波助澜,保护"自然生成"的思想,培养问题意识。

"三疑三探"似是模式,实为理念:教师可以根据不同的学科或同学科的不同课型、同课型的不同内容、同内容的不同情景、同情景的不同学生,组织灵活的教学活动。这里的"三",虽然指的是课堂教学的三个环节,但实际上未必就是定数。有时可以根据实际的需要,进行"四探"、"五探",甚至可以是"六探"、"七探"。

三疑三探:来之超凡、意义深远

"三疑三探"是西峡县教研室主任杨文普和各科教研员多年心血的结晶。数年前,当举国上下大搞"考试+特长"式的"素质教育"时,他们在探究如何将素质教育落实到课堂教学这个"主阵地"上;当全国开始新一轮课改实验,提出实现"三维目标"、培养创新精神和实践能力时,他们又选定了以"让学生学会质疑和探究"为切入口,以"自主、合作、探究、体验"的课堂组织形式为"抓手",把教育教学的任务分解为"培养兴趣、习惯、策略和自信心,并把学生学习基础知识和基本技能的过程变成学会学习和形成正确价值观的过程"。他们深入学校,走进课堂;他们钻研理论,反复实践;他们去过"洋思"和"杜郎口"。最后,终于提炼出了具有西峡特色的、"原生态"的"三疑三探"课堂教学操作规程。在反复实验、修改、完善的基础上,杨文普率领各科教研员送教下乡。他们每到一个学校都要指导方法、上课示范,实现校长和教师人人过关;他们构建了新的评价机制,保证了"三疑三探"的全面推广。如今,"三疑三探"已经成为西峡县教育教学改革的一张"名片"。《教育时报》、《河南教育》、《教师报》等纷纷予以报道。《教育时报》记者褚清源评论说:"'三疑三探'是西峡教育教学的创新成果,是课改进行中的'西峡经验'。它是全新的,在全国都是独创。如果能够持之以恒地坚持下去,必将在全国教学改革方面掀起一场革命。"

三疑三探:直击基础教育改革的焦点

西峡的"三疑三探"直接点击到了基础教育改革的关键。什么是基础教育?其课堂的中心任务是什么?对于这样的问题,不少人一直"误解"。他们把"基础"定义为"基础知识和基本技能"(即所谓的"双基"),这是极其不全面的!它曲解了基础教育的目标和任务,耽误了一代又一代的孩子们!真正意义上的"基础教育"应该是为孩子们创造和谐、生态的学习环境,帮助他们养成良好的习惯(观察的习惯、思维的习惯、质疑的习惯、探究的习惯等)、学会正确的方法(观察方法、思维方法、探究方法、分析问题和解决问题的方法等)、形成正确的观念(人生观、价值观、世界观等)和健全的人格(积极、向上、乐观、自信、奉献等)、形成积极的意识(问题意识、参与意识、创新意识等)、培养全面的素养和能力(科学素养、人文素养、表达能力、理解能力、想象能力、感悟能力、创新能力、实践能力等)以及培养兴趣、好奇心等。至于基础知识和基本技能,那应该是在完成以上诸多任务的同时获得的。只有这样,我们才能培养学生的全面素质,才能让学生具有可持续发展的潜能,才能做到"以人为本",才能打下培养创新型人才的基础。

而我们现在的课堂,或者说长期以来的课堂又是什么样子呢?普遍是"守规矩、不说话、发言举手、回答不正确受批评",普遍是"死记、做题、考试、排名、补课",普遍是"教师满堂讲,讲得神采奕奕,学生被动听,听得昏昏欲睡"。可以说这与基础教育的本质任务相去甚远,我们培养了一批又一批的"好学生",但这些"好学生"除了分数别无所求。他们对什么都习以为常,对什么都熟视无睹,对什么都毫无兴趣,对什么都追求统一的标准答案,对什么都不敢问个"为什么"。这些是他们的过错吗?不是的,是环境造就了他们。他们是无辜的,他们是痛苦的,他们也是无奈的。他们可以是考场上的英雄,但对于创新,他们是麻木的、软弱的、畏缩的、苍白的。这样的教育环境不改行吗?

我们为什么一直与诺贝尔奖无缘?是我们没有智慧吗?是我们不努力、不勤奋吗?都不是!我们就不得不考虑:我们的基础教育在造就创新型人才的关键时期,为孩子们提供的"环境"是不是真的有了问题?

并不是说诺贝尔奖就那么的神圣,但它至少反映了人的素质的一个侧面。也不是说我们的基础教育就一无是处,相反,它有很多的长处和优势。但如果说有什么缺陷的话,那也许就是对"质疑"和"探究"能力以及与其相关素质培养的重视,而这恰恰是基础教育教学的中心任务。

一个时期以来,基础教育改革的"呼声"一阵高过一阵,"新方法"的出现也一个接着一个。有些方法确实也基本上触及了要害问题：诸如"主体"、"主导"的问题，"参与"、"表达"的问题，"自主"、"合作"的问题等，但真正的"中心问题"并没有得到彻底解决，有的只是"教"与"学"次序的调换，有的只是"预习"结果是否"展示"的问题。另外，从课堂的出发点和落脚点（归宿）上看，也还没有离开对所学内容本身的"测试"与"反馈"，说明还没能跳出课本，还不敢走出课堂。而西峡县的课堂教学改革瞄准和着力解决的就是这样的问题，充分展示了他们的远见卓识和高新的起点。西峡县教体局主管业务的副局长陶成说："小学和初中是教育的基础，基础打好了，教育事业才能得到可持续的发展。"

改革，亦难亦易。在一个班"改"是容易的，在一个学校"改"也不算太难，如果要在一个县、一个市进行区域性整体改革的话，一般人都会犹豫和斟酌一番。但西峡县的教育工作者没有犹豫，责任使他们义无反顾，因为他们心里装的是我们永恒的教育，装的是明天的孩子们，装的是祖国的未来和民族的希望。在改革中，他们也遇到过困难，并且很多很多。比如，他们要做到教师人人过关、校长个个带头以及解决改革与升学率的矛盾等问题。但他们没有被困难吓倒，他们坚持了，他们成功了。

当问及对西峡教育未来的展望时，教体局局长孙占梅和教研室主任杨文普都十分自信地说："西峡教育的明天会更好！"

每一个教育工作者都有一颗"心"，谁不应该心里装着明天的孩子们？谁不应该脚踏实地为祖国的明天和民族的未来做点"实事儿"呢？

（来源：《中国教育》2008年第5期　作者：景国成　李大峰）

"三疑三探"促使孩子快乐成长

不知从哪一天起,我开始带着审视的目光重新去打量我的儿子:每天回家来他总是有问不完的"为什么";电脑屏幕上游戏的画面不知从什么时候起变成了"百度"上的搜索网页——"老舍姓老吗?""有关山水的诗句有哪些?"……还时常对我来一句:father, let's go。从滑雪场回来,儿子和我一起津津乐道地探讨滑雪场机器造雪的场景,他还颇有创意地即兴写了一篇《现在的科技真发达》的文章让我修改,五年级期末考试还给我捧回了"全优"的奖状……

我在纳闷:这是原来的他吗?曾一度因为他的不良习惯我们夫妻俩急得束手无策,我们所在的单位工作较忙,不能投入很多时间关心孩子的学习和生活,只有靠辅导班来弥补家长辅导不足的空缺。我们看他对英语不感兴趣就让他到英语辅导班去学习,看他对作文不感兴趣就让他到作文辅导班去参加培训,但考试的结果仍然是不尽人意。平时他上课小动作多,不专心听讲;不会礼貌待人,不关心帮助小朋友,常有小朋友到家里来告状;对劳动不感兴趣,对课外实践活动更是不愿参加。

这么大的反差,原因何在?难道是长大了,懂事了,还是有良师指点?我们夫妻俩暗暗高兴,悬着的心总算放下来了,但我们一直还在寻找原因……

一天上午,我刚回到家里,儿子就蹦蹦跳跳地上前搂着我的脖子,高兴地说:"爸,我又得了质疑新星,这是我第四次得新星啦……""什么质疑新星?"我惊诧了,儿子这时一本正经地给我讲了起来。

原来,他们学校现在正在搞"三疑三探"课堂改革试验,即设疑自探、解疑合探、质疑再探、运用拓展四个环节教学法,主要目的是从培养未来社会合格公民和学生终身发展的需要出发,让学生学会独立思考,学会相互合作,学会发现问题,学习归纳创新,同时养成良好的思维品质和生活习惯,让每一位学生都能在教师的启发诱导下想学、会学、学好,把课堂还给学生,全面体现学生在学习过程中的主体地位,从而培养其综合素质。目前,该教学改革试验已从"西峡热点现象"中脱颖而出,并普及到各门学科实施运用。

哦,答案终于找到了,我说这小子一年来变化这么大,原来都是新课改带来的成果。

我发现了谜底,也和妻子商议着借用学校的"三疑三探"教学模式付诸我们平时对孩子的教育管理上:过马路时我佯装不知,边走边谈,可是早早就有了儿子的提示音——红灯停;早上由于时间关系边走边吃,用过的餐巾纸还没有落地,儿子的小手就已经接住了,满满地攒了一手,一直走到垃圾箱旁边时才轻轻地放进里面;四川地震噩耗传来,儿子的眼睛红肿着,"动员"我们全家拿出一个月生活费捐给灾区,他还把自己的储钱罐倒了个底朝天,将钱全部捐给了学校。不仅如此,他现在对各门学科都产生了浓厚的兴趣,善问为什么,乐于独立思考,独立完成作业,创新实践方式;他向教师提议并在我们的帮助下带领30多名少先队员到居民区扫地、植树……他良好的生活和学习习惯已经慢慢养成,帮贫济困、扶老携幼和文明礼貌的高尚品德正在他幼小的心灵中生根发芽。他的积极乐观向上,感染了我们家庭中的每一个人。

园美土沃勤耕耘,花香硕果满庭芳。作为家长,看到孩子的成长、进步,我们由衷地感谢"三疑三探"教学模式带来的硕果,我们更感谢辛勤耕耘的园丁,正是你们,使我们孩子的综合素质得到了提高,使我们祖国未来的花朵正鲜艳地开放。

(作者:封彦波　西峡县城区二小六年级1班学生封培仑的家长)

"三疑三探"　魅力无限

2005年9月,西峡县"三疑三探"教学模式实验在城区二小正式启动。我们确定20位实验教师在4—6年级1号班、2号班进行实验。学校专门成立领导小组和课改办公室,制订了"三疑三探"实验方案,教研室教研员每逢周三"校本教研进校日"风雨无阻地到我校指导工作,多次给教师进行专业培训、现场听评课和调查座谈。

转眼间城区二小开展"三疑三探"教学模式实验已几个年头了。通过课堂尝试、教后反思、亮点采撷、互学互助和经验提炼,目前实验班的课堂教学较之非实验班有着截然不同的特点,课堂也在发生着深刻变化。

一、学生的主体地位充分凸现

学生获得了真正的"解放":解放了学生的大脑,使学生有了思考的时间和权利,学生能够自己去发现问题、思考问题,逐步养成了爱问、善问的习惯;解放了学生的嘴巴,学生有了发表自己看法、展示个性的欲望和机会;解放了学生的思想,学生认识到学习是自己的事,自己是主人,于是,学生便能够自主设疑、自读批注、自编习题、自主检测;解放了师生关系,教师已成为学生的亲密朋友,学生不再是僵化呆板、默默无闻,而是敢于质疑问难、挑战权威。对学习新知,学生自己先设定解决的问题,不再一味地让教师"牵着鼻子走";对问题的理解,学生自己先自学思考探究,不再一味地听教师分析灌输;对疑难重点处,学生自己发挥学习伙伴的作用,生生合作,资源共享,不再机械地"翻版"教师的标准答案;对学习的方法,学生自己在实践中去发现、总结,不再一味地直接从教师那儿"拿来"。

二、教师的教学观念得以转变

教师善于引导学生积极主动地学习、富有个性地学习,让学生通过动手动脑进行主动探究,打开学生逆向的、发散的思维闸门。如今,教师在课堂上的机械训练灌输少了,设计活动多了;讽刺挖苦少了,引导鼓励多了;简单的对错评价少了,学生主动质疑发问的多了……

三、构建了新型的师生关系

在实验中,教师充分尊重学生的人格,注意课堂中的师生平等,面向全体学生,关注个体差异,满足不同需要,关心学生的情感和人格的发展,并且经常可以看到学生争着表现自我、展示自我。学生可以自由地发表自己的见解,大胆地向教师质疑,还可以在课堂上互相评价,甚至对教师进行评价。教师变革评价方式,下放评价权利,拓宽评价范围,注重评价过程;指导学生自学,允许学生钻牛角尖,允许学生吹毛求疵;着力引导学生客观地评价,科学地评价。同时,教师还发挥集体的力量,组织学生自评——互评——小组评——集体评,并用发展的眼光来评价,抓住学生的闪光点,保护其自尊心,培养其兴趣。

四、学生的综合素质明显提高

城区二小"三疑三探"实验班与非实验班文化课成绩对照表

学期	年级	实验班				非实验班			
		学科	平均分	优秀率	及格率	学科	平均分	优秀率	及格率
二〇〇六年中考	四年级	语文	87.16	89.47%	100.00%	语文	83.12	76.06%	100.00%
		数学	88.78	90.42%	100.00%	数学	83.02	75.58%	98.30%
	五年级	语文	88.88	90.30%	100.00%	语文	83.92	84.88%	100.00%
		数学	87.27	89.90%	100.00%	数学	82.14	82.56%	100.00%
	六年级	语文	89.53	91.23%	100.00%	语文	83.04	79.05%	100.00%
		数学	87.88	87.60%	100.00%	数学	81.86	78.41%	97.60%
二〇〇六年末考	四年级	语文	87.18	91.60%	100.00%	语文	83.75	80.46%	100.00%
		数学	89.43	86.80%	100.00%	数学	83.19	81.88%	100.00%
	五年级	语文	87.03	87.30%	100.00%	语文	84.12	79.07%	100.00%
		数学	87.34	92.78%	100.00%	数学	83.71	72.79%	93.20%
	六年级	语文	86.54	94.67%	100.00%	语文	82.05	73.95%	100.00%
		数学	85.85	86.98%	100.00%	数学	82.10	76.67%	100.00%
二〇〇七年中考	四年级	语文	86.21	95.28%	100.00%	语文	83.72	79.53%	95.90%
		数学	87.00	80.19%	100.00%	数学	84.67	74.36%	100.00%
	五年级	语文	86.83	90.48%	100.00%	语文	84.28	76.67%	100.00%
		数学	87.20	89.52%	100.00%	数学	82.56	75.28%	94.70%
	六年级	语文	88.69	87.06%	100.00%	语文	82.62	75.28%	100.00%
		数学	89.97	86.24%	100.00%	数学	81.43	73.89%	100.00%
二〇〇七年末考	四年级	语文	87.42	90.39%	100.00%	语文	81.70	80.00%	100.00%
		数学	88.36	90.62%	100.00%	数学	82.60	81.05%	93.70%
	五年级	语文	88.83	86.17%	100.00%	语文	83.45	74.42%	100.00%
		数学	88.10	90.65%	100.00%	数学	82.99	73.26%	100.00%
	六年级	语文	88.04	90.85%	100.00%	语文	83.51	73.56%	100.00%
		数学	87.71	91.51%	100.00%	数学	82.00	79.41%	93.80%

从以上对比表可以看出实验班学生的成绩在大幅度提高。但更重要的是学生的独立思考、敢于质疑的精神得到了培养,综合素质得到了提升。比如,学生的自学能力、语言表达能力、对事物的判断能力、团队合作精神等都有显著提高。一些学生常常根据自己平时观察到的现象给教师、学校、县委书记提出意见和建议。

几年来,学校承担了市县级新教材培训、课堂教学观摩课、优质课竞赛、送教下乡、电教录像课等大型教研业务活动。实验使学校生机勃勃,带动了各项工作的蓬勃发展。教师在省市级刊物上发表获奖论文340余篇,辅导学生获市级以上奖励420人次。吴焱老师执教的两节录像观摩课通过远程教育网络发送到全国课改实验区,代建伟老师获得省优质课一等奖,赵明军、李丽平、史江侠、代建伟老师获市教学技能大赛一等奖,张继红、田青梅获市业务校长说课大赛一等奖。学校总课题组主持的《"三疑三探"教学模式下培养学生发现并解决问题的能力研究》已被确定为省级重点课题。教育专家王敏勤教授、《中国教育报·新课程周刊》主编赵小雅、《教育时报》记者褚清源,分别到城区二小考察,对该校推广实验"三疑三探"教学模式的成功做法,给予了充分肯定和高度评价。

如今的城区二小,沐浴着"三疑三探"的和风细雨,在社会各界关注期待的目光中,正阔步迈向更加光辉灿烂的明天!

(作者:符喜华　西峡县城区二小校长)

焕发课堂活力　成就创新教育

"三疑三探"教学模式掀起了西峡课堂教学的一场新革命,又一次谱写了西峡教育绚丽的篇章。作为这种模式的首批实验学校,我们见证了这一模式成长和发展的全过程,它给我们带来了实实在在的实惠,使我校发生了可喜的变化,真可谓是"红杏枝头春意闹"。

一、教师的角色地位发生了转变

新模式、新要求、新观念、新思路,我校教师已由过去的主体地位,切实转变为课堂教学活动中的组织者、设计者、指导者和参与者。过去的课堂是"教案剧"出演的"舞台",好学生是配角中的"主角",大多数学生只是"观众"与"听众"。在课堂上,教师往往居高临下地对待学生,有点唯我独尊的架势,一味强调学生接受教师灌输的现有知识,很少甚至没有考虑过学生的真实感受。在我们的"三疑三探"课堂上,教师尽情地把"主宰权"还给了学生,让学生参与到课堂;教师不再滔滔不绝地讲,而是以主导者的身份,参与学生的质疑讨论,把阅读的自由还给学生,把想象的空间留给学生,把表达的机会让给学生,让学生自主地阅读、提问、思考、讨论,成为问题的发现者、分析者。教师在课堂上的常用语是"想问吗?""想说吗?""自己试试看!"等,甚至有时候,教师还给他们创造条件,满足他们想当"教师"的愿望。这样一来,学生有了较自由的学习空间,有了与教师平等对话的机会,变得越来越大胆,能够在课堂上踊跃发言,积极地表现自我。

二、学生真正成了课堂的主人

在我们的"三疑三探"教学模式中,教师做到了"三讲三不讲"("三讲"即讲学生自学和讨论后还不理解的问题,讲知识缺陷和易混易错的问题,讲学生质疑后其他学生仍解决不了的问题;"三不讲"即学生不探究不讲,学生会的不讲,学生讲之前不讲)。这样极大地激发了学生学习的积极性、创造性,变过去传统的被动学习状态为主动学习的主体地位,变"要我学"为"我要学"、"我爱学"、"我会学",学生成了学习活动的参与者、探索者与研究者。他们自主探究、集思广益,以极大的学习热情去遨游知识的迷宫,以"敢探未探明的真理,敢入未开化的边疆"的胆识去探究未知世界,去寻找适合的答案。学生真正成了学习的主人,孩子们的头抬起来了,手举起来了,话多起来了,身子直起来了,人人"阳光明媚,花开叶舒"。

三、浓浓的教研气氛弥漫整个校园

任何一种模式的实施都需要一个过程,这个过程中会遇到困难,也会出现疑惑。怎样才能使学生设计出更有价值的问题?怎样使我们的解疑合探更加高效?教师怎样才能落实好"三讲三不讲"?这些都需要充分发挥教研组的力量。如今走进我们的校园,走进我们的办公室,随处可见三五成群的教师在一起商量探讨问题,有时会为一个问题争得面红耳赤,但争过之后,关系更融洽了,思路更清晰了,问题更明确了。我们的教研气氛越来越浓,我们也从中品尝到了无尽的甘甜。

四、教师业务素质整体提升

运用"三疑三探"教学模式的课堂,不是教师预设的课堂,而是不断生成问题的课堂。说不准学生会提出什么样的问题,教师有时需要纠偏归正,有时需要拓展延伸。这些都需要教师的教学智慧,以保证及时地把握时机,准确地提出疑点,科学地加以引导。那么要想驾驭这样的课堂,就需要不断地学习新知,不断充电。我校不少教师,已是五十出头的人了,但自从实施"三疑三探"教学模式以来,他们更是"勤牛自知耕田少","不待扬鞭自奋蹄"。为了圆满解答学生的问题,为了提高课堂效率,他们也学会了上网,也用起了多媒体课件,不懂的就上网搜索,不会制作的课件就向年轻同志学习。如今,这一部分教师上网学习已是轻车熟路,运用多媒体制作课件也是从容自如,正是这种新颖的课堂模式,给教师们提出了新的要求,从而带动了教师业务水平的全面提升。

五、教育教学质量明显提高

我们都知道,课改的根本目的是让学生学会学习并成为学习的主人,从而培养学生的综合能力为学生的终身发展奠基。自从实施"三疑三探"教学模式以来,这种效果日渐明显。如今,我们的课堂蕴含着更加丰富的内涵,课堂方式更加灵活,教师更加"清闲",学生更加主动。不少学生也打心眼里喜欢这样的模式。目前在学生中形成了新的荣辱观:以能提出有价值的问题、能解决别人提出的问题为荣,以不能自行设计问题、不能回答问题为耻,"比学赶帮超"蔚然成风。现在我们的课堂基本做到了人人会设计问题,敢于表达自己的观点,能和别人合作探究,能倾听别人的意见,并能提出质疑。可以说,这种模式有利于张扬学生的个性,凸显学生课堂的主体地位。

发展是硬道理,数字最有说服力。自从使用"三疑三探"教学模式以来,我们的实验班与非实验班的成绩相比,有的科目成绩提高了 10—20 个百分点,中招考试特优率和及格率名列前茅,成绩上升幅度有目共睹。

城区二中七年级"三疑三探"实验班与非实验班文化课成绩对照表

（以 2007 年为例）

			学科						
			语文	数学	英语	政治	历史	地理	生物
期中考试成绩	平均分	普通班	85.40	85.60	73.30	87.20	69.22	77.16	64.78
		实验班	87.65	91.93	82.10	90.84	81.12	85.30	72.38
	总积分	普通班	86.19	84.25	65.43	89.02	58.82	71.78	49.54
		实验班	90.41	93.32	78.04	93.87	79.11	85.51	63.84
			学科						
			语文	数学	英语	政治	历史	地理	生物
期终考试成绩	平均分	普通班	83.18	78.38	72.88	84.70	75.92	68.80	63.90
		实验班	85.84	85.83	79.20	89.20	95.72	75.40	73.50
	总积分	普通班	83.03	74.25	74.86	85.00	69.50	56.42	49.20
		实验班	87.46	85.47	85.41	92.39	84.44	69.62	66.11

如今，"三疑三探"教学模式已经辐射到了社会，不少家长反映：不善说话的孩子会和我们沟通了，且经常向我们提一些新问题，这都得益于学校"三疑三探"教学模式的实施。因为这一模式首先要设疑，不认真思考分析，肯定提不出有价值的问题；课堂上还要会倾听、会评价，人人都得参与。不敢说话，不会说话，肯定适应不了如今的课堂。现在，学生学习兴趣浓了，学习习惯好了，成绩上去了，家长当然也满意了。

"潮平两岸阔，风正一帆悬。""三疑三探"教学模式已经为我们实施新课程提供了有效载体，指明了方向，我们真正迎来了西峡教育的又一个春天。

（作者：杨洪钟　西峡县城区二中校长）

质疑精神成就"西峡经验"

今年3月,西峡县经过3年的努力,终于获得了"国家卫生县城"称号,成为南阳市目前唯一的国家卫生县城。然而,谁能想到这一切竟源自该县一名小学生的一封来信。

2006年春,西峡县城区二小学生申艺随父母去栾川旅游。回来后,他给时任县委书记的杨炳旭写了一封信,信中提出了三个问题:"为什么栾川的街道干净,而西峡的比较脏?为什么栾川的市民文明礼貌,而西峡人却粗俗蛮横?为什么栾川山清水秀,而西峡植被稀少、水污染严重?"这封信得到了杨炳旭的高度重视。他不仅认真回复了信件,还把这封信在全县干部大会上公开宣读,并在县电视台连续播放。随后,该县把创建国家卫生县城提上了重要日程。

像申艺这样善于在生活中思考、关注社会现实问题的学生,在西峡县中小学中还有很多。这都得益于该县近几年推广的"三疑三探"教学模式。近日,记者采访了"三疑三探"教学模式的主创人、原西峡县教研室主任、现西峡一高校长杨文普。

杨文普说,"三疑三探"教学模式分为设疑自探、解疑合探、质疑再探、运用拓展四个环节。第一个环节是创设问题情景,启发学生展开联想并提出自己思考到的问题,接着师生共同归纳梳理,引导学生寻求问题的答案。第二个环节是生生互动、师生互动的合作性学习。坚持的原则是,后进生回答、中等生补充,其他学生评判,学生实在解决不了的问题教师再加以点拨。第三个环节是在基本完成本节主要学习任务的基础上,鼓励学生质疑问难,勇于向课本、教师及其他权威挑战,从而达到深化知识、发散思维、求异创新的目的。第四个环节是指学生围绕学习目标,自己尝试编拟习题,供全体学生练习,如果达不到教学目标要求,教师再进行补充。

据杨文普介绍,这看似简单的四个环节凝聚着全县教研员几年来扎实研究、不断实践创新的心血,是全县新课程改革的结晶。2003年,西峡县全面启动新课程改革。如何抓住课程改革的机会,走出一条适合自己的路子呢?当时已在全国产生重大影响的江苏洋思中学的课堂教学改革经验引起了他们的高度关注。在学习考察后,从2004年春季开始,西峡进行了学习洋思试点学校推广。然而,在改革实践的过程中,他们发现,与新课程理念的要求相比,洋思中学的课堂教学模式仍有一定的局限性。"洋思中学的课堂虽然改变了满堂灌的传统课堂形式,教师出示问题让学生自学解答,激发了学生的学习兴趣,但学生却无法自主发现问题。这与新课程倡导的要注重培养学生自主创新精神的理念仍有差距。"杨文普说,"就这样,边学习边推广,边实践边发展。到2005年,一个经过本土实践的新课堂模式正式诞生了,我们将这个新模式命名为'三疑三探'课堂教学模式。"

"三疑三探"教学模式推行以来,西峡中小学生很少有课后作业,加上不提倡课前预习,大大减轻了学生课业负担。杨文普算了一笔账,以初中为例,8门课程,课后作业一门25分钟,再加上预习25分钟,假设一天有4门课程,那么一天一个中学生至少要花费三四个小时来完成作业和预习。而西峡中小学生在课堂上基本就完成了学习任务,课后时间大都用来开展社会实践活动,进一步提升了学生的综合素质。

"'三疑三探'教学模式的核心是'疑'和'探',它注重培养学生的创新精神与实践能力,改变了传统课堂的单一沉闷,使教师由知识的传承者变为人才的催生者,学生由单一的接受者变为知识的探究者,而且最重要的是学生的自学能力、创新意识、合作精神等都得到了发掘与培养。这既蕴涵了新课改的精神,又符合素质教育的核心理念。"杨文普说,"正是因为紧紧围绕新课程标准进行学习实践,才为县域教育改革闯出了一条现实可行的道路。"

随着"三疑三探"教学模式的实践与推广,西峡县中小学生不仅在学习中"时时是质疑之时,人人是质疑之人",在生活中也养成了遇事总爱问个为什么的好习惯,独立思考能力、语言表达能力、社会责任感等都得到明显增强。与此相呼应的是,该县教育教学质量得到大幅提升,真正实现了向课堂教学要质量的目标。该县教师也多次在全市乃至全国的优质课竞赛中获得一等奖,并多次出外讲学,让"西峡经验"得到了社会各界的认可。

仅今年2月以来,西峡区域教育改革的成功吸引了许多兄弟县市甚至全国各地的学校、专家的关注,已有16个省(市)、100多个团队、10000多人先后来西峡考察学习。有专家认为,"西峡经验"是洋思和杜郎口经验的发展与升级,不仅破解了以课堂教学为主进行综合素质培养的难题,还为区域教育改革提供了宝贵经验,是新课程改革的成功样本。"目前,我们正尝试把这种模式运用到高中课堂中,希望能做到真正为学生减负,又不影响学生的应试成绩。这应该也是大家都一直在追求的目标。"杨文普充满自信地说。

(来源:《教育时报》2009年9月18日　作者:孙　俭)

"问"出来的课堂
——探访西峡"三疑三探"教学模式

只有学会提问,才能做到"青出于蓝而胜于蓝"

西峡的"课改"是指该县近年提出的"三疑三探"教学模式。据西峡县教研室主任杨文普所说,"三疑三探"教学模式试用几年来,西峡县中考成绩一直在全市领先,学生辍学、逃学和课堂上睡觉的现象消失了。

而就在 6 年前,西峡教育质量的各项指标还在南阳全市位列倒数。低下的教育质量导致西峡的优质生源大量流失,2002 年,全县中考前 10 名的学生走了 8 人,前 100 名走了 73 人。在当年南阳市的一次教育工作会议上,西峡被点名批评达 12 次之多。

面对当时西峡教育的"惨状",上任不久的教育局局长孙占梅坐不住了,她决心尽快改变现状,实现县域教育的突围和转型。2003 年 12 月,孙占梅带领县教研室主任杨文普及各科教研员远赴江苏洋思中学取经,白天在洋思中学听课学习,晚上住在十块钱一天的小宾馆里,每天讨论到很晚才"收工"。杨文普说:"洋思中学的课堂把学生由传统的接受型变成思考型,给我们很大的震动和启发,我们决定推广洋思中学的经验。"

但西峡并没有照搬照抄洋思中学的经验。杨文普认为,洋思中学的课堂是对传统教学的重大改革,在中国教学改革的进程中具有里程碑式的意义。但依然存在问题:"老师预设问题多,学生被动思考多;学生解答问题多,提出问题少,过于注重学生的'答',忽略了让学生'问'。"

经过进一步的思考,杨文普认为,学生学会回答,最多只能做到"青出于蓝而止于蓝",只有学会提问,才能做到"青出于蓝而胜于蓝"。"要培养学生的创新精神,仅仅把学生从'抱着走'变成'牵着走'是远远不够的,必须放手让学生自己先'试着走'。"

于是,杨文普开始思索创建一种"以学生提问为主"的教学模式。从 2004 年开始,他带领教研员到西峡各基层学校蹲点,与校长、教师、学生进行了广泛而深入的交流,经过反复实验、总结、反思、修正,逐步探索出了一种旨在培养学生质疑精神和创新能力的新的教学模式——"三疑三探"教学模式。杨文普一直认为,是"洋思精神"催生了西峡的"三疑三探"。

"用问题来激发学生学习的动力和兴趣"

"三疑三探"是指课堂教学过程中的三个环节,即设疑自探、解疑合探、质疑再探,最后还有一个"运用拓展"环节。一节完整的"三疑三探"课堂通常包括以下四个环节。

第一个环节是"设疑自探"。课一开始,教师围绕教学目标,创设问题情景,让学生试着提出问题,教师再作补充,形成由几个具体问题组成的自探提纲。然后,教师围绕这些具体问题,放手让学生自学自探。这一环节既是课堂导入的过程,也是确立本节课学习目标的过程。

第二个环节是"解疑合探"。通过师生互动或生生互动的方式,检查前面的"自探情况",并解决自探难以解决的问题。这里要解的"疑"既包括设疑自探中所设的"疑",也包括自探中派生出的新的疑问。这一环节一般遵循"学困生回答,中等生补充,优等生评价"的原则。对于优等生仍回答不了的问题,要组织学生讨论解决。通过讨论学生仍解决不了的问题,教师再予以讲解、点拨。讲解的原则是"三讲,三不讲":"三讲"即"讲学生自学和讨论后还不理解的问题,讲知识缺陷和易混易错的问题,讲学生质疑后其他学生仍解决不了的问题";"三不讲"即"学生不探究不讲,学生会的不讲,学生讲之前不讲"。

以上两个环节根据教学内容的不同,可以在同一堂课中反复出现,如设疑自探一、解疑自探一、设疑自探二、解疑自探二等。

第三个环节是"质疑再探"。在基本完成本节学习任务的基础上,教师鼓励学生大胆质疑,甚至异想天开,勇于向课本、教师以及其他权威挑战。让不同学生针对本节所学知识提出更高层次的疑难问题,进行深入探究并引导学生自己解答,从而达到查漏补缺、深化知识、发散思维、求异创新的目的。如果说一开始的"设疑"是"走进教材,用好教材",这里的"质疑"就是"走出教材,超出教材",这是一个深化和拓展知识的过程,也是培养学生质疑和创新精神的最佳时期。

最后一个环节是"运用拓展"。先由学生围绕学习目标,针对本节所学知识,分别编拟基础性和拓展性问题,通过展示供全体学生训练运用,如果学生编题达不到目标要求,教师再予以补充。在此基础上由学生对本节知识进行反思归纳。

以上四个环节是"三疑三探"教学模式的基本内容和一般流程,根据不同学科和同一学科不同内容的课程,还可以增删或调换某个具体环节,进行灵活运用。

在离县城两个多小时车程的桑坪镇中心小学,记者听了一节六年级的语文课《我的战友邱少云》。课一开始,马莲老师先出示课文题目,然后问学生:"看到这个题目你想到了什么?"几位学生先后提出了一些问题:邱少云是一个什么样的人?作者有很多战友,为什么只写邱少云?作者是从哪些方面去写邱少云的等。接着,马老师作了一些补充和归纳,形成了由几个主要问题组成的自探提纲。然后,马老师让学生看课本独立思考,通过"自探"来回答这些问题。

接下来的课,马老师基本上是按照"三疑三探"教学模式的程序完成的。整节课上,班里的气氛非常活跃。马老师一直很有激情,但她讲的时间并不多,而是尽力去激发和调动学生的学习兴趣,给学生充分的自学和思考时间。在她的引导和鼓励下,大多数学生的学习状态都很积极主动。他们提出了很多问题,并在老师的引导和帮助下探索解决了这些问题。

在其他几所城区和山区学校,记者看到了类似的课堂。

除了"运用拓展"中的几道题外,老师都没有布置作业。"三疑三探"教学模式也不提倡预习。杨文普认为,预习会使学生上课时兴趣减弱,不专心学习和听讲。同时,预习占据了学生课外自主支配的时间和空间,是加重学生课业负担的"变式"。杨文普说:"现在许多看上去'热闹'的好课,事实上是学生深更半夜的预习换来的。预习实际上是拉长了学生解决某个问题的时间,看上去课堂很'高效',其实降低了学习的效率。考试就从来不允许学生预习,很多学生平时上课'思维敏捷',但考试成绩不佳,就是这个原因。"

"'三疑三探'教学模式特别强调学生的质疑和提问。传统的课堂常常是教师提出问题,而'三疑三探'的课堂是由学生提出问题,而后在探究中解决问题,"杨文普说,"学生提问题,提不到点子上,不要紧,慢慢来,就会走上趟的。这里的核心点在于,问题是由学生提出来,不是由教师给出来的。教师设问,学生处于被动状态。而学生提问,他的思维就处于主动状态。久而久之,学生就会养成问题意识,这是创新'萌芽'的开始。"

"'三疑三探'教学模式的三,是一个变数,可以变通为二,或者四,或者其他。但有一点不能变,就是学生质疑的方式不能变,学生探究自主解决问题的模式不能变。"杨文普说,"三疑三探"的核心是紧扣一个"疑"字和一个"探"字,强调用问题来激发学生学习的动力和兴趣。

"现在的学生普遍只会回答问题而不会提出问题,只有做题能力而没有创新能力。"杨文普认为,"之所以出现这种现象,追根溯源,是培养学生创新能力的主阵地——中小学课堂教学出了问题。在传统的以教师为主的'灌输'课堂中,学生处于被动地位,主动性很难调动起来,更不用说培养创新意识和实践能力了。"

"所以要把课堂还给学生,"杨文普说,"新课程改革的核心目标是培养学生的创新精神和实践能力,而'三疑三探'教学模式正是基于这一目标而诞生的。"

新模式带来了教师的变化

对于这样一个全新的教学模式,无论是教师还是学生,都需要一个适应的过程。

西峡城区二小是"三疑三探"教学模式的首批实验学校之一。现在已是该校教务副主任的赵明军谈起当年搞实验的往事,不禁感慨万千。

"有时候想想,真有一种想哭的感觉,"赵明军对记者说,"有时候你精心准备的课被人评得一无是处,你会觉得很难受。"作为参加课改实验最早的青年教师之一,赵明军经历了从刚开始的举步维艰到现在初见成效乃至小有名气的整个过程。为了搞好"三疑三探"教学模式,他和其他参加课改的同事付出了很多精力和时间,吃了很多苦,甚至受了很多委屈。

一次,在关于"圆的认识"一节课的教学课件应该如何设计的问题上,赵明军和指导他的数学教研员王星楼、杨根旺产生了严重分歧,甚至争吵起来。"教研员要求我,学生提出什么问题,课件就随机显示什么问题。当时我觉得自己做不到,只能将事先预设的问题按一定的顺序出示。他们说我太傲气了,我觉得他们有点站着说话不腰疼的感觉,觉得自己很委屈,甚至激动地拍起了桌子。"现在,赵明军也认为那样设计教学效果会更好,而且现在他已经能够做到了。

尽管有很多委屈,但是当赵明军慢慢地看到学生的变化,觉得为此付出的一切都值了。

在进行"三疑三探"教学模式的实验过程中,类似这样的情况还有很多,在实验过程中教师们逐渐成长起来。

"实施'三疑三探'教学模式以来,给我们学校带来了深刻的变化。"西峡城区二小校长符喜华对记者说,以前他们学校的管理很松懈,教师的心思根本不在教育教学上。很多教师常常无所事事地混日子,上班时把很多时间花在拉家常和闲聊上,一些教师还把"家务"带到学校,有的在办公室织毛衣,有的上班时路过菜市场买了菜带到办公室来择。

自从学校开始实施"三疑三探"教学模式以来,教师的这种"好日子"一去不复返了。符校长说,一开始很多教师不理解,甚至有抵触情绪,后来他们通过实验教师上的课,看到学生的变化,被震动了,慢慢地,他们开始接受这种新的教学模式。现在不仅青年教师成长非常快,即使是快要退休的50多岁的老教师,也为了搞好课改学起了电脑,都能熟练地运用了。

"以前是学校要教师学,教师不想学,很被动。现在老师要按照'三疑三探'教学模式进行教学,不得不去研究教材,研究学生,研究学情。这就需要他们花大量的时间主动地去做。"副校长田青梅对记者说,"'三疑三探'教学模式促进了教师自主学习,主动学习。教师获得了专业发展,有了成就感和幸福感。学校管理者也轻松了。"

新课改促进了教师特别是青年教师的成长,田青梅和赵明军是其中的代表。他们不仅多次在全国和省里的赛课中获奖,还经常被邀请到外地讲课。

"'三疑三探'教学模式要求把课堂还给学生,做到这一点并不容易。"赵明军说,"以前的习惯根深蒂固,有时候老师讲着讲着又回到老路上去了。但随着时间的推移,教师逐渐改变了原来的习惯。"

"教师的变化带动了学生的变化。学生动起来了,教师从前台退下来了,看到学生忙得团团转,教师就偷着乐。"赵明军说,"以前学生不问,学生怕老师和同学觉得自己不会,很丢人;现在学生积极主动地提问题,并且以自己能够提出问题为荣。以前是学生听老师讲;现在是学生讲,教师听。"

区域推进,专业引领

经过一些学校的实践检验,从去年开始,"三疑三探"教学模式已经在全县的几百所初中和小学中得到全面推广。这种推广是在行政力量的推动下完成的。西峡县教体局出台了一系列强有力的措施。首先,把"三疑三探"教学模式推广工作以大权重新纳入学校的年度业务目标,使"三疑三探"教学模式推广工作在学校年度目标评估中起决定因素;其次,废除了旧的课堂评价体系,针对"三疑三探"教学模式制订了新的评价标准,引导和规范了教师的教学行为。另外,县教研室还对学校进行不定期的突袭式检查,这种"八路式"的工作作风,让懒散的校长、教师"头痛不已",也不得不按照教研室的要求认真去做。桑坪镇中心学校校长谢义超说:"由于全镇小学布局比较分散,为了层层抓好落实,我们把推广'三疑三探'教学模式的任务,具体分解到各中心小学,由中心小学同时对所属小学进行指导和引领。"

在"三疑三探"教学模式的推进过程中,县教研室不仅要求教师人人上展示课,同时要求校长们必须参加,并将结果纳入考核指标,督促校长在课改上起带头作用。

用行政力量区域推进的同时,离不开教研室的专业引领。教研室建立了教研员成长档案,从工作态度、工作能力、工作业绩等方面每半年对教研员评定一次,并纳入奖惩机制。同时,县教研室定期或不定期征询教师在"三疑三探"教学模式实验过程中的困惑、困难和急需解决的问题,并汇集起来,根据学校和教师的需要开展"订单"服务。此外,并组织一线教师对每个教研员的服务态度和业务水平进行测评,以保证服务质量。

在西峡,教研室的每个教研员都有自己的实验学校和实验班级,每周他们定期参与到学校的校本教研中,和一线教师一起备课、上课和评课,指导和帮助教师学习掌握"三疑三探"教学模式。此外,每个乡镇中心校也都配有教研员,他们也都有自己定点负责的实验学校。

很多一线教师对记者说,他们是在教研员的指导下慢慢掌握"三疑三探"教学模式的,教研员对他们的专业成长帮助很大。双龙镇二中校长别文清表示,教研员的业务指导对学校实施"三疑三探"教学模式,提高教学质量,起了不可替代的作用。

问题和展望

杨文普表示,"三疑三探"教学模式诞生才几年,在其实际推行过程中还存在一些不足,需要进一步发展和完善。

在西峡听课的几天里,记者也发现了"三疑三探"教学模式存在一些问题。

首先,有的课并没有体现出"三疑三探"的理念,仍然主要是老师在提问,学生在回答。而在一些能体现该模式的授课中,在开始时的"设疑自探"环节,教师出示本课题目后马上就让学生提问,这时候学生只是看到了一个标题,在没有预习的情况下往往提不出什么问题,或者学生的提问成了一种固定的模式。比如"三角形的中位线"一节,学生提出的问题是:什么是三角形的中位线,三角形的中位线有什么性质等类似这样的问题。学生无需思考即可复制出无数这样的"问题",尽管在形式上是学生提出了"问题",但实质上学生并不是在"提问",而是为了迎合教师讲课的要求,在教师一次次相似的"启发诱导"下作出的相似的"回答"。

其次,教师的越位。"三疑三探"教学模式的理念本来是问题由学生自己发现和提出,记者发现有的教师可能担心课讲不完,就主动替学生质疑提问,或者虽然是学生提问,但变成了学生一问,教师一答,没有给学生"探"的时间。此外,一些课上学生的提问主要集中在开始的"设疑自探"和后面的"质疑再探"部分,中间的大部分时间学生的提问并不多。在对待学困生问题上,该模式提出"面向全体学生",提问要"优先学困生"。但记者从听课中看到,在这方面体现得似乎并不明显。一些学困生和内向的学生受到的关注不够,很少有发言的机会。

最后,课堂中出现的很多问题源于教师的专业素养特别是学科素养不够,使得该模式不能得到很好的运用。城区学校和乡镇中心校的教师尚且如此,村小的教师更可想而知,而在现实条件下,要在短时间内解决这些"历史遗留问题"是比较困难的。

尽管如此,"三疑三探"教学改革还是给西峡的教育带来了巨大的活力。日前,杨文普升任西峡第一高中校长,他把"三疑三探"教学模式也带到了高中阶段,开始在学校的一年级进行对比实验。短短两个多月,期中考试实验班的总分平均分比其他班高出27.6分,这让所有实验教师振奋不已。对于这次新的实验他充满信心。高中课改的压力更大,也更加关键。如果杨文普的实验能取得成功,无疑对于破解我国高中课改的难题将产生深远影响。

后　　记

人类文明的重大进步往往是从"疑问"开始的。鼓励质疑提问本来是东西方自古就有的传统。从苏格拉底到爱因斯坦,西方伟大的思想家、教育家无不对质疑提问的重要性再三强调。中国尽管有崇古的传统,但也不乏鼓励和强调质疑发问的思想。现代教育家陶行知更是把"问"提到了一个极高的地位。杨文普坦言,"三疑三探"教学模式从东西方思想家、教育家的思想中汲取了营养。然而,中国尽管有这些宝贵的教育思想,但主要是一些零散的思想断片,并没有形成一个系统的教学模式。"三疑三探"教学模式的价值正在于此。

温家宝总理对课堂教学非常重视,他在北京三十五中听课后的讲话中指出,我们的教育还不适应经济社会发展的要求,不适应国家对人才培养的要求。"三疑三探"对我国当前的课堂教学进行了大胆改革,对于探索与建构培养学生创新精神和创新能力的教学方式具有重要意义。

当然,这一模式诞生才刚刚几年,还有不够成熟和完善的地方,需要在今后的实践中进一步探索、修正和完善。期待"三疑三探"教学模式能给中国当前的新课改提供一个新思路,引起人们更多的思考和讨论,并提出新的问题。

(来源:《中国教师报》2009年12月1日　作者:翟晋玉　张志博)

西峡县课堂教改模式引发全国教育界关注

专家称：特色鲜明　国内领先　效果显著

编者按：

最近，河南省文化产业发展研究院院长戴松成同志给省委领导写信，推荐西峡县"三疑三探"教学模式。根据室领导的指示，我们与西峡县教育局、南阳市教科所、南阳师范学院、省直教研单位的领导和专家就此进行了深入探讨，提出一些建议，供领导参考。

从2008年下半年开始，西峡县教研室实践探索的"三疑三探"教学模式，引起媒体广泛关注，《中国教育报》、《教师报》、《教育时报》均以大篇幅作了介绍，引起国家教育部的重视，轰动了全国基础教育界。目前已有16个省（市）的100多个教育团队10000多人到该县观摩考察，各地教育部门的咨询电话、信件不断。由西峡县基础教育教学研究室编著、河南大学出版社出版的《课堂教学的革命——西峡"三疑三探"教学模式理论与实践》一书，首印6000册，已因团购售罄。国家教育部基教一司王定华副司长亲自听取汇报，指出要抓紧总结经验；《光明日报》教育周刊版负责人提出要向中央有关领导提供内参。西峡教改经验也引发了当地教育修学考察旅游的热潮。

一、西峡县"三疑三探"课堂教学改革在全国是一个创新

针对全县中小学普遍存在的"课堂讲风盛、学习效率低、学生负担重"问题，西峡县教研室创从2003年开始探索"三疑三探"教学模式，通过教研走在前面，教师人人过关，校长个个带头，逐渐从小学到初中再到高中同步推开。这个模式主要有"设疑自探、解疑合探、质疑再探、拓展运用"四个环节。"设疑自探"是针对教学目标，创设问题情景，引导学生提出问题，并尝试解答问题。"解疑合探"是通过师生或生生互动的方式，对于自探难以解决的问题合作解决。"质疑再探"是教师引导学生对已学知识提出新的问题，勇于向课本、教师以及其他权威挑战，探究更全面的问题答案。"运用拓展"是学生针对所学的"新知"，尝试编拟一些基础性习题和拓展性习题，教师予以订正、反思并归纳。这个教学模式紧扣"疑"和"探"，通过学生自探、同学合探、师生再探，把教师苦教、学生苦学，变成了教师乐教、学生乐学。几年的实践证明，它能够提高课堂教学效率，减轻学生负担，培养学生创新精神和自学、合作能力。西峡的这一创新做法引起了专家、学者的关注和跟踪研究，有专家直截了当地称为"西峡模式"。

与传统课堂教学方法相比,"三疑三探"教学模式特色鲜明。一是课堂以问题意识贯彻始终,教学过程就是一个培养学生发现问题、解决问题的反复推进过程,培养创新能力步步升华的过程。二是实现了学习方式由单一接受向发现创造转变,学生由教育客体向教育主体转变,教师由知识传授者向学生辅导者转变,是对传统课堂的根本性变革。三是质疑从课堂走向生活,学生创新能力不足、教师职业"倦怠"等问题都得到了有效解决。四是从一个学校推广到全县区域,内容涵盖了教育质量评价、教师专业成长、教研队伍建设、教学管理等方方面面。

与其他教学模式相比,"三疑三探"目前在国内较为先进。业内人士认为,传统教学方法是教师讲学生听,当前以江苏洋思中学、山东杜郎口中学为代表的比较先进的教学模式主要是教师问学生答,而"三疑三探"是由学生疑,学生问,学生答,培养的是学生提出问题、分析问题、解决问题的能力,与其他模式相比,更具颠覆性和创新价值。国家督学郭长宇认为:西峡的经验很好,抓住了课改的实质,很值得推广。中央教科所刘芳教授认为:西峡的"三疑三探"教学模式真正实现了减负增效,破解了区域推进高效课堂的难题,特别对于中西部地区教育均衡发展具有重要借鉴意义。全国基础教育课程改革首席专家王敏勤认为:"三疑三探"教学模式是一种很好的教学模式,体现了"自主、合作、探究"的精神,其做法为全国的基础教育课程的创新与改革提供了一个成功的范例。南阳市教科所所长景国成认为:这个模式直击基础教育改革的焦点,意义深远。南阳师范学院教授聂振驶认为:西峡的"三疑三探"教学模式不仅仅是课堂教学模式,其中还包含着发展农村教育、推进区域性教学改革、建设教学研究团队、培养优秀教师队伍等模式,对当前教育革命、教学改革有着重要的指导意义。

"三疑三探"教学模式在西峡全县推广,取得了显著成效。西峡县是一个有着43万人口的山区县,308所中小学中的90%在深山区,三年级以下的教学点就有134个,60%的教师都是由过去的民办教师转为公办,教育质量曾一度在全市落后。"三疑三探"教学模式的试验推广,使教研气氛越来越浓,教师业务素质整体提升,教学质量明显提高。2008年小学、初中入学率、毕业率均为100%,小学文化课抽测合格率为100%;高招本科进线1599人,万人比为37.89%,高出全省19个万分点,高出南阳市22.7个万分点,连续四年增幅居南阳市第一。全县中招500分以上2314人,万人比为53.6%,远远超出南阳市其他县区。全县教师有近千篇文章在国内刊物上发表或者获奖,全市优质课大赛,西峡选手全部获得了一等奖。2005年至今,在全市每年的从小学、初中到高中教学技能竞赛中,该县参赛教师均获得一等奖,多名教师代表河南省到陕西、四川、湖北等地参加全国赛课均获一等奖。2008年西峡县基础教育教研室被命名为"河南省基础教育先进教研室"。

二、西峡课堂教学模式创新有深远意义

"三疑三探"教学模式是实施素质教育、培养创新型人才的新思路、新举措。教育是民族振兴的基石,实施素质教育是教育工作的主题。温家宝总理在2009年《政府工作报告》中指出"要切实把中小学生从过重的课业负担中解放出来,让学生有更多的时间思考、实践、创造"。素质教育70%以上都是在课堂内进行的,西峡的教改紧紧抓住了课堂

这个主阵地，从建设创新型国家所需要培养具有创新能力的合格公民出发，从学生终身发展的需要出发，让学生学会主动发现问题、独立思考问题、合作探究问题、归纳创新问题，养成敢于质疑、善于表达、认真倾听、勇于评价和不断反思的良好品质和习惯，感悟到生命的价值和创新的快乐，实现了教与学方式的彻底改变，为深化课程改革找到了有效载体，为培养创新型人才奠定了基础。有什么样的教育方法，就会培养出什么样的未来公民，创新能力从娃娃抓起，西峡模式抓住了根本，意义深远。

西峡"三疑三探"教学模式较好地解决了辍学和学生课业负担问题。辍学问题是我国推行九年制义务教育的最大的拦路虎。多年来，都把辍学问题的原因归结为"因贫失学"，但根本原因还是孩子厌学。"三疑三探"教学模式把学生看做课堂的"主人"，学校是他们的乐园，课堂是他们的舞台，他们在享受学习、享受友谊、享受成长、享受快乐中感受到了生命的价值和人格的尊严，把"厌学"变成"乐学"，不再因"厌学"而"辍学"。2005年以前，西峡县中小学辍学率分别在1%和5%上下，2005年后，全县小学辍学率为0，初中辍学率在1%以内，远远高于国家普九巩固提高阶段的1%和3%标准。中小学课业负担过重问题，是长期以来困扰我国基础教育的一大顽症，已经成为中小学生健康成长的杀手，引起了社会的普遍关注。传统课堂上老师常常要求学生课前预习，课后布置作业，而西峡的课堂则不倡导课前预习，不提倡课后布置作业，一切都在40分钟的课堂上完成。由于学生当堂完成了学习目标，基本不用再布置课外作业，课外负担问题得到了很好的解决。

西峡的区域推进教改对我省农村教育具有样板作用。省委徐光春书记2006年9月在河南大学调研时鲜明地指出："统筹城乡教育，关键是要坚持农村教育重中之重的地位不动摇，只有长期坚持加强农村教育，才能实现城乡教育的协调发展，从根本上为解决"三农"问题作出贡献"。我省有7000万农民，有1300多万农村中小学生，20万名农村教师。农村教育的落后，不仅是硬件的落后，还有教育理念、手段、方法的落后。我省农村教学条件差，师资水平低，学困生多，普遍存在留级率高、辍学率高等问题。西峡县坚持大胆试验，制定规划，行政推广先进的课堂教学方法，探索出了山区县教学质量整体提高的有效途径。如果我省农村学校积极推广西峡经验，在促进农村学生的全面发展、主动发展、均衡发展，培养创新精神和实践能力方面将有很大提高，对农村人才成长、新农村建设将是一个重大贡献。

三、建议

改革教育模式，减轻学生负担，培养创新人才和应用人才，扩大就业，是今年"两会"的热点提案和全社会关注的话题。西峡县的课堂教学改革，是我省教育战线近年来冒出的一个全国性典型，为避免出现"墙里开花墙外香"现象，应及时把它推向全国。为此，我们建议：

（一）组织全省的专家对西峡"三疑三探"教学模式进一步深化、完善、固化

"三疑三探"教学模式虽然是一种很好的教学模式，仍需要进一步提炼深化。建议由

我省教育主管部门牵头,组织全省的基础教育专家对这一模式进行理论探讨、帮助辅导、深化完善,提出规范的原则、内容、操作流程、评价体系,让更多学生和教师在推广中受益。

(二)尽快促成在西峡县举办一次全国性的"三疑三探"教学模式现场会

目前全国基础教育已经有了江苏洋思中学、山东杜郎口中学两个典型,但都是局限于一个学校,是一花独放,而西峡则是在整个县域全面推进,是百花齐放,国家教育部基础教育司领导十分支持西峡的做法,我省要抓住机会,争取国家教育部在西峡召开一个现场观摩会,将这一"课堂教学革命"经验推向全国。

(三)组织省内外媒体对西峡做法进行广泛宣传

西峡的教改经验已在教育界报刊和网络走红,全国很多教育工作者不断跟帖讨论。建议有关部门组织协调中央驻豫媒体和省内主要媒体,深入挖掘西峡的经验,将其作为河南教育、文化、旅游的一个新亮点大力宣传,争取经过多方努力,打造成文化产业的新亮点。

报:徐光春、郭庚茂、陈全国、李克、曹维新、徐济超同志
发:室务会成员、本室各处(室)

(来源:河南省委《内部参阅》(专报)第11期,2009年5月27日 作者:李同昌 中共河南省委政策研究室)

"三疑三探"教学模式给我的启示
——校本培训思绪点滴

随着教育改革的不断深入,新课改像一阵和煦的春风吹遍了祖国的大江南北,走进了学校,走进了教室,走进了校本教研,推进了素质教育的进程。校本教研要从教育教学实践中来,回归至教育教学实践中去,就必须提升教师的教学水平。为此,我校利用四天时间,组织全体教师先后聆听了李镇西、魏书生、杨文普等教育专家的讲座,观看了西峡县"三疑三探"教学模式的课堂实录。培训后,我受益匪浅,漫漫教学长路上又多了一盏明灯。

启示1:学习"三疑三探"教育模式,观念转变要先行

先进的教育理念要走进课堂,教师是关键。面对新课改赋予老师工作新的内涵和要求,使我们不得不经常面对新的挑战。当我们面对这些新理念、新方法或新的教学模式的时候,大多数老师在学习的时候都不去深钻细研它的原理和指导思想,也不主动地开发新的课程资源。而是东施效颦、简单地模仿,使得学生也不能畅所欲言,个性得不到张扬,教学得不到相长,最终不能冲破思想的牢笼,受其束缚,半途而废。殊不知,任何一种新的教学方法或课堂教学模式的改革,都是在一定的教育教学思想指导下进行的,单是机械地模仿,不在思想观念上改革,是不行的。从西峡的经验来看,"三疑三探"教学模式就依据新课标的要求和学生的认知规律,从学生终身发展的需要出发,让每一位学生在民主和谐的氛围中得以发展。这种教学模式没有把活生生的课堂教学变成教条,而是通过疑问与探究结合等相对固定的教学环节,促使学生学会主动发现问题,主动提出问题,独立思考问题,合作探究问题。整堂课,学习的全过程是要让学生自主地学习,全面体现了学生在学习过程中的主体地位,真切地感悟到了生命的价值和创新的快乐,而教师只是引导者、合作者、组织者。当教师和学生都能熟练适应这种教学模式并受益于这种模式时,学生的质疑能力得到提升,教师的自主学习得到促进。如此实效的教学模式,我们只有转变观念,一边学习一边尝试,一边收获一边改进,我们的课堂才会双赢,师生在课堂教学中才能获得成功、成长和快乐;我们只有相信之,学习之,实践之,我们的课堂教学改革才能落到实处,课堂教学方式才能取得质的转变,课堂教学效率才能真正提高,硕果才能应运而生。

启示2:"三疑三探"教学模式有利于培养学生的问题意识和创新能力

新课标的目标之一,就是要培养学生的问题意识和创新能力。因此,课堂教学的目标不仅是为了完成一个所谓的"教学任务"还要让学生在学习的过程中不断产生"求知欲

望"和"冲动"。过去我们认为,教师讲得越多、说的越细,学生理解就越容易,课堂教学效率也会更高,就像钻山洞一样,老师领着学生钻比学生自己摸索可能更快一些。但是我们没有想到,这样做会养成许多学生不动脑筋的习惯,只是被动地听课,不愿主动地学习。久而久之,就形成了不会提问、不会思考,创新能力也逐渐薄弱的局面。"三疑三探"教学模式恰巧解决了困惑我们的这一难题。

"三疑三探"教学模式的各个环节大致是:

(1)设疑自探:教师针对教学目标,设置情景,引导学生自学自探并提出疑问,老师归纳、梳理和补充问题,形成自探提纲;

(2)解疑合探:对教学任务和提出的问题限定时间,进行合作探究,当堂解决本节课提出的相关疑难问题;

(3)质疑再探:教师引导学生针对已学知识提出新的问题,深入领会教材内容,探究更全面、更深刻的问题答案。

最后,对所学知识进行运用拓展,因此这种教学模式也被概括为:"先疑后探,编题自练。"

从以上四个环节中我们可以理清以下几点共识:

其一:问题由谁提出来?

"三疑三探"教学模式第一个环节为设疑自探环节。这是问题的发源地。教师在课前要调整好最佳的心理状态,通过口头表达等方式,点燃学生求知的欲望。教师通过创设问题情景让学生试着提出问题,教师再做补充,形成自探提纲。这里的核心点在于,问题是由学生提出来,不是由教师给出来的。教师设问,学生处于被动;学生提问,思维处于主动。久而久之,学生就会养成问题意识。自探环节也是学生独立意义上的探究,教师不能打断学生的思维。

其二:问题由谁来回答?

在解疑合探环节,有三点要明晰。一是提问与评价。"学困生回答,中等生补充,优等生评价"。这样做的目的是让学生的思维都动起来,特别是由学困生来回答,解决了学困生思维不动的困惑和难题。当学困生回答正确的时候,也就是问题得到全班学生解决的时候,这一反馈信息也有助于教师掌握教学信息。二是讨论。对于优等生仍回答不了的问题,要组织学生讨论解决。三是讲解。讨论仍完成不了的问题,由教师耐心地去讲解。

其三:学生敢于向权威挑战!

质疑合探环节,是真正的思维大解放环节。学生可以标新立异甚至是异想天开,勇于向课本、向教师、向权威挑战。

如在"三疑三探"教学模式的实际课例中,有的学生问:

(1)农历八月十八日为什么规定为观潮日?

(2)大于180度而小于360度的角叫什么角?

(3)清真饭店门口悬挂的壶状标志是什么意思?等等。这些问题都是学生异想天开的结果。

其四:第四个环节其实是新一轮疑探的开始。

在运用拓展环节中,有个学生编题的部分。师生编题的过程,也就是提出问题、疏理问题、回顾小结的过程。这里需要强调的是,实验开始时,学生可能不会或不习惯编题,应由教师先编题来引导学生编题。慢慢地,学生也就适应这种思维方式了。

由此可见,"三疑三探"教学模式的四个环节充分体现了学生的主体地位,培养了学生的问题意识和创新能力,为推动新课程的实施奠定了基础。

启示3:"三疑三探"教学模式有利于解决学困生的厌学问题

学困生厌学问题在全国是个老大难问题,虽然目前国内有许多转化学困生的经验,但要做到大面积"丰收"还不容易。"三疑三探"教学模式真正把学生看做课堂的"主人"。由学生自己去发现问题,提出问题,然后再由学生自己去探究问题,最终由学生自己解决问题。"学困生回答,中等生补充,优等生评价"的学习方式使学困生得到了空前的重视和解放,彻底扭转了学困生被动学习的局面,变"要我学"为"我要学"。在课堂内外,学困生只有思维活跃、认真思考、全力以赴,才能应战课堂带来的各种问题和情境挑战。而这一点,恰恰是传统教学模式所缺少的。

启示4:"三疑三探"教学模式能减轻学生的课外负担

"三疑三探"教学模式实施课前不预习措施,解放了学生大量的课外时间,从而腾出手脚让他们做自己喜欢的事,读自己喜欢的书。在巩固小结环节,让学生自己设计作业,然后由同桌交换解答,再由教师作出评价反馈。例如,西峡县城区二小A老师执教的《分数大小比较》一课,学生编出了许多分母相同分子不同或分子相同分母不同的分数大小比较题。城区一中B老师执教的《平行四边形判定》一课,B老师还要求同学们将认为编得有创意的题目推荐给他用投影仪展示给大家。其中有一个学生所编的题目为:两个完全一样的三角形可以拼成多少种四边形,这一创意在课堂掀起一阵旋风,同学们的思维空前活跃,大家比比划划,寻找答案。一中C老师执教的《做功了吗?》一课,学生提出了"四个鸡蛋,提升0.5米,做功是多少?"这个问题引起了C老师的极大兴趣,C老师说:"为了弄清1焦耳的大小,物理学规定两个鸡蛋,提升1米,其做功为1焦耳。"显然,这个问题也是在形象地阐述1焦耳的大小。学生千人千面孔,千人千思维,从大量的课例来看,学生设计的作业已经将本节课的难点、重点、关键点全部包括在内。这样,课外的负担自然也就降了下来。

"他山之石,可以攻玉"。我们应该学习和借鉴好的教学方法:一学精神——敬业奉献、以苦为乐的精神,二学态度——一丝不苟、精益求精的态度,三学思想——立足现实、勇于创新的思想,四学管理——细节入手、狠抓落实的作风。但是,学习"三疑三探"教学模式,切不可照搬照抄。"三疑三探"教学模式不是一日形成的,有其天时、地利、人和完美结合的一面。我们应充分立足本校现状学习,分析各种实际情况,把"三疑三探"教学模式与自己的实际情况结合起来,发展自己的"校本特色"。

(作者:韦海玉　甘肃省白银市平川区大水头学校)

学习"三疑三探"教学模式的心得体会

春末夏初,我们一行 46 人在平川区教育局的组织下,来到了河南省西峡县学习"三疑三探"教学模式。期间我们感受"三疑三探"、走近"三疑三探"、倾听"三疑三探",我们在学习中思考着,在思考中兴奋着,因为我们看到了真正的"教师与学生共成长"的教育的春天,每个人都被"三疑三探"教学模式吸引着……下面从四个方面谈谈我的体会。

一、对"三疑三探"教学模式的理解

"三疑三探"教学模式,是从学生终身发展的需要出发,依据新课标的要求和学生的认知规律,让学生学会主动发现问题、独立思考问题、合作探究问题、归纳创新问题和勇于评价问题,同时养成了学生敢于质疑、善于表达、认真倾听和不断反思的良好学习习惯,培养了他们的组织、表达、思维等方面的能力,让每一位学生都能在民主和谐的氛围中学习、思考、探索、创新、快乐,全面体现了学生在学习过程中的主体地位,实现了教与学方式的彻底改变,走出了一条切实可行的、推进课堂教学的改革之路。

所谓"三疑三探"是指课堂教学过程中学习新知识阶段的三个主要环节。(1)设疑自探:教师针对教学目标设置情景,引导学生自学自探并提出疑问,教师归纳、梳理、补充问题,形成自探提纲;(2)解疑合探:对教学任务和提出的问题限定时间,进行合作探究,当堂解决本节课提出的相关疑难问题;(3)质疑再探:教师引导学生针对已学知识提出新的问题,深入领会教材内容,探究更全面、更深刻的问题答案。最后,对所学知识进行运用拓展,因此这个教学模式也被概括为:"先疑后探,编题自练。"

"三疑三探"教学模式对于培养学生创新精神和创新能力具有重要奠基作用,同新课标的要求也是一脉相通的,它的价值已经远远超出了"传道、授业、解惑"本身,归纳起来有以下几点:

第一,提高了学生的创新能力。《弟子规》中说到:"心有疑,随札记;就人问,求确义。""三疑三探"教学模式正是紧扣了一个"疑"字和一个"探"字。"疑"与"探"的妙处是:一方面,学生有了疑问才会主动思考,主动探索,所以课堂教学就应该从疑问开始,到释疑结束;另一方面,提问需要能力,解疑更需要能力,学生在不停的疑问与探索中寻找着问题的答案,在不断的思考和释疑中提高着自身的能力,在进一步的运用与拓展中丰富着自己的知识,在一次次的实践和创新中体会着学习的快乐。因此,"三疑三探"教学模式就是"用问题来激发学生学习的兴趣和动力,从而培养学生发现问题、解决问题的能力"的好模式、好方法。

第二,减轻了学生的课业负担。中小学课业负担过重,是当前社会普遍关注的一个热点问题。减负喊了这么多年还是减不下来,究其原因是课堂效率低或教学效果不理想,所以教师只好采取加强课前预习,加大课后练习的方法来弥补不足,过重的课后作业和严格的课前预习,使学生产生了厌学情绪,影响了教学质量。而"三疑三探"教学模式不倡导学生课前预习,不提倡课后布置作业。认为课外预习实际上是占据了学生自主支配的时间,属于变相加重学生的课业负担;也不利于提高学习效率,因为真正高效的学习是在较短的时间内能迅速地发现问题、梳理问题,并通过探究去迅速解决问题;而过于繁多的作业则会导致学生学习上的"倦怠","三疑三探"教学模式取消课前预习,不但减轻了学生的课外负担,更重要的是保护了学生的好奇心和求知欲,从而促使了学生课内高效和快乐地学习。此外,由于学生当堂完成了学习目标,基本不用再布置课外作业,学生不存在课外负担的问题,所以"三疑三探"教学模式得到了学生的拥护,媒体称"三疑三探"教学模式为:"异军突起的成绩,轻负高效的课堂,课堂教学的革命",我认为一点都不夸张。

第三,增加了教师教学的乐趣。教师多年来一直做着枯燥的重复劳动:教同样的教科书,说同样的话,讲同样的习题,课堂上喋喋不休地传授知识,工作显得单调而无聊。"三疑三探"教学模式从根本上颠覆了传统的教学方法,使教师真正"活"了起来,虽然课堂上的问题是让学生自己提出,答案又是让学生自己解决,但是这样开放的课堂需要教师有渊博的知识、独到的见解,才能驾驭课堂,又由于学生可以向教师提出各种挑战性的问题,这就迫使教师要不断地学习,不断地提高自身的素质,也迫使倦怠的教师忙碌起来,他们要认真研究教材,开阔视野,才能上好每堂课,才能回答好学生的各种问题,现在一桶水远远不能满足学生的需要,"三疑三探"教学模式促使教师必须有持续不断的"源头活水",于是教师在不断地学习和思考中提升着自己的价值,同时也享受着教学的乐趣。

第四,解决了课程改革的难题。课堂教学的操作方式不改变,即使教材再变,要求再多,课程改革也不会有质的变化,从我们近几年的课改情况来看,虽然素质教育喊得惊天动地,但是应试教育依然有生存的土壤,教师也知道培养学生的能力比传授给学生知识更重要,可是面对各种考试和排名,教师不知道采用什么方法才能两全其美。而"三疑三探"教学模式,是一个培养学生发现问题、解决问题的反复推进过程,也是一个培养学生创新能力不断提高的过程。从设疑、解疑、质疑到最后的编"疑",四个环节实际上是一个学生提出问题、解决问题、提出和解决深层次问题、用问题创新问题的思维递进过程,学生能编拟习题,说明实现了知识的迁移和创新,从西峡县实行"三疑三探"教学模式来看,全县中小学学生的疑探能力明显增强,教师的素质也迅速提升,教学质量得到突破性进展。因此说"三疑三探"教学模式为广大教师更好地实施新课改找到了一个抓手和载体,也从根本上解决了新课改"穿新鞋走老路"的问题。

二、对"三疑三探"教学观摩课的认识

听了西峡县三所学校的九节课后,我认为:传统的教学模式和"三疑三探"教学模式的根本区别就在于,一节课的内容是讲会还是学会,是授之于鱼还是授之于渔的问题。新课改倡导"合作探究","三疑三探"教学模式正是体现了这个精神,不同的是新课改实验中依然是由教师提出问题,再让学生"合作探究",而"三疑三探"是让学生提出问题,再由学生探究答案,后者更注重培养学生的思维能力,通过"疑"让学生学会发现问题,提出问

题;通过"探"让学生学会思考问题,解决问题。学生头脑中没有问题是教育的悲哀,由学生自己去提出有价值的问题,再由学生自己去探究、解决这些问题,才是课堂教学的最高境界。

第一,在"设疑自探"这个环节里,八位教师都是根据所教内容的特点,简洁恰当地导入新课,都能围绕学习目标进行归纳、梳理和补充,尤其是城区二小的语文课、城区一中的英语课、城区四小的语文课,教师都能通过创设适宜的教学情景,渲染课堂气氛,激发学生参与的期待,在润物细无声中激发学生的求知欲,让学生去主动地发现问题,提出问题。城区一中的语文课,由于涉及古文,难度较大,所以教师采用读课文、查词语、翻译难懂的句子的方法,先扫除障碍,再要求学生提出问题,这样显得课堂更真实,更实用,也体现了"三疑三探"教学模式的灵活性和实用性;城区一中的英语课一开始出示图片让学生通过猜测练习导入新课,巧妙的构思吸引了学生的注意力,在这个环节里,虽然是学生自己提出问题,但是教师们始终在引导学生经历着思考、发现、提问、筛选、梳理的思维过程,这也是培养学生综合能力的第一步。

不足之处:个别科目对学生自探方法没有给予适时的指导,加之没给学生思考的时间,导致学生提出的问题没完全抓住本节课的重点,教师补充的问题相对较多。

第二,在"解疑合探"这个环节里,几位教师都能在学生自主探究的基础上,组织学生发表自己对某个问题的看法,交流自己的问题答案,教师审时度势,适时地引导学生回答,有效地在问答中让学生学会了分析问题、解决问题、完善问题、评价问题,以此达到发展思维、培养能力、张扬个性的目的,课堂上都能坚持让学生回答、补充、评价,较好地都做到了"三讲三不讲",绝大部分学生都敢于发表自己的见解,能认真倾听别人的意见,也敢于评价、置疑别人的观点,在这方面语文、物理几门课做得最好。对于学生探究后还不能解决的问题,除了城区一中的物理教师讲解的有点多以外,其他教师都进行了简要的讲解,教师们很注重引导学生多角度、有创意的问与答,常识个性化的理解,例如,城区一中的语文课,在讲《黔之驴》一课时,教师在置疑再探环节中问:《黔之驴》的结尾还有什么可能?学生答:一切皆有可能,老虎可能灭绝,驴子可能强大,因为……但是他们始终把握"不能有悖于价值观的正确导向"。另外,在这个环节里,城区一小和城区四小的语文教师,城区一中的英语教师都能够联系生活实际,用生动的语言、精彩的片段让课堂变成了"鱼市场"、"圣诞晚宴"和"北京奥运会开幕式",学生仿佛听到了鱼市场的叫卖声、圣诞晚宴上谈笑声以及北京奥运会开幕式上的国歌声,同时感受着主人公的快乐与悲哀,让学生在探究与参与中享受着学习的快乐,作为听课的我,完全忘记自己是在听课,而一直被当时的场景所感动着……我不知道是为"三疑三探"教学模式所折服,还是为精彩的课堂所震撼,但是我知道这样的课堂才是教与学的最高境界。我想:这样的课堂,这样的教学,教师还会为枯燥的说教而烦恼吗?学生还有理由厌烦学习吗?

不足之处:在"解疑合探"环节中,有几节公开课的个别问题,学生只是找到了问题的答案,是不是真正知其"所以然"?教师没很好地关注,这与"三疑三探"教学模式的初衷是不一致的。

第三,在"质疑再探"这个环节里,教师们不满足让学生解决自己所发现的问题,还引导学生不断挖掘问题,提出更有深度和价值的问题,教师不仅引导学生解决新问题,而且慎重处理、解答学生提出的怪异问题，收放有度，对于教师自己也没把握的问题，师生把这些问题带到课外进一步探究，但是在课堂上教师对学生提出的有难度的问题教师没有肤浅应付的现象。子曰："不愤不启，不悱不发。举一隅不以三隅反，则不复也。"在城区一中符老师的物理课堂，正是孔子笔下的这种情境，大家想知道，但又不明了，能说上一点儿，但又说不透，符老师的高明之处就是一步步通过实验、讨论、演示、评价、设例，让学生将问题和疑惑，将知识点和能力的培养巧妙地结合起来，很好地解决了学生的困惑，真是太妙了！

不足之处：有节数学课，在学生"质疑再探"之前，教师过早地对学生说："看来大家对今天的内容都掌握了，都学的很好，现在看谁还有问题？"这样便给学生一个错误的信息：提不出问题的学生是好学生，说明完全掌握了，提出问题的学生说明没学好。这样学生即使有问题也不敢提了，该环节也形同虚设了。

第四，"运用拓展"这个环节是一堂课的亮点，是教学改革的大胆设想，不同层次的学生根据不同的需求和对所学知识的不同理解，自己编写练习题。一方面，在对新学内容进行梳理的同时也巩固了所学知识，在编写和做别人的习题中也灵活掌握了所学知识；另一方面，还能把新知识纳入到已有的认知结构，使问题进一步升华，在完善认知结构中，实现求异创新。在这个环节里，几位教师都是采用亲自审阅、组内交流的形式或班级评价的形式处理的，以确保巩固所学知识。另外，城区一中的王燕老师等还采用让学生谈收获的方法巩固所学知识，尤其是城区一小的语文课，在运用拓展环节中，要求学生根据课后生字、课文中的四字成语、重点语句以及课文内容给自己设计作业，还有城区四小的语文老师补充了"你别问这是为什么……"一段作为拓展练习，让学生朗读、补充、体会，真的是别出心裁、独具匠心！

不足之处：(1)有节数学课，反馈学生所做练习时，时间不够了，练习处理的有点仓促，显得虎头蛇尾，有点遗憾。(2)还有一节课用了 55 分钟时间，拓展练习有点重复，时间把握不够好。另外，在运用拓展环节中，学生在较短的时间内高质量地完成了作文，除了教师本身对学生平时训练有素外，这不能不让人觉得多少有"做秀"的成分。

总之，"三疑三探"教学模式的课堂，亮点不断，精彩连连，课堂教学设计美，以理服人；任课教师语言美，以情动人；加之学生巧妙的发问、精彩的回答，融洽的气氛让讲课者、听课者都觉得不仅是在学习，更是一种美的享受。我从师生的脸上读出了"快乐"，我仿佛突然明白了真正意义上的"教"与"学"，原来老师应该这样教，学生应该这样学，才是我们教育教学追求的最高境界。

三、对"三疑三探"教学模式的几点思考

第一，"三疑三探"教学模式不要求学生课前预习，在"设疑自探"环节中，学生提出问题之前，教师几乎都没有给学生认知新课的时间，这样学生直接提出问题，能否切中新课要害？如果学生提出的不是核心问题，没有围绕教学目标提问题，那么让学生探讨回答那些问题，课堂时间不够用，也不能突出本课重点；不回答，就会打击学生提问的积极性，教师该如何处理？

我认为:在"设疑自探"环节中,如果在学生提出问题之前,教师能给几分钟时间,让学生浏览所学内容,经过快速思考再提出问题,这样可能提出的问题质量会更高一些,也能更接近教学目标,教师整理补充起来也比较容易,不至于在设定问题上浪费时间。即使教师整理、补充自探提纲,也应该是在学生所提问题的基础上整理、补充,而不是另外设定问题。

第二,在"三疑三探"教学模式中,我们如何适时地把握学生的"独立探究"与"合作讨论"?

我认为:在"三疑三探"教学模式中,让学生独立思考、独立完成的任务,教师可以不要求学生两两谈论或分组讨论,不要让学生有依赖思想,要培养他们独立思考的能力,这也是"三疑三探"教学模式的精髓。

第三,在"质疑再探"这个环节里,如果学生提不出更有深度的问题,教师该怎么办?如果学生提出了更尖锐的问题,教师应该怎样做才能更好地解决问题?

我认为:在"质疑再探"这个环节里,如果学生提不出更有深度的问题,教师应该尽量引导、培养他们进一步质疑的能力,如果这节课内容确实没必要再次质疑,教师也不应该照搬"三疑三探"教学模式,应该灵活处理,遵循"无疑不探"的原则,进入下一个环节。如果学生提出的问题很棘手,很尖锐,教师不应该要求学生立即回答,应该给时间让学生再讨论,思考成熟后再回答,不要为了完成任务而走形式。对于"三疑三探"教学模式,我们要活学活用。

第四,在"运用拓展"这个环节里,教师应该如何指导学生编拟习题?如何掌握全体学生的做题情况?

我认为:这个环节主要是了解学生对所学知识的掌握程度,教师在巡视时要重点关注学困生和中等生的编题情况,学生展示习题要体现知识的基础性和拓展性,要注重学生所编题的质量,教师还要对训练题进行预设,以备学生所编习题偏离教学目标时进行补充、完善。从学生被动做题到学生主动编题,是一个"质"的飞跃,是对所学知识的灵活运用,是创新思维的提炼和升华,是新课堂所追求的至高境界,同时学生自编自练更容易激发学生学习的兴趣,感受自我创造的价值,所以教师千万不要让这个环节走过场,要好好把握,认真对待。

第五,让学生评价学生的回答是"三疑三探"教学模式的又一个"亮点",那么怎样的评价才更有利于培养学生的能力呢?

我认为:在对学生的回答进行评价时,不要让学生简单地评价:"他回答的完全正确。"要教会学生这样评价:"他回答的很精彩,因为……他回答的还不够完善,因为……"这样更有利于培养学生的发散性思维能力,而不是简单地要求他们在书中找到正确答案,要让学生"知其然,亦知其所以然"。

第六,"三疑三探"教学模式这么优秀,是不是我们学习、运用之后就一定要完全否定以前先进的教学模式,如情景教学法、分层教学法、目标教学法等。

我认为:学习了"三疑三探"教学模式,并不意味着完全抛弃以前优秀的教学模式,我们可以考虑有机地将适合自己学科特点的教学法融入"三疑三探"教学模式中,形成更适合自己学科特点的教学模式,但是不能偏离"三疑三探"教学模式的精神实质,即"让学生发现问题,提出问题,解决问题",从而更好地培养学生的创新精神。

四、对"三疑三探"教学模式运用的几点见解

第一,我们刚学习、介入"三疑三探"教学模式,开始时学生一定不会质疑,我想应该允许教师根据所教新课的"三维教学目标"进行示范引领性质疑,启发、引导学生提出有价值的问题,待学生养成习惯之后,教师应该尽量放手让学生提出问题,解决问题,而不是包办代替。教师切忌不要在开始讲公开课时,为了使自己的课更接近"三疑三探"教学模式而提前作准备,让学生提前预习或准备问题,这样"三疑三探"教学模式一开始就走了样、变了味。我建议各学校最好不要急于安排实验课,应该先让教师们学习领会"三疑三探"教学模式的实质,让教师在课堂上尝试运用"三疑三探"教学模式,并教会学生基本方法,引导学生开口质疑,等师生基本掌握了这种模式,再安排公开课、观摩课,这样步子会迈的更稳当,更有利于"三疑三探"教学模式的真正运用。

第二,"三疑三探"教学模式应该要求人人尝试,校校重视,但不能急于求成。任何事情都有一个过程,我认为目前在大力宣传、学习、领会"三疑三探"教学模式的同时,应该要求教师一边尝试运用,一边学习专业知识,提高自身素质,只有专业知识扎实,边缘知识丰富,才能很好地驾驭课堂,才能回答学生提出的各种问题。上级管理部门应该有计划、有步骤地先重点抓几个学校,学校重点抓几个教研组,教研组内由部分素质好的教师重点尝试运用,分段试点,以点带面,学校可以让先实验的教师成为第一梯队的实验教师,其他教师为第二梯队的实验教师,等第一梯队的实验教师基本成熟后,再做示范课,再全面铺开,这样"有的放矢",才能百战百胜。

第三,"三疑三探"教学模式的优势无庸置疑,谁先掌握了它,谁就走在教育教学的最前沿。但是教学有法,教无定法,任何一种好的教学模式,不一定完全适合所有科目,不一定要让所有教师必须完全照搬,可以因人而已,灵活运用。在上级管理部门制定具体方案,具体制度时,我建议由统一细化管理型转变为灵活松绑型,因为要求过于细化、过于统一,容易束缚教师的创新意识,所以在管理制度制定上,主管部门只需拿出大的轮廓,鼓励学校、教师结合实际创新运用。但是松绑不等于放任自流,督导时可用学校、教师自己制定的管理方案进行督查、考核,要抓管理,抓落实,使"三疑三探"教学模式在我区有效地推广运用,从而进一步提高我区的教育教学质量。

总之,"三疑三探"教学模式最突出的特点在于:以培养学生的设疑探究能力、思维创新能力为目标,巧妙引导学生积极参与活动,敢于大胆质疑,积极回答问题,在不知不觉中学到知识,品尝到学习的乐趣。同时,把教师苦教,学生苦学,变成教师乐教,学生乐学,最大限度地解放了教师,解放了学生。这一模式充分体现了学生在学习活动中的主体地位,同时也恰到好处地发挥了教师的主导作用,真正践行了陶行知先生所倡导的"教师的责任不是教书,不是教学生,而是教学生学"的教育思想,也是同新课改的要求一脉相通的。

(作者:高 萍 甘肃省白银市平川区第三小学)

透视西峡教育的成功之处
——关于对河南省南阳市西峡县教育的考察报告

自2008年10月起,《中国教育报》等国内权威教育媒体相继开始介绍河南省南阳市西峡县的教育改革经验。

2002年,西峡还是南阳市教学质量最低的一个县。"挨批评跑不了,好学苗留不下"是当时西峡教育的特点。西峡人最感觉没面子的事是一次在南阳市教育工作总结会上,领导14次批评教育中的不足,其中12次批评到了西峡,主要是因为多项质量数据西峡都是最低的,并与倒数第二名还有很大差距。2003年,他们做了一个统计,前10名的学生有8人离开了西峡,前100名走了73人。2003年4月,西峡更换了教育局长,基础教育科科长杨文普也在这个时候调任到教研室任主任。从此,西峡开始了区域性推进课堂教学改革的努力,创造了课堂教学"三疑三探"的西峡模式,实现了教与学方式的彻底改变,走出了一条山区县区域推进课堂教学的改革之路。

如今,西峡教育因中考连续4年在南阳市13个县(市)区中领先、高考综合排名连续4年增幅第一且位居全市前列而闻名整个豫西南。2006年高考全市文理科前10名中西峡占7人;2007年高考全市文理科前5名中西峡占4人;2008年高考全市文理科前6名中西峡占5人;2008年本科上线1599人,是2005年的2.6倍,是2003年的4.8倍。中考情况更是发生了显著的变化。整体推进的课堂教学改革除了直接体现在中考与高考的成绩中,还有几个方面更为重要:学生的创造能力提高了,农村学校辍学的学生越来越少了,学生的课业负担减轻了,教师乐教了。

这样的信息引起了我们的注意和思考。第一,中国基础教育改革的经验很少出现在中原大地,为什么这次出现了?而且是出现在一个经济文化并不发达的县。第二,一种课堂教学模式最终能成为推动区域教育发展的巨大现实力量,这是为什么?第三,这种经验不是洋思、杜朗口那种在一两所学校范围内的成功,而是一个以县为单位的区域性整体进步为特征,其强大的推动力如何产生?带着这些问题,今年4月我们组织了一次由市、区(县)科研部门参加的考察活动。

我们的考察活动由13人组成,有市、区(县)科研部的专职科研人员,也有4位一线教师(部分是沈阳市"十佳科研明星")。考察之前,我们与西峡县教研室主任杨文普进行了多次的沟通,向他介绍了我们这次考察所关心的两个核心内容:一是想直观了解"三疑三探"教学模式,听课并与教师、教研员直接交流;二是想深度了解这样一种实效性很强的经验是如何产生的,发挥作用的相关机制是什么。杨主任表示欢迎我们去,并说沈阳同行研究问题时思考的角度新颖,同时告诉我如果听课只能安排在规定的周三或周五的"开放日"进行,其他时间学校是不欢迎"干扰"的。至于听哪所学校的课,要随县里给各校事先安排的接待顺序进行。到达西峡之后,当地并没有什么"热情"接待的表示,杨文普主任告诉我,去学校听课每位听课者都要缴纳50元的听课费,给我们的材料也要按价收费。这样的一种"冷遇"与我们离开上海教育科学研究院时的"待遇"形成了明显的"反差"。但我们也感觉到,杨文普主任上午在南阳市开会,中午我们吃饭时他的会还在进行之中。下午他专程赶回来与我们交流了两个多小时,全盘地介绍,一对一地解答,坦诚地交流,更让我们体会到了一种带有业务本质的热情。

一、外显的西峡经验——"三疑三探"教学模式

"三疑三探"教学模式的基本思想,主要从建设创新型国家所需要培养具有创新能力的合格公民出发,从学生终身发展的需要出发,依据新课标的要求和学生的认知规律,让学生学会主动发现问题,学会独立思考问题,学会合作探究问题,学会归纳创新问题,同时养成敢于质疑、善于表达、认真倾听、勇于评价和不断反思的良好品质与习惯,让每位学生都能在民主和谐的氛围中想学、会学、学好,全面体现学生在学习过程中的主体地位,真切感悟到生命的价值和创新的快乐。

"三疑三探"教学模式是指课堂教学的几个主要环节与步骤:

第一步:"设疑自探",是指在课堂的开始阶段,根据教学实际创设问题情景,激发学生强烈的求知欲望,在此基础上围绕学习目标,引导学生提出问题,共同归纳、梳理问题,从而形成需要解决的"主干"问题,让学生通过阅读教材或其他方式独立自学、探究问题,并尝试解答问题。

第二步:"解疑合探",是指通过师生或生生互动的方式检查"自探"情况,对于自探难以解决的问题合作解决。

第三步:"质疑再探",是指在基本完成本节主要学习任务的基础上,鼓励学生质疑问题、标新立异,甚至异想天开,勇于向课本、教师以及其他权威挑战,针对本节知识再提出新的更高层次的疑难问题,再次进行深入探究解答,从而达到查漏补缺、深化知识、发散思维、求异创新的目的。

第四步:"运用拓展",是指学生针对本节所学的"新知",围绕学习目标,尝试编拟一些基础性习题和拓展性习题,展示出来供全体学生训练运用,如果学生编题达不到目标要求,教师要进行补充,在检查运用情况的基础上予以订正、反思和归纳。

"三疑三探"是一种教学思想,不是固定的模式,可以依据教学实际需要产生合适的变式,对这样一种教学模式,专家、学者们好评如潮:

"三疑三探"教学模式实现了学习方式由单一接受到发现创造的根本转变,学生实现了由教育客体向教育主体的角色转变,教师实现了由知识传授者向学生辅导者的角色转变,从根本上减轻了学生的负担,使学习效果由自然状态进入了必然状态,使教育过程实现了由高耗低效向低耗高效的转变,破解了以课堂教学为抓手进行综合素质培养的难题。

西峡的教改实践提供的不仅仅是一种先进的教学模式,它从思想上激发了学生的学习兴趣,让我们找到了基础教育课程改革理念与实践有效衔接的路径,破解了创新型人才培养的基础性难题,是对洋思和杜郎口教学模式的发展与升级。

我们听了6节不同年级、不同学科的课,感受到了"三疑三探"教学模式基本理念的科学性与实用性,教师在课堂教学中基本能体现出这种教学模式的要求,课堂教学进行得比较流畅,表明学生对这一教学模式比较适应,学生参与学习活动的状态比较积极,说明这一教学模式确实已经被学生接受。同时,我们也感受到西峡教师灵活处理教学变化的能力并不在沈阳教师之上,可学的经验很多,存在的问题也不少。大家就课上的问题与当地的教研员和授课教师进行了交流探讨。听课与研讨活动结束后,我们大家共同的感觉是:西峡的经验是但绝不仅仅是这外显的"三疑三探"教学模式,肯定还有一种"内隐的西峡经验"。在与西峡县教研室主任杨文普交流后,证实了我们的这一猜测。

二、内隐的西峡经验——"七大捆绑"的工作策略

(一)志同道合——把事业发展与"革命"的友谊捆绑在一起

有效地推进工作,不能没有上下级之间的层级划分和与之相适应的工作秩序,但仅有这些可能还不完全够,其中的相互信任与情感因素也十分重要。我们从杨文普主任的介绍中可以清晰地感受到,这位教研室主任与局长的关系不是单纯的一种工作关系,是一种更深层次的建立在共同理想、共同责任基础上的具积极意义的"革命"关系。新任局长上任时把任基础教育科科长的杨文普调到教研室当主任。局长对杨文普说:"县委书记、县长把振兴西峡教育的事情交给了我,我现在把这件任务交给你,有困难只管说。"多年对教育的理解、追求,让杨文普听了这句话就觉得如同酒桌上讲的"一切都在酒里了"。他说:"领导信任我,我做事就要对得起领导,这是人之常情。"我们在考察中发现,西峡的教研工作地位相当高,西峡的教研工作与行政工作的一致性也特别高。我们大家都认为其中不能没有这种志同道合的"革命"因素。

(二)把握实情——把教育决策与精准把握现实捆绑在一起

科学的决策来源于教育教学的实际需要,如何准确把握这种需要就成了决策科学性的关键。为了准确把握课堂教学的实际情况,西峡教研室改变了以往预约听课、提前通知听课的业务工作模式。业务部门下学校了解课堂教学情况,绝对不打招呼。开始,他们曾集中两周的时间组织教研员听了297节课,结果发现全县真实的课堂教学情况是:没有一节课使用多媒体,只有13节课用了小黑板,其他教师上课没有使用任何教学辅助设施,甚至有的教师不备课就上课,教师讲课中随意性过大。正是通过这样的一种真实的业务检查,让他们清楚了解了学校课堂教学的实际情况,从而引发了县里整体推进教育改革的决心,决定要瞄准全国教学改革的先进学校——洋思,并有针对性地完成了一个对洋思经验进行学习借鉴、运用改进、完成创新的过程。

(三)学彼思己——把自身的发展与别人的经验捆绑在一起

在一个地区教育的发展中,如果没有学习与借鉴,进步的起点就低,导致见效慢;如果学习与借鉴中只是简单的拿来主义,往往不一定完全适用,导致坚持不下去。西峡在学习与借鉴的过程中很聪明的做法是:把自己的发展与"别人"的经验联系起来。2003年,由教育局局长带队,用十几天的时间,身临其境地学习洋思的经验。但他们并不是局限于学

习别人的长处,同时还认真分析别人经验的不足,并在此基础上启发、构思自己先进的工作思路。

自2003年起,西峡分三步完成学习洋思工作:一是讨论"学什么",二是思考"学习到了什么",三是研究"我们怎么办"。针对现实问题,西峡组织教研员讨论,究竟什么是好的课堂?什么样的课堂是高效的课堂?什么样的教学模式既能减轻学生学习负担,又能提高教学质量?他们鼓励教研员和教师要学习洋思锐意改革、与时俱进、自我超越的精神实质,在实践中大胆创新,不断完善。终于,一个源于洋思经验,经过本土实践的新教学模式正式诞生了,他们将这个新教学模式命名为"三疑三探"教学模式,并以此来指导和规范全县的教学行为,从而建立起了一种共同的业务主张,形成了管理、指导和评价工作的业务基础。

(四)"一花独放"——小、初、高的教学风格捆绑在一起

西峡认为,在一个特定的地域中,多种理论、多种模式不利于形成共识,形成合力。用杨文普主任的话说就是:"百花齐放有时可能导致一花不放,只有一花先放,才能迎来百花齐放。"基于这样一种认识,西峡从小学三年级到初中,都推行"三疑三探"教学模式。目的是减少学校、年级变更后,可能产生的对由于教师教学方法与自身学习方法不适应而带来的负面影响。正是通过在县域内最终完成了一种对教育模式的"聚焦",生成了一种整体工作思路上科学性与一致性的统一,才聚集了全县教育发展的原始能量。杨文普主任说,当地也存在主张自己的理论与实践模式的学校和领导,他们的要求是理论与实践上要讲清楚,干明白,接受检验,实际上这样的学校同样在努力。

西峡在一个县域内,将小学、初中、高中各学科的教学工作统一规划管理,也得益于杨文普是从教研室主任角度推进这项工作,这样一种工作角色的介入,使一个县的教育改革工作具备了体现综合性、跨年级、跨学科的组织基础。杨文普主任要求高中也要研究小学,化学也要听听语文,然后各个教研员结合自己的学科,从不同的角度思考本年段、本学科如何推进。这样,保证了一种先进的教学理念能通过一个权威组织者从总体上协调推进,进而保证了教学思想与操作思路的统一,保证了区域性教学风格的一致性,最终确保学生在各个年级段学习习惯的连续性与适应性。

(五)提升底线——把教研工作与一线教学关键捆绑在一起

教研室的工作质量与一线教师的教学质量直接关联。由于教研员经验丰富、见多识广、点拨到位,学校非常欢迎教研部门的业务指导。但学校多,教研员少,指导面积过大,经常会顾此失彼,一线教师通常很难直接、全面地从教研员那里得到具体指导,教研员的能量也常常因为"触角"过少而对一线教研活动的影响力逐渐减少。在西峡经验中,一个特别值得学习的地方是他们把教研员与一线教师工作的实际需求紧紧地捆绑在一起。引人注目的一项措施是由教研员组织,将各主要学科的课程按"三疑三探"教学模式编制出了完整的教案,印发给全县统一使用。更为精细的是西峡要求教师在依据统编教案进行教学时并不是不备课了,而是要掌握如何结合学情进行课堂教学,明确增加或减少的内容,进行以现行教案为基础的个性化设计。教案用A4规格的纸张印刷,而教案内容的文字用B5规格的纸张排版,周围预留出教师撰写自己对统一提供的教案结合学情进行二次备课内容的空间。管理者检查三个方面:一是教师是否按统一教案上课,二是教师是否

很好地进行了二次备课,三是教师否认真进行了教学反思。这样做的好处很明显:第一,从整体上使全县教师的课堂教学水平处于一个相对较高的层面;第二,相对减少了教师备课、写教案的负担;第三,教师有更充分的时间去研究如何结合自己所教学生的实际情况,调动学生学习的主动性;第四,这种教案提升了教学质量的底线,从操作层面上实现了教学质量的"保底不封顶"。我们认为,这种方法是西峡得以大面积提升其教学质量的关键性因素之一,这一方法对农村区域性教育教学质量的总体提升具有重要的现实借鉴意义。

(六)要管先做——把指导、管理与教学业务深层捆绑在一起

业务工作是需要从指导、管理和训练等多层面对教师施加积极影响的,而且要持续不断,这样才能从总体上提升我们的工作。西峡就是充分考虑到了这些综合的因素,扎实地开展了实效加特色的工作。首先,他们要求教研员转变角色,变评价者为服务者、引导者、示范者,规定教研员要亲自上好"三疑三探"教学模式的示范课并为教师编制通用教案。其次,他们要求校长必须准确理解和把握"三疑三探"教学模式,加强对教师的日常指导能力,他们有一项很有特色的校长课堂教学基本功大赛活动。通过校长上课这样的活动,促进校长率先了解、实践新的教学理念与教学模式,进而有效指导教师的课堂教学工作。第三,在教研员、校长层面的工作充分展开的同时,举办教师的课堂教学基本功大赛。西峡的教学基本功大赛一个很突出的特点是:活动能对基层学校的每一位教师发挥持续的影响力;他们不是通过推选部分教师的方式组织教师参与,而是将全县的教师统一编号,然后通过抽签的形式,决定哪些教师参加教学基本功竞赛,这就保证了竞赛是在日常教学的真实水平基础之上进行的,过滤掉了少数人为个别课进行准备与表演的成分,让教师在日常教学过程中关注、反思自己的教学行为,在平时的课堂教学中自觉提高教学基本功,从而使这种竞赛活动最大程度地提高了教师的课堂教学水平。我们觉得,这样的一些具体做法,沈阳也完全可以在相关活动中借鉴。当然,西峡将指导、管理与教学业务深层次捆绑在一起的工作思路是更值得我们学习的。

(七)目标一致——把行政工作与业务工作重点捆绑在一起

从办人民满意教育的角度考虑,行政工作与业务工作的关系并不简单的是一个谁跟上谁、谁为谁服务的问题,而是一个行政工作与业务工作长远目标深层次一致、现实工作及时、有效互补的问题。西峡这方面的工作十分突出,其中最让我们感叹的是,他们把通常行政部门具有的评价工作的部分职能(主要是业务评价)进行了科学的调整,使在对学校进行的评价中,教研室的评价所占比重为50%。这是西峡高效教研工作能够强势推进、教学质量有效提升的重要因素之一。这样一种做法,就使得学校必须把教学业务工作放在学校工作的重要位置,集中精力加强教师队伍的建设,促进教育教学质量的提升。考察中我们也感到,西峡在这方面也有自己的天然优势:现在的业务工作的领导(教研室主任)就是当年的行政领导(基教科长),现在的教育局长与教研室主任有着历史与现实的交往与共识。这一点的深层启示是:评价学校时应当把校长从与教学质量提升关系不大的"听汇报"、"看资料"的检查中解放出来,加大业务部门对学校的评价权重(或者说是把对学校实质性的业务评价工作转移、委托给同级业务部门进行),创新督导评估模式与方法,完成行政与业务工作在实践操作上的对接,这样会有效地促进学校工作的重心处于应有的位置,最终产生促进教育质量提升的效果。

三、学习西峡——我们的十项业务主张

这些主张在前两部分均已经有所论述，故只点题：

第一，改变我们的发展方式，在教育发展与现实需要的空白之处生成自己的实效性特色。

第二，改善我们的人际关系，用共同的责任与良好的情感和谐、积极地开展实际工作。

第三，完善我们的决策机制，重大决策要来自基层学校发展需求，凝聚基层学校的智慧。

第四，改变我们的工作方式，在准确把握现实情况的基础上，有针对性地制定工作策略。

第五，催生区域性业务共识，通过区域性整体业务共识来有效地规范、推进改革实践。

第六，改变我们的管理模式，学校领导要成为业务主张的实践者、指导者、示范者。

第七，改善我们的教研工作，将专职人员的长处转移、发挥到一线教师的课堂教学之中。

第八，改善我们的教学活动，各类活动要直接、持续地影响全体教师的日常教学行为。

第九，改变我们的总结方式，引导教师不但能说明做了什么，还要有探索规律意识。

第十，改善我们的评价工作，将业务评价职能归还给业务指导部门，提升业务工作力度。

思路决定出路，眼界决定境界。西峡是一座宝库，考察是一次探宝。科研乃至更多的部门应该更多地走近全国先进的典型，以便在更广的视角基础上有所观察、有所感悟，进而活跃我们的思维，结合我们自身的实践需求与活动，创新出更有效的方法来推进我市的工作。"透视西峡"是考察者的追求与态度，最终"透"没"透"受限于个人的感悟能力。

（作者：宁　炜　辽宁省沈阳市教育研究室）

后 记

每朵花都有它盛开的理由，每株苗都有它参天的原因。

在实施新课程的过程中，"三疑三探"教学模式就是这花圃园中一枝独放的"奇葩"，就是这参天茂林中一棵遒劲的"苍松"。它的产生和发展很幸运地拥有了适宜的"土壤"、充足的"氧气"和温暖的"阳光"。至此，我们心中有一种积蓄已久的情感再也按捺不住，那就是"感谢"。

感谢原教体局局长孙占梅同志，是她带领教研员顶风冒雪、南下北上寻求西峡教改的出路；是她深入县教研室座谈规划"西峡模式"的宏伟蓝图；是她亲临课堂把脉问诊，为实验和推广工作排忧解难，使课改工作健康前行……

感谢教体局局长董联军同志，是他采取更加有效的措施，使全县教师在运用"三疑三探"教学模式的过程中有了新的更加深刻的思考，并且正式拉开了高中阶段实验推广的帷幕。

感谢城区二小、城区二中两个试点学校对"三疑三探"教学模式进行的大胆实践、不断矫正和辐射带动。从符喜华和杨洪钟两位校长身上，我们真切地感受到敢为人先的巨大动力和苦尽甘来的成功喜悦。

感谢全县广大教师众志成城、知难而上的精神，他们誓创奇迹的改革激情和坚强意志，使"三疑三探"教学模式在全县的推进工作中取得明显成效。

感谢云南省玉溪市教育局局长李世华、北京市平谷区教委主任屈志奇、甘肃省白银市平川区教育局党总支书记黄殿申、辽宁省沈阳市教育研究室科研部主任宁炜，是他们带领当地诸多教师关注和研究"三疑三探"的执著精神，推动了我们工作的纵深发展。

特别感谢王敏勤、赵小雅、褚清源、李茂、翟晋玉、张志博等诸多专家学者的热切关注、深入指导和时时的鼓励期盼，使"三疑三探"教学模式日臻完善。

本书编写过程中得到河南大学出版社王四朋、郑华峰等同志的大力支持，他们不仅为本书的编写提出了宝贵意见，后期还进行了大量的统稿工作，在此一并表示感谢！

由于水平有限，加之模式本身还有许多需要发展和完善的地方，不妥之处，恳请指正。

杨文普

2009 年 12 月

图书在版编目(CIP)数据

课堂教学的革命:西峡"三疑三探"教学模式理论与实践/西峡县基础教育教学研究室编. —开封:河南大学出版社,2009.2(2023.12重印)

ISBN 978-7-81091-917-3

Ⅰ.课… Ⅱ.西… Ⅲ.课堂教学—教学研究—中小学 Ⅳ.G632.421

中国版本图书馆 CIP 数据核字(2008)第 193861 号

责任编辑　郑华峰
责任校对　李　森　郑华峰
封面设计　王四朋

出　　版	河南大学出版社
	地址:郑州市郑东新区商务外环中华大厦2401号　　邮编:450046
	电话:0371-86059715(高等教育与职业教育出版分公司)
	0371-86059701(营销部)
	网址:hupress.henu.edu.cn
排　　版	郑州市今日文教印制有限公司
印　　刷	广东虎彩云印刷有限公司
版　　次	2009年2月第1版　　　　　　　　　　印　次　2023年12月第4次印刷
开　　本	787mm×1092mm　1/16　　　　　　　印　张　21.75
字　　数	516千字　　　　　　　　　　　　　　定　价　39.00元

(本书如有印装质量问题,请与河南大学出版社营销部联系调换)